일잘러의 무기가 되는

엑셀 대시보드

최준선 지음

실무 **데이터 시각화**부터 **보고서 자동화**까지!
반복 보고 업무에서 벗어나는 대시보드 구성법

한빛미디어

지은이 최준선

엑셀마스터의 대표이자 한국금융연수원 겸임 교수로서, 엑셀 초급자와 중급자의 실무 능력 향상에 초점을 맞춘 강연과 기업 컨설팅을 활발히 진행하고 있습니다.

특히 데이터 분석과 데이터 리터러시 분야에서의 전문성을 바탕으로, 직장인이 실무에서 높은 평가를 받을 수 있는 진짜 엑셀 활용법을 전달하는 데 주력하고 있습니다.

다수의 집필 활동을 통해 엑셀 지식을 널리 공유하고 있습니다. 또 유튜브 채널 〈엑셀마스터(www.youtube.com/@excel.master)〉와 네이버 대표 엑셀 카페 〈엑셀_하루에 하나씩(cafe.naver.com/excelmaster)〉을 운영하며, 엑셀 교육 및 데이터 분석 분야에서의 영향력을 지속적으로 확장해나가고 있습니다.

주요 저서

《일잘러의 무기가 되는 엑셀 파워 쿼리》
《일잘러의 무기가 되는 최소한의 실무 엑셀》
《엑셀 바이블(개정판)》
《엑셀 함수&수식 바이블》
《엑셀 매크로&VBA 바이블(개정판)》
《엑셀 데이터 분석 바이블》
《엑셀 피벗&파워 쿼리 바이블》
《엑셀 업무 공략집》
《엑셀 매크로&VBA 업무 공략집》
《회사에서 바로 통하는 엑셀 실무 데이터 분석》
《회사에서 바로 통하는 엑셀 2010 함수 이해&활용》

일잘러의 무기가 되는

엑셀 대시보드

초판 1쇄 발행 2025년 12월 12일

지은이 최준선 / **펴낸이** 임백준
펴낸곳 한빛미디어 / **주소** 서울특별시 서대문구 연희로2길 62 콘텐츠1부
전화 02-325-5544 / **팩스** 02-336-7124
등록 1999년 6월 24일 제2017-000058호 / **ISBN** 979-11-995298-9-2 13000

총괄 배윤미 / **책임편집** 장용희 / **기획** 진명규 / **교정** 신꽃다미, 박서연
디자인 표지 조현덕, 박정우 내지 윤혜원 / **전산편집** 오정화
영업마케팅 송경석, 김형진, 장경환, 조유미, 한종진, 이행은, 고광일, 성화정, 김한솔, 전차은 / **제작** 박성우, 김정우

한빛미디어는 한빛앤(주)의 IT 출판 브랜드입니다.

이 책에 대한 의견이나 오탈자 및 잘못된 내용은 출판사 홈페이지나 아래 이메일로 알려주십시오.
파본은 구매처에서 교환하실 수 있습니다. 책값은 뒤표지에 표시되어 있습니다.
홈페이지 www.hanbit.co.kr / **이메일** ask@hanbit.co.kr

Published by HanbitN, Inc. Printed in Korea
Copyright © 2025 최준선 & HanbitN, Inc.
이 책의 저작권은 최준선과 한빛앤(주)에 있습니다.
저작권법에 의해 보호를 받는 저작물이므로 무단 복제 및 무단 전재를 금합니다.

지금 하지 않으면 할 수 없는 일이 있습니다.
책으로 펴내고 싶은 아이디어나 원고를 메일(writer@hanbit.co.kr)로 보내주세요.
한빛앤(주)는 여러분의 소중한 경험과 지식을 기다리고 있습니다.

머리말

데이터를 시각적으로 요약하고 분석하는 강력한 도구 '대시보드'

엑셀을 사용하는 직장인들의 업무 중에는 매우 높은 비율로 매주, 매월, 분기마다 반복적인 보고 행위를 하는 업무가 포함돼 있을 것입니다. 또한 보고를 할 때마다 의사결정권자들이 추가로 요구하는 보고서를 생성하느라 많은 시간을 사용할 것입니다. 이런 보고 업무를 자동화하고 시각화해서 의사결정권자들이 필요한 정보를 바로 얻을 수 있게 한다면 불편하고 반복적인 업무에서 벗어날 수 있습니다. 데이터를 복사해 붙여 넣고 수식을 고치거나 새로 입력해 집계한 후 차트 몇 개를 사용하는 단순 보고 행위에 지쳤다면, 엑셀에서 제공하는 강력한 도구를 활용한 '동적 대시보드'를 구성하는 방법에 주목할 필요가 있습니다.

이 책은 엑셀 보고서를 자동화하는 방법이나, 대시보드를 구성해 반복적인 보고서 생성 작업을 자동화할 수 있는 방법을 알려줍니다. 또한, 다양한 데이터 시각화 기능을 활용해 데이터를 기반으로 인사이트를 얻을 수 있는 보고서 생성 방법을 안내합니다.

이 책의 목적은 클릭 몇 번으로 사용자가 원하는 데이터의 상황을 시각적으로 확인하며 실시간으로 변화되는 '인터랙티브 보고서'를 엑셀로 구축하는 방법을 알려주는 것입니다.

핵심 내용은 다음 세 가지입니다.

- **피벗 테이블을 활용해 데이터를 요약하는 방법** : 피벗 테이블 보고서를 보고서로 쓰지 않고, 정보를 얻을 수 있는 방법으로 활용하는 방법을 안내합니다.

- **슬라이서를 활용해 인터랙티브 보고서를 구성하는 방법** : 피벗 테이블 보고서는 슬라이서를 활용해 반응형 보고서로 변경시킬 수 있습니다. 의사결정권자들이 원하는 정보는 복잡해서, 피벗 테이블을 활용한 보고서를 여러 개 생성하게 됩니다. 이때 여러 보고서를 하나의 슬라이서로 조정할 수 있어야 클릭 한 번으로 다양한 정보를 보여줄 수 있습니다.

- **시각화 스킬을 활용해 복잡한 숫자를 정보로 변화시키는 방법** : 데이터를 요약한 값은 숫자로 표현하는 경우가 많지만, 숫자는 의외로 메시지를 정확히 전달하지 못합니다. 그러므로 시각화 기술을 활용해 사용자가 원하는 정보를 즉각적으로 인식할 수 있도록 해줄 수 있어야 합니다.

이 책은 이 세 가지 요소를 제대로 학습해 사용자가 자주 처리하는 보고서 업무를 자동화할 수 있도록 설계돼 있습니다.

머리말

커뮤니티와 소통

책에 다 담지 못한 다양한 실무 상황과 예외적인 문제들은 저자가 운영하는 네이버 카페 〈엑셀..하루에 하나씩(cafe.naver.com/excelmaster)〉을 통해 지속적으로 지원해드립니다. 카페에 가입한 후 책으로 공부하다가 막히는 부분이나, 회사 보고서를 시각화하다가 막히는 부분 등 다양한 문제를 저자인 저와 카페 내 회원분들과 소통해가면서 해결할 수 있습니다.

〈엑셀..하루에 하나씩〉
https://cafe.naver.com/excelmaster

또한 책에 포함되지 않은 다양한 데이터 시각화 사례나 보고서 자동화 방법은 유튜브 채널 〈엑셀마스터(www.youtube.com/@excel.master)〉를 통해서도 확인해볼 수 있습니다. 책과 더불어 저자의 카페와 유튜브를 통해 많은 정보를 얻어가길 바랍니다.

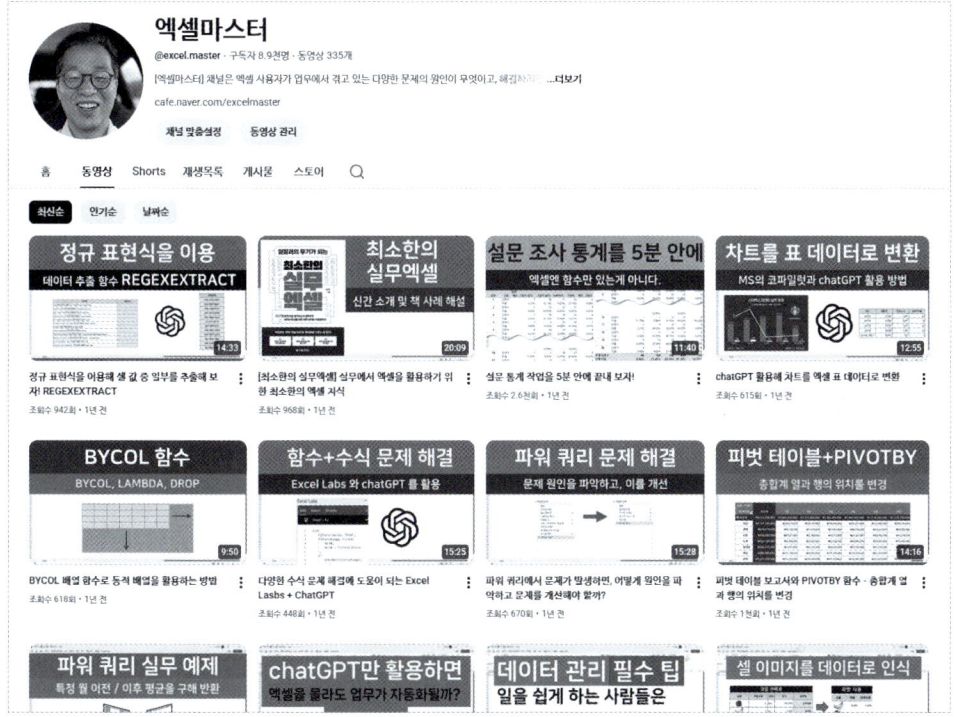

〈엑셀마스터〉
www.youtube.com/@excel.master

마치며

이 책을 믿고 선택해주신 독자분들께 진심을 담아 감사의 인사를 전합니다. 이 책을 통해 반복적인 보고 작업을 자동화할 수 있기를 바라며, 데이터 시각화를 이용해 숫자를 정보로 변환하는 방법을 익힐 수 있길 바랍니다.

끝으로 책을 집필하는 데 많은 도움을 준 한빛미디어 출판사의 관계자분들에게 감사의 인사를 전하며, 늘 옆에서 지지해주는 가족들 역시 응원해줘서 고맙다는 말을 전합니다.

2025년 12월

최준선

일잘러의 무기가 되는 대시보드 학습법

보고서 작성이 쉬워지는 엑셀 대시보드를 학습한다!

대시보드는 정보를 시각적으로 분석할 수 있도록 설계된 도구로, 사용자가 데이터를 빠르게 이해하고 정확한 의사결정을 내리는 데 도움을 줍니다. 대시보드를 매일 쓰는 엑셀로 구성할줄 아는 일잘러가 되는 방법을 체계적으로 안내합니다.

정확한 대시보드 구성에 필수적인 함수와 수식!

대시보드는 방대한 데이터를 한눈에 확인할 수 있게 시각적으로 표현하는 도구입니다. 대시보드에 정확한 결과가 표시되게 하기 위해서는 데이터를 정교하게 처리할 수 있는 함수와 수식 활용 능력이 필수적입니다. 정확한 대시보드를 제작하는 데 반드시 알아야 하는 함수와 수식을 습득할 수 있습니다.

보고서에 필요한 다양한 데이터 시각화 방법!

의사결정권자에게 보고서를 전달할 때는 핵심 메시지가 시각적으로 구현돼야 하고, 중요한 정보는 적절하게 강조돼야 합니다. 보고서 작성에 필요한 데이터 시각화 방법인 조건부 서식부터 다양한 엑셀 차트 활용법까지 안내합니다. 이를 통해 데이터를 효과적으로 시각화하고 강조하는 일잘러가 될 수 있습니다.

핵심 정보를 한눈에 표현하는 대시보드 구성!

실무 데이터를 바탕으로 대시보드를 단계별로 구성하는 방법을 안내합니다. 대시보드에 표시할 내용과 레이아웃을 구성하고, 슬라이서로 조정할 피벗 테이블을 설정한 뒤 데이터 시각화, 카드 및 차트를 구성하는 등 대시보드 제작을 완성하는 과정을 꼼꼼하게 익혀볼 수 있습니다.

예제 파일 다운로드

실습 예제 다운로드하기

이 책에 사용된 모든 실습 예제 파일은 한빛+ 홈페이지(www.hanbit.co.kr)에서 다운로드할 수 있습니다. 실습 예제 파일은 따라 하기를 진행할 때마다 사용되므로 컴퓨터에 복사해두고 활용합니다. 더 빠르게 다운로드하려면 자료실(www.hanbit.co.kr/src/50009)로 접속합니다.

1 한빛+ 홈페이지(www.hanbit.co.kr)로 접속합니다. 메인 페이지에서 [자료실]을 클릭합니다.

> 이 책에 사용된 예제의 저작권은 저자에게 있습니다. 저자의 허락 없이 영리적 이용을 금하며 파일의 배포, 재판매 및 유료 콘텐츠의 예제로 사용할 시 법적 제재를 받을 수 있습니다.

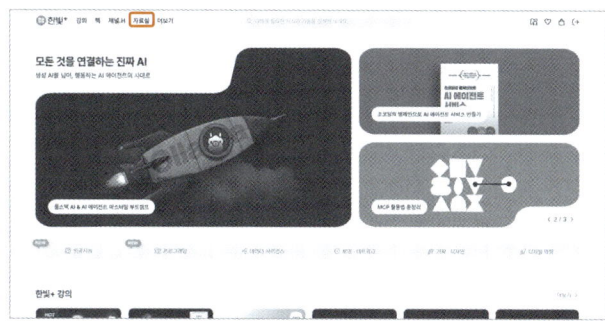

2 자료실 도서 검색란에 도서명을 입력하고 🔍을 클릭합니다.

3 선택한 도서 정보가 표시되면 [예제소스]를 클릭해 예제 파일을 다운로드합니다.

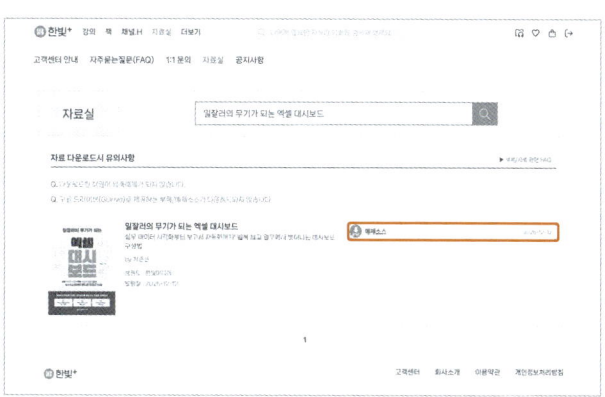

다운로드한 예제 파일은 일반적으로 [다운로드] 폴더에 저장되며, 사용하는 웹 브라우저 설정에 따라 다를 수 있습니다.

이 책의 구성

SECTION

데이터를 시각적으로 요약·분석하고 보고하는 일잘러가 되기 위해 꼭 알고 있어야 하는 핵심 기능을 모아 구성했습니다. 책에서 소개하는 기능만 알아도 엑셀로 대시보드를 구성할 수 있는 일잘러가 될 수 있습니다.

따라 하기 실습

실무에서 진짜 활용되는 예제 파일을 바탕으로 다양한 따라 하기 실습을 제공합니다. 책에서 다루는 실습만 진행해도 실무 감각을 완벽하게 익힐 수 있습니다.

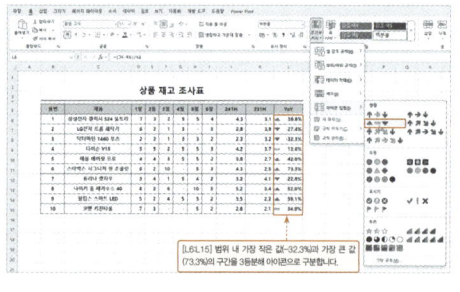

핵심 NOTE

책의 내용을 무작정 따라 하기만 해서는 실무에서 대시보드를 진짜 활용할 수 없습니다. 왜 이런 결과가 나오는지, 데이터가 어떻게 구성돼 있는지, 수식을 어떻게 작성했는지 등을 꼼꼼하게 짚어줍니다.

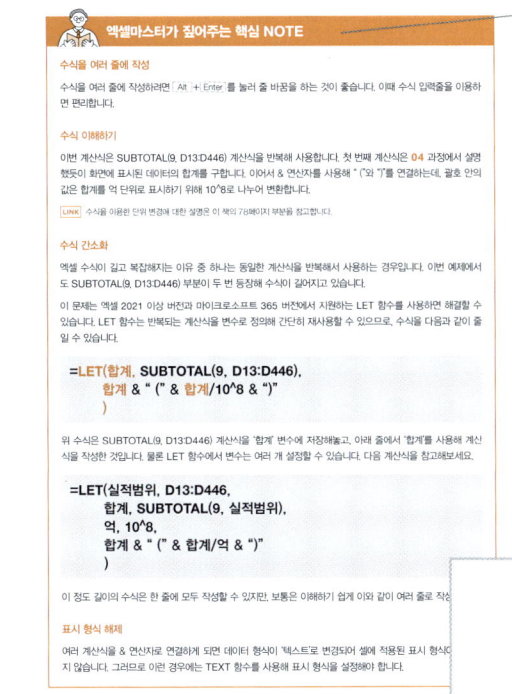

TIP / VER. / LINK

참고가 필요한 내용을 제공하는 'TIP'부터 버전별로 다른 내용을 알려주는 'VER.', 함께 학습하면 효율적인 본문 페이지를 안내하는 'LINK'까지 제공합니다.

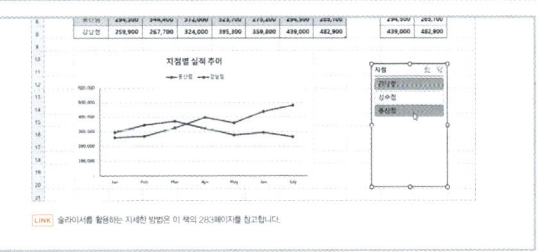

이 책의 구성 **9**

목차

머리말	003
일잘러의 무기가 되는 대시보드 학습법	006
예제 파일 다운로드	007
이 책의 구성	008

CHAPTER 01
대시보드 이해

SECTION 01 엑셀 대시보드를 사용하는 이유 — 019
    엑셀에서 대시보드를 구성할 때의 장점 — 019

SECTION 02 대시보드 종류와 구성 — 020
    차트 — 021
    카드 — 022
    표 — 022

SECTION 03 대시보드 구성의 필수 기술인 동적 범위 참조 — 023
    실습 엑셀 표를 활용한 동적 차트 표시하기 — 023

CHAPTER 02
정확한 대시보드 구성에 필수적인 함수와 수식

SECTION 01 IF 함수로 대표되는 판단 함수 — 031
    IF 함수 — 031
    IFS 함수 — 032

	AND 함수	032
	OR 함수	033
	IFERROR 함수	033
	실습 숫자가 기준 이상일 때 원하는 문자열을 화면에 표시하기	034
	실습 숫자를 여러 조건으로 구분해 원하는 문자열을 표시하기	035
	실습 여러 조건을 모두 만족하는 경우 판단하기	037
	실습 여러 조건 중 하나라도 만족하는 경우가 있는지 판단하기	039
SECTION 02	**VLOOKUP 함수로 대표되는 참조 함수**	041
	VLOOKUP 함수	041
	HLOOKUP 함수	042
	INDEX, MATCH 함수	043
	XLOOKUP, XMATCH 함수	044
	실습 세로 방향의 값을 찾아 필요한 값 참조하기	046
	실습 가로 방향의 값을 찾아 필요한 값 참조하기	049
	실습 가로/세로 방향에서 모두 값을 찾아 필요한 값 참조하기	051
SECTION 03	**시계열 데이터를 핸들링하기 위한 날짜/시간 함수**	053
	실습 다양한 날짜 단위 얻기	054
	실습 자주 사용하는 시간 단위 표시하기	056
SECTION 04	**피벗을 대체할 수 있는 새로운 동적 배열 함수**	058
	GROUPBY 함수	058
	PIVOTBY 함수	059
	실습 GROUPBY 함수로 지점별 실적 집계하기	060
	실습 PIVOTBY 함수로 지점의 연간 실적 집계하기	069
SECTION 05	**대시보드 구성에 필요한 고급 함수**	071
	TEXT 함수	071
	OFFSET 함수	072

SUBTOTAL/AGGREGATE 함수 ———————————————————— 073
실습 TEXT 함수를 이용해 다양한 단위를 변환해 표시하기 ———————— 075
실습 OFFSET 함수를 사용해 동적 범위를 참조하는 방법 이해하기 ———— 081
실습 SUBTOTAL/AGGREGATE 함수를 사용해 화면에 표시된 데이터 집계하기 — 088

CHAPTER 03
보고서에 필요한 데이터 시각화① : 조건부 서식

SECTION 01 조건부 서식의 이해 ————————————————————— 101
조건부 서식 사용 방법 이해하기 ————————————————— 102
실습 명확한 기준이 존재하는 핵심성과지표(KPI) 강조하기 ———————— 104
실습 명확한 기준이 없을 때 핵심성과지표(KPI) 강조하는 방법 ————— 108
실습 숫자가 입력된 범위가 아닌 다른 열의 데이터 강조하기 —————— 110

SECTION 02 데이터 막대, 색조, 아이콘 집합 —————————————— 118
데이터 막대 ————————————————————————— 118
실습 데이터 막대로 셀에 가로 막대그래프 추가하기 ————————— 119
실습 숫자가 작을수록 데이터 막대가 크게 표시되도록 설정하기 ———— 121
실습 텍스트 데이터를 기반으로 데이터 막대 효과 적용하기 —————— 127
색조 ———————————————————————————— 130
실습 색상 대비를 활용해 데이터 강조하기 —————————————— 130
아이콘 집합 ————————————————————————— 132
실습 아이콘 집합으로 증감률 시각화하기 —————————————— 133
실습 확인해야 할 데이터를 체크 아이콘으로 강조하기 ———————— 135

SECTION 03 세밀한 조건이 필요할 때 사용자 지정 서식 ———————— 140
실습 선택 옵션에 따라 표의 해당 위치가 강조되도록 설정하기 ————— 141

CHAPTER 04
보고서에 필요한 데이터 시각화② : 차트

SECTION 01 차트의 종류와 선택 ······ 151
　　　　　　　보고 상황에 맞는 차트 알아보기 ······ 151

SECTION 02 가장 널리 활용되는 막대형 차트와 스킬 ······ 154
　　　　　　　물결 차트 ······ 154
　　　　　　　실습 특정 항목을 잘라 물결 차트로 만들기 ······ 155
　　　　　　　콤보형 차트 ······ 161
　　　　　　　실습 단위 차가 큰 여러 데이터를 하나의 차트에 표시하기 ······ 163
　　　　　　　축 레이블과 데이터 레이블 ······ 176
　　　　　　　실습 X축 레이블 교차 편집하기 ······ 177
　　　　　　　가로 막대형 차트 ······ 185
　　　　　　　실습 시각적으로 우수한 가로 막대 차트 만들기 ······ 186

SECTION 03 시간에 따른 분명한 변화는 꺾은선형 차트 ······ 197
　　　　　　　꺾은선형 그래프가 끊기거나 X축에 붙어 표시되는 문제 ······ 197
　　　　　　　실습 X축에 닿거나 끊긴 선 그래프를 연결하는 방법 ······ 199
　　　　　　　꺾은선 그래프 하단에 그라데이션 효과 추가 ······ 203
　　　　　　　실습 꺾은선 그래프 하단에 그라데이션 효과 넣기 ······ 205
　　　　　　　계단식 차트 표현 ······ 210
　　　　　　　실습 꺾은선 그래프를 계단식 차트로 변환하기 ······ 211

SECTION 04 한눈에 파악되는 항목별 구성비는 원형 차트 ······ 217
　　　　　　　실습 원형 차트에서 여러 계열을 동시에 표시하기 ······ 218

SECTION 05 두 가지 데이터의 연관성이 궁금할 때는 분산형 차트 ······ 223

목차

| 실습 | 분산형 차트를 사용해 두 값의 연관성을 설명하는 방법 이해하기 | 225 |

CHAPTER 05
피벗 테이블 보고서 활용

SECTION 01 피벗 테이블 보고서 활용을 위한 데이터 전처리 — 233
빈 셀이나 병합된 셀이 많은 표의 전처리 방법 — 233
 실습 병합된 셀이 있는 표로 피벗 테이블 만들기 — 234
 실습 보조 열을 생성해 병합 문제 해결하기 — 239
 실습 파워 쿼리를 활용해 병합 문제 해결하기 — 241
데이터가 오른쪽 방향으로 입력된 표의 전처리 방법 — 245
 실습 파워 쿼리의 열 피벗 해제 기능을 이용해 문제 해결하기 — 247

SECTION 02 행/열 머리글의 계층 구조와 필터 이해 — 254
피벗 테이블 보고서의 영역별 역할 — 254
[필터] 영역 — 255
[행] 영역 — 256
[열] 영역 — 256
[값] 영역 — 256
 실습 피벗 테이블 구성 방법 이해하기 — 257
그룹과 필터 기능을 이용해 피벗에 필요한 항목만 표시 — 267
 실습 그룹 기능을 이용해 여러 항목을 하나로 묶어 분석하기 — 267
 실습 필터 기능을 이용해 필요한 항목만 표시하기 — 273

SECTION 03 슬라이서로 피벗 테이블 보고서 제어 — 283
 실습 슬라이서를 활용한 피벗 테이블 보고서 — 284
 실습 슬라이서로 여러 피벗 테이블을 동시에 제어하기 — 289

	실습 슬라이서 창의 쓸모없는 항목 제거하기	294
	실습 가로 슬라이서 창 만들고 슬라이서 창 위치를 고정하는 방법 익히기	297
SECTION 04	GetPivotData 및 엑셀 함수 활용해 피벗 값 참조	299
	실습 피벗 테이블 [값] 영역의 숫자 셀을 GetPivotData 함수로 참조하기	300

CHAPTER 06
대시보드 구성

SECTION 01	핵심 정보를 한눈에 담아내는 대시보드 구성	309
	대시보드 프레임	309
SECTION 02	3단계 데이터 요약 과정을 통한 대시보드 구성	311
	원본 테이블 확인하고 필요한 열 추가하기	311
	실습 원본 표에 필요한 열을 계산 열로 추가하기	312
	슬라이서를 생성할 피벗 테이블 보고서 생성	315
	실습 슬라이서를 사용할 피벗 테이블 보고서 생성하기	315
	대시보드 구성 및 시각화	321
	실습 카드에 표시될 매출/매출이익/매출이익률 계산하기	321
	실습 결제할 때 월별 페이/카드 결제 비율이 어떻게 변화하는지 집계하기	327
	실습 판매된 제품에 대한 고객 만족도와 제품별 매출 측정하기	337
	실습 월별 매출액에서 상위 20% 지점이 차지하는 비중 표시하기	348
	실습 슬라이서로 대시보드 조정하기	355

찾아보기   360

CHAPTER 01

대시보드 이해

이번 CHAPTER의 핵심!
- 대시보드의 장점 이해하기
- 대시보드의 종류와 구성 알아보기
- 엑셀 표를 활용해 동적 차트 표시하기

대시보드(Dashboard)는 정보를 시각적으로 요약하고 분석할 수 있도록 설계된 사용자 인터페이스입니다. 데이터와 통계 수치를 차트, 그래프, 테이블 등의 시각적 요소로 표현하여 사용자가 데이터를 빠르게 이해하고 의사결정을 내리는 데 도움이 됩니다. 특히 모니터링이 필요한 정보를 한눈에 확인하거나, 의사결정에 직접 활용할 수 있는 정보를 즉시 확인하는 데 유용하게 쓰입니다.

대시보드는 일종의 보고서로, 다음과 같은 몇 가지 특징이 있습니다.

- **시각적인 형태로 정보 제공** : 대시보드는 복잡한 표보다는 차트, 그래프, 지표, 테이블 등 시각적 요소를 활용해 데이터를 표현합니다. 덕분에 방대한 정보도 한눈에 파악할 수 있습니다.
- **실시간 업데이트 가능** : 대시보드는 자동으로 최신 데이터를 반영할 수 있습니다. 이를 통해 사용자나 의사결정권자가 항상 최신 정보에 기반하여 판단할 수 있습니다.
- **다양한 데이터 소스 연결 가능** : 대시보드는 하나의 표 데이터뿐 아니라, 다양한 출처의 데이터를 추출하고 통합할 수 있습니다. 이를 위해 [파워 쿼리] 기능을 활용하는 것이 효과적인데, 파워 쿼리를 더 깊이 학습하고 싶을 경우 《일잘러의 무기가 되는 엑셀 파워 쿼리》를 참고하면 좋습니다.
- **사용자 맞춤 정보 제공** : 모든 데이터를 나열하지 않고 필요한 정보만 선택적으로 확인하도록 구성할 수 있습니다. 이를 통해 필요한 자료에 즉시 접근할 수 있습니다.
- **의사결정 지원** : 대시보드는 데이터를 시각적으로 요약하고 분석함으로써 조직이나 개인의 의사결정을 지원합니다. 이를 통해 중요한 정보를 놓치지 않고 신속하게 데이터 기반 전략을 수립할 수 있습니다.

대시보드는 각종 업무 분야에서 널리 활용되며, 특히 데이터 중심의 환경에서는 필수적인 도구로 자리 잡고 있습니다.

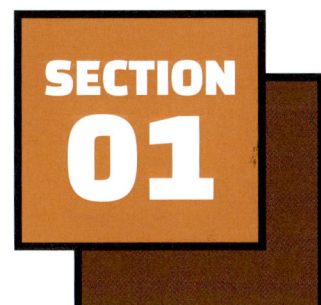

SECTION 01 엑셀 대시보드를 사용하는 이유

대시보드는 보통 Power BI와 같은 전문 분석 프로그램에서 지원됩니다. 엑셀에서는 대시보드 전용 기능을 제공하지 않지만, 여러 기능을 조합해 충분히 대시보드를 구성할 수 있습니다.

엑셀에서 대시보드를 구성할 때의 장점

첫째, 사용 편의성
엑셀은 전 세계적으로 가장 널리 쓰이는 프로그램으로, 대시보드 구성 과정도 비교적 단순합니다. 복잡한 BI 프로그램보다 원하는 결과를 손쉽게 표현할 수 있습니다.

둘째, 풍부한 시각적 도구
엑셀에는 조건부 서식, 차트, 스파크라인 등 다양한 시각화 도구가 내장되어 있어 필요한 정보를 즉시 확인하고, 시각적으로 돋보이게 표현할 수 있습니다.

셋째, 관리 및 유지보수 용이성
외부 개발사를 통해 만든 대시보드는 더 많은 정보가 화려하게 구현되어 있을 수 있지만, 사용자가 필요한 부분을 즉시 수정하거나 추가하기는 어렵습니다. 반면 엑셀에서 만든 대시보드는 제작 방법만 알면 언제든지 필요한 부분을 쉽게 변경하고 보완할 수 있습니다.

넷째, 비용 절감 효과
전문 BI 프로그램을 도입하려면 많은 비용과 절차가 필요하지만, 엑셀은 대부분의 기업에서 이미 보유하고 있어 추가 비용이 들지 않습니다.

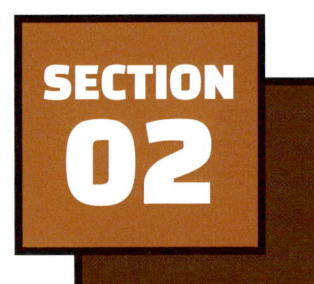

대시보드 종류와 구성

대시보드를 잘 구성하려면 다양한 사례를 직접 보고 익히는 것이 중요합니다. 인터넷에는 관련 이미지가 풍부하므로, 크롬 등의 브라우저에서 '대시보드', 'Dashboard'와 같은 키워드로 검색해 참고하면 좋습니다.

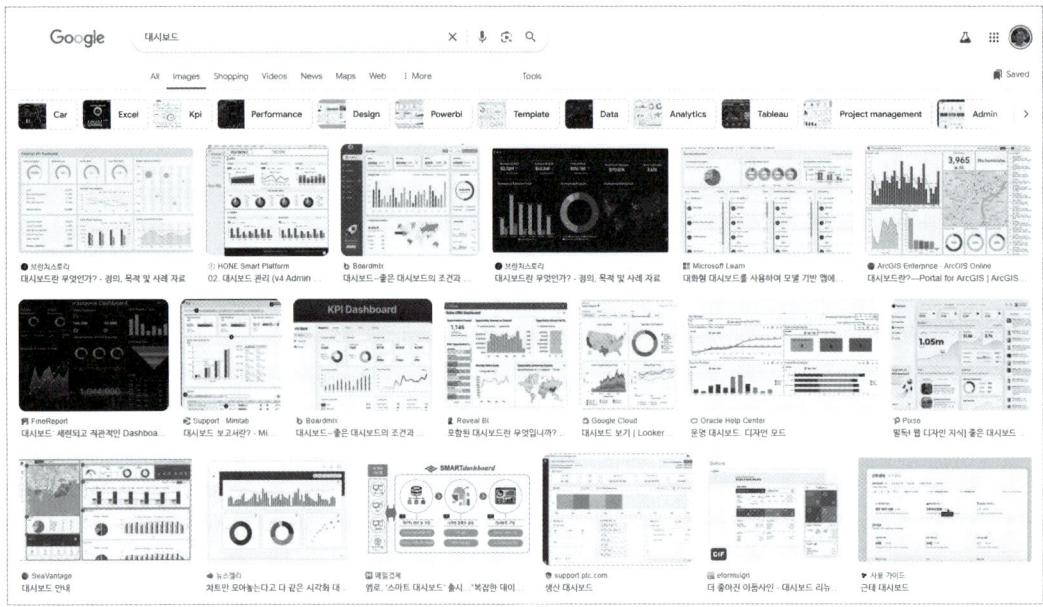

위 화면과 같이 다양한 구성의 대시보드를 확인할 수 있습니다. 처음에는 이 중 한두 개를 참고해 제작해 보면 좋습니다. 초보자의 경우에는 단순한 화면 구성을 선택하는 편이 더 적합합니다.

일반적으로 대시보드는 차트, 카드, 표와 같은 요소를 중심으로 구성됩니다. 차트는 데이터를 시각적으로 표현하고, 카드는 핵심 정보를 간결한 형태로 강조하며, 표는 세부 데이터를 구조적으로 정리하는 데 활용합니다. 각 요소를 적절히 배치함으로써 정보를 더욱 효과적으로 전달할 수 있습니다.

차트

숫자 데이터는 정확하고 간결하게 정보를 전달하는 데 유용하지만, 양이 너무 많으면 오히려 의미가 잘 전해지지 않을 수 있습니다. 이런 경우 다양한 차트를 활용하면 전달 효과를 높일 수 있습니다. 흔히 사용하는 꺾은선형, 원형, 막대 차트뿐 아니라 엑셀에서 구현하기 까다로운 몇몇 차트까지 적절히 활용하면 훨씬 더 직관적이고 설득력 있는 시각화 자료를 구성할 수 있습니다.

다음은 이 책의 CHAPTER 04에서 소개하는 엑셀 차트입니다.

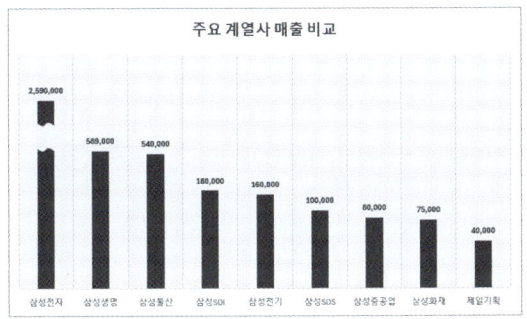
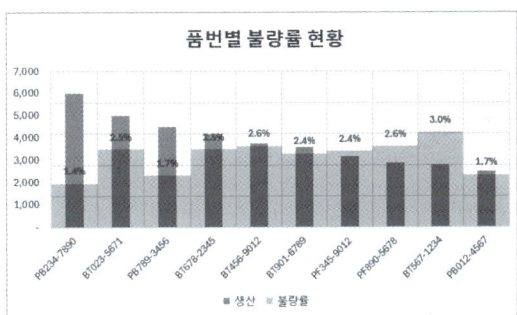
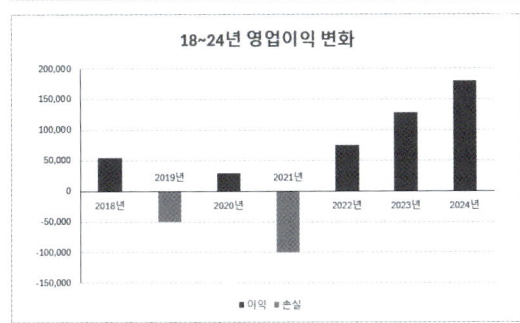
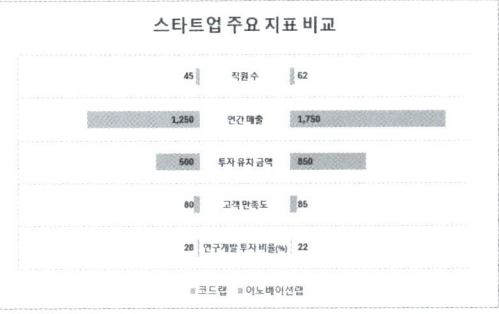
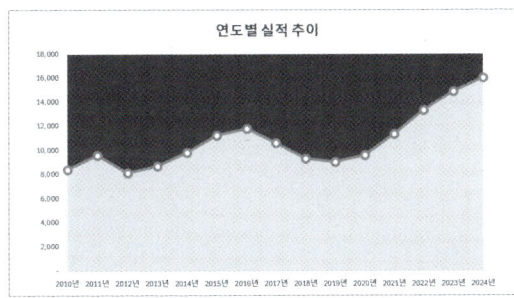
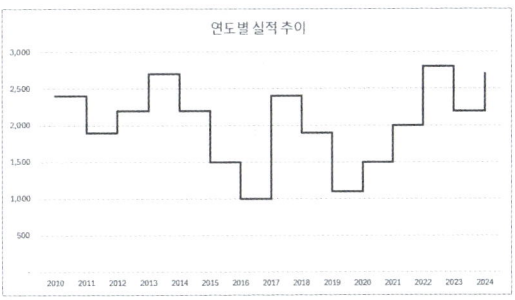
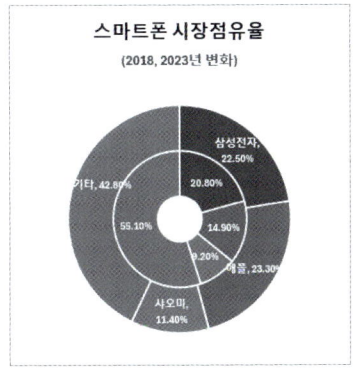

카드

카드는 보통 핵심 정보를 다음과 같이 간단히 표시하는 형식을 말합니다.

목표
1,000억
달성률 : 75.4%

이처럼 중요한 수치를 한눈에 보여주는 카드를 엑셀에서 구성하려면 셀 병합이나 도형 기능을 활용합니다. 카드는 확인해야 할 핵심 정보를 빠르게 파악하도록 돕는 도구입니다.

LINK 더 자세한 설명은 321~326페이지를 참고하세요.

표

대시보드는 핵심 정보를 간략하게 보여주는 것이 일반적이지만, 필요할 경우 특정 데이터를 표 형태로 제시할 수도 있습니다. 표는 자유롭게 구성할 수 있으나, 화면의 많은 공간을 차지하지 않도록 간결하게 정리하는 것이 바람직합니다.

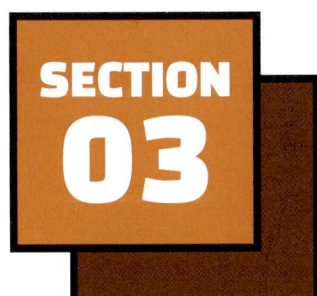

SECTION 03
대시보드 구성의 필수 기술인 동적 범위 참조

대시보드는 추가된 데이터를 자동으로 인식해야 하는데, 엑셀에서는 이렇게 추가 범위를 자동 인식하게 하는 방법을 '동적 범위 참조'라고 합니다. 엑셀 2007 버전 이상에서는 [엑셀 표]로 등록하기만 해도 간단하게 동적 범위 참조가 적용됩니다. 이 기능은 대시보드 구성에서 필수 기술 중 하나이므로 반드시 잘 이해하고 활용해야 합니다.

표를 등록하려면 리본 메뉴의 [삽입] 탭-[표] 그룹-[표]를 클릭하거나 단축키 Ctrl + T 를 누릅니다.

엑셀 표를 활용한 동적 차트 표시하기

예제 파일 CHAPTER 01 \ 엑셀 표.xlsx

01 예제 파일을 열면 지점별 1월부터 5월까지의 실적이 집계된 표와 하단의 꺾은선형 차트가 있습니다. [K:L] 열에 있는 6월(Jun)~7월(July) 자료를 추가하면 차트에 자동으로 반영되도록 설정하겠습니다.

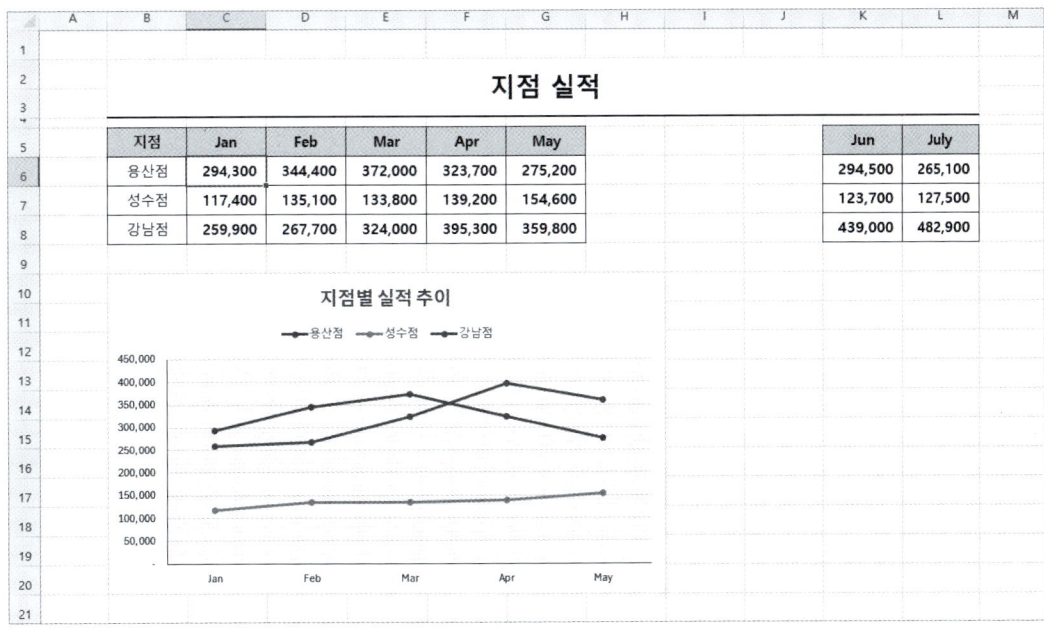

02 먼저 [K5:L8] 범위를 지정하고 Ctrl + C 를 눌러 복사한 후 [H5] 셀을 선택하고 Ctrl + V 를 눌러 붙여 넣습니다. 그러나 이렇게 데이터를 추가해도 차트는 추가된 데이터를 자동으로 인식하지 못합니다. Ctrl + Z 를 눌러 복사 작업을 취소합니다.

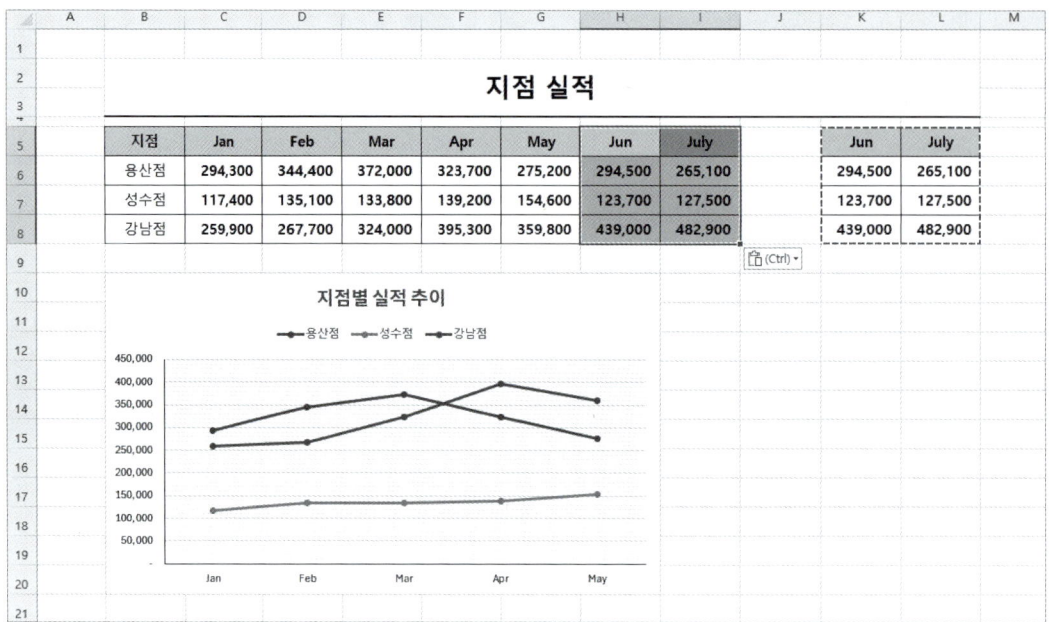

03 왼쪽 표를 엑셀 표로 등록하겠습니다. 표 내부의 셀을 선택한 상태에서 리본 메뉴의 [삽입] 탭–[표] 그룹–[표▦]를 클릭합니다.

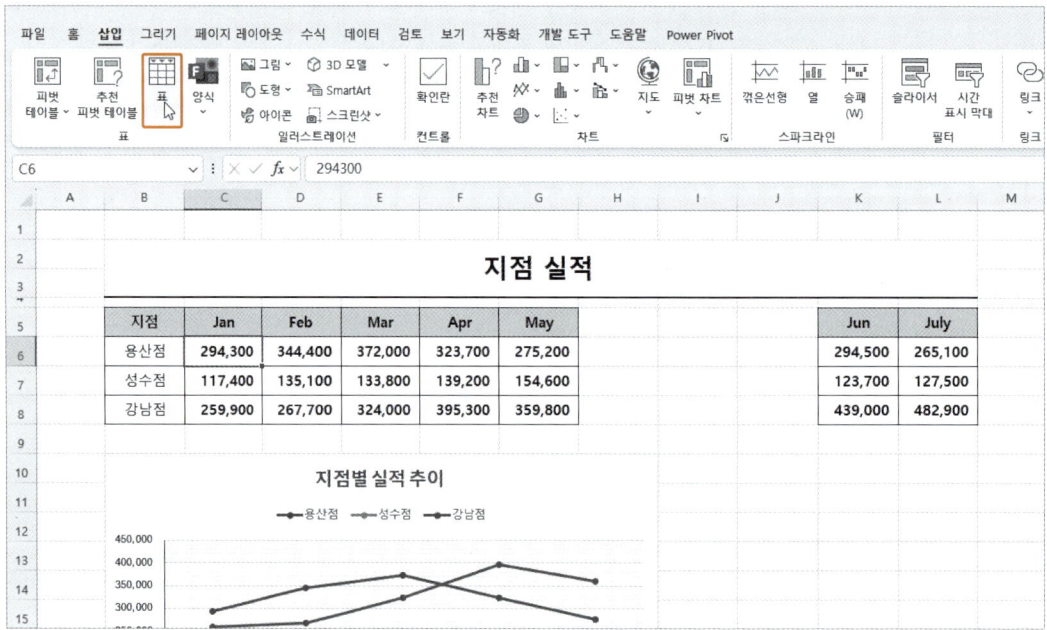

04 [표 만들기] 대화상자가 표시되면 표 범위([B5:G8])가 정확하게 인식됐는지 확인하고 [확인]을 클릭해 표로 변환합니다.

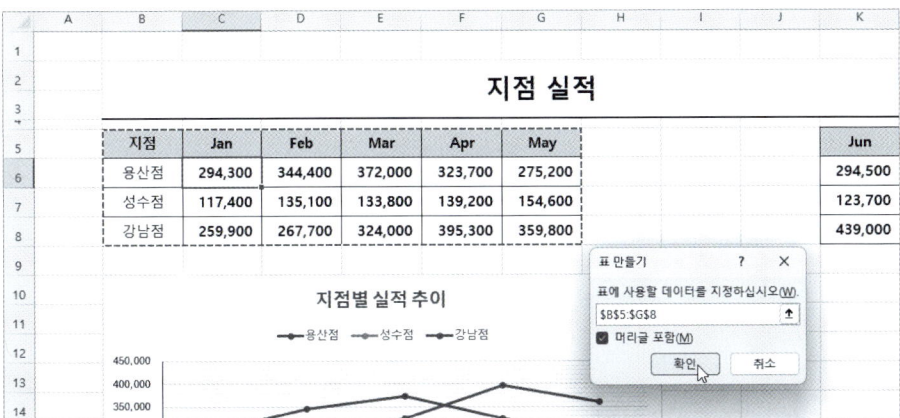

 엑셀마스터가 짚어주는 핵심 NOTE

[표 만들기] 대화상자의 옵션

[표 만들기] 대화상자에는 [머리글 포함] 옵션이 있습니다. 이 옵션은 선택된 범위([B5:G8])에 머리글(열 제목)이 포함되어 있는지 확인하는 기능입니다. 예제의 경우 [B5:G5] 범위에 제목이 입력되어 있으므로, 반드시 이 옵션을 체크해야 합니다.

05 표가 등록되면 표 스타일이 자동 적용되고 리본 메뉴에 [테이블 디자인] 탭이 표시됩니다.

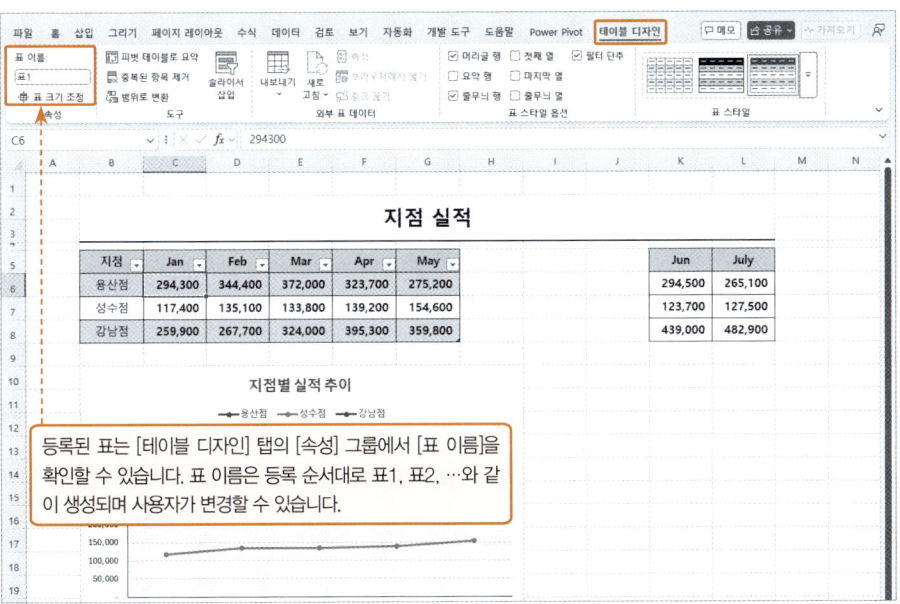

등록된 표는 [테이블 디자인] 탭의 [속성] 그룹에서 [표 이름]을 확인할 수 있습니다. 표 이름은 등록 순서대로 표1, 표2, …와 같이 생성되며 사용자가 변경할 수 있습니다.

TIP 표가 정확하게 등록된 경우, 표 내부의 셀을 선택하면 리본 메뉴에 [테이블 디자인] 탭이 표시됩니다.

06 표를 등록한 후 [K5:L8] 범위를 복사(Ctrl + C)하여 [H5] 셀에 붙여 넣으면(Ctrl + V) 표 범위가 자동으로 확장되고, 차트에 6월, 7월 데이터가 반영됩니다.

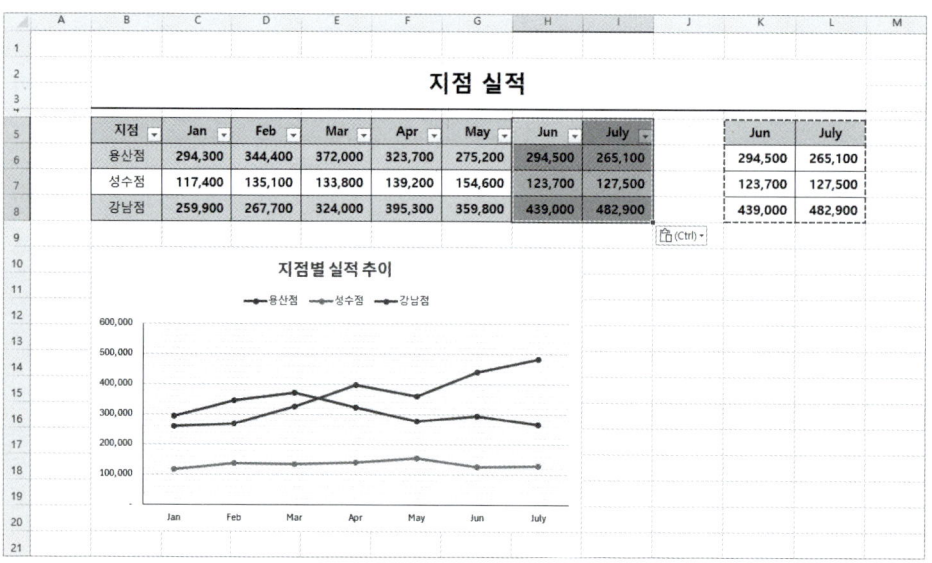

TIP 등록된 표의 하단과 오른쪽 열에 새로운 데이터를 추가하면, 표 범위가 자동으로 확장되어 새로운 데이터가 표의 일부로 인식됩니다. 이와 함께 해당 표를 참조하던 수식이나 차트 등의 범위도 자동으로 갱신됩니다.

07 슬라이서 창을 이용해 원하는 지점만 선택해 차트에 표시하겠습니다. 리본 메뉴의 [테이블 디자인] 탭-[도구] 그룹-[슬라이서 삽입]을 클릭합니다.

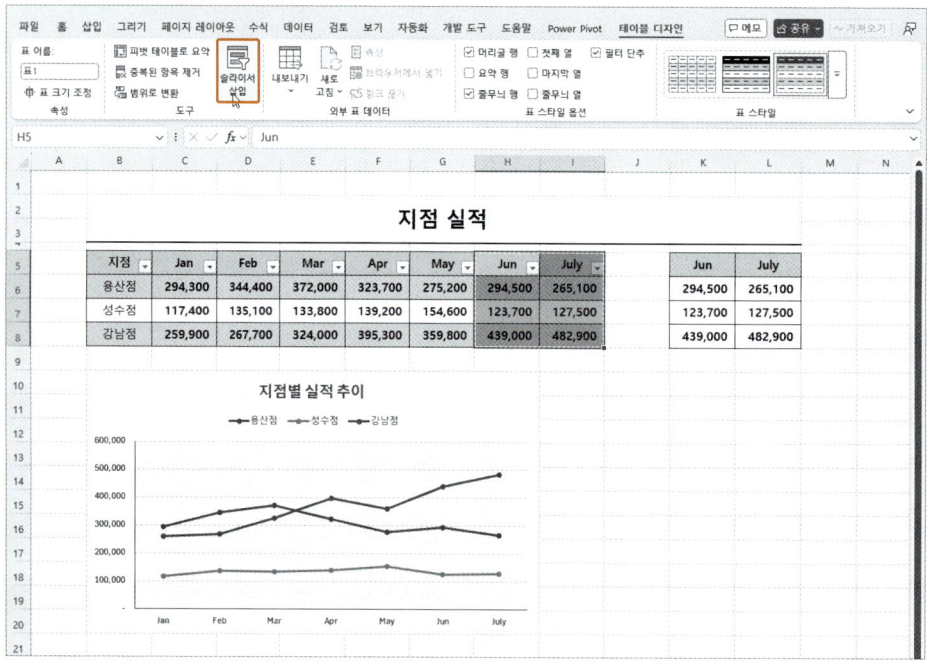

TIP 슬라이서는 [엑셀 표]와 [피벗 테이블]에서만 사용할 수 있으며, [엑셀 표]에서는 엑셀 2013 버전부터 슬라이서 기능이 지원됩니다.

08 [슬라이서 삽입] 대화상자가 표시되면 [지점]에 체크하고 [확인]을 클릭합니다.

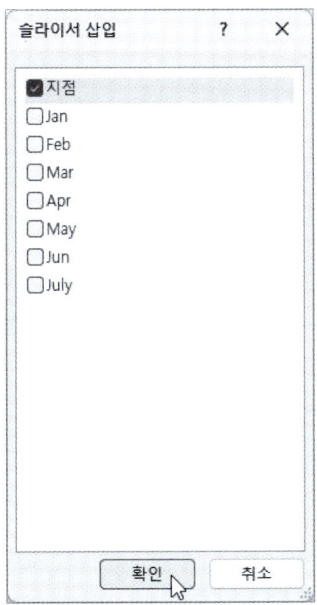

09 [지점] 슬라이서 창이 표시됩니다. [강남점] 항목을 클릭하고 Ctrl 을 누른 상태에서 [용산점] 항목을 클릭하면 차트에 해당 지점 데이터만 표시됩니다.

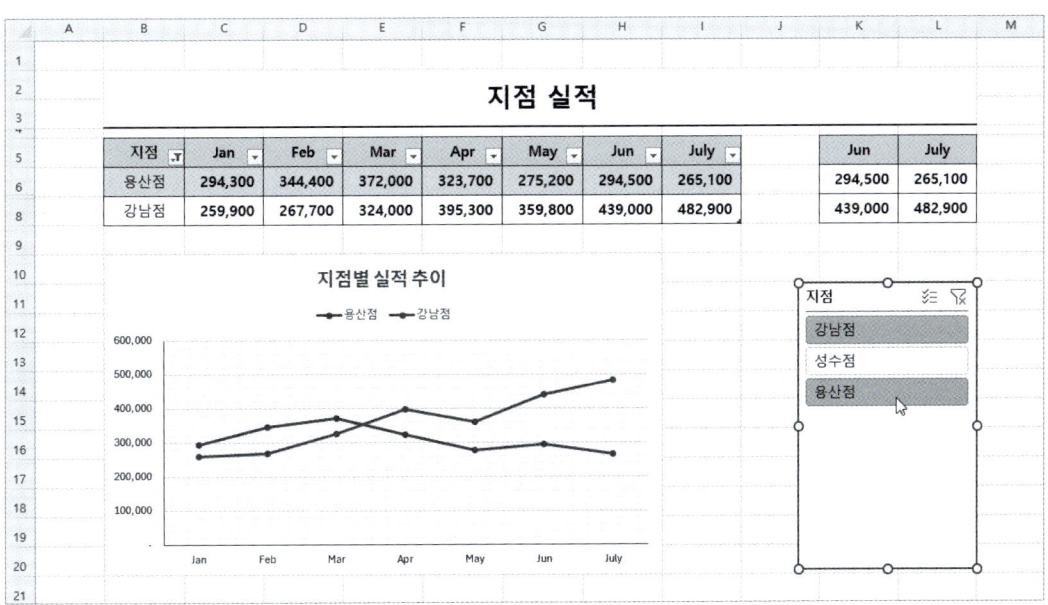

LINK 슬라이서를 활용하는 자세한 방법은 이 책의 283페이지를 참고합니다.

CHAPTER 02

정확한 대시보드 구성에 필수적인 함수와 수식

이번 CHAPTER의 핵심!

- **판단 함수 사용법 익히기**
- **참조 함수 사용법 익히기**
- **날짜/시간 함수 사용법 익히기**
- **피벗을 대체할 수 있는 동적 배열 함수 사용법 익히기**
- **대시보드 구성에 필요한 고급 함수 이해하기**

대시보드는 데이터를 시각적으로 표현하는 도구이기 때문에, 정확한 결과를 얻으려면 데이터를 정교하게 처리할 수 있는 함수 활용 능력이 필수적입니다. 함수는 복잡하고 다양한 대시보드 요구 사항을 해결할 수 있는 핵심 도구이므로, 이번 CHAPTER에서 다루는 함수들은 익숙하게 다룰 수 있도록 반복적으로 연습해야 합니다.

데이터 분석에 필수적인 함수들

- **SECTION 01 판단 함수** : IF, AND, OR, IFERROR 등과 같이 조건을 판단하고 결괏값을 조정하는 함수들을 소개합니다. 대시보드에서 표시될 데이터를 원하는 값으로 가공할 때 가장 기본적으로 사용됩니다.

- **SECTION 02 참조 함수** : VLOOKUP, INDEX, MATCH, XLOOKUP과 같이 다른 표의 데이터를 가져오거나 연결할 때 사용하는 함수들을 소개합니다. 여러 시트나 데이터셋을 연동할 때 필수입니다.

- **SECTION 03 날짜/시간 함수** : 시계열 데이터를 분석하고, 기간을 구분하거나 날짜 단위로 데이터를 가공할 때 사용하는 함수들을 소개합니다.

- **SECTION 04 배열 함수** : GROUPBY, PIVOTBY 등과 같은 동적 배열 함수를 활용하여 피벗 테이블 없이도 요약, 그룹화, 재구조화된 데이터를 만들 수 있는 방법을 소개합니다.

- **SECTION 05 필수 함수** : TEXT, OFFSET, SUBTOTAL, AGGREGATE 등 일반적으로 자주 사용하지는 않지만, 대시보드를 완성도 있게 구성하는 데 꼭 필요한 함수들을 소개합니다.

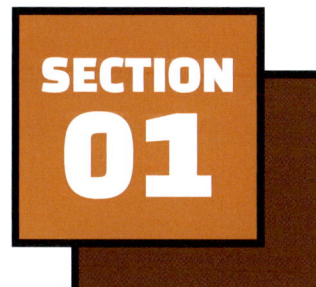

SECTION 01
IF 함수로 대표되는 판단 함수

IF와 같은 판단 함수는 사용자의 데이터를 조건에 따라 판단하고, 그 결과를 지정한 값으로 대체할 수 있습니다. 관련 함수에는 IFS, AND, OR, IFERROR 등이 있으며, 엑셀의 다양한 작업에서 필수적으로 활용되므로 반드시 이해하고 익혀두어야 합니다.

IF 함수

IF 함수는 하나의 조건을 판단하고, 반환되는 TRUE, FALSE를 원하는 다른 값으로 대체할 때 사용하는 함수입니다. IF 함수의 구문은 다음과 같습니다.

> **TIP** 구문은 함수를 사용하기 위한 사용자가 지켜야 하는 작성 규칙입니다.

IF (① 조건식, ② TRUE일 때 값, ③ FALSE일 때 값)

사용자의 조건을 판단해, TRUE인 경우와 FALSE인 경우에 각각 다른 값을 반환합니다.

① 조건식	TRUE, FALSE 값을 반환하는 계산식입니다.
② TRUE일 때 값	조건식의 결과가 TRUE일 때 대체할 값 또는 계산식입니다.
③ FALSE일 때 값	조건식의 결과가 FALSE일 때 대체할 값 또는 계산식입니다.

주의 사항

- IF 함수는 한 번에 하나의 조건만 처리합니다. 예를 들어 30대 남자 데이터만 구분해 처리하고 싶다면 '나이'와 '성별'을 구분하는 값이 입력되어 있어야 하며, 조건은 ❶ 나이가 **30 이상**이고 ❷ **40 미만**이어야 하며 ❸ 성별은 '**남**'이어야 합니다. 이 경우 조건은 세 개이므로, IF 함수 안에 IF 함수를 중첩해 다음과 같이 수식을 구성해야 합니다.

=IF(❶나이>=30,
        IF(❷나이<40,
                IF(❸성별="남", "원하는 반환값", …

IFS 함수

IF 함수는 한 번에 하나의 조건만 처리할 수 있어, 여러 조건을 적용하려면 중첩해 사용해야 합니다. 이런 불편함을 개선하기 위해 엑셀 2019 버전부터 IFS 함수가 도입되었습니다. IFS 함수는 여러 조건을 동시에 판단하고, 그 결과에 따라 서로 다른 값을 반환할 수 있습니다. IFS 함수의 구문은 다음과 같습니다.

IFS (① 조건식1, ② TRUE일 때 반환1, ③ 조건식2, ④ TRUE일 때 반환2, …)

IF 함수의 확장 함수로, 여러 개의 조건을 판단하여 결과와 일치하는 값을 원하는 값으로 대체할 수 있습니다.

① 조건식	TRUE 또는 FALSE를 반환하는 판단식입니다.
② TRUE일 때 반환	조건식이 TRUE일 때 반환할 값입니다.

주의 사항
- 엑셀 2019 버전부터 사용할 수 있으며, 다음과 같은 IF 함수 중첩으로 수식을 변경할 수 있습니다.

```
=IF(조건식1, TRUE일 때 반환1,
    IF(조건식2, TRUE일 때 반환2,
        IF(조건식3, TRUE일 때 반환3, …
```

AND 함수

IFS 함수만으로 처리하기 어려운 다중 조건의 경우는 여러 조건을 판단한 결과를 반환하는 AND, OR 등의 논리 함수를 함께 활용할 수 있습니다. 먼저 AND 함수는 여러 조건이 모두 참인지 판단하는 함수로, 기본 구문은 다음과 같습니다.

AND (① 조건식1, ② 조건식2, ③ 조건식3, …)

인수로 받은 모든 조건이 TRUE일 때만 TRUE를 반환하고, 하나라도 FALSE이면 FALSE를 반환합니다.

① 조건식	TRUE, FALSE를 반환하는 판단식입니다.

주의 사항
- [조건식] 인수는 최대 255개까지 사용 가능합니다.
- AND 함수를 쓰지 않으면 IF 함수를 중첩 사용해야 합니다. 예를 들어 조건식 세 개를 모두 만족할 때 특정값을 반환하려면 다음과 같이 작성합니다.

```
=IF(조건식1,
    IF(조건식2,
        IF(조건식3, "반환값",
```

OR 함수

OR 함수는 여러 조건 중 하나라도 맞는 조건이 있는지 판단하는 함수로, 구문은 다음과 같습니다.

OR (① 조건식1, ② 조건식2, ③ 조건식3, …)

사용 방법은 AND 함수와 동일하며, 하나라도 TRUE이면 TRUE를 반환하고, 모두 FALSE일 때 FALSE를 반환합니다.

주의 사항
- OR 함수를 쓰지 않으면 IF 함수를 중첩 사용해야 합니다. 예를 들어 조건식 세 개 중 하나라도 만족할 때 특정값을 반환하려면 다음과 같이 작성합니다.

=IF(조건식1, "반환값",
　　　　IF(조건식2, "반환값",
　　　　　　　　IF(조건식3, "반환값", …

IFERROR 함수

IFERROR 함수는 수식 에러를 사용자가 원하는 값으로 변경할 수 있는 함수입니다. 수식 에러는 사용자가 작성한 계산식이 잘못되어 정상적인 결과를 반환하지 못할 때 표시되는 값으로, #N/A, #DIV/0!, #VALUE!, #NAME? 등이 있습니다. IFERROR 함수의 구문은 다음과 같습니다.

IFERROR (① 계산식, ② 에러가 발생할 때 반환할 값)

수식에서 에러가 발생한 경우 따로 반환할 값을 지정할 수 있습니다.

① 계산식	원하는 결과를 반환하는 계산식입니다.
② 에러가 발생할 때 반환할 값	①에서 에러가 발생할 때 반환할 값 또는 계산식입니다.

LINK IFERROR 함수에 대한 자세한 설명은 이 책의 47페이지를 참고합니다.

TIP 함수는 머리로 이해하는 것보다 반복 사용을 통해 익숙해지는 것이 중요합니다. 가장 좋은 학습 방법은 다양한 사례에 직접 수식을 작성하고, 결과를 확인하는 것입니다. 다음에 제시하는 사례를 반드시 직접 입력해보세요.

숫자가 기준 이상일 때 원하는 문자열을 화면에 표시하기

예제 파일 CHAPTER 02 \ IF 함수.xlsx

01 예제 파일의 [sample1] 시트에는 다음과 같은 표가 있습니다. G열에 입력된 성적이 70점 이상인 경우에 H열에 '합격'이라는 결과를 반환하도록 하겠습니다.

02 [H3] 셀에 다음 수식을 입력한 다음 [H3] 셀의 채우기 핸들을 [H10] 셀까지 드래그해 복사합니다. 가장 기본적인 형태의 IF 함수입니다.

=IF(G3)=70, "합격", "")

숫자를 여러 조건으로 구분해 원하는 문자열을 표시하기

예제 파일 CHAPTER 02 \ IF 함수.xlsx

01 앞선 실습과 동일한 예제 파일의 [sample2] 시트를 열면, G열의 성적을 판단해 조건에 따라 A, B, C, ⋯, F와 같은 학점을 반환하도록 다음과 같은 표가 구성되어 있습니다.

02 [H3] 셀에는 IF 함수만 사용해 다음과 같이 수식을 작성합니다.

```
=IF(G3>=90, "A", IF(G3>=80, "B", IF(G3>=70, "C", IF(G3>=60, "D", "F"))))
```

TIP [H3] 셀에 작성한 수식을 [H10] 셀까지 복사해야 동일한 결과를 얻을 수 있습니다.

엑셀마스터가 짚어주는 핵심 NOTE

수식 해설

IF 함수는 한 번에 하나의 조건만 처리할 수 있으므로, 여러 조건을 동시에 판단해야 하는 경우에는 IF 함수를 중첩해 사용합니다. 다음과 같이 한 줄에 IF 함수를 하나씩 작성하면 쉽게 이해할 수 있습니다.

```
= IF(G3>=90, "A",
   IF(G3>=80, "B",
   IF(G3>=70, "C",
   IF(G3>=60, "D", "F"))))
```

IF 함수를 이렇게 구성할 때 80점대를 '80점 이상(G3>=80)'이라고만 표현하는 것이 잘 이해되지 않을 수 있습니다. IF 함수는 앞의 조건부터 순서대로 처리합니다. 즉, 90점 이상 조건이 먼저 실행되어, 해당 범위는 이미 'A'로 반환됩니다. 따라서 그다음 조건인 '80점 이상'은 실제로는 '80점 이상 90점 미만'을 의미하게 되어, 결과적으로 80점대를 구분하는 조건이 됩니다.

03 사용하는 엑셀 버전이 2019 이상 또는 마이크로소프트 365라면 [I3] 셀에 다음과 같은 수식을 작성합니다.

```
=IFS(G3>=90, "A", G3>=80, "B", G3>=70, "C", G3>=60, "D", TRUE, "F")
```

이름	성적	학점 IF 함수	학점 IFS 함수
최**	98	A	A
윤**	60	D	D
이**	72	C	C
윤**	88	B	B
최**	72	C	C
박**	98	A	A
김**	58	F	F
이**	62	D	D

성적을 학점으로 변환
- 90점 이상 A
- 80점대 B
- 70점대 C
- 60점대 D
- 60점 미만 F

TIP H열과 I열의 결과는 동일해야 합니다.

엑셀마스터가 짚어주는 핵심 NOTE

수식 해설

IFS 함수는 사용하기 어렵지 않지만, 마지막 TRUE 조건을 이해하지 못하는 경우가 많습니다. IFS 함수를 IF 함수의 중첩 구조처럼 정리하면 다음과 같습니다.

```
=IFS(G3>=90, "A"
     G3>=80, "B"
     G3>=70, "C"
     G3>=60, "D",
     TRUE, "F")
```

앞의 네 개의 조건은 각각 90점 이상, 80점대, 70점대, 60점대를 구분하는데, 이는 IF 함수의 중첩과 동일합니다. 마지막 조건은 보통 G3<60처럼 명시적으로 지정할 수도 있지만, 굳이 그렇게 하지 않고 TRUE를 조건으로 넣으면 앞의 조건에 해당하지 않는 나머지 모든 경우를 처리하는 역할을 합니다. 따라서, 60점 미만은 자동으로 F가 반환됩니다.

여러 조건을 모두 만족하는 경우 판단하기

예제 파일 CHAPTER 02 \ IF 함수.xlsx

01 [sample3] 시트에는 다음과 같은 표가 구성되어 있습니다. 왼쪽 표에는 성과급을 지급하기 위한 두 가지 조건이 명시되어 있습니다. G열의 근속년수가 5년 이상이고, H열의 고과 점수가 250점 이상이면 성과급을 지급한다는 것을 알 수 있습니다.

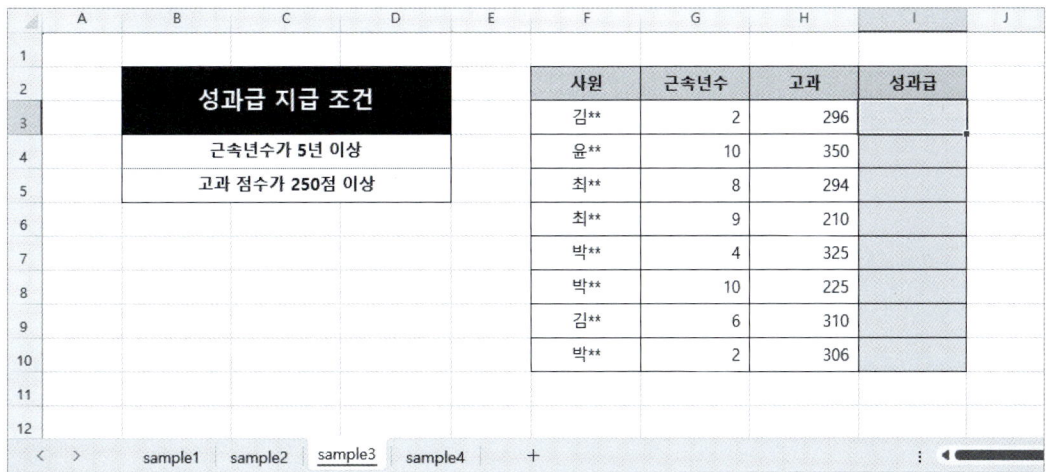

02 이 두 조건을 모두 만족하는지 확인해 '지급'을 표시하도록 [I3] 셀에 다음과 같은 수식을 작성합니다.

=IF(AND(G3>=5, H3>=250), "지급", "")

사원	근속년수	고과	성과급
김**	2	296	
윤**	10	350	지급
최**	8	294	지급
최**	9	210	
박**	4	325	
박**	10	225	
김**	6	310	지급
박**	2	306	

성과급 지급 조건
- 근속년수가 5년 이상
- 고과 점수가 250점 이상

03 AND 함수 없이 IF 함수만 사용하도록 [I3] 셀의 수식을 다음과 같이 수정해봅니다.

=IF(G3>=5, IF(H3>=250, "지급", ""), "")

사원	근속년수	고과	성과급
김**	2	296	
윤**	10	350	지급
최**	8	294	지급
최**	9	210	
박**	4	325	
박**	10	225	
김**	6	310	지급
박**	2	306	

TIP 결과는 이전과 동일해야 합니다.

여러 조건 중 하나라도 만족하는 경우가 있는지 판단하기

예제 파일 CHAPTER 02 \ IF 함수.xlsx

01 [sample4] 시트에는 다음과 같은 재주문 조건이 명시되어 있습니다. G열에 입력된 재고가 50개 이하이거나, G열의 재고를 H열의 일 평균 판매로 나눈 값이 3일 이내인 경우 '재주문'을 표시한다는 것을 알 수 있습니다.

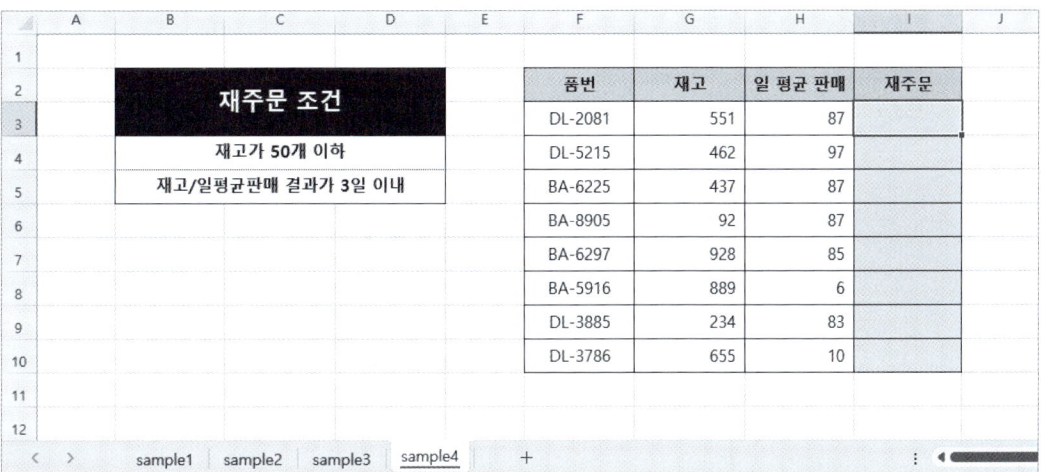

02 두 조건 중 하나라도 만족하면 '재주문'을 표시하기 위해 [I3] 셀에 다음 수식을 입력합니다.

=IF(OR(G3〈=50, G3/H3〈=3), "재주문", "")

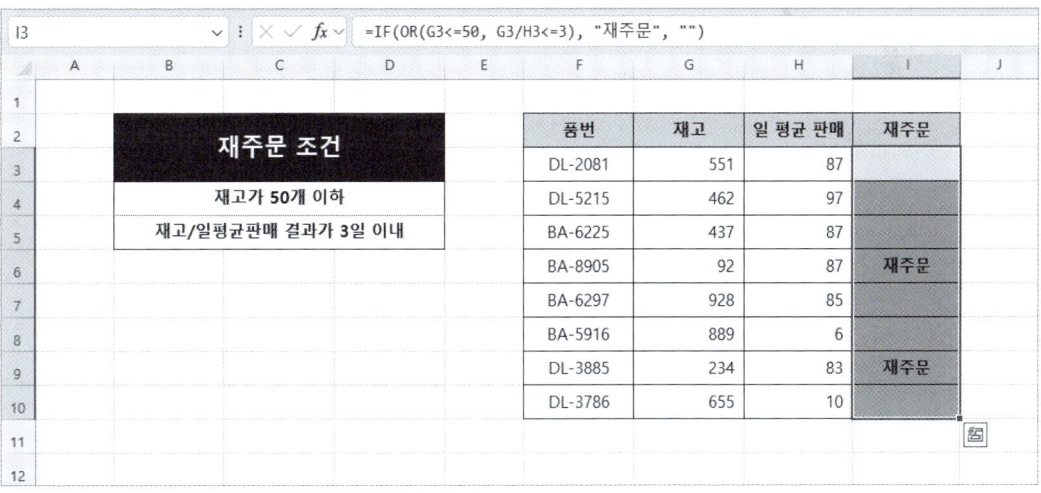

03 OR 함수를 사용하지 않고 IF 함수만으로 수식을 작성하려면 [I3] 셀의 수식을 다음과 같이 수정합니다.

=IF(G3<=50, "재주문", IF(G3/H3<=3, "재주문", ""))

SECTION 02
VLOOKUP 함수로 대표되는 참조 함수

엑셀에서는 다른 셀에 입력되거나 계산된 값을 가져와 사용할 수 있으며, 이를 '참조'라고 합니다. 기본적으로 다음과 같이 원하는 셀을 직접 지정하여 참조할 수 있습니다.

=A1

그런데 조건에 따라 참조할 대상이 달라져야 한다면, VLOOKUP, HLOOKUP, INDEX, MATCH와 같은 함수를 사용해야 합니다.

VLOOKUP 함수

가장 대표적인 참조 함수는 VLOOKUP 함수입니다. 함수 이름은 VERTICAL+LOOKUP 단어를 조합해 만든 것으로, VERTICAL은 '수직(세로) 방향'을, LOOKUP은 '조회'를 의미합니다. 세로 방향으로 값을 찾는다는 의미가 담겨 있는 것입니다.

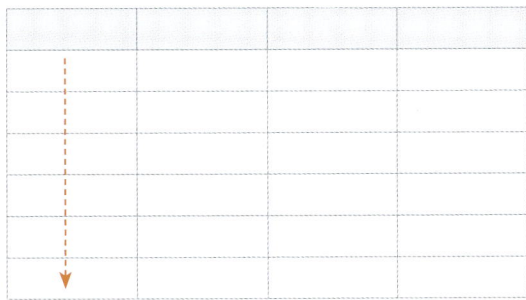

즉, 사용자가 다른 표에서 값을 참조하고 싶을 때, 원하는 조건을 세로 방향(↓)으로 찾아야 한다면 VLOOKUP 함수를 사용해야 합니다. 기본 구문은 다음과 같습니다.

VLOOKUP (① 찾을 값, ② 표, ③ 열 번호, ④ 찾는 방법)

다른 표의 왼쪽 열에서 원하는 값을 찾아, 오른쪽 열의 값을 참조합니다.

① 찾을 값	[표]의 왼쪽 첫 번째 열에서 찾을 값입니다.
② 표	[찾을 값]이 포함된 열과, 참조할 값이 포함된 열을 연결한 데이터 범위입니다.
③ 열 번호	[표]에서 참조할 값이 있는 열의 인덱스 번호입니다.
④ 찾는 방법	[찾을 값]을 [표]의 왼쪽 첫 번째 열에서 찾는 방법을 지정합니다.

선택값	설명
TRUE 또는 생략	[표]의 왼쪽 첫 번째 열이 오름차순으로 정렬되어 있다고 가정하고 값을 찾는데, [찾을 값]보다 큰 값을 만날 때까지 동일한 값을 찾지 못하면 [찾을 값]보다 작은 값 중에서 가장 큰 값의 위치를 찾습니다.
FALSE	[표]의 왼쪽 첫 번째 열에서 [찾을 값]과 동일한 값의 위치를 찾습니다.

주의 사항

- [찾을 값]을 [표]의 왼쪽 첫 번째 열에서 찾지 못하면 #N/A 에러가 반환됩니다.
- [표]의 첫 번째 열에서만 값을 찾을 수 있으며, 오른쪽에 있는 열의 값만 참조할 수 있습니다.

HLOOKUP 함수

만약 찾을 값이 가로 방향(→)으로 입력된 표라면 HLOOKUP 함수를 사용합니다. H는 Horizontal의 약어이므로 수평(가로) 방향으로 값을 찾을 때 사용할 수 있는 함수임을 의미합니다.

HLOOKUP 함수의 구문은 VLOOKUP 함수와 유사합니다. 다음 구문을 참고합니다.

HLOOKUP (① 찾을 값, ② 표, ③ 행 번호, ④ 찾는 방법)

다른 표의 첫 번째 행에서 원하는 값을 찾아, 아래쪽 행의 값을 참조합니다.

① 찾을 값	[표]의 왼쪽 첫 번째 행에서 찾을 값입니다.
② 표	[찾을 값]이 포함된 행과 참조할 값이 포함된 행을 연결한 데이터 범위입니다.
③ 행 번호	[표]에서 참조할 값을 갖는 행의 인덱스 번호입니다.

④ 찾는 방법	[찾을 값]을 [표]의 첫 번째 행에서 찾는 방법을 지정합니다.	
	선택값	설명
	TRUE 또는 생략	[표]의 첫 번째 행이 오름차순으로 정렬되어 있다고 가정하고 값을 찾는데, [찾을 값]보다 큰 값을 만날 때까지 동일한 값을 찾지 못하면 [찾을 값]보다 작은 값 중에서 가장 큰 값의 위치를 찾습니다.
	FALSE	[표]의 첫 번째 행에서 [찾을 값]과 동일한 값의 위치를 찾습니다.

주의 사항
- [찾을 값]을 [표]의 첫 번째 행에서 찾지 못하면 #N/A 에러가 반환됩니다.
- [표]의 첫 번째 행에서만 값을 찾을 수 있으며, 아래쪽에 있는 행의 값만 참조할 수 있습니다.

INDEX, MATCH 함수

VLOOKUP, HLOOKUP 함수는 각각 하나의 열 또는 행에서만 값을 찾을 수 있습니다. 반면 INDEX, MATCH 함수를 사용하면 특정 열과 특정 행을 동시에 지정하여, 두 위치가 교차하는 값을 참조할 수 있습니다.

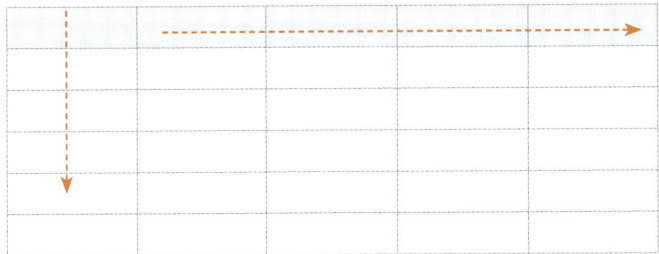

INDEX 함수는 다른 표에서 지정한 행/열 좌표의 값을 참조할 수 있습니다. 구문은 다음과 같습니다.

INDEX (① 표, ② 행 번호, ③ 열 번호)

[표]에서 지정한 행, 열 위치의 값을 참조합니다.

① 표	참조할 값이 모두 있는 데이터 범위입니다.
② 행 번호	[표]에서 참조할 값이 있는 x번째 행을 의미합니다.
③ 열 번호	[표]에서 참조할 값이 있는 y번째 열을 의미합니다.

주의 사항
- [행 번호]가 3이고 [열 번호]가 2이면, [표] 범위 내의 세 번째 행과 두 번째 열이 교차하는 셀의 값을 참조합니다.

MATCH 함수는 값을 찾아, 찾는 값이 몇 번째에 있는지 반환하는 함수입니다. 구문은 다음과 같습니다.

MATCH (① 찾을 값, ② 찾을 범위, ③ 찾는 방법)

[찾을 값]을 [찾을 범위]에서 찾아, 해당 범위의 몇 번째에 있는지 반환합니다.

① 찾을 값	범위에서 찾고 싶은 값입니다.	
② 찾을 범위	[찾을 값]이 포함된 열과, 참조할 값이 포함된 열을 연결한 데이터 범위입니다.	
③ 찾는 방법	[찾을 값]을 [찾을 범위]에서 어떻게 찾을지에 대한 옵션을 지정합니다.	
	옵션	설명
	1 또는 생략	[찾을 범위]의 값이 오름차순으로 정렬되어 있다고 가정하고 순서대로 값을 찾습니다. 찾을 값보다 큰 값을 만날 때까지 일치하는 값이 없다면, 찾을 값보다 작은 값 중에서 가장 큰 값의 위치를 찾습니다.
	0	정렬 방법과 상관없이 정확하게 일치하는 첫 번째 값 위치를 찾습니다.
	-1	[찾을 범위]의 값이 내림차순으로 정렬되어 있다고 가정하고 순서대로 값을 찾습니다. 찾을 값보다 작은 값을 만날 때까지 일치하는 값이 없다면, 찾을 값보다 큰 값 중에서 가장 작은 값의 위치를 찾습니다.

XLOOKUP, XMATCH 함수

엑셀 2019 이상 버전 또는 마이크로소프트 365 버전에서는 XLOOKUP 함수와 XMATCH 함수를 사용할 수 있습니다. XLOOKUP 함수는 VLOOKUP, HLOOKUP, LOOKUP 함수를 대체할 수 있는 강력한 함수이고, XMATCH 함수는 MATCH 함수의 개선 함수입니다. 먼저 XLOOKUP 함수의 구문은 다음과 같습니다.

XLOOKUP (① 찾을 값, ② 찾을 범위, ③ 참조 범위, ④ #N/A 대체, ⑤ 찾는 방법, ⑥ 찾는 방향)

[찾을 범위]에서 원하는 값의 위치를 찾고, [참조 범위] 내 동일한 위치에 있는 값을 반환합니다.

① 찾을 값	다른 표에서 값을 참조해 올 때, 확인할 값입니다.	
② 찾을 범위	[찾을 값]이 포함된 데이터 범위입니다.	
③ 참조 범위	참조해 올 값이 포함된 데이터 범위입니다.	
④ #N/A 대체	#N/A 에러가 발생할 때 대체할 값입니다.	
⑤ 찾는 방법	[찾을 범위]에서 [찾을 값]을 찾는 방법을 설정하는 옵션으로, 기본값은 0입니다.	
	옵션	설명
	1	정확하게 일치하거나, 다음으로 큰 값을 찾습니다.
	0	정확하게 일치하는 값을 찾습니다.
	-1	정확하게 일치하거나, 다음으로 작은 값을 찾습니다.
	2	와일드카드 문자(*, ?, ~)를 사용해 값을 찾습니다.

		옵션	설명
⑥ 찾는 방향	[찾을 범위]에서 값을 찾는 방향을 설정하는 옵션으로, 기본값은 1입니다.		
		1	[찾을 범위] 내 첫 번째 항목부터 값을 찾습니다.
		−1	[찾을 범위] 내 마지막 항목부터 역순으로 찾습니다.
		2	오름차순으로 정렬된 범위에서 이진 검색으로 찾습니다.
		−2	내림차순으로 정렬된 범위에서 이진 검색으로 찾습니다.

주의 사항

- VLOOKUP 함수는 [찾는 방법]을 생략하면 오름차순으로 정렬된 구간에서 값을 찾고, XLOOKUP 함수는 [찾는 방법]을 생략하면 [찾을 값]과 똑같은 값을 찾습니다.
- XLOOKUP 함수의 인수 ④부터는 모두 생략할 수 있습니다.
- XLOOKUP 함수의 인수 ⑥을 −1로 지정하면 [찾을 범위]에서 값을 거꾸로 찾습니다.

XMATCH 함수는 INDEX 함수와 함께 사용할 수 있으며, 구문은 다음과 같습니다.

XMATCH (① 찾을 값, ② 찾을 범위, ③ 찾는 방법, ④ 찾는 방향)

[찾을 범위]에서 원하는 값을 찾아, 해당 값의 위치가 [찾을 범위] 내 몇 번째에 있는지 위칫값을 반환합니다. 예를 들어 [찾을 값]이 [찾을 범위] 내 세 번째 위치에 있다면 XMATCH 함수는 3을 반환합니다.

		옵션	설명
① 찾을 값	다른 표에서 값을 참조해 올 때, 확인할 값입니다.		
② 찾을 범위	[찾을 값]이 포함된 데이터 범위입니다.		
③ 찾는 방법	[찾을 범위]에서 [찾을 값]의 대상을 설정하는 옵션으로, 기본값은 0입니다.		
		1	정확하게 일치하거나, 다음으로 큰 값을 찾습니다.
		0	정확하게 일치하는 값을 찾습니다.
		−1	정확하게 일치하거나, 다음으로 작은 값을 찾습니다.
		2	와일드카드 문자(*, ?, ~)를 사용해 값을 찾습니다.
④ 찾는 방향	[찾을 범위]에서 값을 찾는 방향을 설정하는 옵션으로, 기본값은 1입니다.		
		1	[찾을 범위] 내 첫 번째 항목부터 찾습니다.
		−1	[찾을 범위] 내 마지막 항목부터 역순으로 찾습니다.
		2	오름차순으로 정렬된 범위에서 이진 검색으로 찾습니다.
		−2	내림차순으로 정렬된 범위에서 이진 검색으로 찾습니다.

주의 사항
- MATCH 함수는 [찾는 방법]을 생략하면 오름차순으로 정렬된 구간에서 값을 찾고, XMATCH 함수는 [찾는 방법]을 생략하면 [찾을 값]과 똑같은 값을 찾습니다.
- XLOOKUP 함수의 인수 ④를 –1로 지정하면 [찾을 범위]에서 값을 거꾸로 찾습니다.

세로 방향의 값을 찾아 필요한 값 참조하기

예제 파일 CHAPTER 02 \ VLOOKUP 함수.xlsx

01 예제 파일을 열면 다음과 같은 표를 확인할 수 있습니다. 왼쪽 표의 E열에 입력할 부서를 오른쪽 표에서 참조하겠습니다. 이때 D열의 부서 코드를 오른쪽 표에서 세로 방향으로 찾아야 합니다.

사번	이름	부서코드	부서		부서코드	부서
C07-4146	김철수	D-01			D-01	전략기획실
C23-8964	이영희	D-02			D-02	인사부
C22-3707	박민수	D-03			D-03	재무부
C01-7137	정수빈	D-01			D-04	마케팅부
C01-3128	최다은	D-04				
C12-0971	한지민	D-02				
C23-3360	김민준	D-03				
C07-0954	오준서	D-04				
C00-5599	백승호	D-01				
C22-6963	이나연	D-03				

02 참조할 값(부서명)이 찾을 값(부서코드)의 오른쪽에 있는지 확인해야 합니다.

사번	이름	부서코드	부서		부서코드	부서
C07-4146	김철수	D-01			D-01	전략기획실
C23-8964	이영희	D-02			D-02	인사부
C22-3707	박민수	D-03			D-03	재무부
C01-7137	정수빈	D-01			D-04	마케팅부
C01-3128	최다은	D-04				
C12-0971	한지민	D-02				
C23-3360	김민준	D-03				
C07-0954	오준서	D-04				
C00-5599	백승호	D-01				
C22-6963	이나연	D-03				

03 01~02 과정을 모두 만족하는 경우 VLOOKUP 함수를 사용할 수 있습니다. [E3] 셀에 다음 수식을 입력하고 [E12] 셀까지 복사하면 다음과 같은 결과가 구해집니다.

=VLOOKUP(D3, $H$3:$I$6, 2, FALSE)

	A	B	C	D	E	F	G	H	I	J
1										
2		사번	이름	부서코드	부서			부서코드	부서	
3		C07-4146	김철수	D-01	전략기획실			D-01	전략기획실	
4		C23-8964	이영희	D-02	인사부			D-02	인사부	
5		C22-3707	박민수	D-03	재무부			D-03	재무부	
6		C01-7137	정수빈	D-01	전략기획실			D-04	마케팅부	
7		C01-3128	최다온	D-04	마케팅부					
8		C12-0971	한지민	D-02	인사부					
9		C23-3360	김민준	D-03	재무부					
10		C07-0954	오준서	D-04	마케팅부					
11		C00-5599	백승호	D-01	전략기획실					
12		C22-6963	이나연	D-03	재무부					
13										

엑셀마스터가 짚어주는 핵심 NOTE

수식 해설

이번 수식은 [D3] 셀의 부서코드를 [H3:I6] 범위의 첫 번째 열([H3:H6] 범위)에서 일치하는 값(FALSE)을 찾은 다음, 두 번째 열([I3:I6] 범위)의 값을 반환하라는 의미입니다.

VLOOKUP 함수는 대중적으로 많이 사용되는 참조 함수로, 보통 이렇게 정확히 일치하는 값의 위치를 찾아 오른쪽 열의 값을 참조하는 방식을 사용합니다. 참고로 FALSE 대신 0을 입력해도 동일한 결과가 나오니 함께 기억해두면 좋습니다.

=VLOOKUP(D3, $H$3:$I$6, 2, 0)

엑셀의 TRUE, FALSE가 숫자 1과 0으로 처리된다는 점만 이해하면 어려운 수식은 아닙니다. 위 수식에서 #N/A 에러가 발생한다면 찾는 부서코드가 존재하지 않는 것입니다. 이런 경우 IFERROR 함수를 사용해 다음과 같이 #N/A 에러를 지정한 문구나 값으로 대체할 수 있습니다.

=IFERROR(VLOOKUP(D3, $H$3:$I$6, 2, 0), "찾는 값 없음")

만약 엑셀 2019 이상 버전이나 마이크로소프트 365 버전을 사용한다면 다음과 같이 XLOOKUP 함수를 사용할 수 있습니다.

=XLOOKUP(D3, $H$3:$H$6, $I$3:$I$6)

XLOOKUP 함수는 VLOOKUP 함수와 달리 찾을 범위(H3:H6)와 참조 범위(I3:I6)를 따로 지정할 수 있습니다. 따라서, 참조 범위가 찾을 범위 오른쪽에 있지 않아도 원하는 값을 반환할 수 있습니다. 또한 IFERROR 함수를 사용하지 않아도 찾는 값이 없을 때 #N/A 에러 대신 지정한 문구나 값을 반환하도록 설정할 수 있습니다.

=XLOOKUP(D3, $H$3:$H$6, $I$3:$I$6, "찾는 값 없음")

이렇듯 여러 사용 방법을 보면 XLOOKUP 함수가 VLOOKUP 함수보다 뛰어나다는 점을 이해할 수 있을 것입니다.

04 만약 참조할 값이 오른쪽 열이 아니라 왼쪽 열에 있다면 VLOOKUP 함수는 사용하지 못합니다. 이런 경우에는 INDEX, MATCH 함수를 사용해야 합니다. 이번 사례를 INDEX, MATCH 함수로 참조하려면 다음과 같이 수식을 작성합니다.

=INDEX($I$3:$I$6, MATCH(D3, $H$3:$H$6, 0), 1)

엑셀마스터가 짚어주는 핵심 NOTE

수식 해설

엑셀 2019 이상 버전이나 마이크로소프트 365 버전이라면 XLOOKUP 함수를 사용하는 것이 좋지만, 엑셀 2016 버전까지는 XLOOKUP 함수가 지원되지 않으므로 INDEX, MATCH 함수를 사용해야 합니다. INDEX 함수는 참조만 하는 함수이고, MATCH 함수는 찾기만 하는 함수이므로 이번에 작성한 수식은 다음과 같이 이해해야 합니다.

```
=INDEX($I$3:$I$6,           ← 참조 범위
       MATCH(D3, $H$3:$H$6, 0),   ← 행 번호
       1)                    ← 열 번호
```

INDEX 함수는 [I3:I6] 범위의 값을 참조하는데, MATCH 함수로 찾은 행 위치의 첫 번째 열에 있는 값을 반환합니다. MATCH 함수는 [D3] 셀의 값을 [H3:H6] 범위에서 찾아 몇 번째 위치에 있는지 알려줍니다.

이런 방식으로 INDEX, MATCH 함수는 VLOOKUP 함수나 XLOOKUP 함수의 역할을 분업하는 방식으로 동작합니다. 참고로 INDEX 함수의 첫 번째 인수가 열이 한 개인 경우, 세 번째 인수는 생략할 수 있습니다. 즉, 이번 수식은 다음과 같이 수정할 수 있습니다.

=INDEX($I$3:$I$6, MATCH(D3, $H$3:$H$6, 0))

이런 다양한 사용 방법을 익혀두면, 함수를 활용하는 방법을 좀 더 잘 이해할 수 있습니다.

가로 방향의 값을 찾아 필요한 값 참조하기

예제 파일 CHAPTER 02 \ HLOOKUP 함수.xlsx

01 예제 파일을 열면 다음과 같은 표가 있습니다. [B2] 셀의 값을 6행에서 찾아 9행의 '재고'를 [B3] 셀에 참조하겠습니다. 위쪽 화살표처럼 가로 방향에서 값을 찾아, 아래 행의 값을 참조하면 되므로 HLOOKUP 함수를 사용할 수 있습니다.

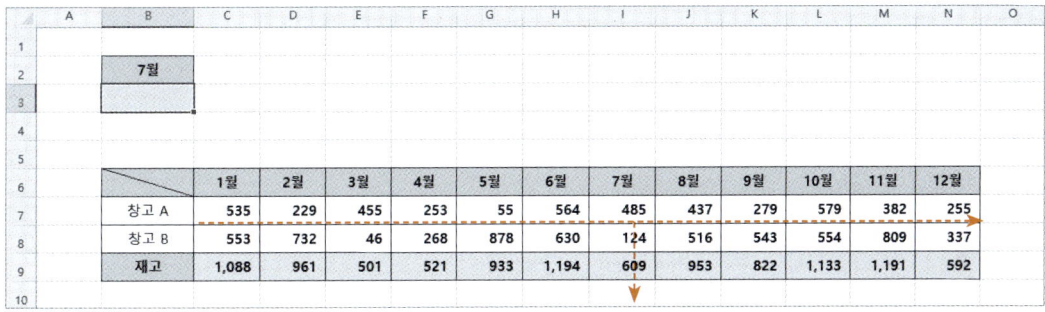

02 [B3] 셀에 다음 수식을 입력해 원하는 재고를 참조합니다.

=HLOOKUP(B2, C6:N9, 4, FALSE)

엑셀마스터가 짚어주는 핵심 NOTE

수식 해설

HLOOKUP 함수는 기본적으로 VLOOKUP 함수와 동일합니다. 이번 수식은 [B2] 셀의 값을 표 범위인 [C6:N9] 범위의 첫 번째 행 범위인 [C6:N6] 범위에서 찾고, 같은 위치의 네 번째 행 범위인 [C9:N9] 범위에서 동일한 위치의 값을 참조합니다.

엑셀 2019 이상 버전 또는 마이크로소프트 365 버전을 사용한다면 XLOOKUP 함수를 사용해 동일한 결과를 얻을 수 있습니다. 수식을 다음과 같이 변경하면 됩니다.

=XLOOKUP(B2, C6:N6, C9:N9)

LINK 자세한 사용 방법은 이 책의 47페이지의 **03** 과정 설명을 참고합니다.

03 만약 INDEX, MATCH 함수를 사용하려면 [B3] 셀의 수식을 다음과 같이 수정합니다. HLOOKUP 함수를 사용한 것과 동일한 결과가 나오는 것을 확인할 수 있습니다.

=INDEX(C9:N9, 1, MATCH(B2, C6:N6, 0))

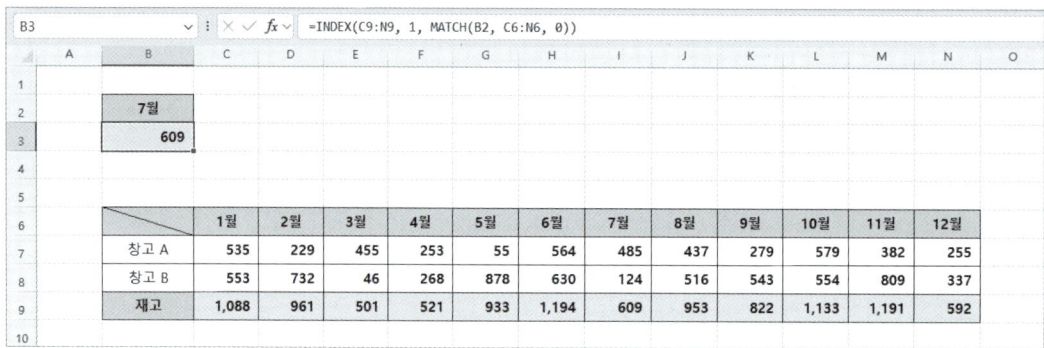

가로/세로 방향에서 모두 값을 찾아 필요한 값 참조하기

예제 파일 CHAPTER 02 \ INDEX, MATCH 함수.xlsx

01 예제 파일에는 다음과 같은 표가 구성되어 있습니다. [B3] 셀의 차종과 [C3] 셀의 임대일을 아래쪽 표에서 찾아 [D3] 셀에 요금을 참조하려고 합니다. 이런 경우에는 값을 두 방향에서 찾아야 합니다.

	차종	임대일	요금
	중형	3일	

차종	1일	2일	3일	4일	5일	6일	7일
소형	105,000	95,000	89,000	84,000	80,000	72,000	66,000
중형	165,000	148,500	141,000	132,000	123,000	112,000	100,000
대형	247,500	222,750	211,500	198,000	184,500	168,000	152,000

02 [D3] 셀의 요금을 참조하기 위해, 다음과 같은 수식을 입력합니다.

=INDEX(C7:I9, MATCH(B3, B7:B9, 0), MATCH(C3, C6:I6, 0))

	차종	임대일	요금
	중형	3일	**141,000**

차종	1일	2일	3일	4일	5일	6일	7일
소형	105,000	95,000	89,000	84,000	80,000	72,000	66,000
중형	165,000	148,500	141,000	132,000	123,000	112,000	100,000
대형	247,500	222,750	211,500	198,000	184,500	168,000	152,000

TIP 수식을 입력한 후 [B3:C3] 범위 내의 셀 값을 변경해 정확한 요금이 반환되는지 확인해보세요.

엑셀마스터가 짚어주는 핵심 NOTE

수식 해설

이번 수식은 INDEX 함수에서 값을 참조하기 위해 각각 행 번호와 열 번호 위치를 모두 MATCH 함수를 사용해 찾습니다. 다음과 같이 구분하면 이해하기 쉬울 것입니다.

```
=INDEX(C7:I9,                    ← 참조 범위
       MATCH(B3, B7:B9, 0),      ← 행 번호
       MATCH(C3, C6:I6, 0))      ← 열 번호
```

INDEX 함수는 하나의 열 범위와 하나의 행 범위를 지정해 두 범위가 교차하는 위치의 값을 찾을 수 있습니다. 이런 작업은 VLOOKUP이나 HLOOKUP 함수로는 구현하기가 어렵습니다.

엑셀 2019 이상 버전이나 마이크로소프트 365 버전에서도 XLOOKUP 함수만으로는 동일한 결과를 얻을 수 없습니다. 그러므로 이런 경우에는 INDEX, MATCH 함수를 사용하는 방법이 가장 적합합니다. 참고로 MATCH 함수를 다음과 같이 XMATCH 함수로 대체할 수는 있습니다.

```
=INDEX(C7:I9,
       XMATCH(B3, B7:B9),
       XMATCH(C3, C6:I6))
```

XMATCH 함수는 기본값이 동일한 값의 위치를 찾는 것이므로, 세 번째 인수를 생략할 수 있습니다.

시계열 데이터를 핸들링하기 위한 날짜/시간 함수

날짜/시간 데이터는 보통 시계열 분석에 활용됩니다. 따라서 날짜를 연, 분기, 월 등 상위 단위로 변환하는 방법을 반드시 이해해야 합니다. 구체적인 방법은 아래 표에 정리했으니 참고하세요.

날짜 단위	수식	반환
연도	=YEAR(A1) & "년"	2024년
	=TEXT(A1, "yy년")	24년
반기	=IF(MONTH(A1)<7, "상반기", "하반기")	상반기/하반기
분기	=ROUNDUP(MONTH(A1)/3, 0) & "분기"	1분기~4분기
	="Q" & ROUNDUP(MONTH(A1)/3, 0)	Q1~Q4
월	=MONTH(A1) & "월"	1월~12월
	=TEXT(A1, "mm월")	01월~12월
주	=WEEKNUM(A1) & "주"	1주~54주
	=INT((DAY(A1)−WEEKDAY(A1)+13)/7) & "주"	1주~5주
요일	=TEXT(A1, "aaa")	월 ~ 일

위 계산식은 모두 [A1] 셀에 날짜 데이터가 입력되어 있다는 것을 가정하고 작성한 수식입니다. 만약 오늘 날짜를 기준으로 날짜 단위를 구해야 한다면 [A1] 셀을 모두 TODAY 함수로 변경합니다.

날짜 단위는 몇 가지 단위를 섞어 사용해야 하는 경우도 있는데 예를 들어 '연도와 분기가 24Q1'과 같이 나타나야 한다면 다음과 같이 수식을 구성합니다.

=TEXT(A1, "yy") & "Q" & ROUNDUP(MONTH(A1)/3, 0)

또는 월과 주차를 '7월3주'와 같이 나타내야 한다면 수식을 다음과 같이 구성합니다.

=TEXT(A1, "m월") & INT((DAY(A1)−WEEKDAY(A1,1)+13)/7) & "주"

시간 데이터의 경우는 날짜 데이터보다는 간단하지만, 조금 복잡하게 느껴질 수 있는 부분이 있습니다.
[A1] 셀에 9:30이 입력된 경우에 아래와 같은 수식을 사용하면 다음과 같은 결과를 얻을 수 있습니다.

시간 단위	수식	반환
시	=HOUR(A1)	9
시.분	=A1*24	9.5

만약 시간 차이를 구할 때 24시간 이상을 표시하고 싶다면 다음과 같은 수식을 사용합니다.

시간 단위	수식	반환
시	=TEXT(B1-A1, "[h]:mm")	45:30

시간 차이를 60분 이상의 분 단위로 표시하려면 다음과 같은 수식을 사용합니다.

시간 단위	수식	반환
분	=TEXT(B1-A1, "[m]")	2560

몇 가지 실습을 통해 이런 계산 작업을 이해해보겠습니다.

다양한 날짜 단위 얻기

예제 파일 CHAPTER 02 \ 날짜 단위.xlsx

01 예제 파일을 열면 2024년도~2025년도 사이의 날짜 데이터가 입력되어 있습니다. B열의 날짜 데이터를 참조해, C~L열까지의 필요한 날짜 상위 단위를 작성하겠습니다.

날짜	연도		반기	분기		월		주		요일
	yyyy년	yy년	상/하반기	1~4분기	Q1~Q4	m월	mm월	연 주차	월 주차	월~일
2024-01-04										
2024-01-05										
2024-02-05										
2024-02-13										
2024-02-17										
2024-02-17										
2024-02-25										
2025-09-11										
2025-09-12										
2025-09-16										
2025-09-23										
2025-10-13										
2025-10-20										
2025-11-08										
2025-11-24										
2025-12-01										
2025-12-16										
2025-12-20										

02 [C4] 셀부터 [L4] 셀까지 다음과 같은 수식을 작성하고, 109행까지 복사하면 아래와 같은 결과를 얻을 수 있습니다.

[C4] 셀 : =YEAR(B4) & "년"
[D4] 셀 : =TEXT(B4, "yy") & "년"
[E4] 셀 : =IF(MONTH(B4)<7, "상반기", "하반기")
[F4] 셀 : =ROUNDUP(B4/3, 0) & "분기"
[G4] 셀 : ="Q" & ROUNDUP(MONTH(B4)/3, 0)
[H4] 셀 : =MONTH(B4) & "월"
[I4] 셀 : =TEXT(B4, "mm월")
[J4] 셀 : =WEEKNUM(B4) & "주"
[K4] 셀 : =INT((DAY(B4)−WEEKDAY(B4)+13)/7) & "주"
[L4] 셀 : =TEXT(B4, "aaa")

엑셀마스터가 짚어주는 핵심 NOTE

수식 응용하기

하나씩 날짜 단위를 반환하는 경우도 있지만, 연도와 분기를 함께 표시하는 경우도 많습니다. 만약 '1Q24'와 같이 표시하려면 다음 수식을 사용합니다.

> =ROUNDUP(MONTH(B4)/3, 0) & "Q" & TEXT(B4, "yy")

이렇게 날짜 상위 단위를 여러 개 함께 표시하고 싶다면 & 연산자를 이용해 연결합니다. 만약 월의 주차를 '01W1'과 같이 표시하려면 다음과 같은 계산식을 사용합니다.

> =TEXT(B4, "mm") & "W" & INT((DAY(B4)-WEEKDAY(B4)+13)/7)

이렇게 다양한 방법으로 필요한 날짜 단위를 표시할 수 있도록 연습해보는 것이 좋습니다.

자주 사용하는 시간 단위 표시하기

예제 파일 CHAPTER 02 \ 시간 단위.xlsx

01 예제 파일을 열면 다음과 같은 표를 확인할 수 있습니다. D열과 E열의 출근시간과 퇴근시간을 참고해, F열부터 I열까지 근무시간을 구해보겠습니다.

	A	B	C	D	E	F	G	H	I	J
1										
2							근무시간			
3		사번		출근시간	퇴근시간	시간	시간만	시간.분	시간합	
4				7:51 AM	6:05 PM					
5				8:36 AM	7:57 PM					
6		S24-0285	신민준	7:57 AM	5:49 PM					
7				7:19 AM	5:19 PM					
8				8:03 AM	6:55 PM					
9				8:35 AM	7:21 PM					
10				7:48 AM	5:38 PM					
11		S24-0328	김하나	7:24 AM	5:36 PM					
12				8:05 AM	6:27 PM					
13				8:14 AM	6:46 PM					
14				7:19 AM	6:29 PM					
15				8:31 AM	7:21 PM					
16		S24-0440	박효연	8:11 AM	6:26 PM					
17				8:09 AM	6:51 PM					
18				8:57 AM	7:34 PM					
19										

02 먼저 F열부터 H열까지 근무시간을 구합니다. [F4], [G4], [H4] 셀에 다음 수식을 입력하고 18행까지 복사합니다.

[F4] 셀 : =E4-D4
[G4] 셀 : =HOUR(F4)
[H4] 셀 : =F4 * 24

사번		출근시간	퇴근시간	근무시간			시간합
				시간	시간만	시간.분	
S24-0285	신민준	7:51 AM	6:05 PM	10:14	10.0	10.2	
		8:36 AM	7:57 PM	11:20	11.0	11.3	
		7:57 AM	5:49 PM	9:51	9.0	9.9	
		7:19 AM	5:19 PM	9:59	9.0	10.0	
		8:03 AM	6:55 PM	10:51	10.0	10.9	
S24-0328	김하나	8:35 AM	7:21 PM	10:46	10.0	10.8	
		7:48 AM	5:38 PM	9:50	9.0	9.8	
		7:24 AM	5:36 PM	10:12	10.0	10.2	
		8:05 AM	6:27 PM	10:22	10.0	10.4	
		8:14 AM	6:46 PM	10:31	10.0	10.5	
S24-0440	박효연	7:19 AM	6:29 PM	11:10	11.0	11.2	
		8:31 AM	7:21 PM	10:50	10.0	10.8	
		8:11 AM	6:26 PM	10:14	10.0	10.2	
		8:09 AM	6:51 PM	10:42	10.0	10.7	
		8:57 AM	7:34 PM	10:37	10.0	10.6	

03 근무시간의 합을 구하기 위해 [I4] 셀에 다음 수식을 입력하고 18행까지 복사합니다.

=TEXT(SUM(F4:F8), "[h]:mm")

사번		출근시간	퇴근시간	근무시간			시간합
				시간	시간만	시간.분	
S24-0285	신민준	7:51 AM	6:05 PM	10:14	10.0	10.2	52:17
		8:36 AM	7:57 PM	11:20	11.0	11.3	
		7:57 AM	5:49 PM	9:51	9.0	9.9	
		7:19 AM	5:19 PM	9:59	9.0	10.0	
		8:03 AM	6:55 PM	10:51	10.0	10.9	
S24-0328	김하나	8:35 AM	7:21 PM	10:46	10.0	10.8	51:42
		7:48 AM	5:38 PM	9:50	9.0	9.8	
		7:24 AM	5:36 PM	10:12	10.0	10.2	
		8:05 AM	6:27 PM	10:22	10.0	10.4	
		8:14 AM	6:46 PM	10:31	10.0	10.5	
S24-0440	박효연	7:19 AM	6:29 PM	11:10	11.0	11.2	53:33
		8:31 AM	7:21 PM	10:50	10.0	10.8	
		8:11 AM	6:26 PM	10:14	10.0	10.2	
		8:09 AM	6:51 PM	10:42	10.0	10.7	
		8:57 AM	7:34 PM	10:37	10.0	10.6	

SECTION 04 피벗을 대체할 수 있는 새로운 동적 배열 함수

마이크로소프트 365 버전에는 이 책에서 가장 중요하게 사용할 피벗 테이블 보고서를 대체할 수 있는 동적 배열 함수가 추가되었습니다. 2024년 4월 업데이트 이후 지원되는 GROUPBY 함수와 PIVOTBY 함수입니다. 두 함수는 모두 피벗 테이블 기능을 함수 형태로 제공하므로, 해당 버전을 사용한다면 대시보드를 훨씬 간편하게 구성할 수 있습니다.

GROUPBY 함수

먼저 GROUPBY 함수에 대한 설명은 아래 구문을 참고합니다.

GROUPBY (① 행 필드, ② 집계 필드, ③ 함수, ④ 머리글 표시, ⑤ 총합/부분합 표시 ⑥ 정렬, ⑦ 필터 조건)

행 필드의 제목을 묶어, 집계값 영역의 값을 지정한 함수로 집계한 결과를 반환합니다.

① 행 필드	지정된 열 범위 내 데이터를 묶어 행 머리글로 표시합니다.
② 집계 필드	지정된 열 범위 내 데이터를 [함수]로 집계합니다.
③ 함수	[집계 필드] 범위의 값을 지정한 함수로 집계합니다. 자주 사용하는 집계 함수는 다음과 같습니다. | 함수	설명
SUM	합계를 구합니다.
PERCENT OF	전체 값 대비 비율을 구합니다.
AVERAGE	평균을 구합니다.
COUNT	숫자 개수를 셉니다.
COUNTA	입력된 값의 개수를 셉니다.
MAX	최댓값을 구합니다.
MIN	최솟값을 구합니다.
ARRAYTOTEXT	[집계값] 영역의 값을 쉼표(,)로 연결합니다.	
④ 머리글 표시	[행 필드] 범위에 머리글이 포함되어 있다면 결과에 머리글을 포함시킬지 여부를 결정합니다. 기본적으로 표시하지 않습니다.

⑤ 총합/ 부분합 표시	총합계 행 및 부분합 행을 표시할지 여부를 결정합니다. 옵션을 설정하지 않으면 자동으로 표시합니다.
⑥ 정렬	결과 중 정렬할 열의 인덱스 번호를 지정합니다. 예를 들어 1을 입력하면 첫 번째 열을 정렬합니다. 이때 열의 인덱스 번호가 양수면 오름차순, 음수는 내림차순으로 정렬합니다.
⑦ 필터 조건	[행 필드]의 모든 데이터를 집계할지, 아니면 원하는 조건에 맞는 데이터만 집계할지 필터 조건을 설정할 수 있습니다.

주의 사항

- [행 필드], [집계 필드], [함수] 인수는 필수 인수로 반드시 설정해야 합니다.
- [함수] 인수에는 LAMBDA 함수를 사용해 원하는 계산 결과를 얻을 수 있습니다.

PIVOTBY 함수

피벗 테이블 보고서에 좀 더 가까운 함수는 PIVOTBY 함수로 GROUPBY 함수보다 구성이 좀 더 복잡합니다. 자세한 설명은 아래 구문을 참고합니다.

PIVOTBY (① 행 필드, ② 열 필드, ③ 집계 필드 ④ 함수, ⑤ 머리글 표시, ⑥ 행 총합/부분합 표시, ⑦ 행 정렬, ⑧ 열 총합/부분합 표시, ⑨ 열 정렬, ⑩ 필터 조건)

행 필드와 열 필드의 머리글을 교차한 위치에 집계 필드의 값을 지정한 함수로 집계한 결과를 반환합니다. 인수 구성은 기본적으로 GROUPBY 함수와 동일합니다.

주의 사항

- 이 함수는 GROUPBY 함수에 [열 필드]가 추가된 함수입니다.
- [행 필드], [열 필드], [집계 필드], [함수] 인수는 반드시 설정해야 합니다.
- [함수] 인수에는 LAMBDA 함수를 사용해 원하는 계산 결과를 얻을 수 있습니다.

이 함수들은 하위 버전에서 사용하던 SUMIF, AVERAGEIF 함수보다 효율도 뛰어나고 활용성이 높습니다. 따라서 마이크로소프트 365 버전에서는 이런 함수들을 잘 이해하고 활용할 수 있어야 합니다.

GROUPBY 함수로 지점별 실적 집계하기

예제 파일 CHAPTER 02 \ GROUPBY 함수.xlsx

01 예제 파일을 열면 화면과 같은 표 데이터를 확인할 수 있습니다. 여러 지점의 상품 판매 실적 데이터가 [B4:E4000] 범위에 입력되어 있습니다.

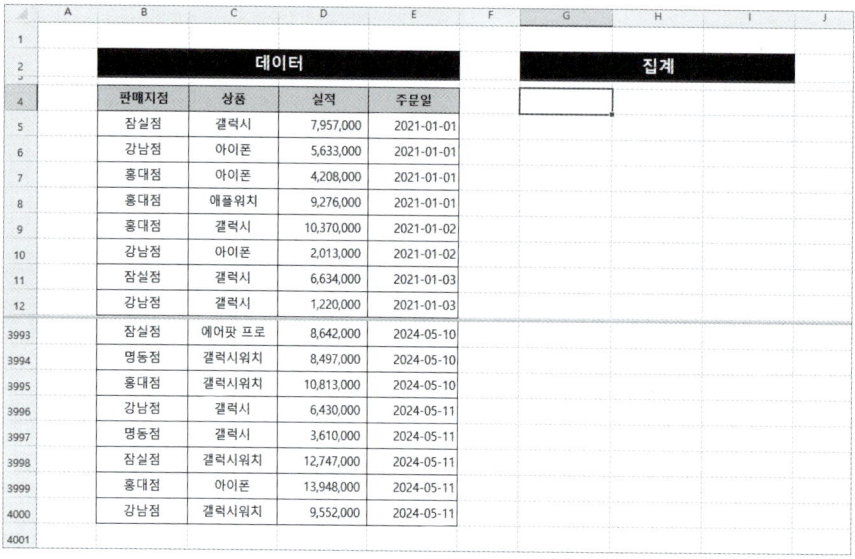

02 GROUPBY 함수를 사용해 [G4] 셀 위치에 지점별 실적을 집계합니다. [G4] 셀에 다음 수식을 입력합니다.

=GROUPBY(B4:B4000, D4:D4000, SUM)

VER. GROUPBY 함수는 2025년 12월 기준 마이크로소프트 365 버전에서만 사용할 수 있습니다.

TIP GROUPBY 함수는 동적 배열 함수로 [G4] 셀에 입력하면 자동으로 집계 결과가 화면과 같이 표시됩니다. 단, GROUPBY 함수는 값만 반환하므로, 테두리 및 배경색, 표시 형식은 따로 설정해야 합니다.

엑셀마스터가 짚어주는 핵심 NOTE

GROUPBY 함수의 집계 함수 설정 방법

GROUPBY 함수를 사용하면 한 번에 집계 표를 완성할 수 있습니다. 이처럼 하나의 함수가 여러 값을 반환하는 함수를 동적 배열 함수라고 하며, 동적 배열은 엑셀 2021 버전부터 지원됩니다. 다만 GROUPBY 함수 자체는 현재 마이크로소프트 365 버전에서만 제공됩니다.

GROUPBY 함수는 머리글 구성 후 SUMIF 함수를 이용하는 방식보다 훨씬 간단하게 지점별 실적을 집계할 수 있으며 하단의 [G8:H8] 범위에 총합계가 자동으로 표시되어 편리합니다. 또한 GROUPBY에서는 다양한 집계 함수가 제공되며, 기존 함수로는 불가능했던 전체 대비 비율까지 반환할 수 있습니다. 전체 대비 비율을 구하려면 [G4] 셀의 수식을 다음과 같이 변경합니다.

=GROUPBY(B4:B4000, D4:D4000, PERCENTOF)

	A	B	C	D	E	F	G	H	I	J
1										
2				데이터				집계		
3										
4		판매지점	상품	실적	주문일		강남점	0.348965979		
5		잠실점	갤럭시	7,957,000	2021-01-01		명동점	0.184387823		
6		강남점	아이폰	5,633,000	2021-01-01		잠실점	0.194357908		
7		홍대점	아이폰	4,208,000	2021-01-01		홍대점	0.272288291		
8		홍대점	애플워치	9,276,000	2021-01-01		합계	1		
9		홍대점	갤럭시	10,370,000	2021-01-02					
10		강남점	아이폰	2,013,000	2021-01-02					

TIP H열의 집계 결과가 합계에서 전체 대비 비율로 변경됩니다.

TIP H열의 결과는 [표시 형식]에서 '백분율'로 변경해야 보기 좋습니다.

TIP H열의 배경색은 변경된 부분이 어디인지 이해를 돕기 위해 저자가 추가한 것입니다.

GROUPBY 함수의 세 번째 인수인 '함수'에 사용할 수 있는 함수는 다음과 같이 목록에서 선택할 수 있습니다.

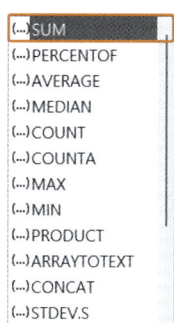

만약 함수 목록이 표시되지 않는다면 엑셀 옵션이 변경된 것이므로 다음 방법을 참고합니다.

01 리본 메뉴의 [파일] 탭–[옵션]을 클릭합니다.

02 [Excel 옵션] 대화상자의 [수식] 탭에서 [수식 자동 완성 사용]에 체크합니다.

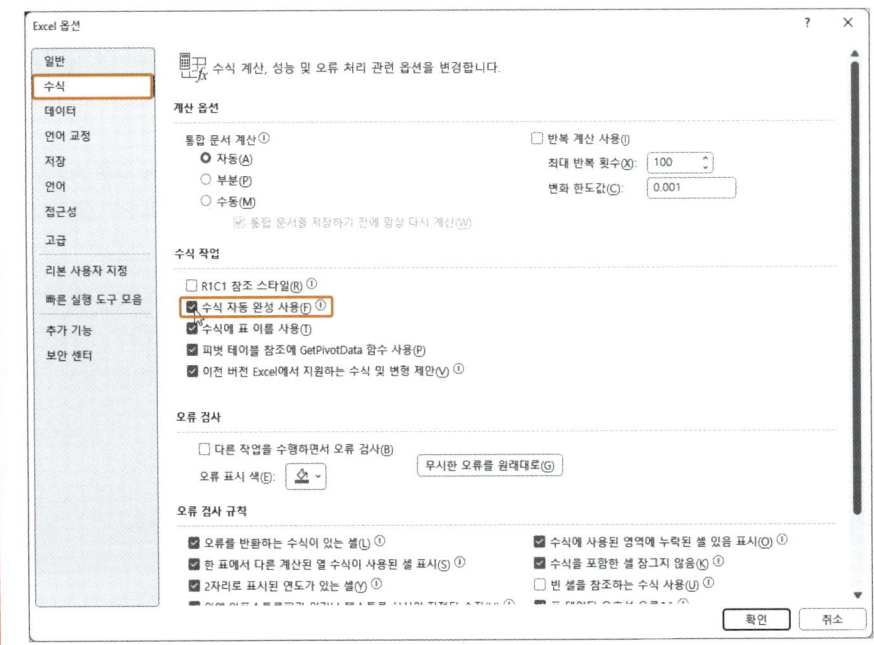

참고로, 합계와 전체 대비 비율을 함께 표시하려면 HSTACK 함수 안에 집계 함수를 넣으면 됩니다. [G4] 셀의 수식을 다음과 같이 변경해보세요.

=GROUPBY(B4:B4000, D4:D4000, HSTACK(SUM, PERCENTOF))

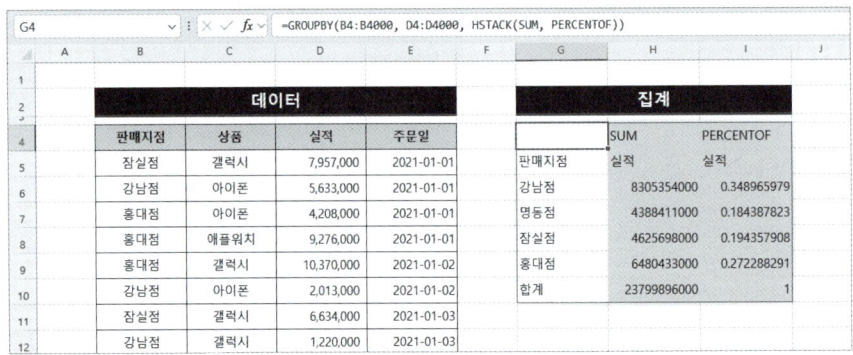

TIP [H:I] 열의 배경색은 변경된 부분이 어디인지 이해를 돕기 위해 적용한 것입니다.

화면에서 확인할 수 있듯이 이렇게 여러 함수를 사용하면 첫 번째 행에 사용 함수 이름이 SUM, PERCENTOF 와 같이 표시되며, 5행에서 확인할 수 있듯이 머리글이 자동으로 표시됩니다. 머리글 표시 부분은 **03** 과정에서 자세하게 설명합니다.

03 집계표의 머리글이 표시되도록 하려면 [G4] 셀의 수식을 다음과 같이 수정합니다.

=GROUPBY(B4:B4000, D4:D4000, SUM, 3)

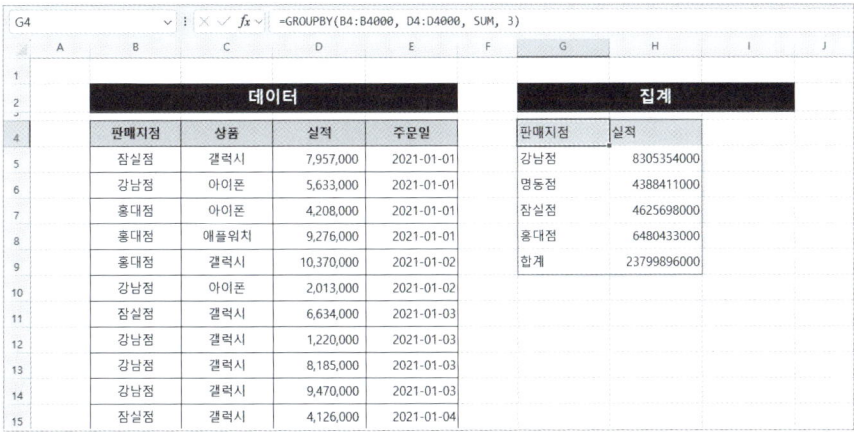

TIP [G4:H4] 범위의 머리글이 표시되려면, 첫 번째/두 번째 인수 범위에 머리글 셀인 [B4] 셀과 [D4] 셀이 각각 포함되어야 합니다.

 엑셀마스터가 짚어주는 핵심 NOTE

GROUPBY 함수의 머리글 표시 옵션

GROUPBY 함수의 첫 번째, 두 번째 인수에 머리글 행(4행)이 포함되어 있다면, GROUPBY 함수의 네 번째 인수에서 머리글 행의 표시 여부를 결정할 수 있습니다. 머리글 표시 옵션 값은 3이므로 네 번째 인수의 값을 3으로 지정하면 이번과 같이 머리글이 표시됩니다.

머리글이 행이 포함되어 있음에도 머리글을 표시되지 않도록 할 수 있는데, 네 번째 인수의 값이 0이 되면 머리글을 표시하지 않습니다. 만약 [G4] 셀의 수식을 다음과 같이 변경하면 아래와 같은 결과가 얻어집니다.

=GROUPBY(B4:B4000, D4:D4000, SUM, 0)

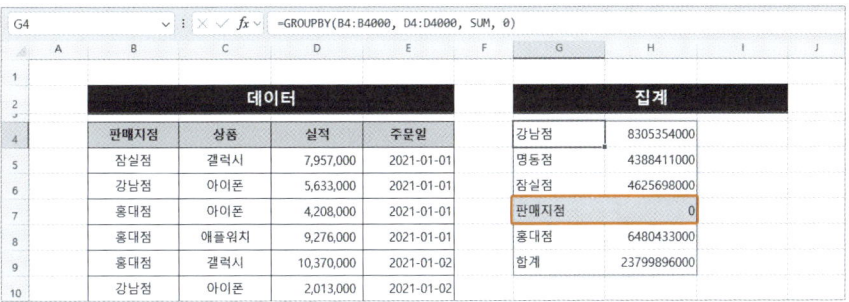

이 부분은 이해하기 쉬울 것입니다. GROUPBY 함수의 첫 번째, 두 번째 인수에 [B4] 셀과 [D4] 셀이 포함되어 있으므로, 이를 머리글로 표시하지 않으면 집계 대상으로 보기 때문에 [B4] 셀의 머리글이 집계 범위 내 표시되는 것입니다. 그러므로, 위와 같은 결과를 얻고 싶지 않다면 네 번째 인수에 0을 입력하지 않거나, 아니면 첫 번째, 두 번째 인수의 범위를 다음과 같이 조정해야 합니다.

=GROUPBY(B5:B4000, D5:D4000, SUM, 0)

04 집계표를 각 지점의 상품별 매출로 변경하려면 [G4] 셀의 수식을 다음과 같이 수정합니다.

=GROUPBY(B4:C4000, D4:D4000, SUM, 3)

판매지점	상품	실적	주문일	판매지점	상품	실적
잠실점	갤럭시	7,957,000	2021-01-01	강남점	갤럭시	2068932000
강남점	아이폰	5,633,000	2021-01-01	강남점	갤럭시워치	1332717000
홍대점	아이폰	4,208,000	2021-01-01	강남점	아이폰	1985341000
홍대점	애플워치	9,276,000	2021-01-01	강남점	애플워치	1549268000
홍대점	갤럭시	10,370,000	2021-01-02	강남점	에어팟 프로	1369096000
강남점	아이폰	2,013,000	2021-01-02	명동점	갤럭시	1168583000
잠실점	갤럭시	6,634,000	2021-01-03	명동점	갤럭시워치	701649000
강남점	갤럭시	1,220,000	2021-01-03	명동점	아이폰	960875000
강남점	갤럭시	8,185,000	2021-01-03	명동점	애플워치	716438000
강남점	갤럭시	9,470,000	2021-01-03	명동점	에어팟 프로	840866000
잠실점	갤럭시	4,126,000	2021-01-04	잠실점	갤럭시	1132116000
강남점	갤럭시워치	5,879,000	2021-01-04	잠실점	갤럭시워치	757272000
홍대점	아이폰	2,171,000	2021-01-05	잠실점	아이폰	1070687000
명동점	아이폰	5,648,000	2021-01-05	잠실점	애플워치	849563000
강남점	갤럭시워치	12,497,000	2021-01-06	잠실점	에어팟 프로	816060000
명동점	아이폰	1,263,000	2021-01-06	홍대점	갤럭시	1627323000
명동점	갤럭시	4,041,000	2021-01-06	홍대점	갤럭시워치	962400000
홍대점	아이폰	4,718,000	2021-01-07	홍대점	아이폰	1617431000
잠실점	아이폰	10,596,000	2021-01-07	홍대점	애플워치	1263527000
홍대점	애플워치	11,713,000	2021-01-07	홍대점	에어팟 프로	1009752000
강남점	갤럭시	3,776,000	2021-01-07	합계		23799896000
홍대점	아이폰	4,467,000	2021-01-08			

TIP GROUPBY 함수의 첫 번째 인수에 여러 범위를 선택하면 여러 범위의 항목이 그룹으로 묶여 집계 표가 작성됩니다.

엑셀마스터가 짚어주는 핵심 NOTE

GROUPBY 함수의 행 필드 표시 방법

GROUPBY 함수의 첫 번째 인수에 둘 이상의 범위를 지정하면, 집계표는 해당 머리글을 모두 묶어 집계하므로 **04** 과정과 동일한 결과가 나타납니다. 만약 범위가 연속되지 않았다면 HSTACK 함수를 사용해 원하는 머리글 범위를 전달해야 합니다.

이번 사례에서는 지점별 상품 판매 실적을 집계했는데, 이를 상품별 지점 판매 실적으로 바꾸려면 B열과 C열을 그대로 참조하는 것이 아니라, C열을 먼저 참조하도록 지정해야 합니다.

그러므로 [G4] 셀의 수식을 다음과 같이 변경해야 합니다.

=GROUPBY(HSTACK(C4:C4000, B4:B4000), D4:D4000, SUM, 3)

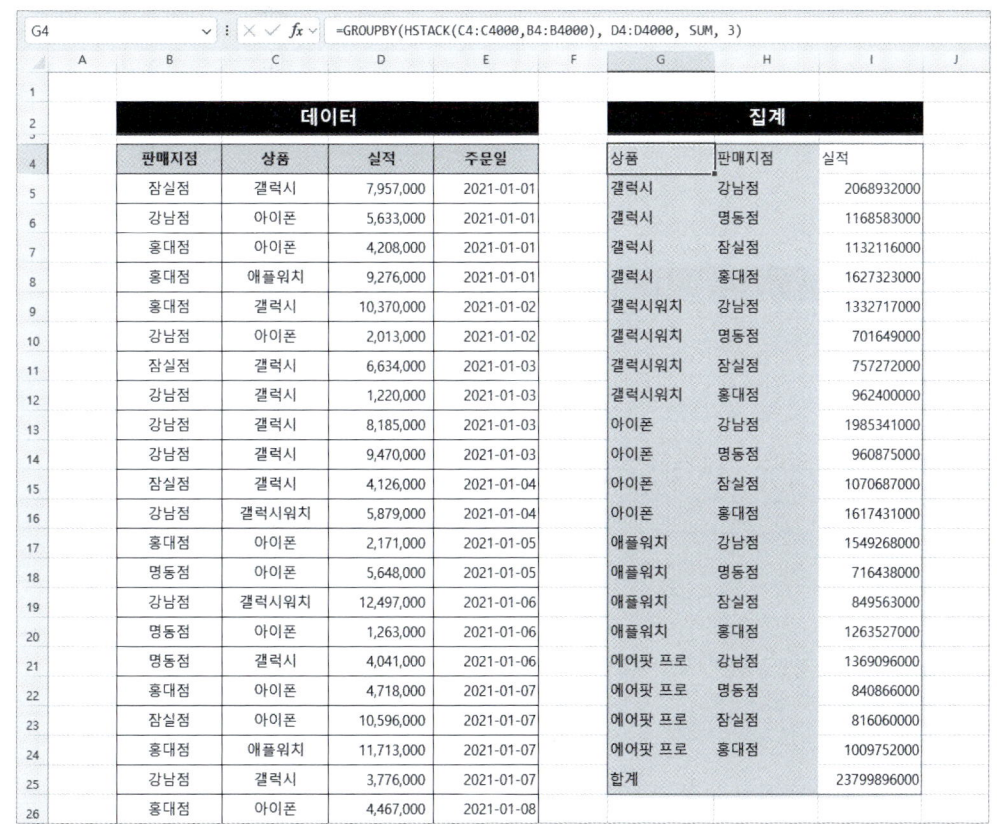

이런 방식으로 HSTACK을 활용하면 GROUPBY 함수의 첫 번째 인수에 떨어져 있는 범위를 전달하거나, 참조 순서를 변경할 수 있습니다.

05 각 지점의 부분합을 표시하려면 [G4] 셀의 수식을 다음과 같이 변경합니다.

=GROUPBY(B4:C4000, D4:D4000, SUM, 3, 2)

	데이터				집계		
판매지점	상품	실적	주문일		판매지점	상품	실적
잠실점	갤럭시	7,957,000	2021-01-01		강남점	갤럭시	2068932000
강남점	아이폰	5,633,000	2021-01-01		강남점	갤럭시워치	1332717000
홍대점	아이폰	4,208,000	2021-01-01		강남점	아이폰	1985341000
홍대점	애플워치	9,276,000	2021-01-01		강남점	애플워치	1549268000
홍대점	갤럭시	10,370,000	2021-01-02		강남점	에어팟 프로	1369096000
강남점	아이폰	2,013,000	2021-01-02		강남점		8305354000
잠실점	갤럭시	6,634,000	2021-01-03		명동점	갤럭시	1168583000
강남점	갤럭시	1,220,000	2021-01-03		명동점	갤럭시워치	701649000
강남점	갤럭시	8,185,000	2021-01-03		명동점	아이폰	960875000
강남점	갤럭시	9,470,000	2021-01-03		명동점	애플워치	716438000
잠실점	갤럭시	4,126,000	2021-01-04		명동점	에어팟 프로	840866000
강남점	갤럭시워치	5,879,000	2021-01-04		명동점		4388411000
홍대점	아이폰	2,171,000	2021-01-05		잠실점	갤럭시	1132116000
명동점	아이폰	5,648,000	2021-01-05		잠실점	갤럭시워치	757272000
강남점	갤럭시워치	12,497,000	2021-01-06		잠실점	아이폰	1070687000
명동점	아이폰	1,263,000	2021-01-06		잠실점	애플워치	849563000
명동점	갤럭시	4,041,000	2021-01-06		잠실점	에어팟 프로	816060000
홍대점	아이폰	4,718,000	2021-01-07		잠실점		4625698000
잠실점	아이폰	10,596,000	2021-01-07		홍대점	갤럭시	1627323000
홍대점	애플워치	11,713,000	2021-01-07		홍대점	갤럭시워치	962400000
강남점	갤럭시	3,776,000	2021-01-07		홍대점	아이폰	1617431000
홍대점	아이폰	4,467,000	2021-01-08		홍대점	애플워치	1263527000
잠실점	아이폰	7,963,000	2021-01-08		홍대점	에어팟 프로	1009752000
강남점	갤럭시	4,482,000	2021-01-08		홍대점		6480433000
잠실점	아이폰	4,802,000	2021-01-09		총합계		23799896000
홍대점	갤럭시워치	4,843,000	2021-01-09				

TIP GROUPBY 함수의 첫 번째 인수의 항목이 바뀌는 부분에 부분합 행이 모두 표시됩니다. 부분합 행이 표시되려면 당연하게 GROUPBY 함수의 첫 번째 인수에 여러 열 범위가 전달되어야 합니다.

엑셀마스터가 짚어주는 핵심 NOTE

GROUPBY 함수의 부분합/총합계 표시 위치

GROUPBY 함수에서 부분합과 총합계 행은 각각 첫 번째 인수의 항목이 변경되는 부분, 즉 아래쪽에 표시됩니다. 하지만, 이 위치를 상단으로 변경하는 것도 가능합니다.

[G4] 셀의 수식을 다음과 같이 변경하면 부분합과 총합계 행이 상단에 표시됩니다.

=GROUPBY(B4:C4000, D4:D4000, SUM, 3, −2)

	판매지점	상품	실적	주문일		판매지점	상품	실적
			데이터				집계	
	잠실점	갤럭시	7,957,000	2021-01-01		총합계		23799896000
	강남점	아이폰	5,633,000	2021-01-01		강남점		8305354000
	홍대점	아이폰	4,208,000	2021-01-01		강남점	갤럭시	2068932000
	홍대점	애플워치	9,276,000	2021-01-01		강남점	갤럭시워치	1332717000
	홍대점	갤럭시	10,370,000	2021-01-02		강남점	아이폰	1985341000
	강남점	아이폰	2,013,000	2021-01-02		강남점	애플워치	1549268000
	잠실점	갤럭시	6,634,000	2021-01-03		강남점	에어팟 프로	1369096000
	강남점	갤럭시	1,220,000	2021-01-03		명동점		4388411000
	강남점	갤럭시	8,185,000	2021-01-03		명동점	갤럭시	1168583000
	강남점	갤럭시	9,470,000	2021-01-03		명동점	갤럭시워치	701649000
	잠실점	갤럭시	4,126,000	2021-01-04		명동점	아이폰	960875000
	강남점	갤럭시워치	5,879,000	2021-01-04		명동점	애플워치	716438000
	홍대점	아이폰	2,171,000	2021-01-05		명동점	에어팟 프로	840866000
	명동점	아이폰	5,648,000	2021-01-05		잠실점		4625698000
	강남점	갤럭시워치	12,497,000	2021-01-06		잠실점	갤럭시	1132116000
	명동점	아이폰	1,263,000	2021-01-06		잠실점	갤럭시워치	757272000
	명동점	갤럭시	4,041,000	2021-01-06		잠실점	아이폰	1070687000
	홍대점	아이폰	4,718,000	2021-01-07		잠실점	애플워치	849563000
	잠실점	아이폰	10,596,000	2021-01-07		잠실점	에어팟 프로	816060000
	홍대점	애플워치	11,713,000	2021-01-07		홍대점		6480433000
	강남점	갤럭시	3,776,000	2021-01-07		홍대점	갤럭시	1627323000
	홍대점	아이폰	4,467,000	2021-01-08		홍대점	갤럭시워치	962400000
	잠실점	아이폰	7,963,000	2021-01-08		홍대점	아이폰	1617431000
	강남점	갤럭시	4,482,000	2021-01-08		홍대점	애플워치	1263527000
	잠실점	아이폰	4,802,000	2021-01-09		홍대점	에어팟 프로	1009752000
	홍대점	갤럭시워치	4,843,000	2021-01-09				

06 GROUPBY 함수는 집계된 데이터를 정렬할 수 있습니다. 실적을 내림차순으로 정렬된 결과를 원한다면 [G4] 셀의 수식을 다음과 같이 변경합니다.

=GROUPBY(B4:C4000, D4:D4000, SUM, 3, 2, −3)

판매지점	상품	실적
강남점	갤럭시	2068932000
강남점	아이폰	1985341000
강남점	애플워치	1549268000
강남점	에어팟 프로	1369096000
강남점	갤럭시워치	1332717000
강남점		8305354000
홍대점	갤럭시	1627323000
홍대점	아이폰	1617431000
홍대점	애플워치	1263527000
홍대점	에어팟 프로	1009752000
홍대점	갤럭시워치	962400000
홍대점		6480433000
잠실점	갤럭시	1132116000
잠실점	아이폰	1070687000
잠실점	애플워치	849563000
잠실점	에어팟 프로	816060000
잠실점	갤럭시워치	757272000
잠실점		4625698000
명동점	갤럭시	1168583000
명동점	아이폰	960875000
명동점	에어팟 프로	840866000
명동점	애플워치	716438000
명동점	갤럭시워치	701649000
명동점		4388411000
총합계		23799896000

TIP I열의 실적이 상품별 실적이 높은 순으로 정렬되어 나타납니다.

07 GROUPBY 함수는 집계된 데이터의 조건을 설정할 수 있습니다. 강남점 실적만 집계하려면 [G4] 셀의 수식을 다음과 같이 변경합니다.

=GROUPBY(B4:C4000, D4:D4000, SUM, 3, 2, −3, **B4:B4000="강남점"**)

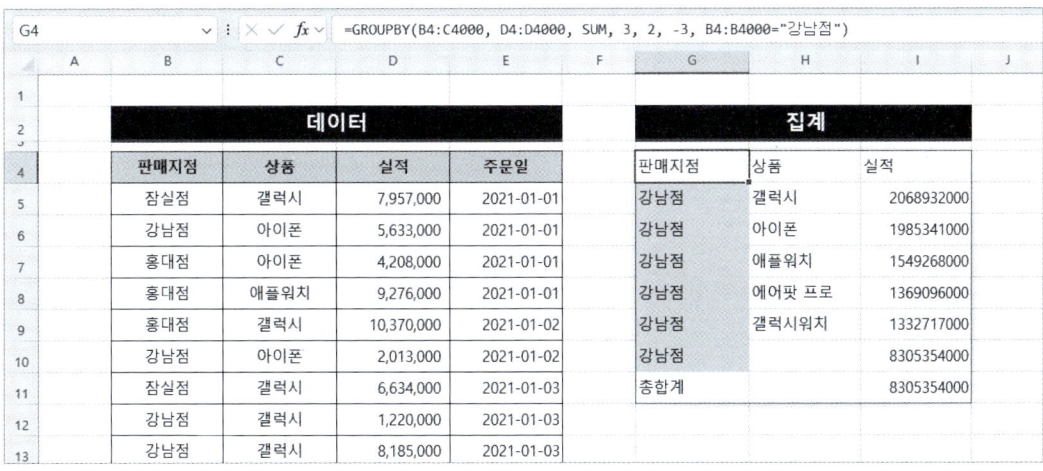

PIVOTBY 함수로 지점의 연간 실적 집계하기

예제 파일 CHAPTER 02 \ PIVOTBY 함수.xlsx

01 예제 파일을 열면 화면과 같은 데이터를 확인할 수 있습니다. 오른쪽 표와 같은 결과를 얻고 싶다고 가정합니다.

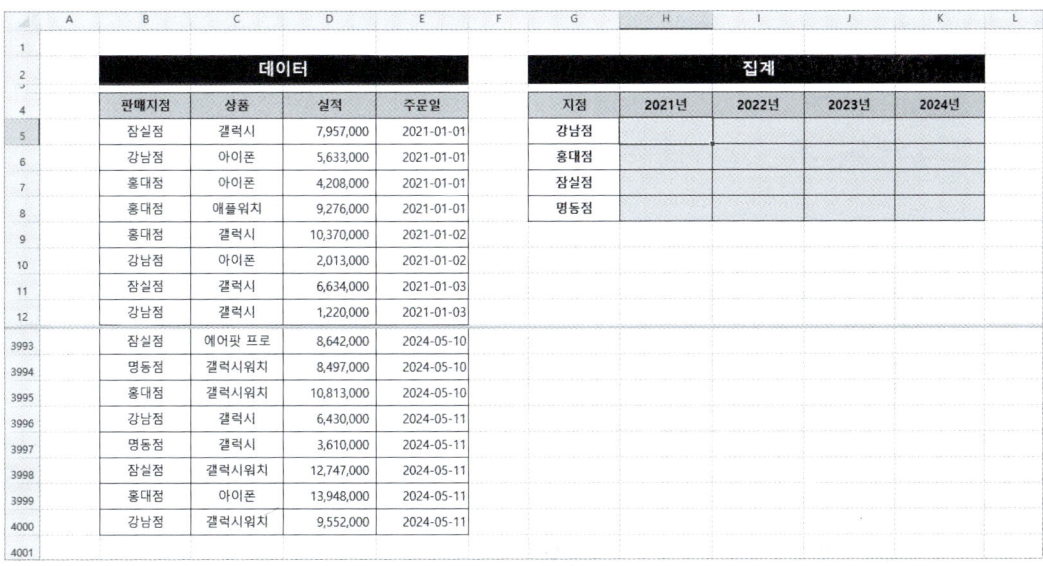

02 연도를 오른쪽으로 표시하려면 PIVOTBY 함수를 사용합니다. [G10] 셀에 다음 수식을 작성합니다.

=PIVOTBY(B4:B4000, TEXT(E4:E4000, "yyyy년"), D4:D4000, SUM)

엑셀마스터가 짚어주는 핵심 NOTE

PIVOTBY, GROUPBY 함수 설명

PIVOTBY나 GROUPBY 함수는 머리글(지점, 연도)이 자동으로 표시되어 편리하지만, 이번 사례처럼 [G4:K8] 범위와 같이 결과만 숫자로 채우고 싶을 때도 있습니다.

표를 보면 SUMIFS 함수를 떠올릴 수 있지만, 원본 데이터는 일별(E열)로 입력되어 있고 집계는 연도별로 이루어져야 하므로 SUMIFS만으로는 해결할 수 없습니다. 이 경우에는 SUMPRODUCT 함수나 SUM 함수를 활용한 배열 수식을 사용해야 합니다. 예를 들어 SUMPRODUCT 함수를 이용하려면 [H5] 셀에 다음 수식을 입력하고 나머지 셀에 복사해 적용합니다.

=SUMPRODUCT($D$5:$D$4000, ($B$5:$B$4000=$G5)*(TEXT($E$5:$E$4000, "yyyy년")=H$4))

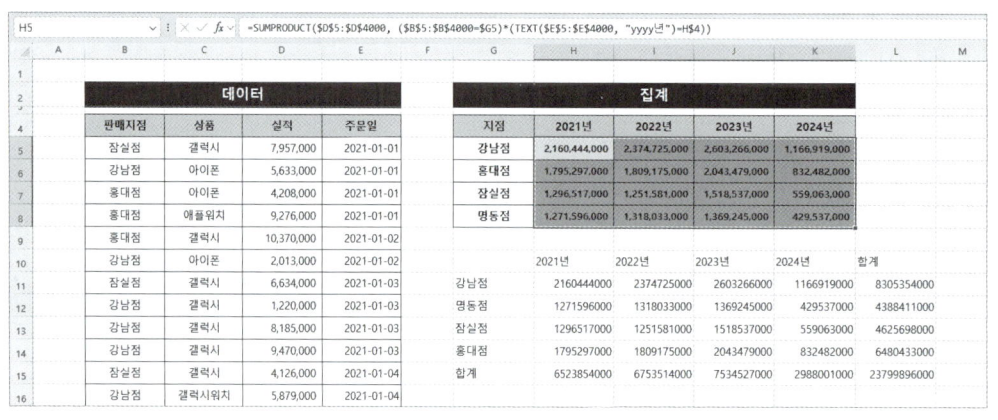

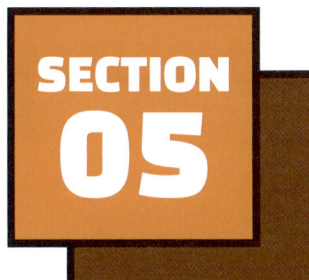

대시보드 구성에 필요한 고급 함수

대시보드는 정보를 시각화하는 데 초점이 맞춰져 있으므로 일반적인 업무에서 자주 쓰이는 함수와는 조금 다릅니다. 하지만 대시보드를 구성할 때는 특정 함수들이 특히 유용합니다. 평소에도 사용해본 적이 있을 수 있지만, 대시보드에서 언제 어떻게 쓰이는지 이해해두면 큰 도움이 됩니다.

대표적으로 숫자 데이터를 원하는 형태로 변환하는 TEXT 함수, 특정 위치의 값을 참조하는 OFFSET 함수와 INDIRECT 함수, 화면에 표시된 데이터를 집계하는 SUBTOTAL 함수와 AGGREGATE 함수 등이 자주 사용됩니다.

TEXT 함수

TEXT 함수는 [표시 형식]에서 서식 코드를 이용해 원하는 셀의 값을 변환할 때 사용하는 함수입니다. 대시보드에서 원하는 숫자를 깔끔하게 표시하는 데 자주 활용됩니다. 자세한 사용 방법은 아래 구문을 참고합니다.

TEXT (① 값, ② 서식 코드)

값에 서식 코드를 적용한 결과를 반환합니다.

① 값	형태를 변환하려는 값입니다.
② 서식 코드	[셀 서식] 대화상자의 표시 형식에 적용되는 코드입니다.

주의 사항

서식 코드는 다음 표를 참고합니다.

데이터 형식	서식 코드	설명
숫자	#	숫자 한 자리 또는 입력된 숫자 전체를 의미합니다. '#' 서식 코드를 셀에 입력된 숫자의 자릿수보다 더 많이 입력해도 입력된 숫자 자릿수만큼만 숫자를 표시합니다.
	0	숫자 한 자리 또는 입력된 숫자 전체를 의미합니다. '0' 서식 코드를 입력된 숫자 자릿수보다 더 많이 입력한 경우에는 자릿수가 맞지 않는 큰 단위 자리에 숫자 '0'이 표시됩니다. 예를 들어 1을 입력하고 서식 코드를 '000'으로 지정하면 셀의 값은 001로 표시됩니다.

	?	숫자 한 자리 또는 입력된 숫자 전체를 의미합니다. '?' 서식 코드를 입력된 숫자 자릿수보다 더 많이 입력한 경우에는 자릿수가 맞지 않는 큰 단위 자리에 공백 문자가 표시됩니다. 예를 들어 1을 입력하고 서식 코드를 '???'로 지정하면 셀의 값은 " 1"로 표시됩니다.
	–	마이너스 기호를 표시합니다.
	,	천 단위 구분 기호(음수값)를 표시합니다.
	.	소수점 기호를 표시합니다.
	%	숫자를 백분율로 표시합니다.
	₩, $	통화 기호를 표시합니다.
날짜/시간	yyyy	네 자리 연도를 표시합니다. 두 자리 연도를 표시하려면 'yy' 서식 코드를 사용합니다.
	mm	두 자리 월을 표시합니다.
	dd	두 자리 일을 표시합니다.
	ddd	영어 약어 요일(Mon ~ Sun)을 표시합니다.
	aaa	한글 요일(월 ~ 일)을 표시합니다.
	hh	두 자리 시간을 표시합니다.
	mm	두 자리 분을 표시합니다. 'm'은 월과 분을 표시하는 코드로 사용되는데 'h', 's' 등과 같은 시간을 표시하는 서식 코드와 함께 사용되면 분이 표시됩니다.
	ss	두 자리 초를 표시합니다.
	AM/PM	12시간제로 표시합니다.
텍스트	@	텍스트 값을 그대로 표시합니다.
	*	'*' 뒤에 따라오는 문자를 셀 크기에 맞게 반복해서 표시합니다.

서식 코드는 TEXT 함수와 [셀 서식] 대화상자의 [표시 형식] 목록에서 [사용자 지정] 항목을 선택하고 오른쪽 코드 입력란에 입력해 사용할 수 있습니다.

OFFSET 함수

OFFSET 함수는 동적 범위 참조 함수로, 지정한 위치에서 행/열 방향으로 이동한 셀을 기준으로 M×N 크기의 범위를 참조할 수 있습니다. INDIRECT나 OFFSET 함수는 수식으로 원하는 셀이나 범위를 동적으로 지정할 수 있기 때문에, 데이터 구조가 바뀌거나 범위가 확장되더라도 유연하게 참조할 수 있습니다.

OFFSET (① 기준 위치, ② 행 이동, ③ 열 이동, ④ 행 포함, ⑤ 열 포함)

[기준 위치]에서 행, 열 방향으로 지정한 칸 수만큼 이동한 다음, M×N 행렬 범위를 참조합니다.

① 기준 위치	범위를 참조할 때 기준이 되는 셀 또는 범위입니다.
② 행 이동	[기준 위치]에서 이동할 행 방향(아래쪽) 셀 개수입니다.
③ 열 이동	[기준 위치]에서 이동할 열 방향(오른쪽) 셀 개수입니다.
④ 행 포함	행 방향으로 포함할 셀 개수로, 생략할 수 있습니다. 생략하면 1입니다.

| ⑤ 열 포함 | 열 방향으로 포함할 셀 개수로, 생략할 수 있습니다. 생략하면 1입니다. |

주의 사항

- [행 이동]과 [열 이동]은 정수값을 사용할 수 있으며 양수면 각각 아래쪽과 오른쪽으로 이동하지만 음수면 위쪽과 왼쪽으로 이동합니다.
- [기준 위치]에서 이동한 그 셀을 참조하려면 [행 포함]과 [열 포함]은 생략할 수 있습니다. 예를 들어 다음 수식은 [B2] 셀을 참조합니다.

=OFFSET(A1, 1, 1)

SUBTOTAL/AGGREGATE 함수

SUBTOTAL (① 함수 번호, ② 범위 1, ③ 범위 2, …)

SUBTOTAL 함수는 화면에 표시된 데이터 범위만 지정된 함수로 집계합니다.

	데이터 범위를 집계할 함수		
	함수 번호		함수
	자동 필터	숨기기 자동 필터	
① 함수 번호	1	101	AVERAGE
	2	102	COUNT
	3	103	COUNTA
	4	104	MAX
	5	105	MIN
	6	106	PRODUCT
	7	107	STDEV.S
	8	108	STDEV.P
	9	109	SUM
	10	110	VAR.S
	11	111	VAR.P
② 범위	집계할 데이터 범위		

주의 사항

- [함수 번호] 인수의 1~11번까지는 '자동 필터'로 화면에 표시된 데이터만 집계합니다.
- [함수 번호] 인수의 100번대 번호는 '자동 필터'와 '숨기기'로 화면에 표시된 데이터만 집계합니다.

- SUBTOTAL 함수보다 더 다양한 기능을 원하면 AGGREGATE 함수를 사용합니다. 참고로 AGGREGATE 함수는 2010 버전부터 사용할 수 있습니다.

AGGREGATE (① 함수 번호, ② 옵션, ③ 범위 1, ④ 범위 2, …)

범위 내의 값을 지정된 함수로 집계하는데, 옵션에 따라 집계할 숫자를 지정할 수 있습니다.

① 함수 번호	데이터 범위를 집계할 함수 번호로 다음과 같은 번호를 사용할 수 있습니다.	
	함수 번호	함수
	1	AVERAGE
	2	COUNT
	3	COUNTA
	4	MAX
	5	MIN
	6	PRODUCT
	7	STDEV.S
	8	STDEV.P
	9	SUM
	10	VAR.S
	11	VAR.P
	12	MEDIAN
	13	MODE.SNGL
	14	LARGE
	15	SMALL
	16	PERCENTILE.INC
	17	QUARTILE.INC
	18	PERCENTILE.EXC
	19	QUARTILE.EXC
② 옵션	범위를 집계할 때 배제할 데이터를 지정합니다.	
	옵션	설명
	0 또는 생략	중첩된 SUBTOTAL 및 AGGREGATE 함수 배제
	1	0번 옵션+숨겨진 행을 배제
	2	0번 옵션+오류값을 배제
	3	0번 옵션+숨겨진 행, 오류값을 배제
	4	아무것도 배제 안 함
	5	숨겨진 행을 배제
	6	오류값을 배제
	7	숨겨진 행과 오류값을 배제

③ 범위	집계할 데이터 범위

AGGREGATE 함수는 엑셀 2010 버전부터 제공되며, SUBTOTAL 함수처럼 화면에 표시된 데이터만 대상으로 집계할 수 있습니다.

TEXT 함수를 이용해 다양한 단위를 변환해 표시하기

예제 파일 CHAPTER 02 \ TEXT 함수.xlsx

01 예제 파일을 열면 화면과 같은 표를 확인할 수 있습니다. [C11] 셀의 총매출을 오른쪽 도형과 [E12] 병합 셀에 '억' 단위로 표시하겠습니다.

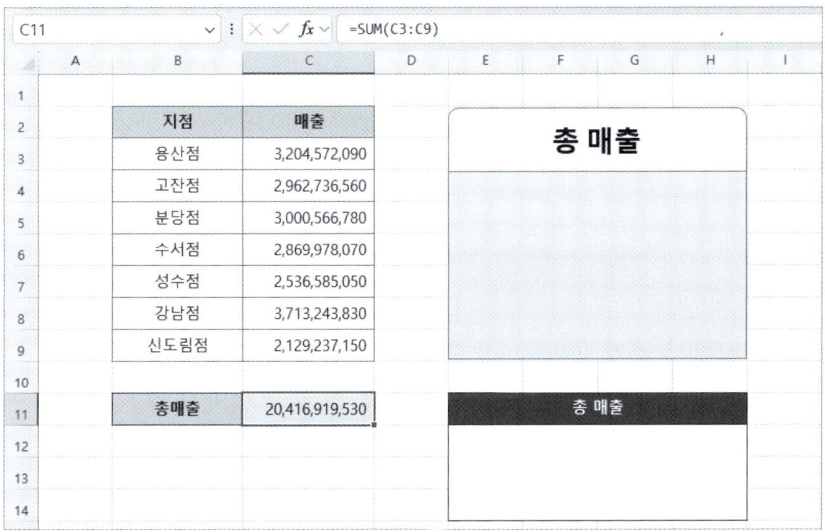

02 [E12] 병합 셀에 [C11] 셀을 참조하는 다음과 같은 수식을 입력합니다.

=C11

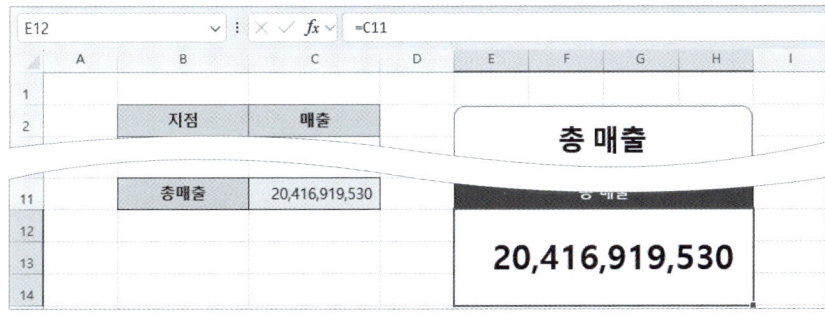

TIP [E12] 셀에는 글꼴 굵게(Ctrl + B) 설정이 적용되어 있고, 글꼴 크기는 24로 설정된 상태입니다.

03 [E12] 셀의 숫자를 보기 좋게 표시하기 위해 [표시 형식]을 변경합니다. [E12] 셀을 선택하고 단축키 Ctrl + 1 을 누른 다음 [셀 서식] 대화상자의 [표시 형식] 탭에서 [사용자 지정]을 선택합니다. 오른쪽 [형식] 입력란에 #,##0,,"백만" 표시 형식을 입력하고 [확인]을 클릭합니다.

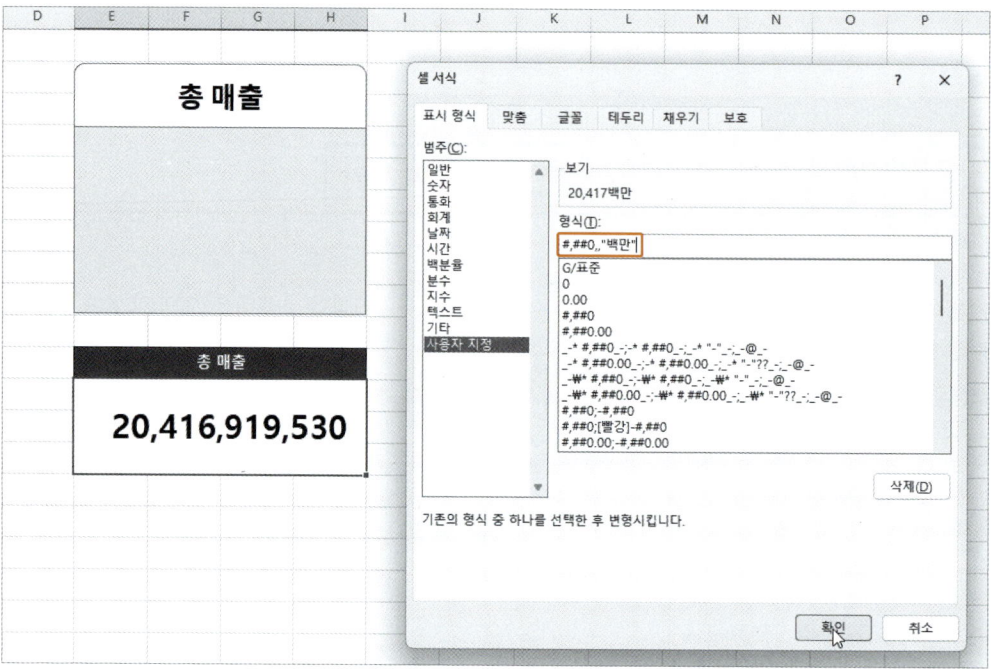

04 다음과 같이 참조된 숫자가 백만 단위에 맞춰 표시됩니다.

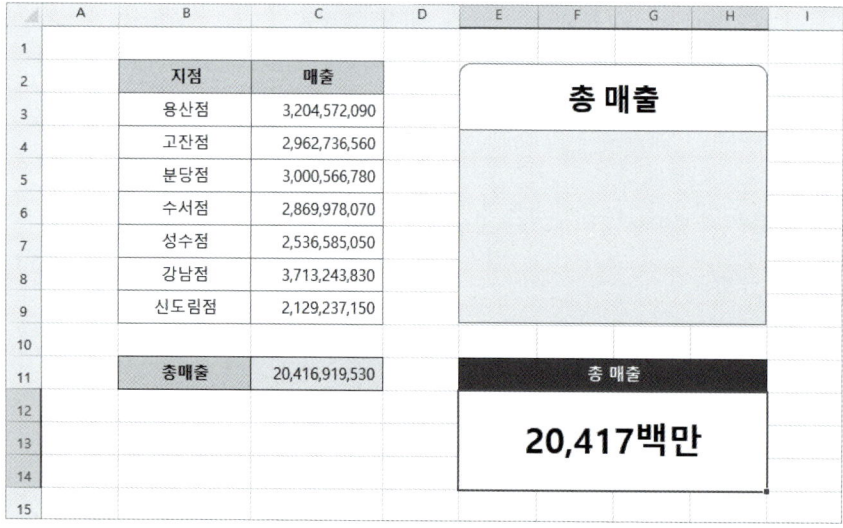

엑셀마스터가 짚어주는 핵심 NOTE

표시 형식을 이용한 표시 단위 변경

셀 서식 내 [표시 형식]을 [사용자 지정] 방식으로 변경하면 단위를 조정할 수 있습니다. 다만, 천 단위 구분 기호 (,)를 이용하기 때문에 다음과 같이 세 자리씩 단위를 조정할 수 있습니다.

구분	표시 형식
원→천	#,##0,"천"
원→백만	#,##0,,"백만"

위와 같은 방식을 사용할 때 다음 세 가지 정도는 알고 사용해야 합니다.

첫째, 셀에 저장된 숫자가 바뀐 것이 아니고, 표시되는 값만 변경된 것입니다.
둘째, 표시되지 않는 부분은 반올림됩니다.
  [C11] 셀의 숫자는 20,416,919,530입니다. 백만 단위의 숫자만 표시하면 20,416이지만 [E12] 병합 셀에 표시된 숫자는 '20,417백만'입니다. 이것은 표시되지 않는 십만 단위 숫자가 9로 시작하기 때문인데 이러면 표시되는 숫자는 반올림되어 '20,416백만'이 아니라 '20,417백만'이 됩니다.
셋째, 만, 억 단위로 표시 단위를 조정하는 것도 셀 서식으로는 가능하지만, 소수점 이하 값이 표시될 수 없고 이 경우 천 단위 구분 기호(,)를 사용하는 것도 어려워 추천하지 않습니다.

05 셀 서식을 이용해 단위를 변경한 작업을 취소하고 다시 작업하기 위해 단축키 Ctrl + Z 를 누릅니다. 이전 작업이 취소됩니다.

06 [E12] 병합 셀에 다음 수식을 입력합니다.

=C11/10^8

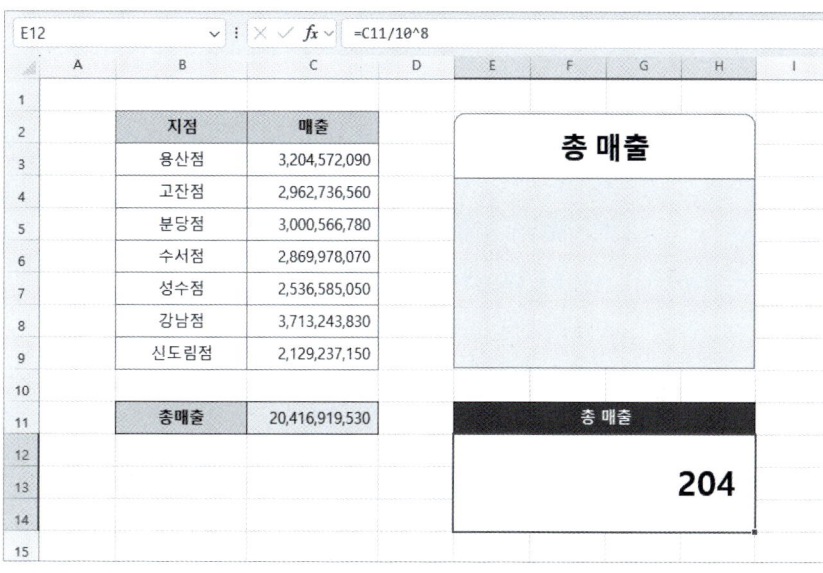

엑셀마스터가 짚어주는 핵심 NOTE

수식을 이용한 단위 변경

이번 수식은 [C11] 셀을 10의 8승(억)으로 나누는 계산식으로, 반환 결과는 당연하게 억 단위의 숫자만 표시됩니다. 물론 계산 결과는 204.169195300지만, [E12] 병합 셀에 적용된 쉼표 스타일(,) 때문에 소수점 이하 값이 표시되지 않습니다.

자주 사용하는 단위 변경 계산식은 다음과 같습니다.

단위 변경	계산식
원→천	=숫자/10^3
원→만	=숫자/10^4
원→백만	=숫자/10^6
원→억	=숫자/10^8

간단하게 달러는 세 자리씩, 원화는 네 자리씩 단위가 변경된다고 이해하면 편리합니다.

07 정확한 숫자를 확인해보겠습니다. [E12] 셀이 선택된 상태에서 리본 메뉴의 [홈] 탭-[표시 형식] 그룹에서 [표시 형식] 콤보 상자의 값을 [일반]으로 변경합니다.

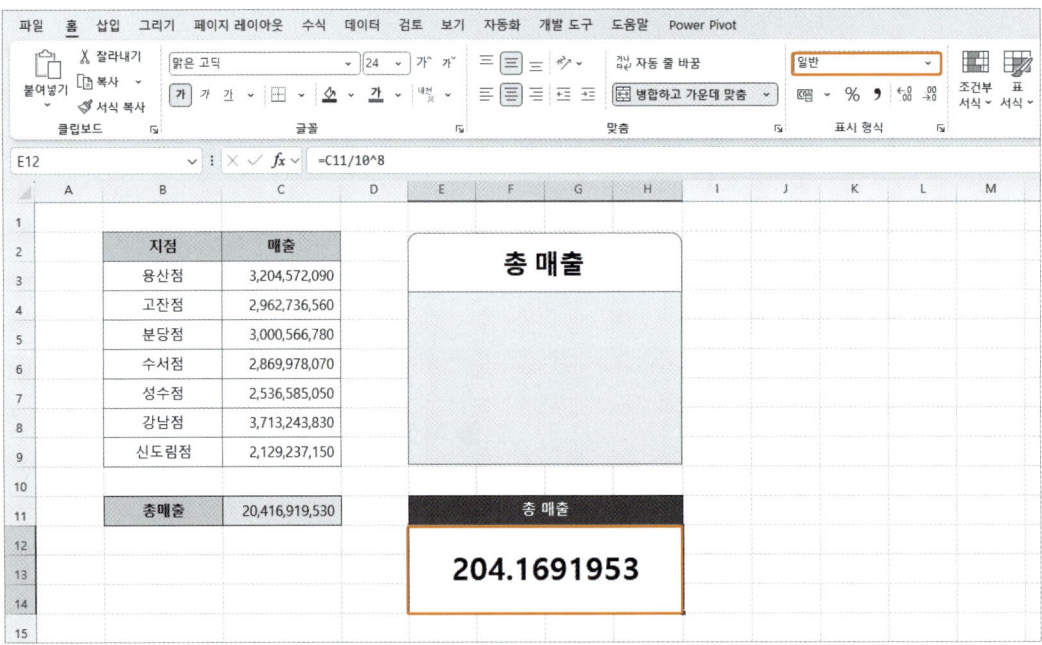

> **TIP** [표시 형식]을 [일반]으로 변경하면 셀에 저장된 값을 정확하게 확인할 수 있습니다.

08 TEXT 함수를 사용해 [E12] 셀의 값을 변환하겠습니다. [E12] 셀의 수식을 다음과 같이 변경합니다.

=**TEXT**(**C11/10^8**, "**#,##0.0억**")

지점	매출
용산점	3,204,572,090
고잔점	2,962,736,560
분당점	3,000,566,780
수서점	2,869,978,070
성수점	2,536,585,050
강남점	3,713,243,830
신도림점	2,129,237,150
총매출	20,416,919,530

총 매출

204.2억

TIP 03 과정과 동일하게 셀 서식을 이용할 수 있습니다.

엑셀마스터가 짚어주는 핵심 NOTE

TEXT 함수가 값을 변환하는 방법

TEXT 함수는 기본적으로 [셀 서식]의 [표시 형식]에서 사용하는 서식 코드를 활용하기 때문에, 변환된 값 역시 서식이 적용된 형태로 표시됩니다. 이때 표시하지 않는 부분은 자동으로 반올림됩니다. 즉, [E12] 병합 셀의 변환값이 '204.2억'으로 보이지만, 실제 값은 '204.1691953'입니다. 그래서 '204.1억'이 되어야 한다고 생각하는 경우가 많습니다. 그러나 TEXT 함수 역시 셀 서식과 동일하게 반올림을 적용하기 때문에 이런 차이가 발생합니다.

만약 반올림 없이 표시하려면 수식을 다음과 같이 수정해야 합니다.

=**TEXT**(**ROUNDDOWN**(**C11/10^8, 1**), "**#,##0.0억**")

수정된 부분은 C11/10^8 계산식의 결과를 소수점 첫째 자리에서 절사하도록 ROUNDDOWN 함수를 사용하고 있습니다. 이렇게 하면 [E12] 병합 셀의 값이 '204.1억'으로 변환됩니다.

09 도형에도 변환된 값을 참조해보겠습니다. 회색 배경의 도형을 두 번 클릭해 선택하고, 화면과 같이 테두리 영역을 클릭합니다.

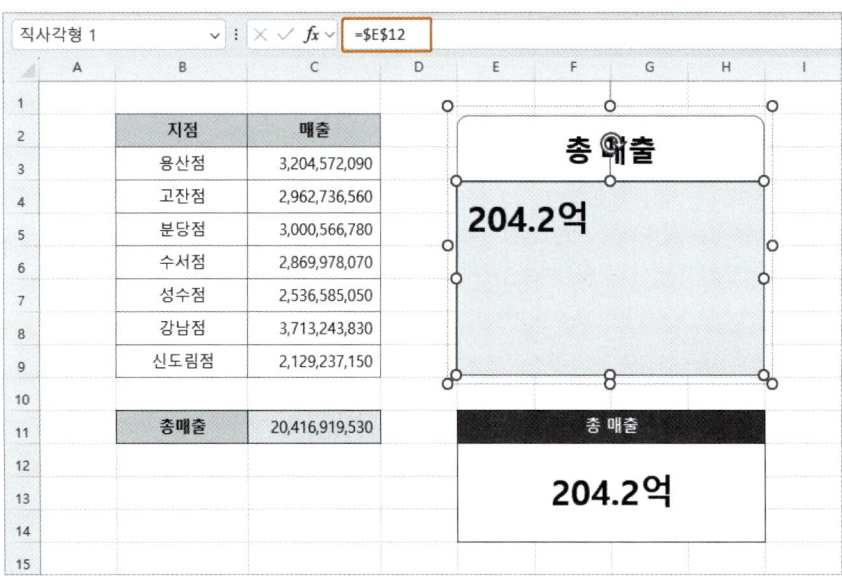

> **TIP** 그룹화된 도형이므로 회색 배경의 도형을 선택하려면 두 번 클릭해야 합니다.
>
> **TIP** 도형은 다른 셀을 참조할 수 있지만, **08** 과정과 같이 계산식을 직접 작성할 수는 없습니다.

10 [수식 입력줄]을 클릭하고, 등호(=)를 입력한 다음 [E12] 셀을 클릭하고 Enter 를 눌러 입력합니다.

> **TIP** [E12] 병합 셀의 글꼴 서식(굵게, 크기 24)이 그대로 표시됩니다. 참조한 셀의 글꼴 서식이 적용되어 있지 않으면 도형이 선택된 상태에서 그대로 글꼴 서식을 적용합니다.

11 숫자가 도형의 가운데에 위치하도록 리본 메뉴의 [홈] 탭-[맞춤] 그룹-[가운데 맞춤]을 둘 다 클릭합니다.

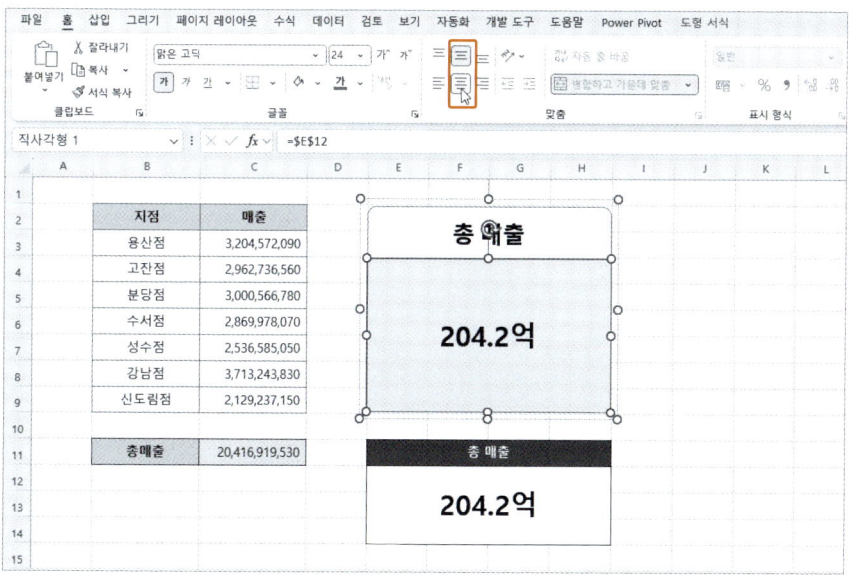

OFFSET 함수를 사용해 동적 범위를 참조하는 방법 이해하기

예제 파일 CHAPTER 02 \ OFFSET 함수.xlsx

01 예제 파일을 열면 아래와 같은 표와 차트가 있습니다. [O2] 셀을 선택하고 목록 단추를 클릭하면 [22년], [23년], [24년] 항목을 선택할 수 있게 되어 있습니다. [O2] 셀에서 선택한 연도의 그래프만 하단의 차트에 표시하고 싶다고 가정합니다.

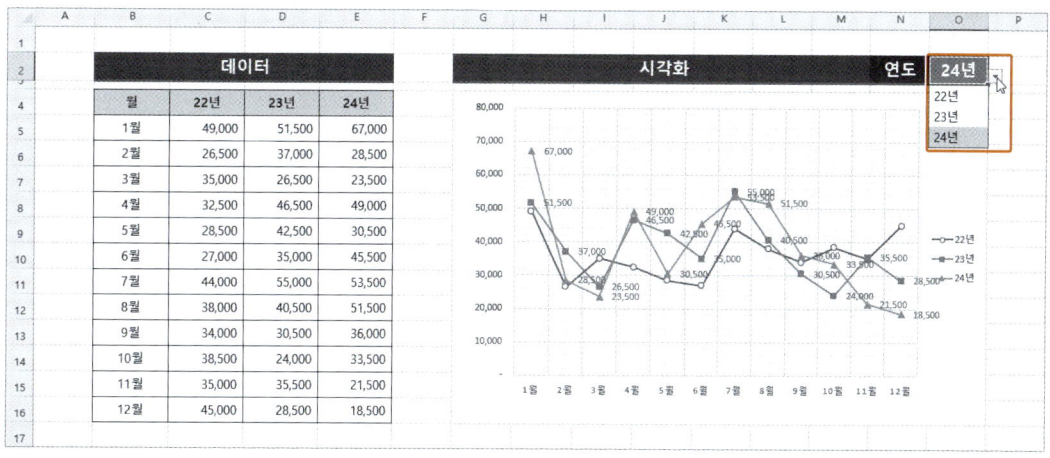

TIP [O2] 셀에 적용된 기능은 엑셀의 [데이터 유효성 검사]의 '목록'을 활용해 미리 구성해둔 것입니다.

02 차트에서도 이런 작업이 가능하기는 합니다. 차트 영역을 선택하고 오른쪽 [차트 필터 ▽]를 클릭합니다. 원하는 연도 계열에 마우스 커서를 위치시키면 다음 화면과 같이 해당 계열만 도드라지게 표시되고 다른 계열은 희미하게 나타납니다.

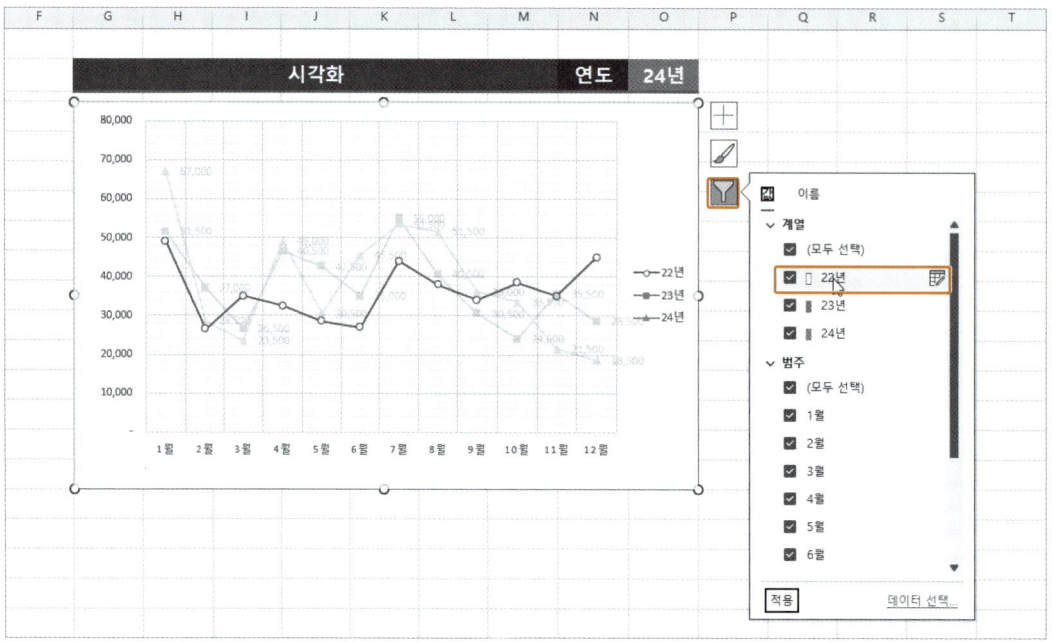

TIP 원하는 연도만 체크하면 해당 연도 계열의 그래프만 나타납니다.

03 차트에서 제공하는 기능은 편리하지 않으므로 [O2] 셀과 연동되어 차트가 표시되도록 하겠습니다. 먼저 차트의 계열 중 하나만 남기고 모두 삭제하겠습니다. 차트를 선택하면 왼쪽 표에서 차트를 그릴 때 참조한 범위가 굵은 실선으로 표시됩니다. 오른쪽 하단의 핸들 위치에 커서를 위치시킵니다.

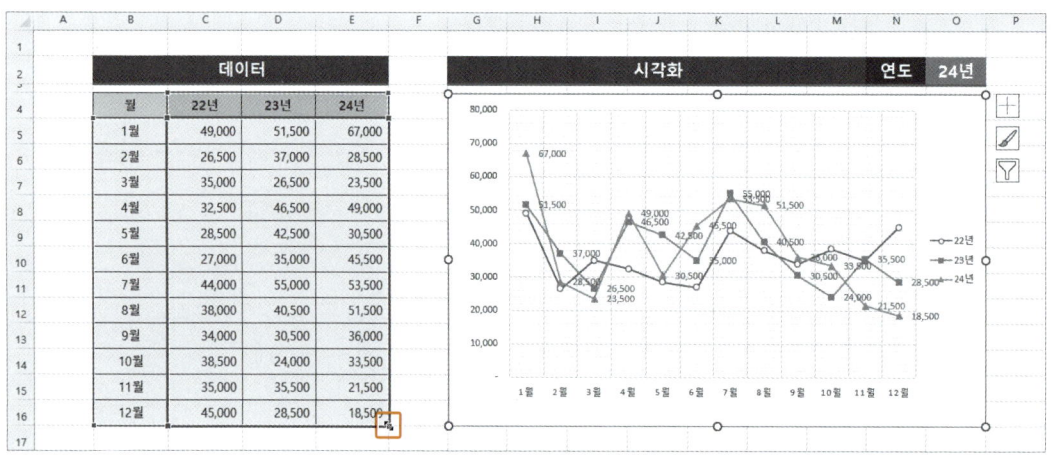

04 핸들을 [C16] 셀까지 드래그하면 차트의 계열이 22년 하나만 남습니다.

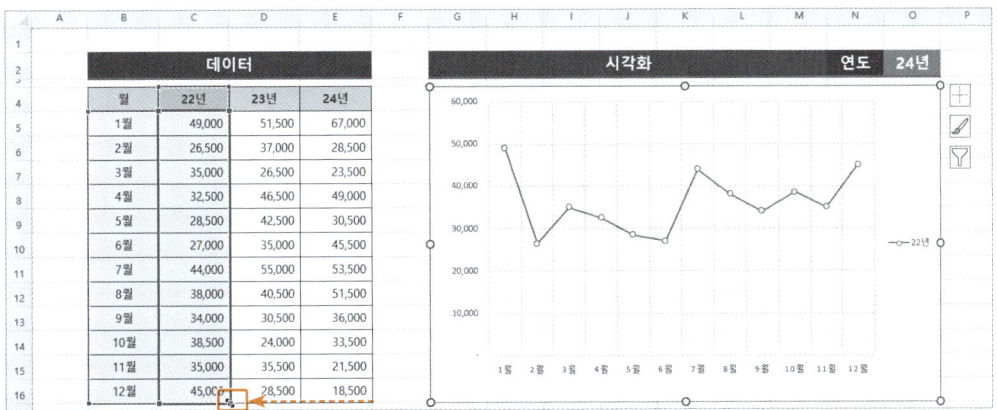

05 엑셀 2019 이상 버전 또는 마이크로소프트 365 버전을 사용하는 경우에 [Q4] 셀에 다음 수식을 입력하면, [O2] 셀과 연동되는 데이터를 직접 확인할 수 있습니다.

=OFFSET(B5:B16, 0, MATCH(O2, C4:E4, 0))

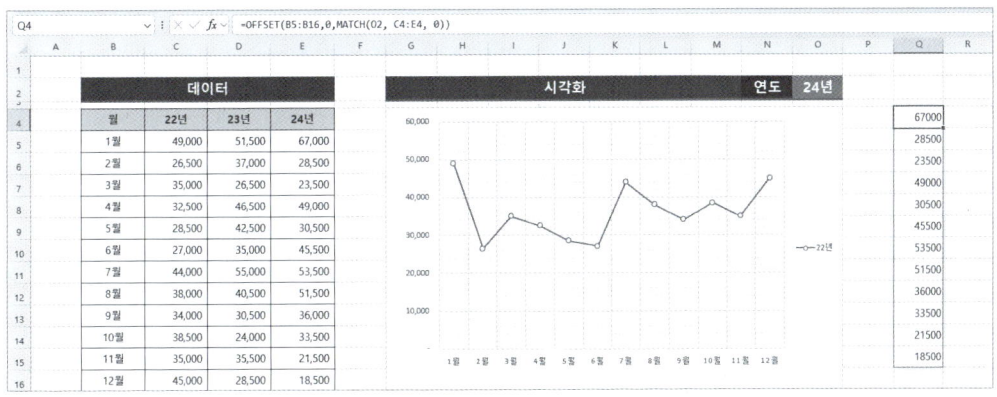

TIP [Q4:Q15] 범위에 반환된 결과는 [O2] 셀의 연도에 해당하는 [E5:E16] 범위의 값입니다.

 엑셀마스터가 짚어주는 핵심 NOTE

OFFSET 함수의 이해

이번에 구성한 OFFSET 함수는 첫 번째 인수(B5:B16) 위치를 기준으로 행 방향(↓)으로는 0(두 번째 인수) 칸 이동하고, 열 방향(→)으로는 MATCH 함수의 결과(세 번째 인수)만큼 이동한 범위를 참조합니다.

MATCH 함수는 [O2] 셀의 값을 [C4:E4] 범위에서 찾으므로, 현재 화면과 같이 [O2] 셀의 값이 24년이면 3의 값이 반환됩니다. 즉, [B5:B16] 범위에서 오른쪽으로 세 칸 이동한 범위(E5:E16)를 참조하게 합니다.

참고로, 엑셀 2016 버전을 포함한 하위 버전에서 **05** 과정과 동일한 결과를 얻으려면 ❶ [G4:G15] 범위를 선택하고 ❷ 동일한 수식을 작성한 다음 ❸ Ctrl + Shift + Enter 를 눌러 배열 수식을 입력해야 합니다.

06 확인을 위해 [O2] 셀의 연도를 **24년**에서 **23년**으로 변경해봅니다. [Q4:Q15] 범위에 23년도의 [D5:D16] 범위의 값이 반환되는 것을 볼 수 있습니다.

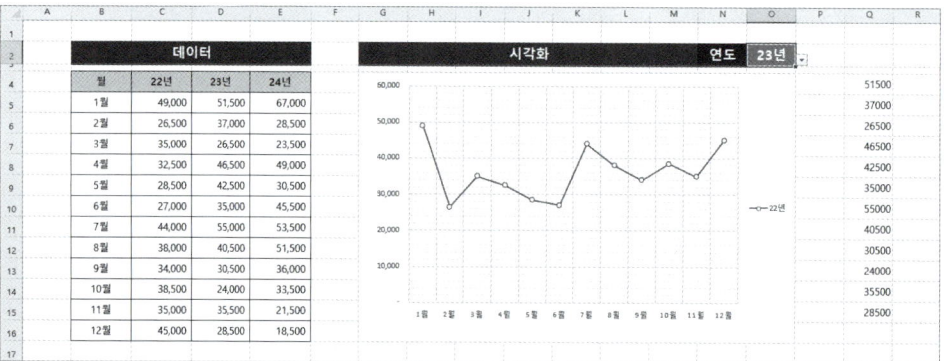

07 OFFSET 함수가 어렵다면 [Q4] 셀의 수식을 다음과 같이 수정해도 됩니다.

=INDEX(C5:E16,, MATCH(O2, C4:E4, 0))

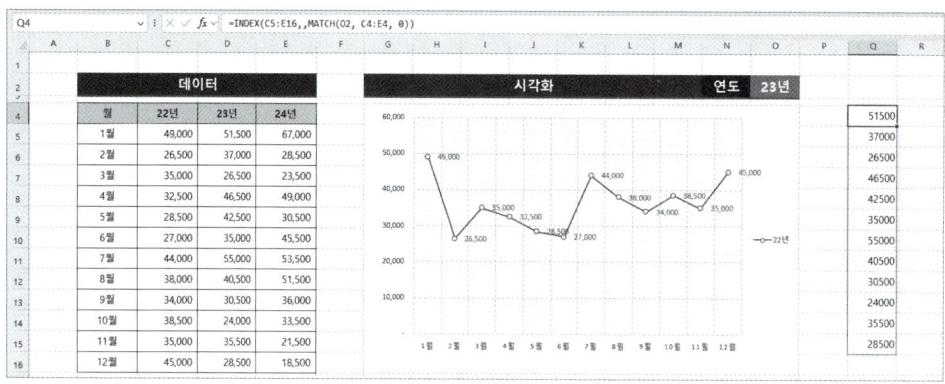

TIP [Q4:Q15] 범위의 결과는 엑셀 2019 이상 버전에서만 반환됩니다. 하위 버전에서는 차트가 어떻게 변화하는지 확인하는 용도로 참고하세요.

08 수식을 변경해도 [O2] 셀과 여전히 연동되며, [O2] 셀을 **22년**으로 변경하면 [Q4:Q15] 범위의 값도 해당 연도의 값으로 변경됩니다.

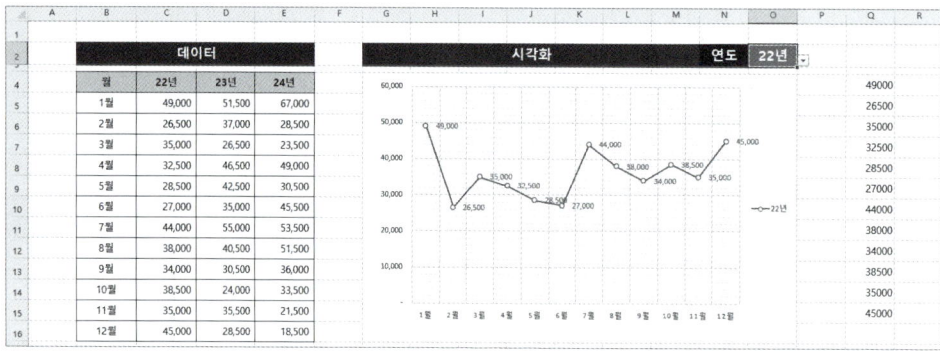

09 차트의 파란색 선 그래프를 클릭하고, [수식 입력줄]을 보면 SERIES 함수로 구성된 수식을 확인할 수 있습니다. 해당 함수의 인수에 앞에 사용했던 수식을 사용하면 좋은데, SERIES 함수에는 직접 OFFSET이나 INDEX 함수를 사용할 수 없습니다.

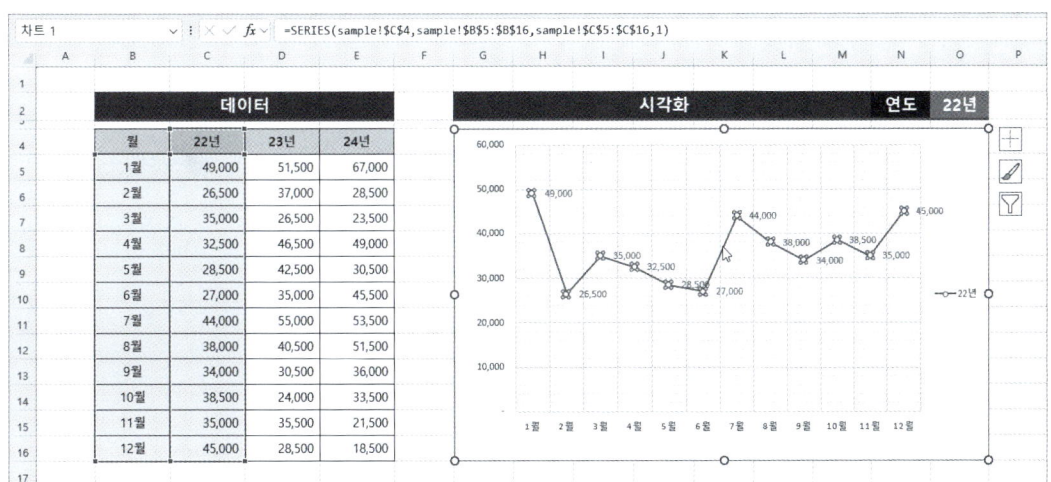

 엑셀마스터가 짚어주는 핵심 NOTE

SERIES 함수의 이해

SERIES 함수는 차트에 표시되는 그래프의 참조 위치를 표시합니다. 인수는 다음과 같습니다.

SERIES (① 계열 이름, ② X축 범위, ③ Y축 범위, ④ 표시 순서)

① **계열 이름** : 범례에 표시될 계열 이름 또는 해당 이름을 표시할 셀입니다.
② **X축 범위** : X축 항목에 표시될 데이터 범위입니다.
③ **Y축 범위** : 그래프의 등락을 표시할 숫자 데이터 범위입니다.
④ **표시 순서** : 누적형 막대그래프 등에서 먼저 표시할 계열의 순서를 의미합니다.

SERIES 함수에는 OFFSET이나 INDEX 같은 함수를 직접 입력할 수는 없습니다. 그러나 해당 수식을 이름으로 정의한 뒤, 정의된 이름을 참조하는 방식은 사용할 수 있습니다.

10 리본 메뉴의 [수식] 탭-[정의된 이름] 그룹-[이름 정의]를 클릭합니다. [새 이름] 대화상자가 표시되면 [이름]에 **Y축**을, [참조 대상]에 다음 수식을 입력하고 [확인]을 클릭합니다.

> =OFFSET(sample!$B$5:$B$16, 0, MATCH(sample!$O$2, sample!$C$4:$E$4, 0))

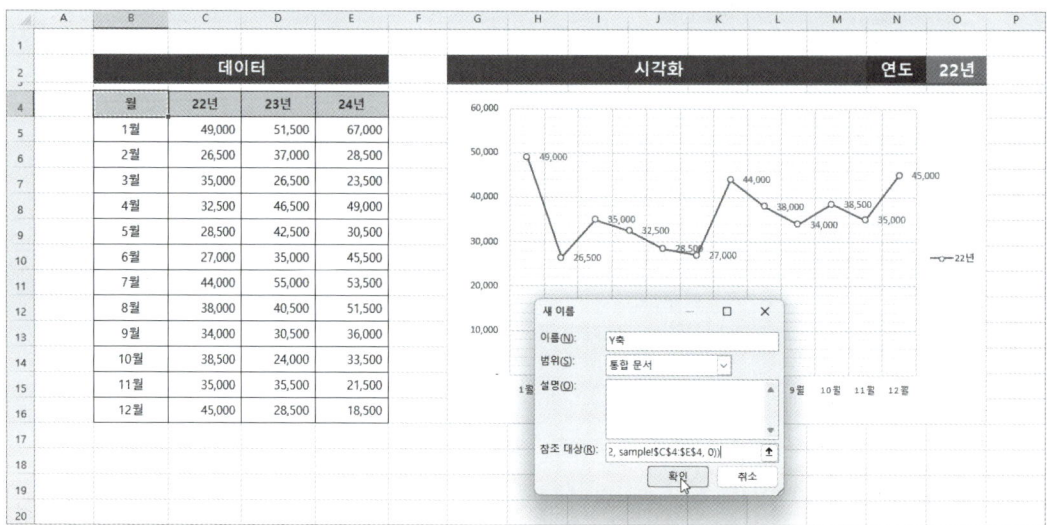

 엑셀마스터가 짚어주는 핵심 NOTE

[새 이름] 대화상자에서 수식을 작성할 때 차이

[새 이름] 대화상자에서 [참조 대상]에 수식을 작성할 때, 참조 범위를 드래그하면 시트 이름과 셀 주소가 절대 참조로 다음과 같이 표시됩니다.

> sample!$B$5:$B$16

이 부분은 문제가 되지 않으며, 직접 수식을 입력할 때는 sample!과 같은 시트 이름을 굳이 입력하지 않아도 됩니다. 시트 이름은 자동으로 붙기 때문에 이번 수식처럼 입력해도 되고, 다음과 같이 시트 이름 없이 작성해도 동일하게 동작합니다.

> =OFFSET($B$5:$B$16, 0, MATCH($O$2, $C$4:$E$4, 0))

단, 참조 위치는 모두 절대 참조로 지정해야 합니다.

11 정의된 이름을 차트에 적용합니다. 차트의 파란색 그래프를 클릭한 다음 SERIES 함수의 수식을 다음과 같이 수정합니다.

=SERIES(sample!$O$2, sample!$B$5:$B$16, sample!Y축, 1)

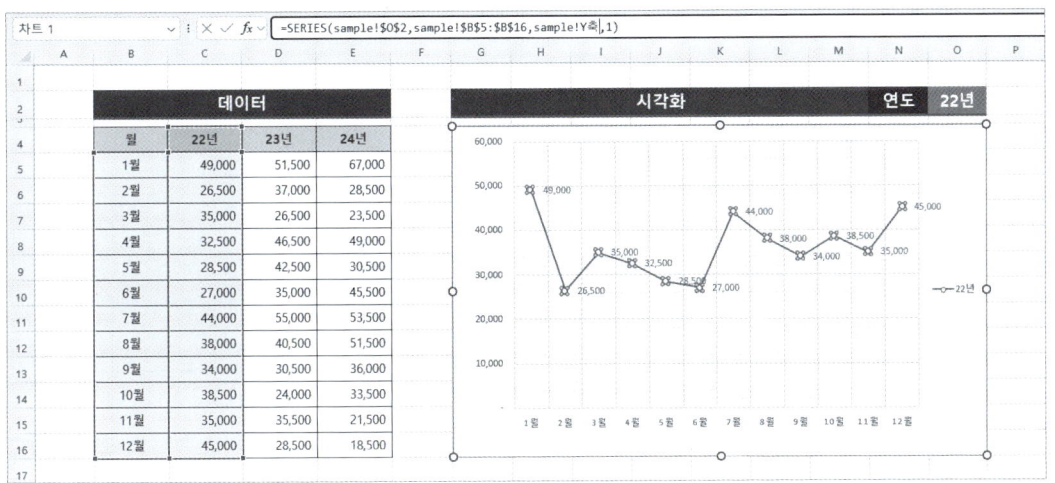

 엑셀마스터가 짚어주는 핵심 NOTE

SERIES 함수의 수정 이해하기

차트만 변경되도록 하려면 SERIES 함수의 세 번째 인수만 수정해도 됩니다. 다만 이 경우 범례에 표시되는 내용은 바뀌지 않으므로, 첫 번째 인수도 함께 수정해둔 것입니다.

또한, 세 번째 인수를 수정할 때는 단순히 정의된 이름만 입력하면 안 됩니다. 예를 들어 아래와 같이 입력하면 오류가 발생합니다.

Y축

반드시 다음과 같이 시트 이름과 구분 기호(!) 뒤에 정의된 이름을 작성해야 합니다.

sample!Y축

이렇게 수정하고 Enter 를 누르면, 시트 이름이 자동으로 파일 이름으로 바뀌는데 이는 정상적인 동작입니다.

12 이제 [O2] 셀의 연도를 **24년**으로 변경하면 차트의 그래프가 24년도 데이터에 맞춰 변경됩니다.

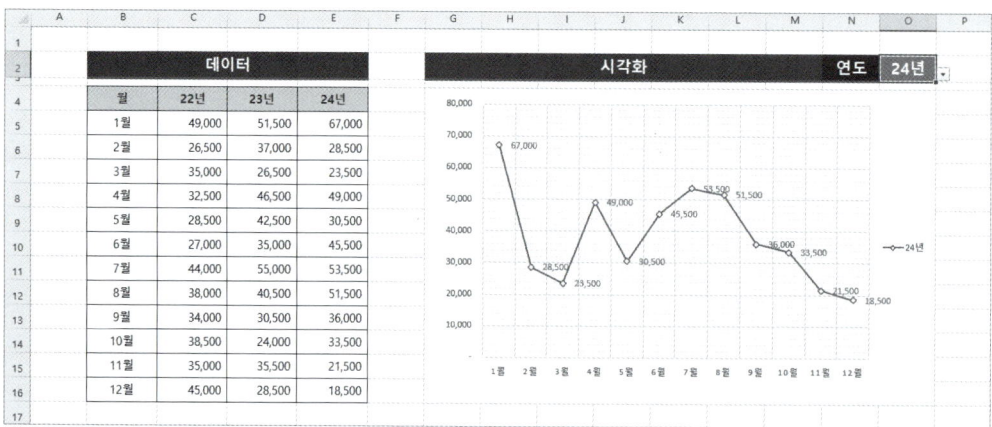

SUBTOTAL/AGGREGATE 함수를 사용해 화면에 표시된 데이터 집계하기

예제 파일 CHAPTER 02 \ SUBTOTAL, AGGREGATE 함수.xlsx

01 예제 파일을 열면 화면과 같은 표를 확인할 수 있습니다. 하단의 표에서 B열의 [판매지점]에서 원하는 지점을 선택하면 해당 지점의 실적이 [B5] 병합 셀과 [B8] 병합 셀에 예시와 같이 집계되도록 하겠습니다.

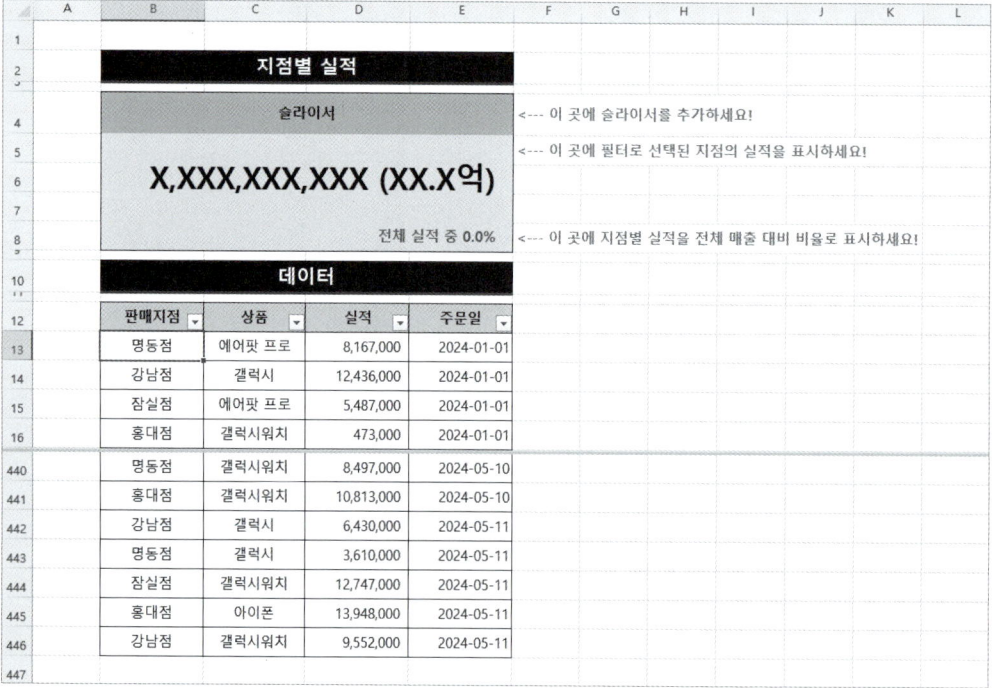

TIP 지점별 판매 데이터가 [B13:E446] 범위에 입력되어 있습니다.

02 먼저 [B12] 셀의 목록 단추 ▼를 클릭합니다. 자동 필터 목록에서 [(모두 선택)]의 체크를 해제하고 [강남점]만 체크한 다음 [확인]을 클릭합니다.

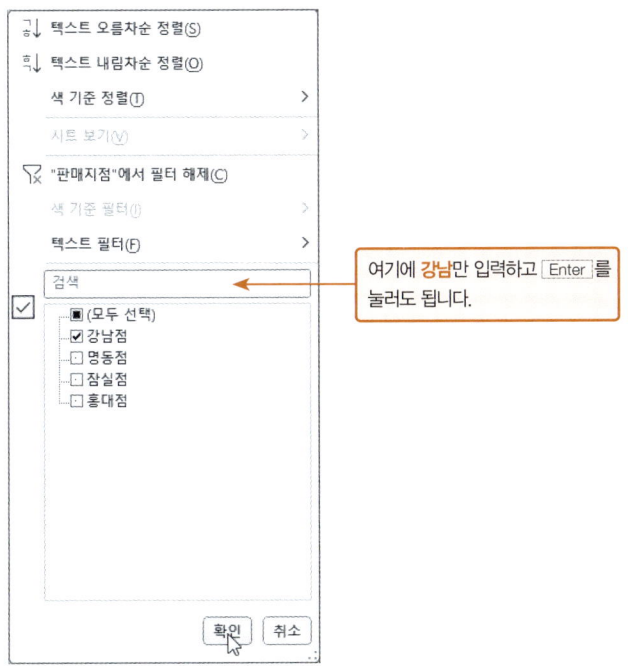

03 이제 화면에 강남점 데이터만 표시됩니다. [B5] 병합 셀에 실적을 구하기 위해 다음 수식을 입력합니다.

=SUM(D13:D446)

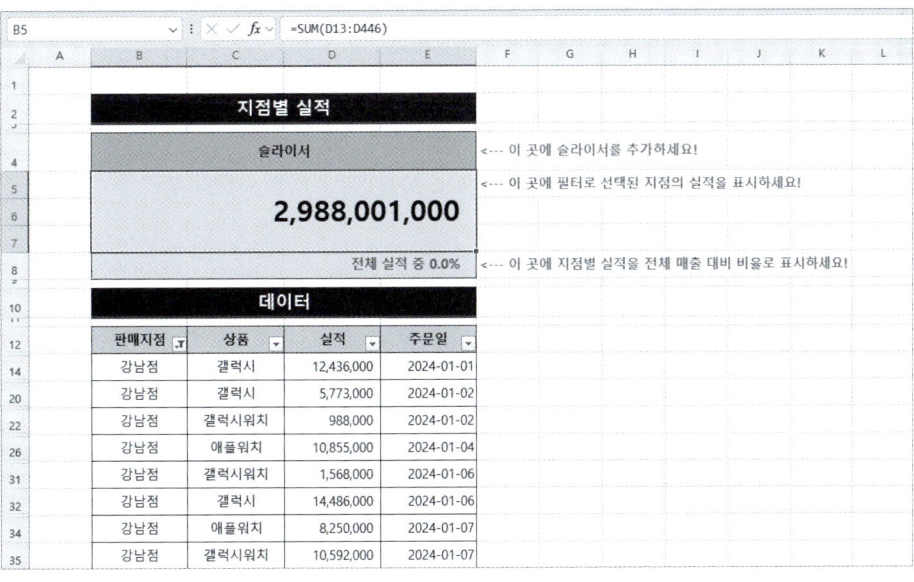

TIP　SUM 함수는 화면에 표시되는지 여부와 무관하게 선택한 범위의 숫자를 모두 더합니다.

04 화면에 표시된 [강남점] 데이터의 실적을 모두 더하기 위해 [B5] 병합 셀의 수식을 다음과 같이 수정합니다.

=SUBTOTAL(9, D13:D446)

엑셀마스터가 짚어주는 핵심 NOTE

SUBTOTAL 함수와 AGGREGATE 함수

엑셀에서 자동 필터를 적용했을 때, 화면에 표시된 데이터만 집계할 수 있는 함수는 SUBTOTAL 함수와 AGGREGATE 함수 두 가지입니다. 두 함수는 동작 방식이 유사하지만, AGGREGATE 함수는 엑셀 2010 버전부터 제공되며 SUBTOTAL보다 더 많은 함수와 옵션을 지원합니다.

따라서, 이번 예제의 SUBTOTAL 함수는 다음과 같이 AGGREGATE 함수로 바꿀 수 있습니다.

=AGGREGATE(9, 5, D13:D446)

AGGREGATE 함수의 첫 번째 인수인 9는 SUBTOTAL 함수와 마찬가지로 SUM 함수를 사용하라는 의미입니다. 두 번째 인수인 5는 숨겨진 행은 무시하고 화면에 표시된 데이터만 집계하라는 의미입니다. 세 번째 인수는 집계 범위를 의미합니다.

LINK AGGREGATE 함수에 대한 자세한 설명은 이 책의 74페이지를 참고합니다.

05 [B12] 병합 셀의 목록 단추 ▼를 클릭해 [강남점] 대신 [명동점]이 표시되도록 필터 항목을 변경합니다.

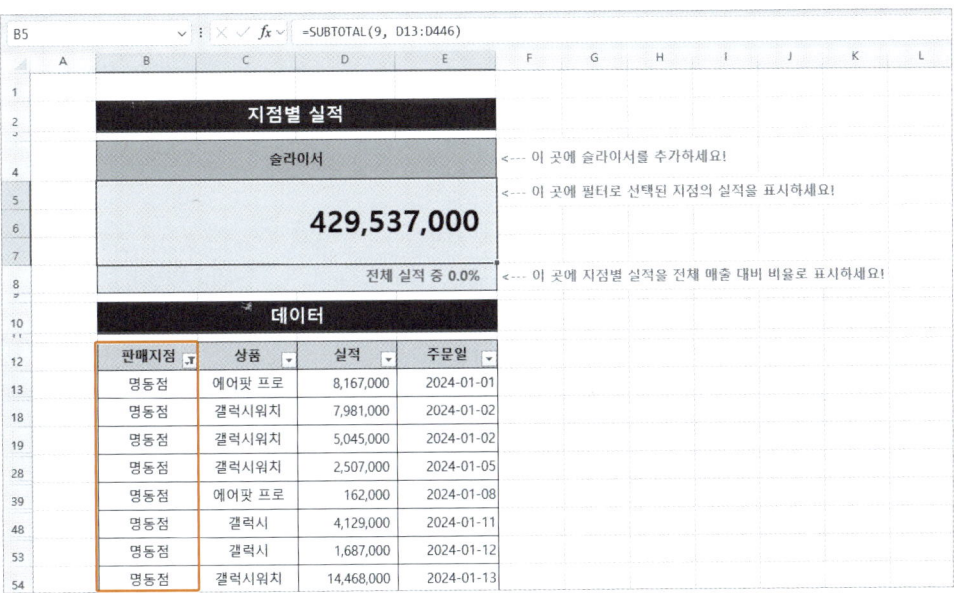

TIP 판매지점이 변경되면 [B5] 병합 셀의 집계된 숫자도 변경됩니다.

06 [B5] 병합 셀의 숫자 뒤에 '괄호 안의 0.0억'을 표시하기 위해, [B5] 병합 셀의 수식을 다음과 같이 수정합니다.

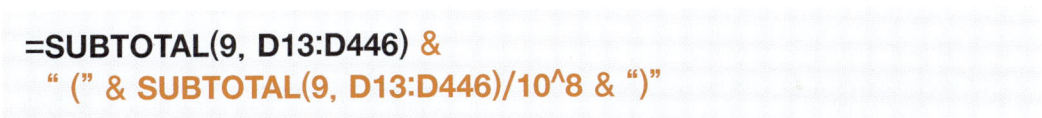

=SUBTOTAL(9, D13:D446) &
" (" & SUBTOTAL(9, D13:D446)/10^8 & ")"

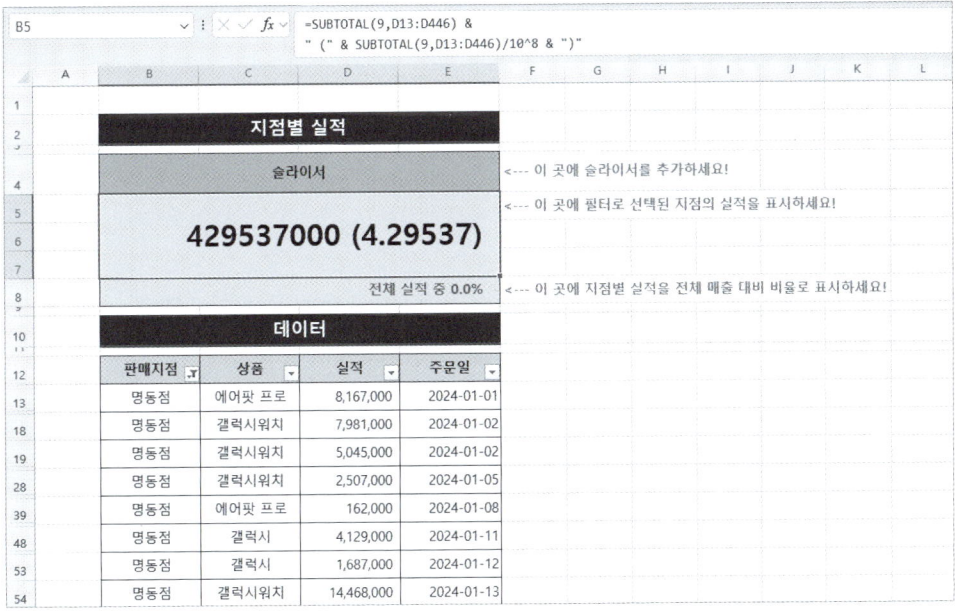

엑셀마스터가 짚어주는 핵심 NOTE

수식을 여러 줄에 작성

수식을 여러 줄에 작성하려면 Alt + Enter 를 눌러 줄 바꿈을 하는 것이 좋습니다. 이때 수식 입력줄을 이용하면 편리합니다.

수식 이해하기

이번 계산식은 SUBTOTAL(9, D13:D446) 계산식을 반복해 사용합니다. 첫 번째 계산식은 **04** 과정에서 설명했듯이 화면에 표시된 데이터의 합계를 구합니다. 이어서 & 연산자를 사용해 " ("와 ")"를 연결하는데, 괄호 안의 값은 합계를 억 단위로 표시하기 위해 10^8로 나누어 변환합니다.

> **LINK** 수식을 이용한 단위 변경에 대한 설명은 이 책의 78페이지 부분을 참고합니다.

수식 간소화

엑셀 수식이 길고 복잡해지는 이유 중 하나는 동일한 계산식을 반복해서 사용하는 경우입니다. 이번 예제에서도 SUBTOTAL(9, D13:D446) 부분이 두 번 등장해 수식이 길어지고 있습니다.

이 문제는 엑셀 2021 이상 버전과 마이크로소프트 365 버전에서 지원하는 LET 함수를 사용하면 해결할 수 있습니다. LET 함수는 반복되는 계산식을 변수로 정의해 간단히 재사용할 수 있으므로, 수식을 다음과 같이 줄일 수 있습니다.

```
=LET(합계, SUBTOTAL(9, D13:D446),
     합계 & " (" & 합계/10^8 & ")"
    )
```

위 수식은 SUBTOTAL(9, D13:D446) 계산식을 '합계' 변수에 저장해놓고, 아래 줄에서 '합계'를 사용해 계산식을 작성한 것입니다. 물론 LET 함수에서 변수는 여러 개 설정할 수 있습니다. 다음 계산식을 참고해보세요.

```
=LET(실적범위, D13:D446,
     합계, SUBTOTAL(9, 실적범위),
     억, 10^8,
     합계 & " (" & 합계/억 & ")"
    )
```

이 정도 길이의 수식은 한 줄에 모두 작성할 수 있지만, 보통은 이해하기 쉽게 이와 같이 여러 줄로 작성합니다.

표시 형식 해제

여러 계산식을 & 연산자로 연결하게 되면 데이터 형식이 '텍스트'로 변경되어 셀에 적용된 표시 형식이 적용되지 않습니다. 그러므로 이런 경우에는 TEXT 함수를 사용해 표시 형식을 설정해야 합니다.

07 [B5] 병합 셀의 숫자에 표시 형식을 적용하기 위해 TEXT 함수를 추가합니다. [B5] 병합 셀의 수식을 다음과 같이 수정합니다.

=TEXT(SUBTOTAL(9, D13:D446), "#,##0") &
" (" & TEXT(SUBTOTAL(9, D13:D446)/10^8, "0.0억") & ")"

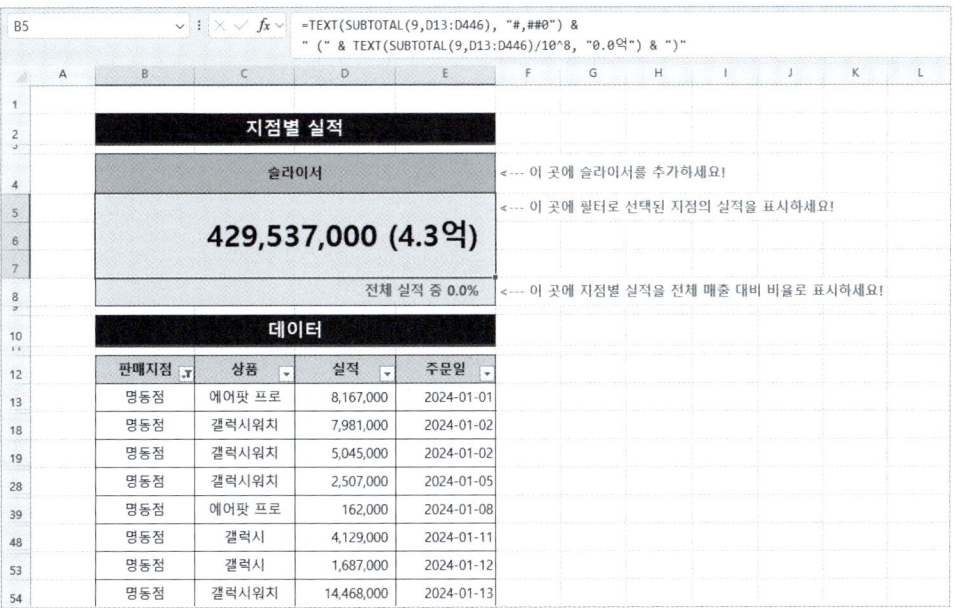

TIP 이번에 수정된 부분은 TEXT 함수로 합계를 구하는 부분의 표시 형식을 설정한 것입니다.

08 [B8] 병합 셀에는 지점 실적 비율이 표시되도록 다음과 같은 수식을 입력합니다.

="전체 실적 중 " &
TEXT(SUBTOTAL(9, D13:D446)/SUM(D13:D446), "0.0%")

엑셀마스터가 짚어주는 핵심 NOTE

LET 함수 수식 이해하기

계산식 앞뒤로 원하는 문장을 표시하려면 & 연산자로 연결합니다. 이해를 돕기 위해 LET 함수를 사용하는 계산식으로 변경하면 다음과 같습니다.

```
=LET(실적범위, D13:D446,
     합계, SUBTOTAL(9, 실적범위),
     총합계, SUM(실적범위)
     "전체 실적 중 " & TEXT(합계/총합계, "0.0%")
     )
```

VER. 위 계산식은 엑셀 2021 이상 버전이나 마이크로소프트 365 버전에서만 동작합니다.

한 줄씩 보면 수식을 이해하는 데 어렵지 않을 것입니다.

---

09 [B8] 병합 셀에 표시되는 데이터가 좀 더 보기 좋도록 뒤의 공백을 몇 자리 추가하겠습니다. 수식을 다음과 같이 수정합니다.

```
="전체 실적 중 " &
  TEXT(SUBTOTAL(9, D13:D446)/SUM(D13:D446), "0.0%   ")
```

판매지점	상품	실적	주문일
명동점	에어팟 프로	8,167,000	2024-01-01
명동점	갤럭시워치	7,981,000	2024-01-02
명동점	갤럭시워치	5,045,000	2024-01-02
명동점	갤럭시워치	2,507,000	2024-01-05
명동점	에어팟 프로	162,000	2024-01-08
명동점	갤럭시	4,129,000	2024-01-11
명동점	갤럭시	1,687,000	2024-01-12
명동점	갤럭시워치	14,468,000	2024-01-13

지점별 실적: 429,537,000 (4.3억)
전체 실적 중 14.4%

TIP TEXT 함수의 서식 코드 뒤에 공백 문자(Spacebar)를 세 번 입력해 공백을 추가합니다.

10 이제 슬라이서를 이용하기 위해 하단의 표를 엑셀 표로 변환합니다. [B13] 셀 또는 하단의 표 내부의 아무 셀이나 선택하고 리본 메뉴의 [삽입] 탭-[표] 그룹-[표]를 클릭합니다.

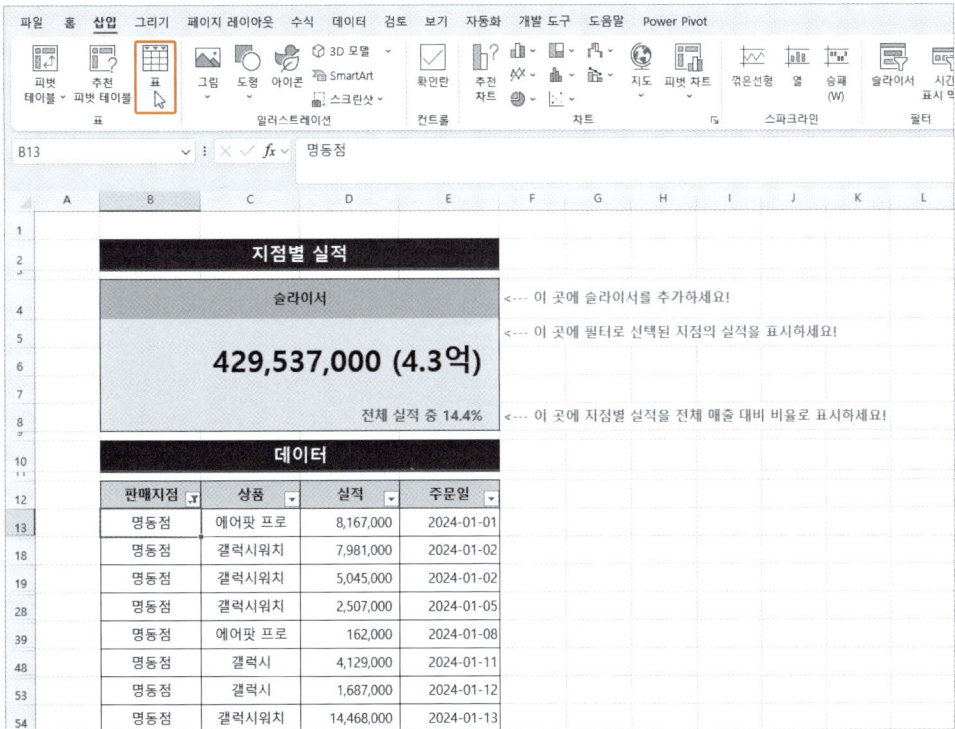

VER. 슬라이서는 피벗 테이블과 엑셀 표에서만 사용할 수 있는데, 피벗 테이블은 엑셀 2010 버전부터, 엑셀 표는 엑셀 2013 버전부터 사용할 수 있습니다.

11 [표 만들기] 대화상자가 표시되면 [확인]을 클릭합니다.

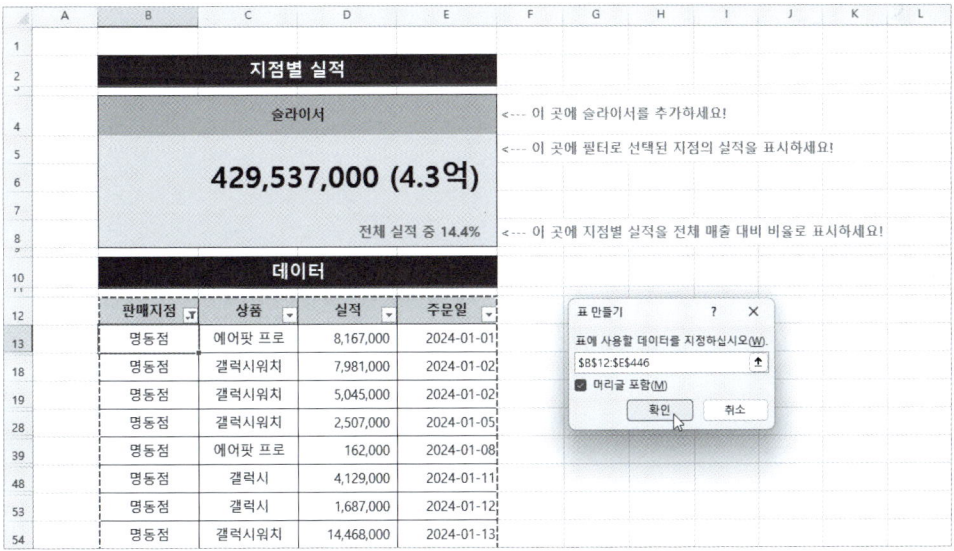

12 엑셀 표가 등록되면 엑셀 표 스타일이 표에 적용됩니다. 리본 메뉴의 [테이블 디자인] 탭-[도구] 그룹-[슬라이서 삽입]을 클릭합니다.

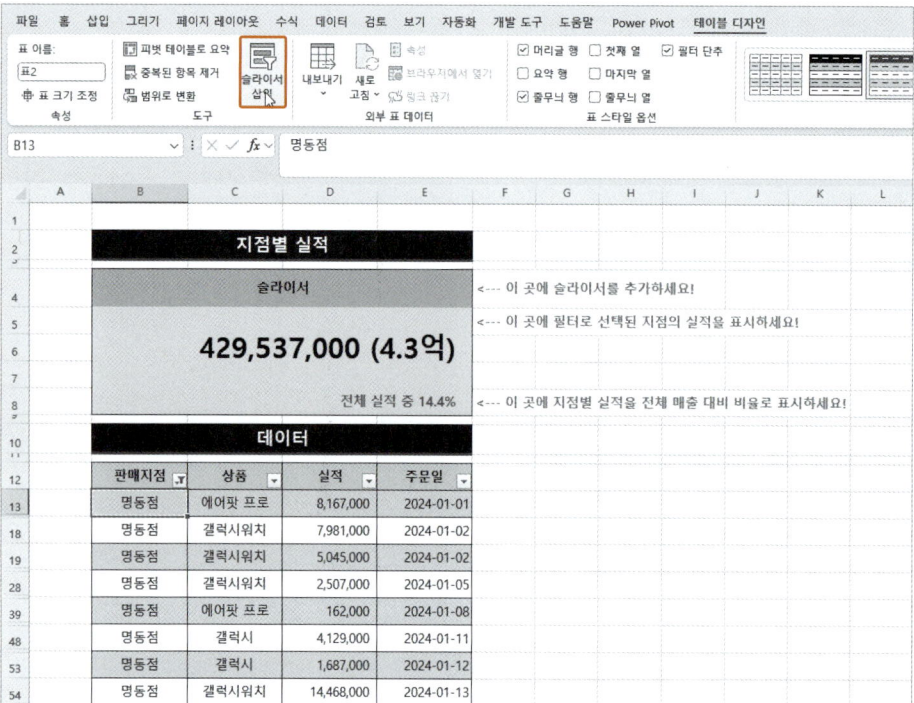

13 [슬라이서 삽입] 대화상자가 표시되면 [판매지점]에 체크하고 [확인]을 클릭합니다.

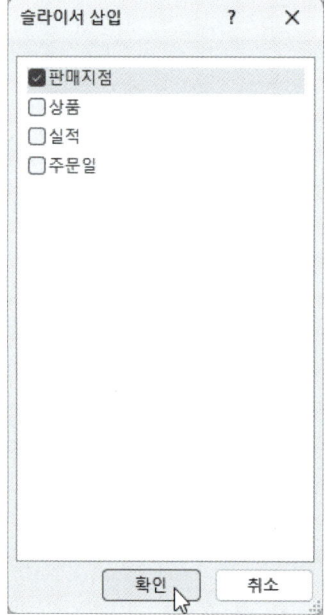

14 슬라이서 창이 표시되며, 현재 자동 필터 조건인 '명동점' 항목만 활성화되어 있습니다.

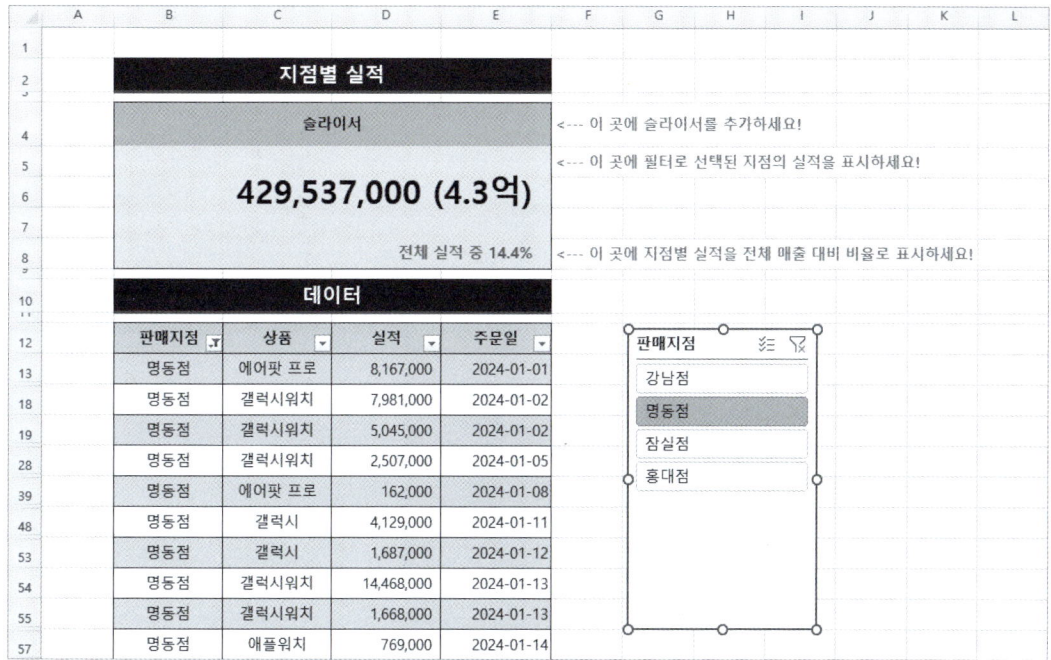

LINK 슬라이서 창을 조작하는 방법은 이 책의 297페이지를 참고합니다.

15 슬라이서 창에서 '강남점' 항목을 클릭하면 왼쪽 표 데이터에 '강남점' 데이터만 필터링됩니다. 상단의 실적도 그에 맞게 변경됩니다.

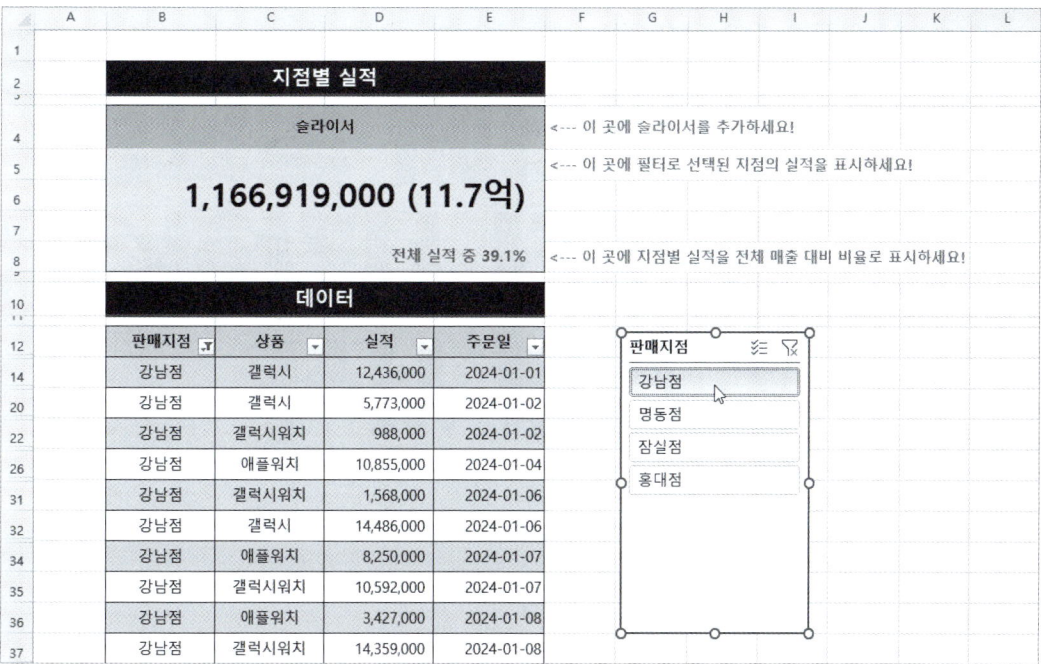

CHAPTER 03

보고서에 필요한 데이터 시각화① : 조건부 서식

이번 CHAPTER의 핵심!
- **조건부 서식 이해하기**
- **데이터 막대, 색조, 아이콘 집합 활용하기**
- **사용자 서식 활용하기**

엑셀로 보고서를 작성하다 보면 다양한 숫자 데이터를 요약하고 정리해야 합니다. 그런데 이 숫자들을 목적에 따라 여러 표로 나누어 나열하다 보면 보고서가 복잡해지고, 결국 전달하려는 핵심 메시지가 의사결정권자에게 명확하게 전달되지 않는 문제가 생길 수 있습니다.

따라서 보고서에는 모든 데이터를 보여주더라도, 의사결정권자가 중요하게 여기는 핵심 성과 지표(KPI)를 시각적으로 강조하는 방식으로 구성할 필요가 있습니다.

보통 중요한 데이터를 강조하기 위해 배경색이나 글자색을 바꾸는 방식으로 서식을 수동으로 변경하는 경우가 많은데, 매번 새 보고서를 만들 때마다 강조 위치가 달라지기 때문에 이러한 작업은 시간이 많이 들고 실수도 발생하기 쉽습니다.

이 문제를 해결하기 위해 엑셀에서는 조건을 만족하는 데이터에만 자동으로 서식을 적용하는 기능, 즉 [조건부 서식]을 제공합니다. 조건부 서식을 사용하면 데이터가 바뀌어도 강조해야 할 위치가 자동으로 갱신되기 때문에, 의사결정권자가 관심을 갖는 중요한 수치만 정확히 드러낼 수 있습니다.

따라서, 대시보드처럼 자동으로 갱신되는 보고서에서는 조건부 서식 기능을 익혀야 합니다. 이번 CHAPTER에서는 다양한 예시와 함께 조건부 서식을 활용하는 방법을 알아보겠습니다.

조건부 서식의 이해

엑셀에서는 원하는 셀이나 범위를 선택한 뒤 배경색, 글꼴 등 다양한 서식을 쉽게 적용할 수 있습니다. 이러한 서식 명령은 리본 메뉴의 [홈] 탭에 있습니다.

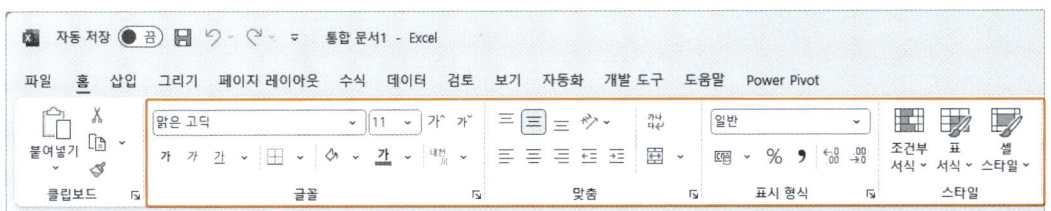

리본 메뉴의 [홈] 탭에서 [글꼴], [맞춤], [표시 형식], [스타일] 그룹의 명령을 사용해 셀을 꾸밀 수 있습니다. 이와 같은 효과를 '서식'이라고 합니다. 또는 셀이나 범위를 선택한 뒤 단축키 Ctrl + 1 을 누르면 [셀 서식] 대화상자가 열리는데, 여기서도 다양한 서식을 설정할 수 있습니다.

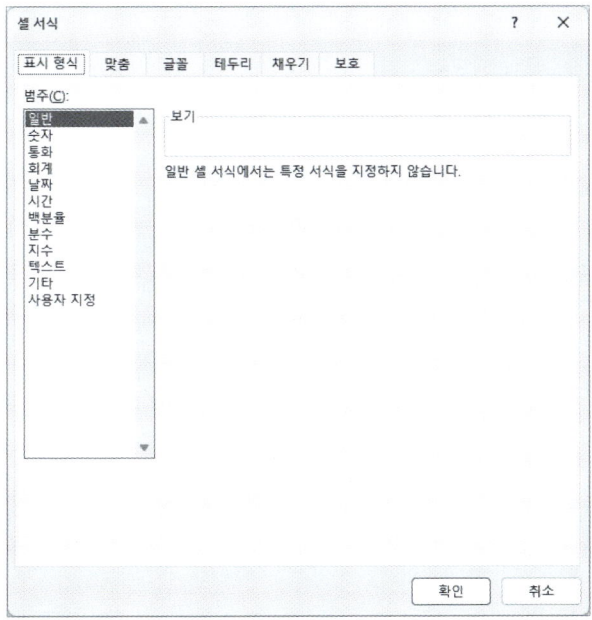

조건부 서식 사용 방법 이해하기

[조건부 서식] 기능을 사용하면 원하는 셀이나 범위에 미리 서식을 지정해두고, 특정 조건을 만족할 때 자동으로 해당 서식이 적용되도록 설정할 수 있습니다. 이 기능은 리본 메뉴의 [홈] 탭–[스타일] 그룹–[조건부 서식[■]]을 클릭해 사용할 수 있습니다.

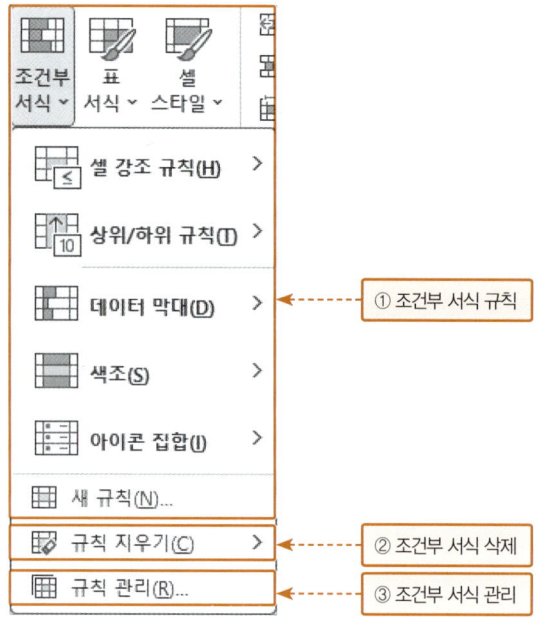

조건부 서식 규칙

[셀 강조 규칙]과 [상위/하위 규칙]에는 자동 필터나 피벗 테이블에서 자주 보던 메뉴들이 포함되어 있습니다. 다음은 두 명령을 클릭했을 때 표시되는 하위 메뉴입니다.

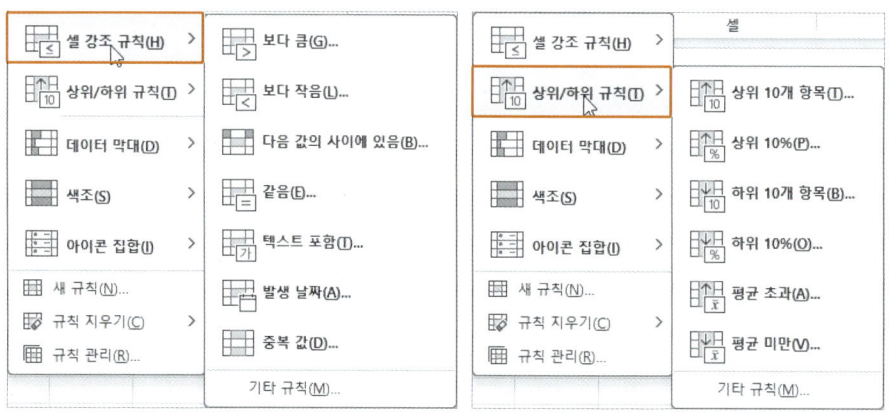

LINK [데이터 막대], [색조], [아이콘 집합]은 이 책의 118페이지에서 자세하게 설명합니다.

조건부 서식 삭제

셀이나 범위에 적용된 조건부 서식 규칙은 데이터가 입력되지 않아도 계속 동작합니다. 따라서 불필요한 조건부 서식은 모두 제거하는 것이 좋습니다. 다만 어디에 적용되어 있는지 확인하기가 쉽지 않다는 점이 문제인데, 이 부분은 사례를 통해 설명하겠습니다.

[규칙 지우기] 메뉴를 클릭하면, 다음과 같은 하위 메뉴가 표시됩니다.

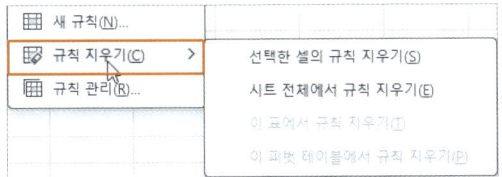

조건부 서식 관리

[규칙 관리] 메뉴를 클릭하면 다음과 같은 대화상자가 표시됩니다.

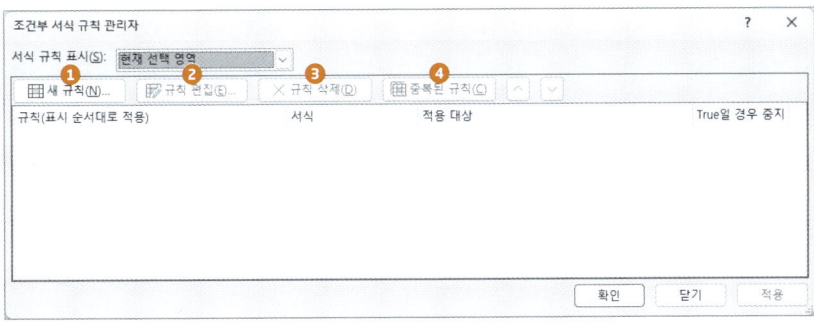

대화상자 상단에는 다음과 같은 버튼이 있습니다.

❶ **[새 규칙]** : 새로운 조건부 서식을 설정합니다.

❷ **[규칙 편집]** : 기존 조건부 서식의 규칙을 수정합니다.

❸ **[규칙 삭제]** : 기존 조건부 서식을 삭제합니다.

❹ **[중복된 규칙]** : 기존 규칙을 복사해 새로운 규칙을 생성합니다.

이 중 [규칙 편집], [규칙 삭제], [중복된 규칙] 버튼이 현재 화면에서 클릭하지 못하도록 비활성화되어 있는 이유는 적용된 조건부 서식이 없기 때문입니다.

이제 몇 가지 사례를 통해 조건부 서식을 직접 적용하면서 이해도를 높여보겠습니다.

명확한 기준이 존재하는 핵심성과지표(KPI) 강조하기

예제 파일 CHAPTER 03 \ 조건부 서식.xlsx

01 예제 파일을 열면 지점별 실적, 목표 달성률, YoY가 정리된 표가 있습니다. 숫자가 많은 표의 특징상 어디에 주목해야 하는지 파악하기가 어렵습니다. 이 표를 보고받는 사람은 어떤 부분을 가장 중요하게 볼까요? 일반적으로 핵심성과지표(KPI) 가운데 가장 궁금한 것은 목표 달성 여부입니다. 따라서 이번에는 목표 달성 여부를 강조하겠습니다.

지점	목표	24Q4	23Q4	목표달성률(%)	YoY(%)
강남지점	131,500	120,695	94,990	91.8%	27.1%
광명지점	25,000	40,840	13,340	163.4%	206.1%
김포지점	18,000	26,195	12,130	145.5%	116.0%
노원지점	20,500	19,060	13,730	93.0%	38.8%
동대문지점	20,000	24,930	17,670	124.7%	41.1%
명동지점	55,000	43,795	42,510	79.6%	3.0%
분당지점	93,000	112,060	79,380	120.5%	41.2%
성남지점	49,000	56,080	44,135	114.4%	27.1%
성수지점	41,500	39,335	33,120	94.8%	18.8%
수원지점	10,500	25,045	7,765	238.5%	222.5%
여의도지점	89,500	75,930	65,800	84.8%	15.4%
영등포지점	58,500	39,545	51,825	67.6%	-23.7%
일산지점	43,500	27,215	33,715	62.6%	-19.3%

02 목표 달성률이 계산되어 있는 [F3:F15] 범위를 지정합니다. 리본 메뉴의 [홈] 탭–[스타일] 그룹–[조건부 서식]을 클릭하고 하위 메뉴에서 [셀 강조 규칙]–[보다 큼]을 선택합니다.

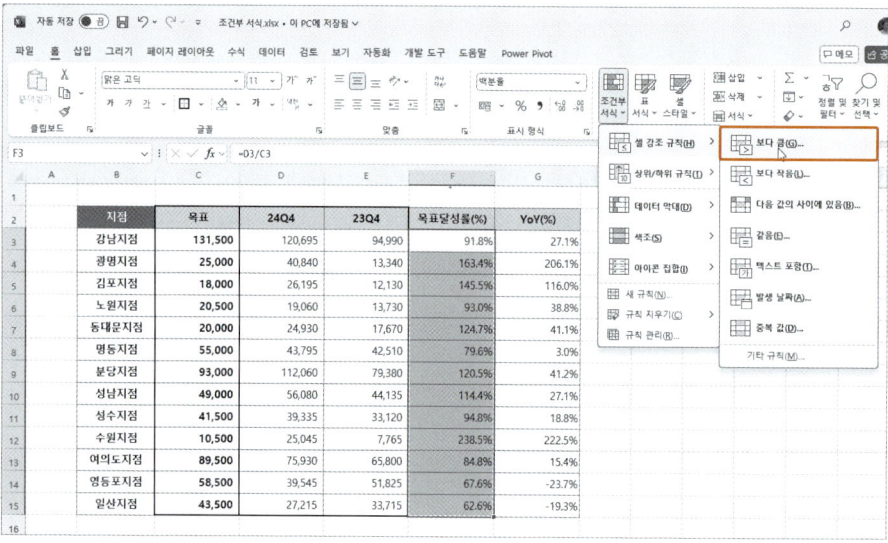

> **TIP** [크거나 같음] 조건은 숨겨져 있는데 여기에 대해서는 **03** 과정의 핵심 NOTE에서 자세히 설명합니다.

03 [보다 큼] 대화상자가 표시되면 첫 번째 입력란에 **100%**를 입력합니다. 해당 값보다 큰 숫자가 입력된 셀에 기본 서식이 표시됩니다.

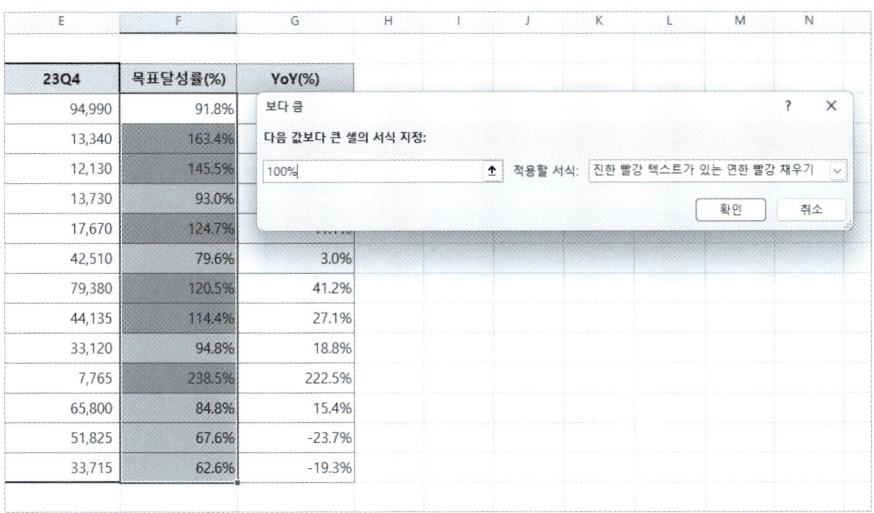

엑셀마스터가 짚어주는 핵심 NOTE

[크거나 같음] 조건 설정 방법

보다 큼(>) 조건은 100%보다 큰 값만 대상으로 하므로, 100% 자체는 포함되지 않습니다. 따라서 100%를 포함하려면 크거나 같음(>=) 조건을 사용해야 합니다. 그러나 [셀 강조 규칙] 메뉴에는 크거나 같음 조건이 제공되지 않으므로 다음과 같은 방법을 사용합니다.

❶ 리본 메뉴의 [홈] 탭–[스타일] 그룹–[조건부 서식]을 클릭합니다.
❷ 하위 메뉴에서 [셀 강조 규칙]–[기타 규칙]을 선택합니다.
❸ [새 서식 규칙] 대화상자에서 비교 연산자를 **>=**로 변경하고 **100%**를 입력합니다.

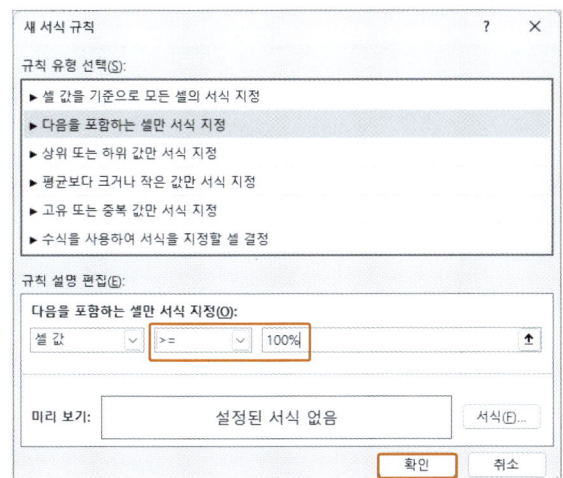

❹ 원하는 서식을 적용하려면 [서식]을 클릭하고 진행합니다. 서식 설정 방법은 **05~06** 과정을 참고합니다.

04 [적용할 서식]의 목록 단추 ▼를 클릭하고 [사용자 지정 서식…]을 선택합니다.

05 [셀 서식] 대화상자가 표시되면 [채우기] 탭을 클릭하고 원하는 배경색을 선택합니다. 여기에서는 [빨강]을 선택했습니다.

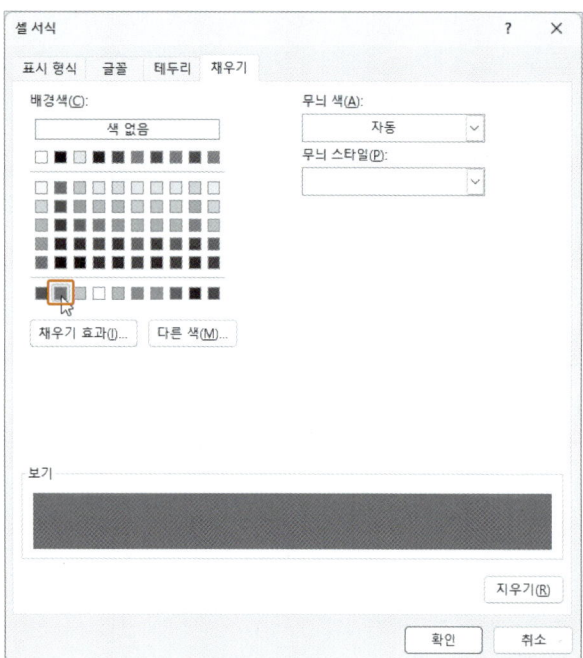

06 [글꼴] 탭을 클릭한 다음, [글꼴 스타일]은 [굵게]를 선택합니다. [색]의 목록 단추 ▼를 클릭하고 [흰색]을 선택합니다.

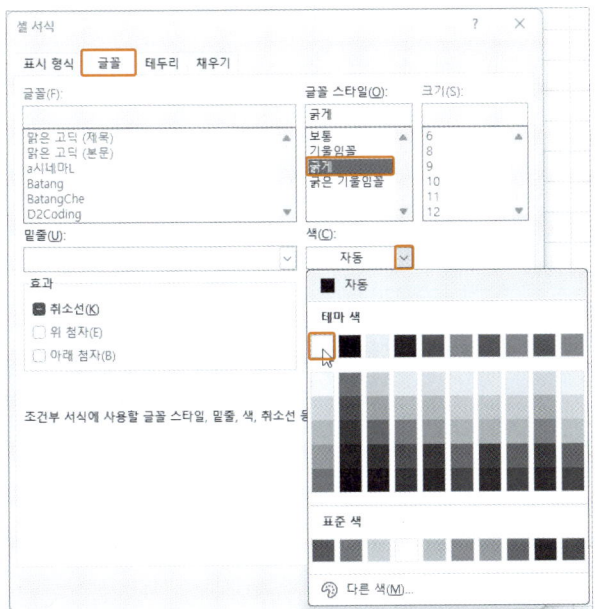

07 [확인]을 클릭해 [셀 서식] 대화상자를 닫고, [보다 큼] 대화상자도 [확인]을 클릭해 닫습니다. 다음과 같이 목표달성률 100%를 넘긴 셀의 서식이 강조됩니다.

	A	B	C	D	E	F	G	H
1								
2		지점	목표	24Q4	23Q4	목표달성률(%)	YoY(%)	
3		강남지점	131,500	120,695	94,990	91.8%	27.1%	
4		광명지점	25,000	40,840	13,340	**163.4%**	206.1%	
5		김포지점	18,000	26,195	12,130	**145.5%**	116.0%	
6		노원지점	20,500	19,060	13,730	93.0%	38.8%	
7		동대문지점	20,000	24,930	17,670	**124.7%**	41.1%	
8		명동지점	55,000	43,795	42,510	79.6%	3.0%	
9		분당지점	93,000	112,060	79,380	**120.5%**	41.2%	
10		성남지점	49,000	56,080	44,135	**114.4%**	27.1%	
11		성수지점	41,500	39,335	33,120	94.8%	18.8%	
12		수원지점	10,500	25,045	7,765	**238.5%**	222.5%	
13		여의도지점	89,500	75,930	65,800	84.8%	15.4%	
14		영등포지점	58,500	39,545	51,825	67.6%	-23.7%	
15		일산지점	43,500	27,215	33,715	62.6%	-19.3%	
16								

명확한 기준이 없을 때 핵심성과지표(KPI) 강조하는 방법

예제 파일 CHAPTER 03 \ 조건부 서식-상위, 하위.xlsx

01 예제 파일은 앞 실습의 예제와 동일합니다. 이번에는 24년 4분기와 23년 4분기에 가장 높은 실적을 보인 다섯 개 지점을 강조해보겠습니다.

지점	목표	24Q4	23Q4	목표달성률(%)	YoY(%)
강남지점	131,500	120,695	94,990	91.8%	27.1%
광명지점	25,000	40,840	13,340	163.4%	206.1%
김포지점	18,000	26,195	12,130	145.5%	116.0%
노원지점	20,500	19,060	13,730	93.0%	38.8%
동대문지점	20,000	24,930	17,670	124.7%	41.1%
명동지점	55,000	43,795	42,510	79.6%	3.0%
분당지점	93,000	112,060	79,380	120.5%	41.2%
성남지점	49,000	56,080	44,135	114.4%	27.1%
성수지점	41,500	39,335	33,120	94.8%	18.8%
수원지점	10,500	25,045	7,765	238.5%	222.5%
여의도지점	89,500	75,930	65,800	84.8%	15.4%
영등포지점	58,500	39,545	51,825	67.6%	-23.7%
일산지점	43,500	27,215	33,715	62.6%	-19.3%

02 먼저 23년도 4분기에 해당하는 [E3:E15] 범위를 지정합니다. 리본 메뉴의 [홈] 탭-[스타일] 그룹-[조건부 서식 📊]을 클릭하고 하위 메뉴에서 [상위/하위 규칙]-[상위 10개 항목⋯]을 선택합니다.

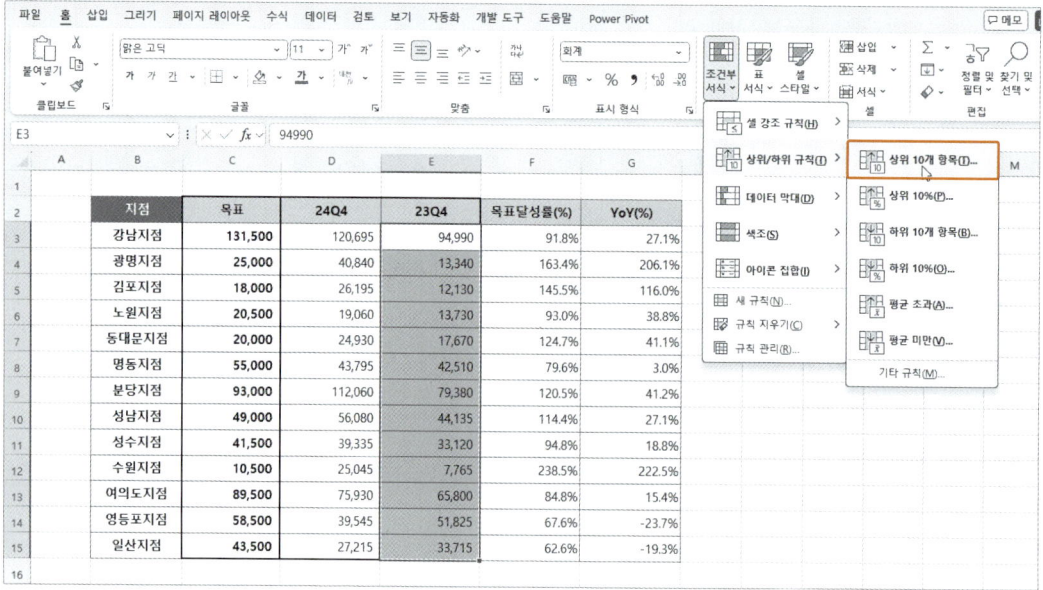

03 [상위 10개 항목] 대화상자가 표시되면 [다음 상위 순위에 속하는 셀의 서식 지정]에 **5**를 입력하고 [확인]을 클릭합니다.

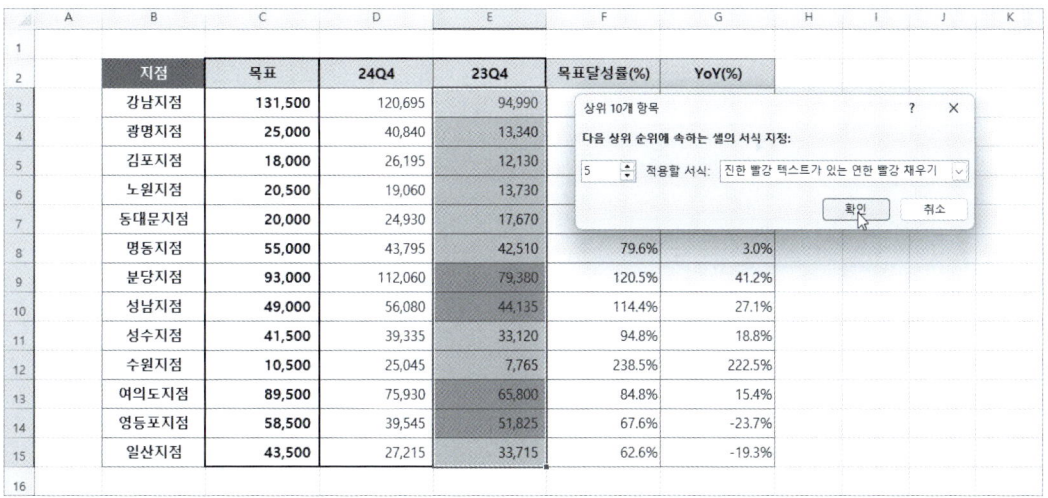

LINK 원하는 서식이 있다면 [적용할 서식]의 목록 단추를 클릭해 [사용자 지정]을 선택하고 서식을 설정합니다. 이 책의 106페이지를 참고하세요.

04 이번에는 24년도 4분기에 해당하는 [D3:D15] 범위를 지정합니다. 리본 메뉴의 [홈] 탭-[스타일] 그룹-[조건부 서식]을 클릭하고 하위 메뉴에서 [상위/하위 규칙]-[상위 10개 항목…]을 선택합니다.

05 [상위 10개 항목] 대화상자가 표시되면 [다음 상위 순위에 속하는 셀의 서식 지정]에 **5**를 입력하고 [확인]을 클릭합니다.

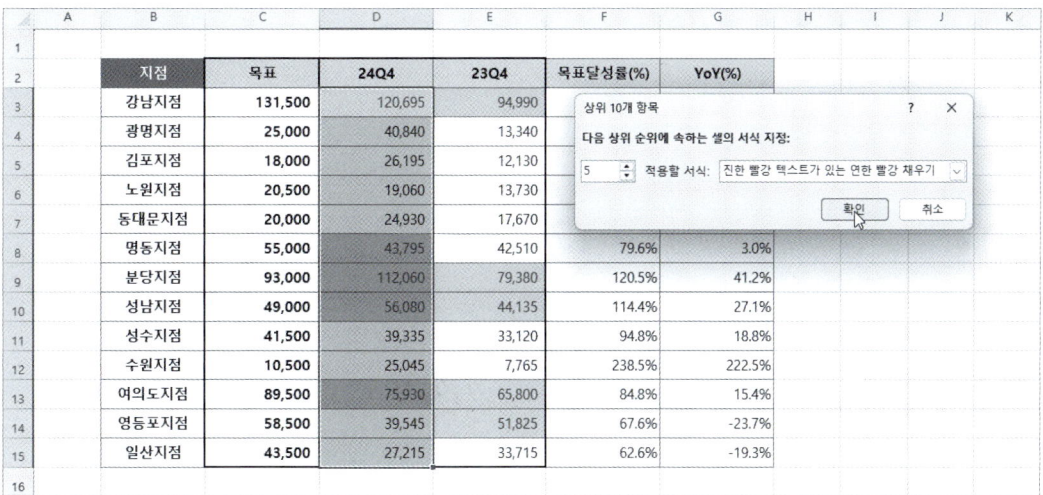

숫자가 입력된 범위가 아닌 다른 열의 데이터 강조하기

예제 파일 CHAPTER 03 \ 조건부 서식-새 규칙.xlsx

01 이번에는 23년 4분기와 24년 4분기의 상위 다섯 개 지점을 강조해보겠습니다. 앞의 실습과 달리 B열부터 E열까지의 전체 범위에 색상이 적용되도록 설정합니다.

지점	목표	24Q4	23Q4	목표달성률(%)	YoY(%)
강남지점	131,500	120,695	94,990	91.8%	27.1%
광명지점	25,000	40,840	13,340	163.4%	206.1%
김포지점	18,000	26,195	12,130	145.5%	116.0%
노원지점	20,500	19,060	13,730	93.0%	38.8%
동대문지점	20,000	24,930	17,670	124.7%	41.1%
명동지점	55,000	43,795	42,510	79.6%	3.0%
분당지점	93,000	112,060	79,380	120.5%	41.2%
성남지점	49,000	56,080	44,135	114.4%	27.1%
성수지점	41,500	39,335	33,120	94.8%	18.8%
수원지점	10,500	25,045	7,765	238.5%	222.5%
여의도지점	89,500	75,930	65,800	84.8%	15.4%
영등포지점	58,500	39,545	51,825	67.6%	-23.7%
일산지점	43,500	27,215	33,715	62.6%	-19.3%

02 먼저 24년 4분기에 실적이 가장 높은 지점 다섯 개를 표시하겠습니다. [B3:D15] 범위를 지정한 다음, [홈] 탭-[스타일] 그룹-[조건부 서식 📰]을 클릭하고 하위 메뉴에서 [새 규칙]을 선택합니다.

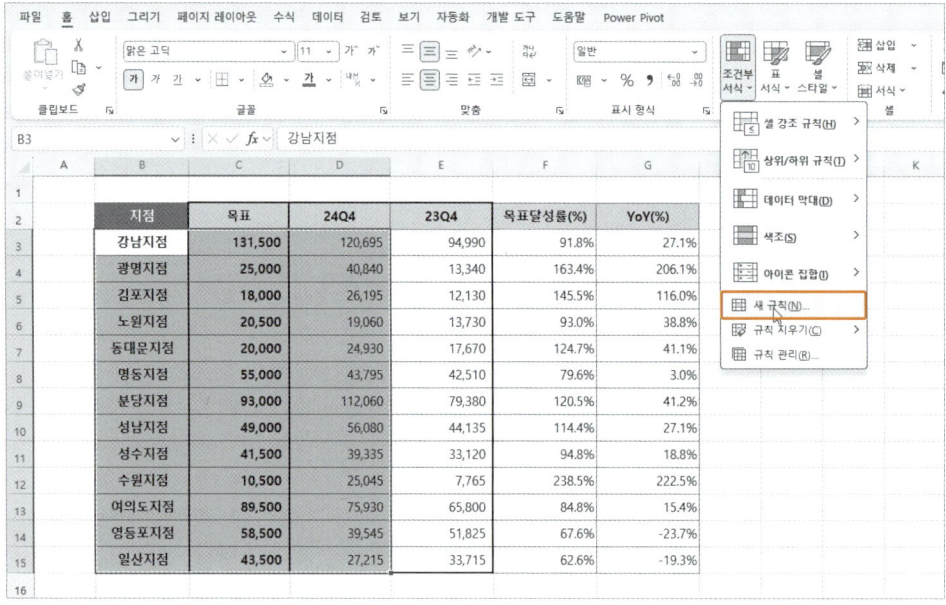

TIP 조건부 서식은 선택된 범위 전체에 적용할 수 있습니다.

03 [새 서식 규칙] 대화상자가 표시되면 [규칙 유형 선택]에서 [수식을 사용하여 서식을 지정할 셀 결정]을 선택합니다. [다음 수식이 참인 값의 서식 지정]에 다음과 같은 수식을 입력하고 [서식]을 클릭합니다.

=$D3>=LARGE($D$3:$D$15, 5)

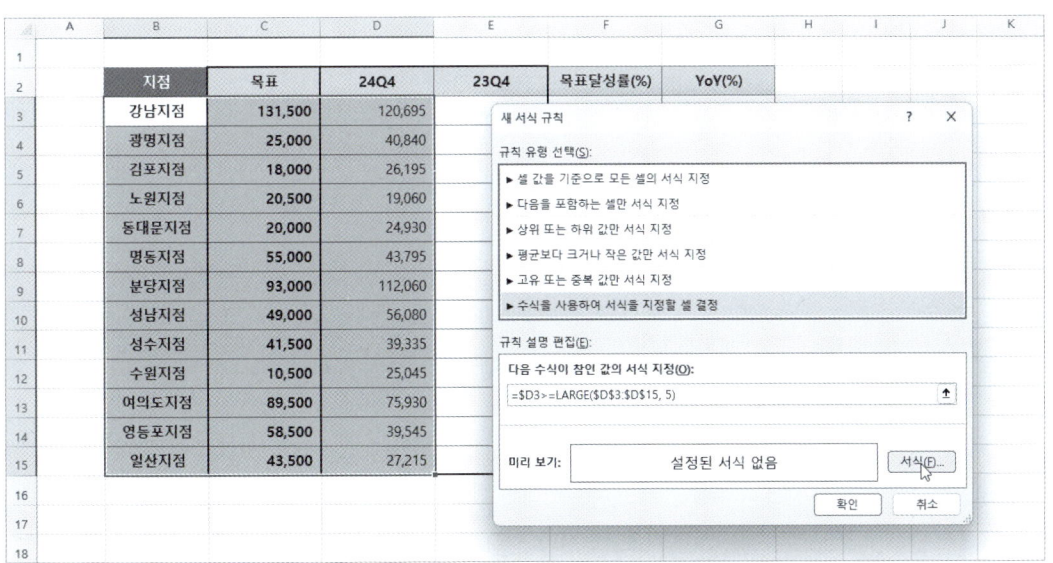

 엑셀마스터가 짚어주는 핵심 NOTE

수식 해설

조건부 서식에서 숫자가 입력된 범위 외의 다른 범위에도 서식을 적용하려면 수식을 이용해 조건을 지정해야 합니다. 이때 수식은 선택한 범위의 왼쪽 상단 첫 번째 셀(예: [B3] 셀)을 기준으로 작성하고, 나머지 셀에는 자동으로 복사된다고 생각하면 됩니다. 즉, 이번 수식은 [B3] 셀을 기준으로 작성한 것이고, 선택된 [B3:D15] 범위 전체에 동일하게 적용됩니다.

수식을 살펴보면, 두 값을 비교해 [D3] 셀의 값이 [D3:D15] 범위에서 다섯 번째로 큰 값보다 큰지 여부를 확인합니다.

| $D3 | >= | LARGE($D$3:$D$15, 5) |

TIP LARGE 함수는 지정한 범위에서 n번째로 큰 값을 반환합니다.

04 [셀 서식] 대화상자가 표시되면 [채우기] 탭에서 원하는 색상을 선택하고 [확인]을 클릭합니다.

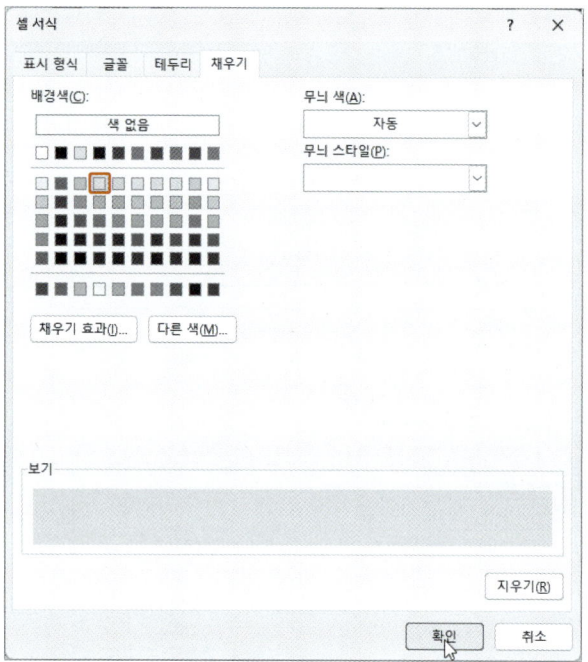

05 선택된 범위에서 24년 4분기 실적이 높은 지점 다섯 개의 데이터가 화면과 같이 강조됩니다.

	A	B	C	D	E	F	G	H
1								
2		지점	목표	24Q4	23Q4	목표달성률(%)	YoY(%)	
3		강남지점	131,500	120,695	94,990	91.8%	27.1%	
4		광명지점	25,000	40,840	13,340	163.4%	206.1%	
5		김포지점	18,000	26,195	12,130	145.5%	116.0%	
6		노원지점	20,500	19,060	13,730	93.0%	38.8%	
7		동대문지점	20,000	24,930	17,670	124.7%	41.1%	
8		명동지점	55,000	43,795	42,510	79.6%	3.0%	
9		분당지점	93,000	112,060	79,380	120.5%	41.2%	
10		성남지점	49,000	56,080	44,135	114.4%	27.1%	
11		성수지점	41,500	39,335	33,120	94.8%	18.8%	
12		수원지점	10,500	25,045	7,765	238.5%	222.5%	
13		여의도지점	89,500	75,930	65,800	84.8%	15.4%	
14		영등포지점	58,500	39,545	51,825	67.6%	-23.7%	
15		일산지점	43,500	27,215	33,715	62.6%	-19.3%	
16								

06 이번에는 23년 4분기 실적이 높은 지점 다섯 개를 강조하겠습니다. [B3:E15] 범위를 지정한 다음, [홈] 탭-[스타일] 그룹-[조건부 서식]을 클릭하고 하위 메뉴에서 [새 규칙]을 선택합니다.

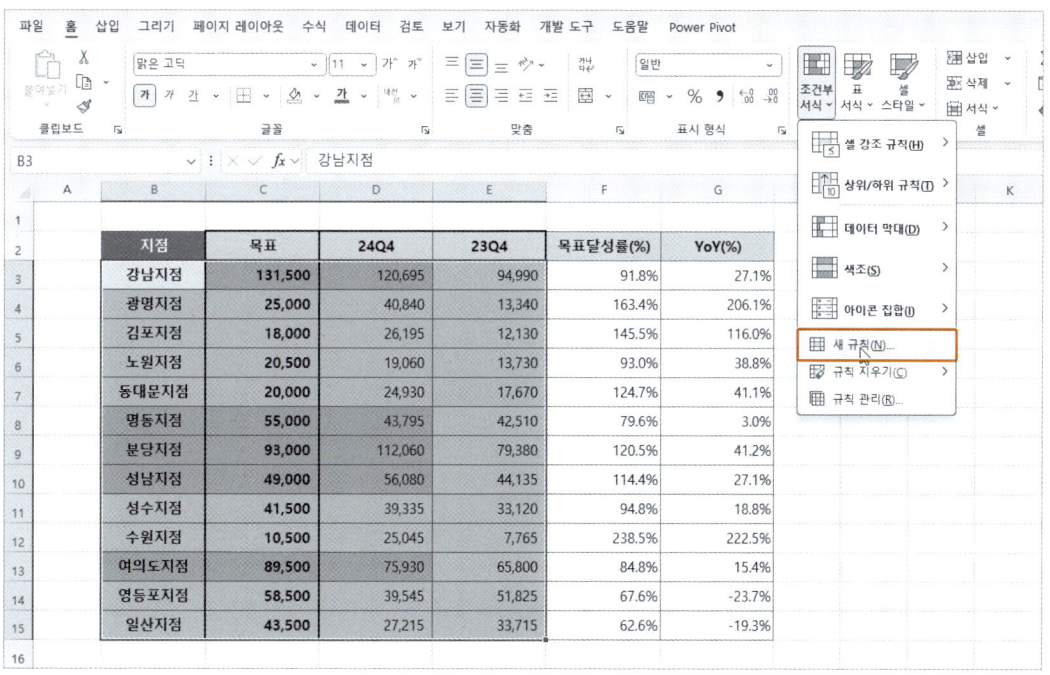

07 [새 서식 규칙] 대화상자가 표시되면 [규칙 유형 선택]에서 [수식을 사용하여 서식을 지정할 셀 결정]을 선택합니다. [다음 수식이 참인 값의 서식 지정]에 다음과 같은 수식을 입력하고 [서식]을 클릭합니다.

=$E3>=LARGE($E$3:$E$15, 5)

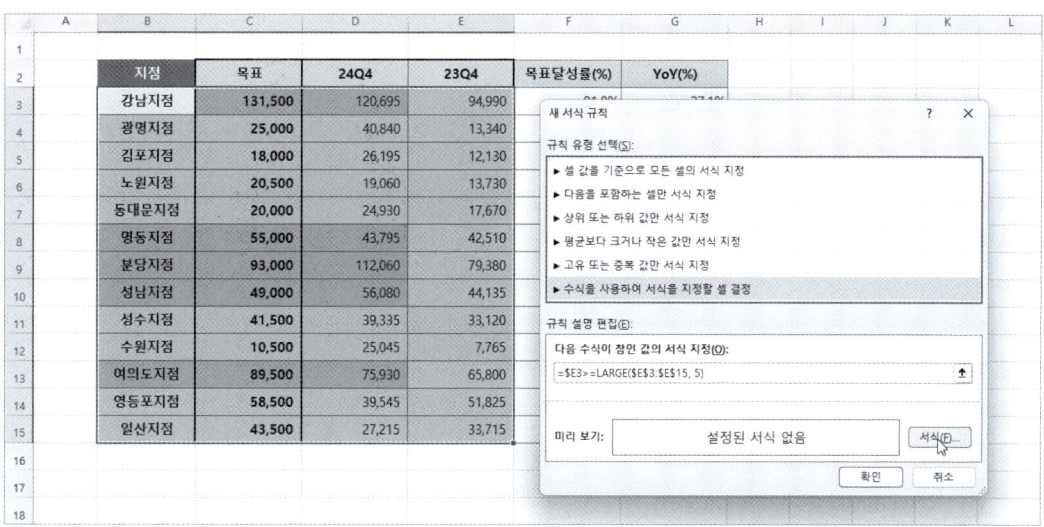

CHAPTER 03 보고서에 필요한 데이터 시각화① : 조건부 서식 **113**

08 [셀 서식] 대화상자가 표시되면 [채우기] 탭에서 원하는 색상을 선택합니다.

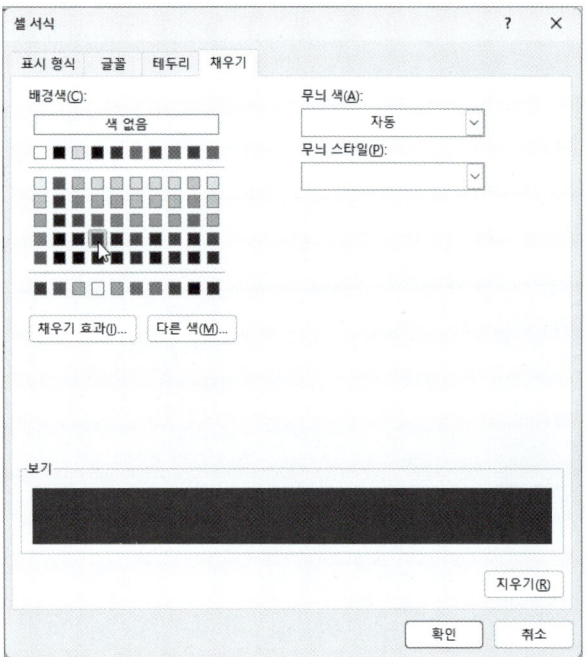

09 [글꼴] 탭에서 [글꼴 스타일]은 [굵게]를 선택하고 [색]의 목록 단추를 클릭해 [흰색]을 선택한 다음 [확인]을 클릭합니다.

10 이렇게 두 가지 조건부 서식을 설정하면, 나중에 설정한 서식이 이전 서식보다 우선 적용됩니다.

지점	목표	24Q4	23Q4	목표달성률(%)	YoY(%)
강남지점	131,500	120,695	94,990	91.8%	27.1%
광명지점	25,000	40,840	13,340	163.4%	206.1%
김포지점	18,000	26,195	12,130	145.5%	116.0%
노원지점	20,500	19,060	13,730	93.0%	38.8%
동대문지점	20,000	24,930	17,670	124.7%	41.1%
명동지점	55,000	43,795	42,510	79.6%	3.0%
분당지점	93,000	112,060	79,380	120.5%	41.2%
성남지점	49,000	56,080	44,135	114.4%	27.1%
성수지점	41,500	39,335	33,120	94.8%	18.8%
수원지점	10,500	25,045	7,765	238.5%	222.5%
여의도지점	89,500	75,930	65,800	84.8%	15.4%
영등포지점	58,500	39,545	51,825	67.6%	-23.7%
일산지점	43,500	27,215	33,715	62.6%	-19.3%

TIP 23년 4분기와 24년 4분기 실적이 높은 지점이 겹치는 경우, 나중에 설정한 23년 4분기 서식이 우선 적용됩니다.

11 조건부 서식의 적용 순서를 변경해 24년 4분기에 설정한 서식이 우선 적용되도록 하겠습니다. 리본 메뉴의 [홈] 탭-[스타일] 그룹-[조건부 서식 ▦]을 클릭하고 하위 메뉴에서 [규칙 관리]를 선택합니다.

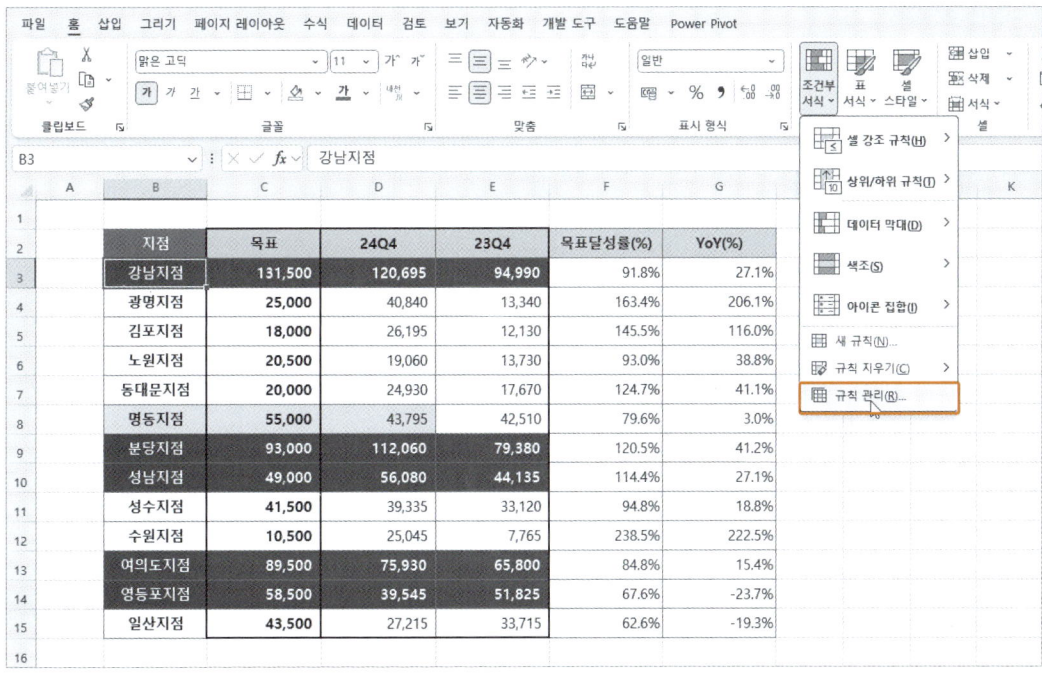

CHAPTER 03 보고서에 필요한 데이터 시각화① : 조건부 서식

12 [조건부 서식 규칙 관리자] 대화상자가 열리고, 현재 위치에 적용된 조건부 서식이 목록에 표시됩니다.

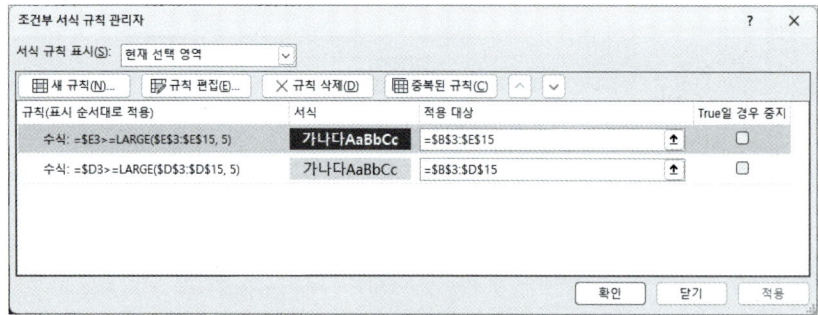

TIP 선택한 위치에 따라 조건부 서식이 나타나지 않을 수 있습니다.

엑셀마스터가 짚어주는 핵심 NOTE

조건부 서식과 선택된 위치의 차이

11 과정의 화면을 보면 [B3] 셀이 선택되어 있습니다. 그러므로 [조건부 서식 규칙 관리자] 대화상자에는 [B3] 셀에 적용된 규칙이 표시됩니다. 만약 조건부 서식이 적용되지 않은 셀을 선택했다면 대화상자에는 아무 규칙도 나타나지 않습니다. 이 경우 [서식 규칙 표시]의 목록 단추를 클릭하고 [현재 워크시트]를 선택합니다.

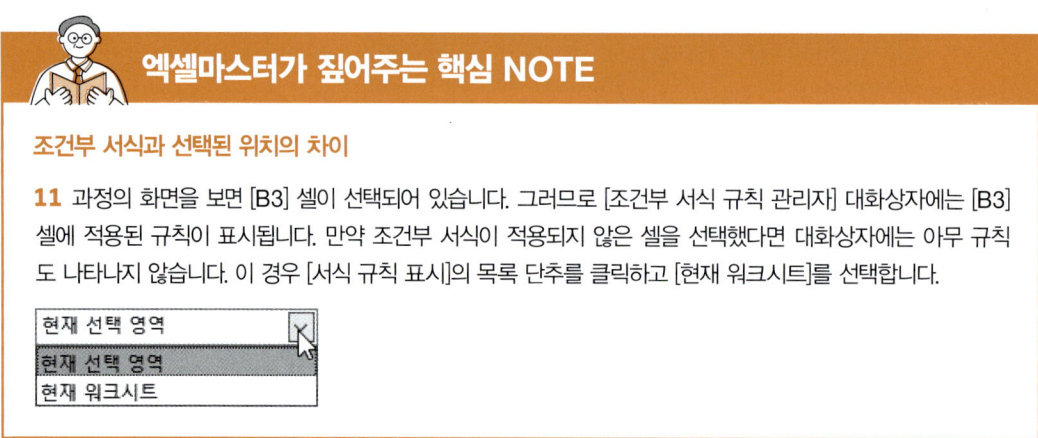

---

13 [조건부 서식 규칙 관리자]에는 먼저 적용된 규칙이 더 아래에 표시됩니다. 적용 순서를 변경하기 위해 두 번째 규칙을 선택하고 [위로 이동△]을 클릭합니다.

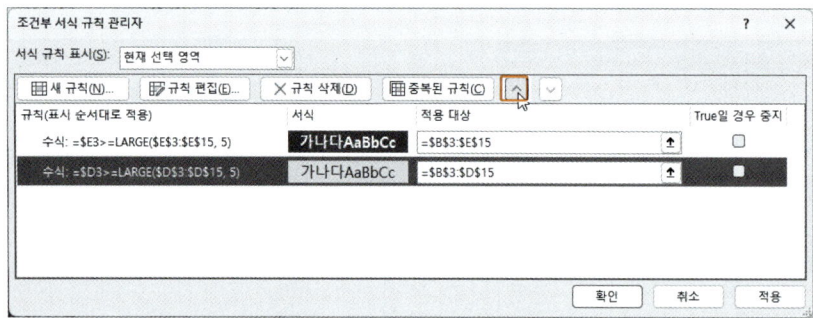

TIP 첫 번째 규칙을 선택하고 [아래로 이동▽]을 클릭해도 됩니다.

14 [조건부 서식 규칙 관리자]에서 [적용]을 클릭하면 24년 4분기에 설정된 조건부 서식이 우선 적용됩니다.

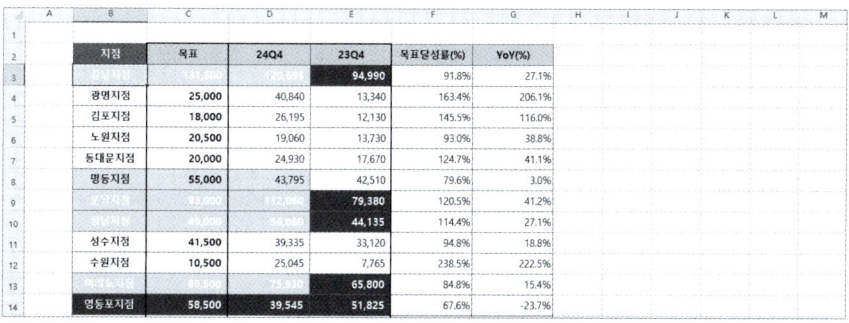

TIP 순서가 바뀌어도 23년 4분기에 설정된 글꼴 스타일은 그대로 중복 적용됩니다.

 엑셀마스터가 짚어주는 핵심 NOTE

배경색은 바뀌는데 글꼴 스타일은 유지되는 이유

24년 4분기에는 조건부 서식으로 배경색만 설정되어 있고, 23년 4분기에는 배경색과 글꼴 스타일이 설정되어 있습니다. 따라서 두 규칙이 동시에 적용되는 경우, 배경색은 24년 4분기의 서식이 적용되지만 글꼴 스타일은 23년 4분기의 서식이 유지됩니다.

15 23년 4분기 서식이 중복 적용되어 일관성이 없어 보이므로 24년 4분기 실적에 해당하는 서식만 표시되도록 하겠습니다. 첫 번째 조건의 [True일 경우 중지]에 체크한 다음, 다시 [적용]을 클릭합니다.

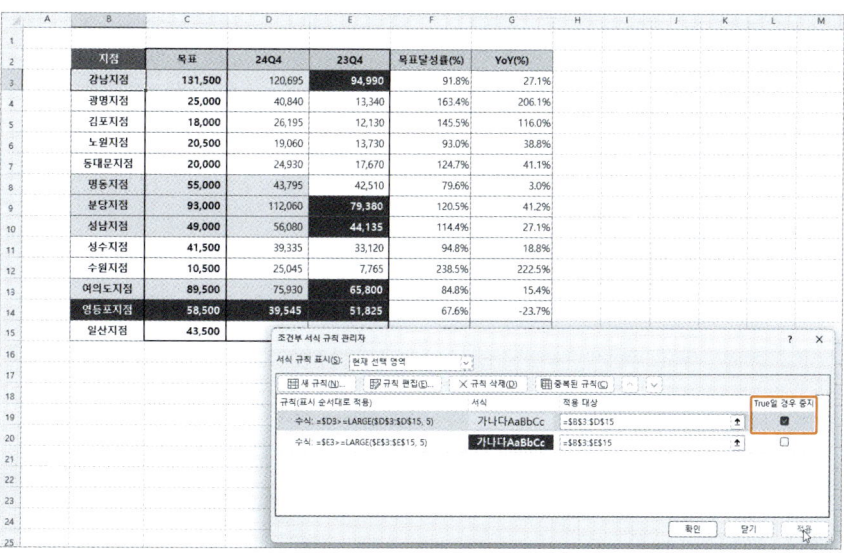

TIP [True일 경우 중지]에 체크하면, 먼저 설정한 규칙이 충족될 경우 이후 규칙은 적용되지 않습니다.

SECTION 02 데이터 막대, 색조, 아이콘 집합

조건부 서식에서는 다양한 시각 효과를 적용할 수 있습니다. 특히 엑셀 2007 버전부터 지원되는 [데이터 막대], [색조], [아이콘 집합]을 이용하면 단순히 배경색이나 글꼴 색을 바꾸는 것보다 더 풍부한 시각적 효과를 구현할 수 있습니다.

데이터 막대

[데이터 막대]는 숫자의 크기를 가로 막대그래프로 표시하는 기능입니다. 리본 메뉴의 [홈] 탭-[스타일] 그룹-[조건부 서식]을 클릭하고 [데이터 막대]를 선택하면 다음과 같이 다양한 형태의 가로 막대 효과를 확인할 수 있습니다.

하위 메뉴 맨 아래의 [기타 규칙]을 선택하면 기존 스타일을 변경하거나 원하는 색상을 직접 선택할 수 있습니다.

데이터 막대로 셀에 가로 막대그래프 추가하기

예제 파일 CHAPTER 03 \ 데이터 막대.xlsx

01 예제 파일에는 회사 차량 관리 대장이 입력되어 있습니다. G열의 현재 주행거리는 숫자로 확인할 수 있지만, 한눈에 비교하기는 어렵습니다. 따라서 주행거리가 적거나 많은 차량을 즉시 파악할 수 있도록 조건부 서식을 적용하겠습니다.

차량 번호	차종	모델명	연식	구입 일자	현재 주행거리	차량 상태
352가 1234	SUV	현대 싼타페	2022	2022-03-15	52,000	양호
176나 5678	세단	기아 K5	2021	2021-09-20	67,500	보통
289다 9012	밴	현대 스타렉스	2020	2020-05-10	85,300	점검 필요
46라 3456	트럭	현대 포터	2019	2019-11-05	92,500	정비 대기
108마 7890	SUV	기아 셀토스	2022	2022-07-22	48,750	양호
154바 2345	전기차	테슬라 모델3	2023	2023-01-30	29,600	최상
441사 6789	세단	르노 SM6	2021	2021-12-15	61,200	보통
190아 0123	승합차	기아 카니발	2020	2020-08-18	76,800	점검 필요
290자 4567	소형차	현대 엑센트	2022	2022-04-05	44,500	양호
01차 8901	SUV	쌍용 렉스턴	2019	2019-06-25	88,700	정비 대기

02 [G6:G15] 범위를 지정한 다음, 리본 메뉴의 [홈] 탭–[스타일] 그룹–[조건부 서식]을 클릭하고 [데이터 막대]를 선택합니다. 원하는 스타일에 마우스 커서를 올리면 화면에서 적용 결과를 미리 확인할 수 있습니다. 제공되는 스타일들을 확인한 다음, 원하는 스타일을 직접 설정하기 위해 [기타 규칙]을 선택합니다.

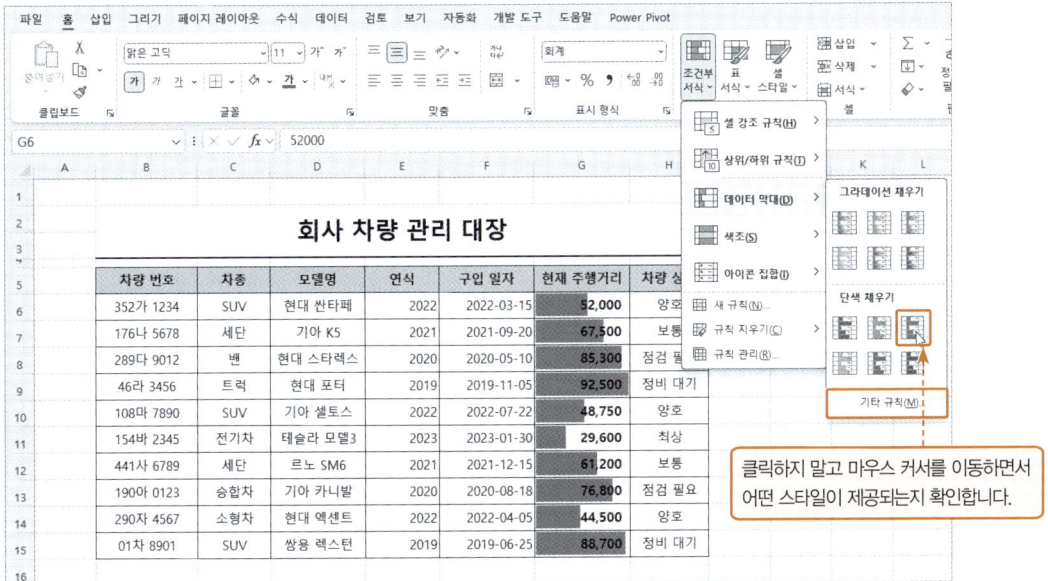

클릭하지 말고 마우스 커서를 이동하면서 어떤 스타일이 제공되는지 확인합니다.

03 [새 서식 규칙] 대화상자가 표시되면 [막대 모양] 옵션 중 [색]의 목록 단추▼를 클릭합니다. 다음 색상표에서 막대에 적용할 색상을 선택합니다.

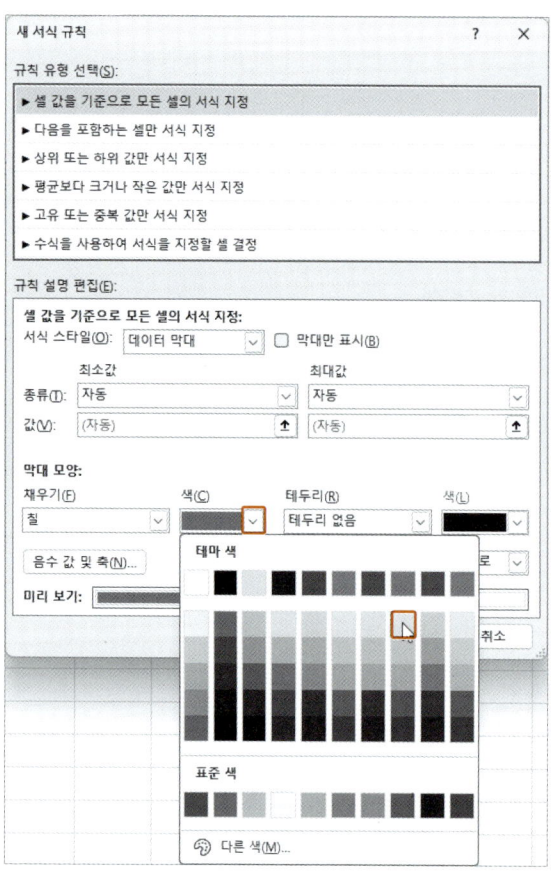

04 [확인]을 클릭해 [새 서식 규칙] 대화상자를 닫으면 색상표에서 선택한 색상의 데이터 막대가 [G6:G15] 범위에 적용됩니다.

차량 번호	차종	모델명	연식	구입 일자	현재 주행거리	차량 상태
352가 1234	SUV	현대 싼타페	2022	2022-03-15	52,000	양호
176나 5678	세단	기아 K5	2021	2021-09-20	67,500	보통
289다 9012	밴	현대 스타렉스	2020	2020-05-10	85,300	점검 필요
46라 3456	트럭	현대 포터	2019	2019-11-05	92,500	정비 대기
108마 7890	SUV	기아 셀토스	2022	2022-07-22	48,750	양호
154바 2345	전기차	테슬라 모델3	2023	2023-01-30	29,600	최상
441사 6789	세단	르노 SM6	2021	2021-12-15	61,200	보통
190아 0123	승합차	기아 카니발	2020	2020-08-18	76,800	점검 필요
290자 4567	소형차	현대 엑센트	2022	2022-04-05	44,500	양호
01차 8901	SUV	쌍용 렉스턴	2019	2019-06-25	88,700	정비 대기

회사 차량 관리 대장

숫자가 작을수록 데이터 막대가 크게 표시되도록 설정하기

예제 파일 CHAPTER 03 \ 데이터 막대-리버스.xlsx

01 예제는 이전 실습과 동일합니다. E열의 연식에 데이터 막대 효과를 적용해 어떤 차량이 좀 더 오래되었는지 한눈에 구별할 수 있도록 하겠습니다.

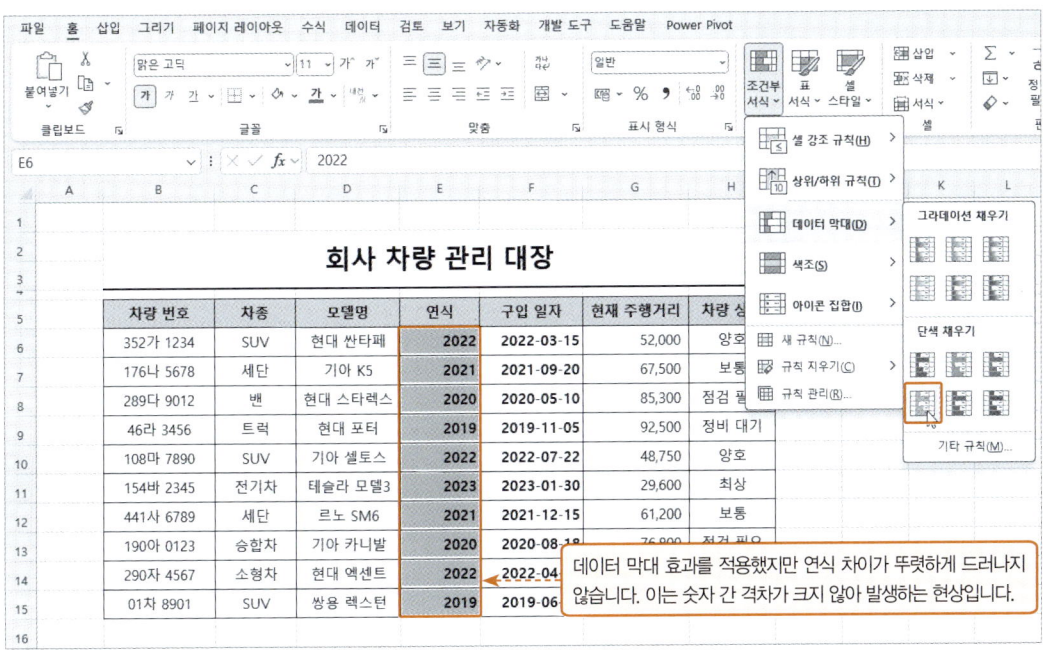

02 [E6:E15] 범위를 지정한 다음, 리본 메뉴의 [홈] 탭-[스타일] 그룹-[조건부 서식]을 클릭합니다. [데이터 막대]에서 원하는 스타일의 데이터 막대를 선택합니다.

데이터 막대 효과를 적용했지만 연식 차이가 뚜렷하게 드러나지 않습니다. 이는 숫자 간 격차가 크지 않아 발생하는 현상입니다.

03 데이터 막대 효과가 잘 드러나도록 조건부 서식을 변경하겠습니다. [E6:E15] 범위가 선택된 상태에서 리본 메뉴의 [홈] 탭-[스타일] 그룹-[조건부 서식▦]을 클릭하고 [규칙 관리]를 선택합니다.

04 [조건부 서식 규칙 관리자] 대화상자에서 [규칙 편집]을 클릭하면 [서식 규칙 편집] 대화상자가 표시됩니다. [최소값] 항목의 [종류]를 [자동]에서 [최소값]으로 변경하고 [확인]을 클릭합니다. [조건부 서식 규칙 관리자] 대화상자에서 [확인]을 누릅니다.

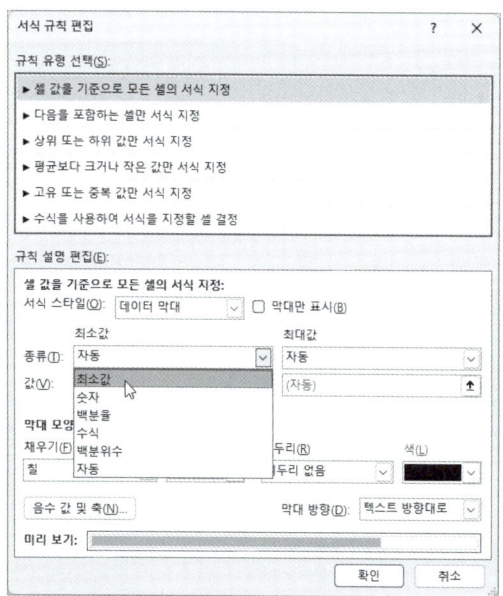

TIP [최소값]은 데이터 막대의 시작값을 의미합니다. 기본 설정인 [자동]은 일반 차트처럼 0부터 막대를 표시합니다. 이를 [최소값]으로 변경하면 선택한 범위 내 가장 작은 값부터 막대가 표시됩니다.

05 최소값인 2019를 시작값으로 하여 데이터 막대가 적용됩니다.

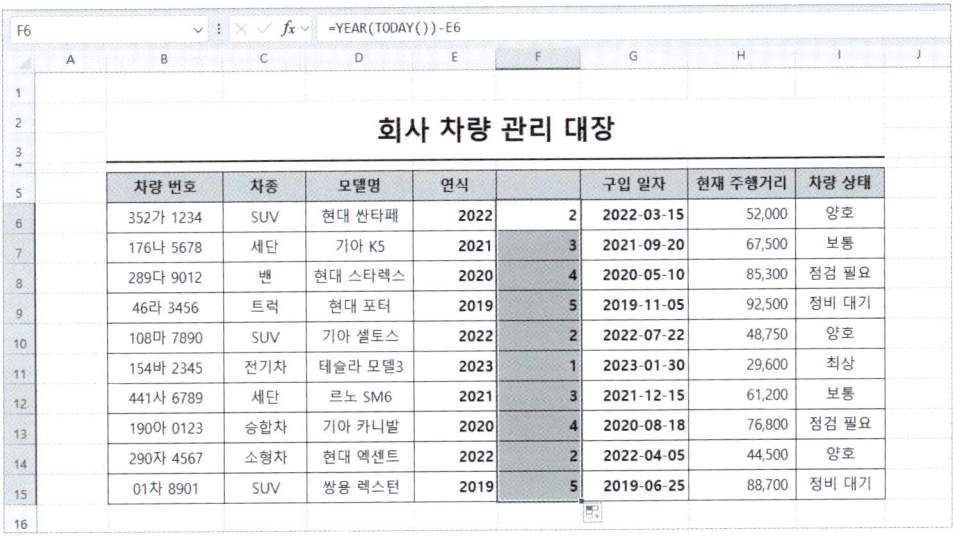

06 이번에는 신형 차량일수록 막대가 짧게 표시되도록 해보겠습니다. 먼저 기존 규칙은 삭제해야 합니다. 리본 메뉴의 [홈] 탭-[스타일] 그룹-[조건부 서식]을 클릭하고 [규칙 지우기]-[시트 전체에서 규칙 지우기]를 선택합니다.

07 [연식] 열의 오른쪽에 새로운 열을 생성하여 데이터 막대를 표시하겠습니다. F열의 머리글에서 마우스 오른쪽 버튼을 클릭하고 단축 메뉴에서 [삽입]을 선택합니다. [F6] 셀에 다음 수식을 입력하고 채우기 핸들을 더블클릭해 [F15] 셀까지 수식을 복사합니다.

=YEAR(TODAY())−E6

엑셀마스터가 짚어주는 핵심 NOTE

수식 이해하기

연식은 클수록 사용 기간이 얼마 되지 않은 것이므로, 나이를 계산하듯 올해 연도에서 빼주면 연식이 오래됐을수록 큰 숫자를 반환하도록 할 수 있습니다. 이번에 작성된 수식은 다음과 같이 이해하면 됩니다.

연식을 나타내는 숫자가 클수록 사용 기간이 짧습니다. 따라서 차량의 사용 기간을 구하려면 나이를 계산하듯 올해 연도에서 연식을 빼면 됩니다. 이번에 작성한 수식은 다음과 같이 이해할 수 있습니다.

❶ YEAR(TODAY())
TODAY 함수는 오늘 날짜를, YEAR 함수는 날짜의 연도를 반환합니다. 그러므로 이 수식은 올해 연도를 반환합니다.

❷ ❶ – E6
올해 연도에서 연식을 뺀 숫자를 반환합니다.

이 예제를 작성한 연도는 2024년이므로 =2024–E6과 동일한 계산식입니다. 실습을 진행하는 시점에 따라 화면의 결과는 다르게 표시될 수 있습니다.

08 [F6:F15] 범위가 선택된 상태에서 리본 메뉴의 [홈] 탭–[스타일] 그룹–[조건부 서식]을 클릭합니다. 하위 메뉴에서 [데이터 막대]–[기타 규칙]을 선택합니다.

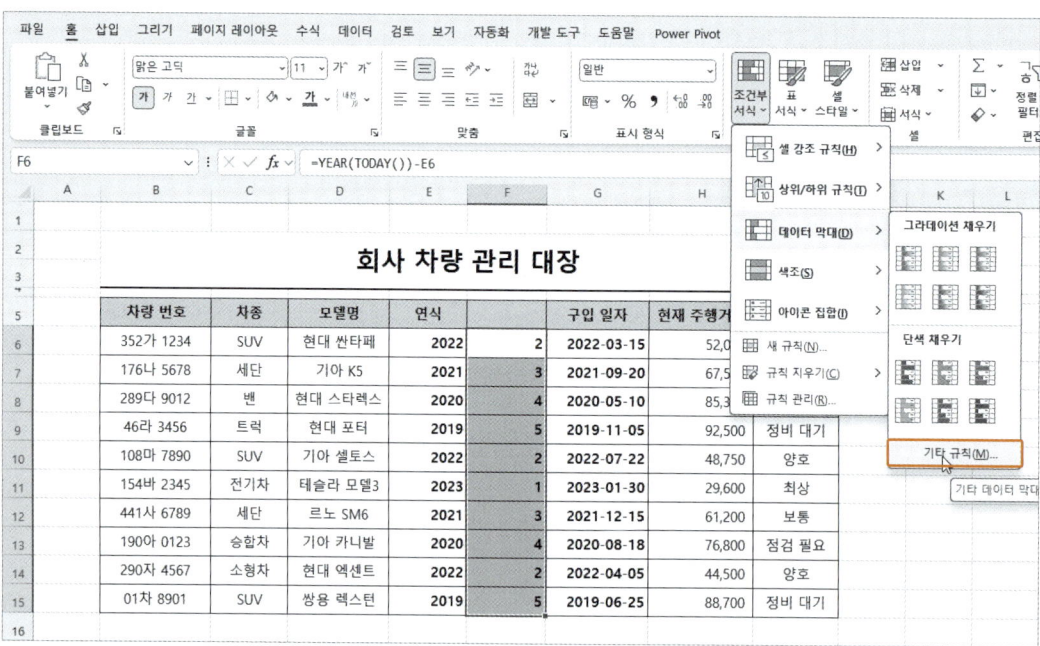

09 [새 서식 규칙] 대화상자가 표시되면 [막대 모양]의 [색]을 원하는 색상으로 선택하고, [막대만 표시]에 체크한 후 [확인]을 클릭합니다.

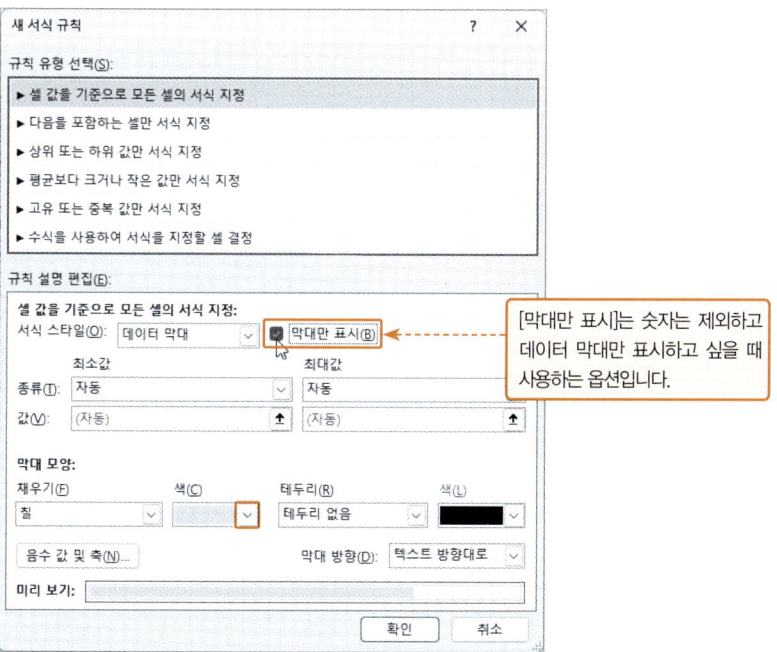

10 다음 화면과 같이 신형 차량일수록 데이터 막대가 더 짧게 표시됩니다.

11 엑셀에는 데이터 막대의 방향을 반대로 표시하는 또 다른 옵션이 있습니다. 이를 확인하기 위해 [F6:F15] 범위가 선택된 상태에서 리본 메뉴의 [홈] 탭-[스타일] 그룹-[조건부 서식]을 클릭하고 하위 메뉴에서 [규칙 관리]를 선택합니다. [조건부 서식 규칙 관리자] 대화상자가 표시되면 [규칙 편집]을 클릭합니다.

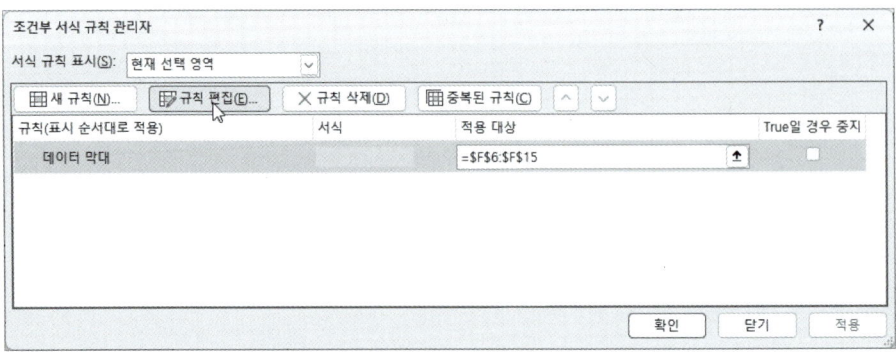

12 [서식 규칙 편집] 대화상자가 표시되면 [막대 방향]의 목록 단추를 클릭해 [오른쪽에서 왼쪽]을 선택하고 [확인]을 클릭합니다. [조건부 서식 규칙 관리자] 대화상자에서 [확인]을 클릭합니다.

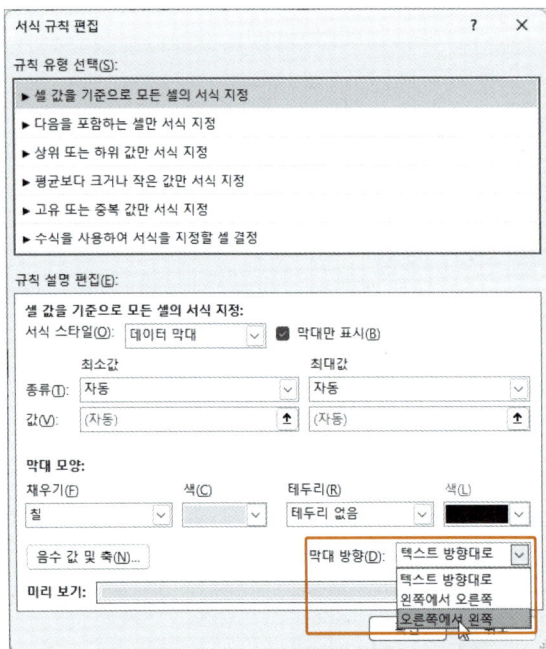

13 데이터 막대가 반대 방향으로 표시됩니다. 연식이 짧을수록 신형 차량이라는 것을 더 분명하게 식별할 수 있습니다.

차량 번호	차종	모델명	연식	구입 일자	현재 주행거리	차량 상태
352가 1234	SUV	현대 싼타페	2022	2022-03-15	52,000	양호
176나 5678	세단	기아 K5	2021	2021-09-20	67,500	보통
289다 9012	밴	현대 스타렉스	2020	2020-05-10	85,300	점검 필요
46라 3456	트럭	현대 포터	2019	2019-11-05	92,500	정비 대기
108마 7890	SUV	기아 셀토스	2022	2022-07-22	48,750	양호
154바 2345	전기차	테슬라 모델3	2023	2023-01-30	29,600	최상
441사 6789	세단	르노 SM6	2021	2021-12-15	61,200	보통
190아 0123	승합차	기아 카니발	2020	2020-08-18	76,800	점검 필요
290자 4567	소형차	현대 엑센트	2022	2022-04-05	44,500	양호
01차 8901	SUV	쌍용 렉스턴	2019	2019-06-25	88,700	정비 대기

텍스트 데이터를 기반으로 데이터 막대 효과 적용하기

예제 파일 CHAPTER 03 \ 데이터 막대-텍스트.xlsx

01 예제는 이전 실습과 동일합니다. 이번에는 H열의 차량 상태를 데이터 막대로 시각화하겠습니다.

차량 번호	차종	모델명	연식	구입 일자	현재 주행거리	차량 상태
352가 1234	SUV	현대 싼타페	2022	2022-03-15	52,000	양호
176나 5678	세단	기아 K5	2021	2021-09-20	67,500	보통
289다 9012	밴	현대 스타렉스	2020	2020-05-10	85,300	점검 필요
46라 3456	트럭	현대 포터	2019	2019-11-05	92,500	정비 대기
108마 7890	SUV	기아 셀토스	2022	2022-07-22	48,750	양호
154바 2345	전기차	테슬라 모델3	2023	2023-01-30	29,600	최상
441사 6789	세단	르노 SM6	2021	2021-12-15	61,200	보통
190아 0123	승합차	기아 카니발	2020	2020-08-18	76,800	점검 필요
290자 4567	소형차	현대 엑센트	2022	2022-04-05	44,500	양호
01차 8901	SUV	쌍용 렉스턴	2019	2019-06-25	88,700	정비 대기

데이터 막대 효과는 숫자가 입력된 셀만 적용할 수 있으므로 이런 텍스트 형식의 데이터에는 바로 적용할 수 없습니다.

02 [차량 상태] 열의 값을 숫자로 변환하기 위한 기준 표를 [K5:L10] 범위에 작성합니다.

	A	B	C	D	E	F	G	H	I	J	K	L	M
1													
2					회사 차량 관리 대장								
3													
4													
5		차량 번호	차종	모델명	연식	구입 일자	현재 주행거리	차량 상태			차량 상태	코드	
6		352가 1234	SUV	현대 싼타페	2022	2022-03-15	52,000	양호			정비 대기	-2	
7		176나 5678	세단	기아 K5	2021	2021-09-20	67,500	보통			점검 필요	-1	
8		289다 9012	밴	현대 스타렉스	2020	2020-05-10	85,300	점검 필요			보통	0	
9		46라 3456	트럭	현대 포터	2019	2019-11-05	92,500	정비 대기			양호	1	
10		108마 7890	SUV	기아 셀토스	2022	2022-07-22	48,750	양호			최상	2	
11		154바 2345	전기차	테슬라 모델3	2023	2023-01-30	29,600	최상					
12		441사 6789	세단	르노 SM6	2021	2021-12-15	61,200	보통					
13		190아 0123	승합차	기아 카니발	2020	2020-08-18	76,800	점검 필요					
14		290자 4567	소형차	현대 엑센트	2022	2022-04-05	44,500	양호					
15		01차 8901	SUV	쌍용 렉스턴	2019	2019-06-25	88,700	정비 대기					
16													

엑셀마스터가 짚어주는 핵심 NOTE

작업 이해하기

H열의 [차량 상태]는 텍스트 형식의 데이터이므로 데이터 막대를 적용하려면 숫자로 변환해야 합니다. 이를 위해 IF 함수를 직접 사용하거나, 이번 예제처럼 상태별 값을 표로 작성해두고 VLOOKUP 함수 등으로 참조할 수 있습니다.

H열에는 차량 상태가 다음과 같은 5단계로 입력되어 있습니다.

정비 대기 → 점검 필요 → 보통 → 양호 → 최상

이때 '보통'을 기준값 0으로 두고, 왼쪽의 '정비 대기'와 '점검 필요'는 음수값, 오른쪽의 '양호'와 '최상'은 양수값으로 지정해 막대가 양쪽으로 퍼지도록 설정합니다.

차량 상태	코드
정비 대기	-2
점검 필요	-1
보통	0
양호	1
최상	2

03 I열에 [시각화] 열을 추가한 다음, [I6] 셀에 오른쪽 표의 코드값을 참조하는 수식을 다음과 같이 작성합니다. 채우기 핸들을 더블클릭해 [I15] 셀까지 수식을 복사합니다.

=VLOOKUP(H6, $K$6:$L$10, 2, FALSE)

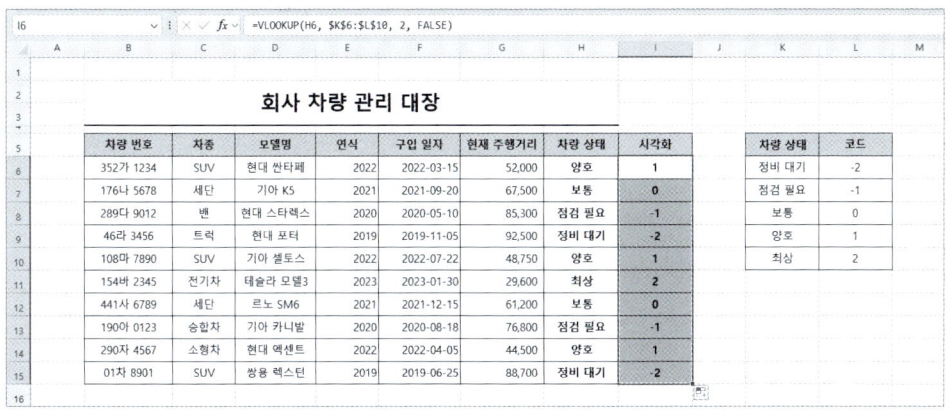

엑셀마스터가 짚어주는 핵심 NOTE

수식 이해하기

오른쪽 표에 입력된 숫자를 가져오기 위해 사용된 VLOOKUP 함수의 인수는 다음과 같습니다.

인수	설명
① H6	차량 상태로 오른쪽 표에서 찾으려는 값입니다.
② $K$6:$L$10	오른쪽 표 범위로 왼쪽 열(K6:K10) 범위에서 ①번 값을 찾습니다.
③ 2	[K6:L10] 범위의 두 번째 열을 의미하는 값으로 [L6:L10] 범위의 값을 반환합니다.
④ FALSE	인수의 값과 똑같은 값을 찾으라는 옵션입니다.

04 [I6:I15] 범위가 선택된 상태에서 리본 메뉴의 [홈] 탭-[스타일] 그룹-[조건부 서식]을 클릭하고, [데이터 막대]에서 원하는 막대 스타일을 선택합니다.

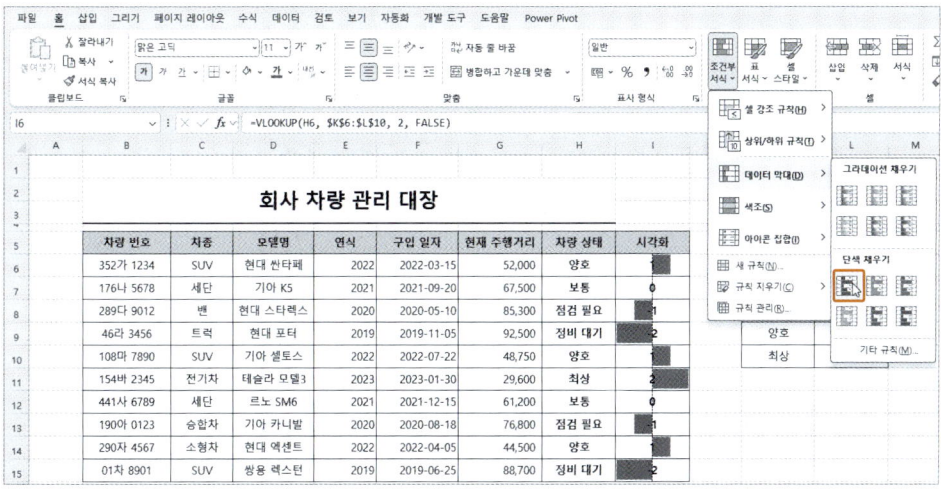

LINK [기타 규칙]을 선택해 [새 서식 규칙] 대화상자를 열고 [막대만 표시]에 체크하면 [I6:I15] 범위 내 숫자가 표시되지 않게 할 수 있습니다. 125페이지를 참고합니다.

색조

[색조]는 숫자의 크기에 따라 지도의 등고선처럼 색상을 다르게 적용하는 기능입니다. 다음은 [조건부 서식]의 [색조]에서 기본으로 적용할 수 있는 색상 효과입니다.

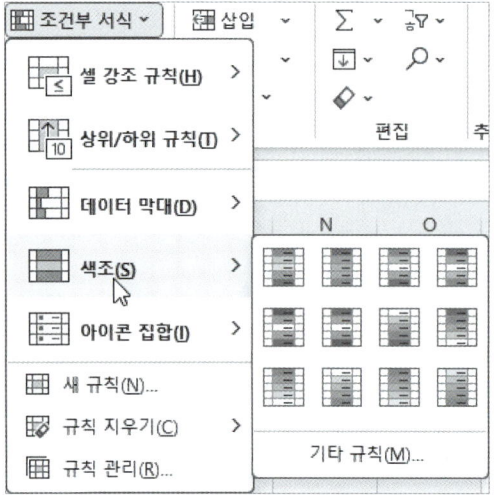

[기타 규칙]을 선택하면 기본으로 제공되는 색상 외의 다른 색상을 적용할 수 있습니다.

색상 대비를 활용해 데이터 강조하기

예제 파일 CHAPTER 03 \ 색조.xlsx

01 예제 파일에는 다음과 같이 월별 판매실적이 입력되어 있습니다. 이렇게 많은 숫자 데이터가 포함된 표를 시각화하려면 조건부 서식의 색조를 이용하는 것이 좋습니다.

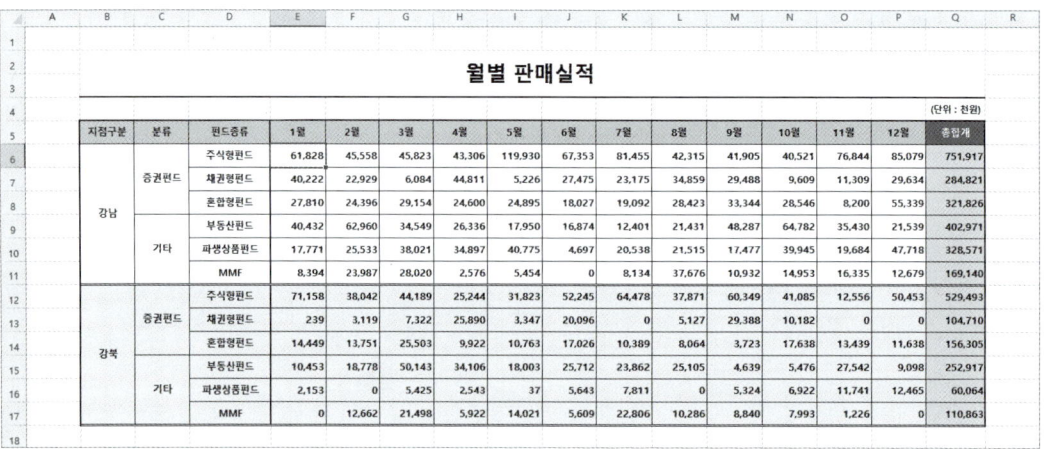

02 [E6:P17] 범위를 지정한 다음, 리본 메뉴의 [홈] 탭-[스타일] 그룹-[조건부 서식]을 클릭합니다. 하위 메뉴에서 [색조]-[빨강-흰색-파랑 색조]를 선택합니다.

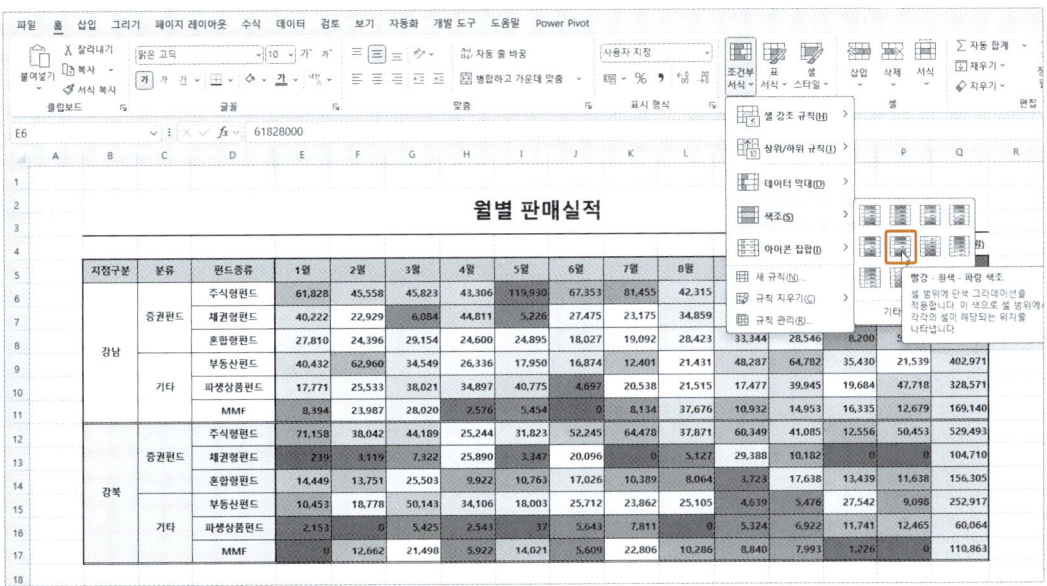

TIP 이번처럼 [빨강-흰색-파랑 색조]와 같이 세 가지 색으로 구성된 색조를 선택하면, 높은 값·중간 값·낮은 값에 따라 지정한 색상이 명도 차이로 표현됩니다.

03 만약 [색조] 하위 메뉴에서 [녹색-흰색 색조]를 선택하면 다음과 같은 효과를 얻을 수 있습니다.

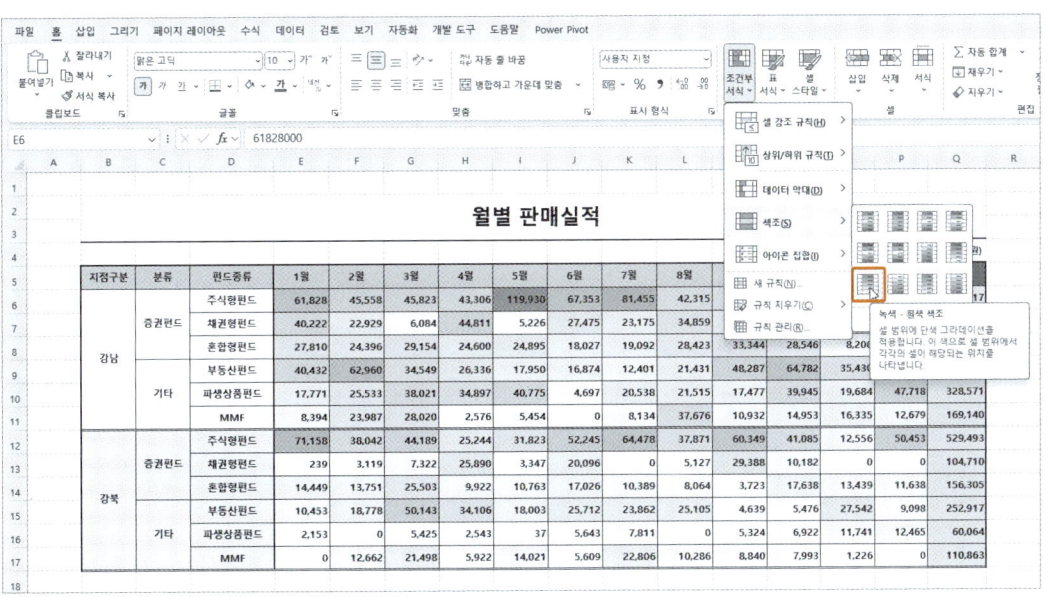

TIP 이번처럼 [녹색-흰색 색조]와 같이 두 가지 색으로 구성된 색조를 선택하면, 값이 클수록 왼쪽 색상이 더 진하게 강조됩니다. 두 가지 색의 색조는 흑백으로 인쇄할 때 식별이 용이하다는 장점이 있습니다.

아이콘 집합

[아이콘 집합]은 다양한 아이콘으로 숫자를 시각화하는 기능입니다. [조건부 서식]의 [아이콘 집합]에서 다양한 아이콘 집합 중 하나를 선택할 수 있습니다.

제공되는 아이콘 집합 외의 다른 아이콘은 사용할 수 없습니다.

아이콘 집합에 외부 아이콘을 추가해 사용할 수는 없지만, 다른 아이콘 집합과 혼합해 적용할 수는 있습니다. 아이콘 할당은 기본적으로 선택한 범위의 숫자 분포를 계산해 자동으로 이루어집니다. 예를 들어 아이콘이 세 개인 집합을 선택하면 상위 33%, 중위 33%, 하위 33%에 해당하는 값에 각각 아이콘이 표시됩니다.

[아이콘 집합]을 이용해 특정 숫자를 강조하는 방법을 예제를 통해 확인해보겠습니다.

아이콘 집합으로 증감률 시각화하기

예제 파일 CHAPTER 03 \ 아이콘 집합-비율.xlsx

01 예제 파일에는 다음 화면과 같은 상품 재고 조사표가 입력되어 있습니다. L열에는 23년과 24년의 상반기 재고 평균에 대한 전년 동기 대비 증감률(YoY)이 구해져 있습니다. 이 숫자를 이해하기 쉽게 시각화하겠습니다.

02 [L6:L15] 범위를 지정한 다음, 리본 메뉴의 [홈] 탭-[스타일] 그룹-[조건부 서식]을 클릭하고 [아이콘 집합]-[삼각형 세 개]를 선택합니다.

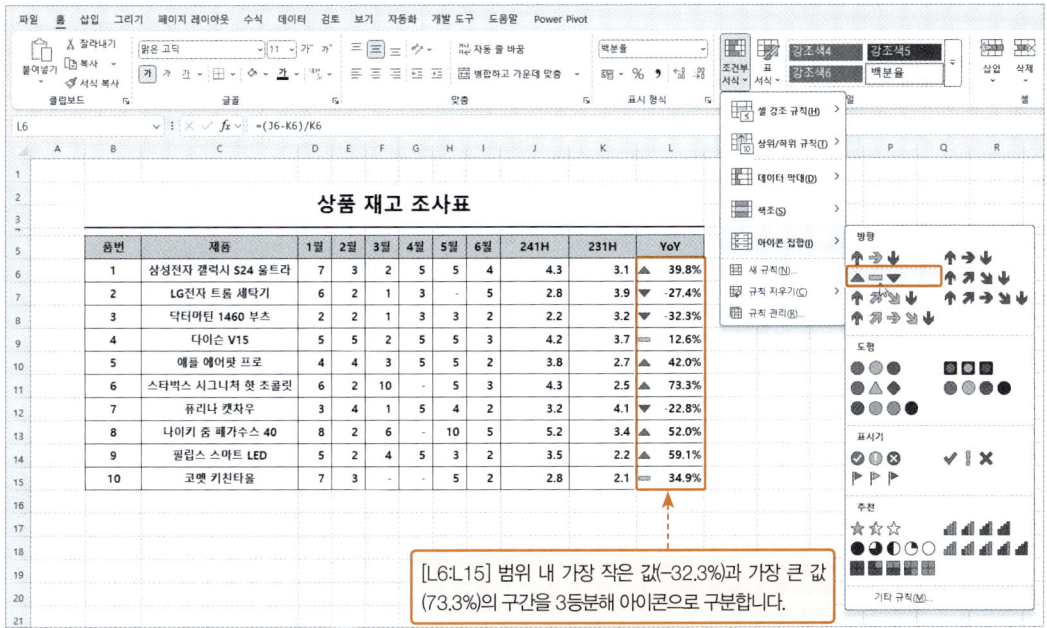

03 아이콘 집합이 양수와 음수로 구분되도록 변경하겠습니다. [L6:L15] 범위가 선택된 상태에서 리본 메뉴의 [홈] 탭–[스타일] 그룹–[조건부 서식]을 클릭하고 [규칙 관리]를 선택합니다. [조건부 서식 규칙 관리자] 대화상자가 표시되면 [규칙 편집]을 클릭합니다.

04 [서식 규칙 편집] 대화상자에서 [다음 규칙에 따라 각 아이콘 표시]의 [종류] 옵션을 [백분율]에서 [숫자]로 모두 변경합니다.

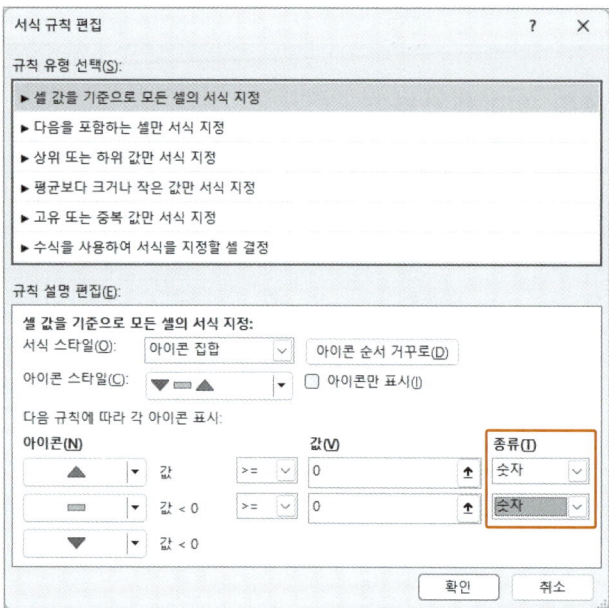

05 첫 번째 아이콘의 비교 연산자를 [>=]에서 [>]로 변경하고 [확인]을 클릭합니다.

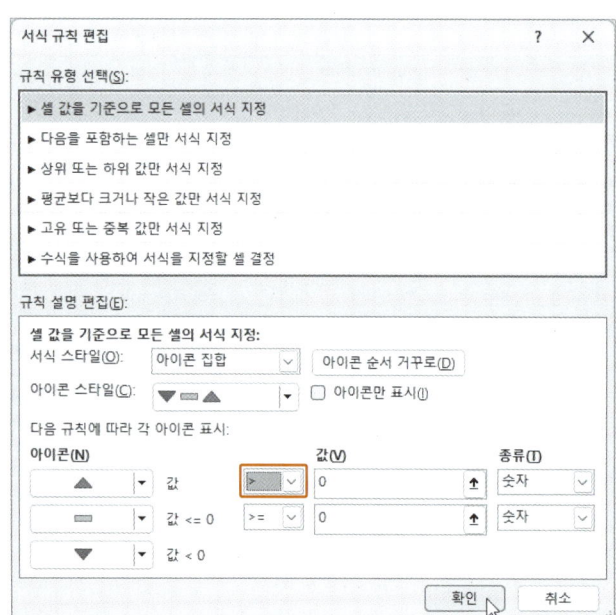

06 [조건부 서식 규칙 관리자] 대화상자도 [확인]을 클릭해 닫습니다. 아이콘 집합이 양수와 음수값에 따라 다음과 같이 표시됩니다.

품번	제품	1월	2월	3월	4월	5월	6월	24 1H	23 1H	YoY
1	삼성전자 갤럭시 S24 울트라	7	3	2	5	5	4	4.3	3.1	▲ 39.8%
2	LG전자 트롬 세탁기	6	2	1	3	-	5	2.8	3.9	▼ -27.4%
3	닥터마틴 1460 부츠	2	2	1	3	3	2	2.2	3.2	▼ -32.3%
4	다이슨 V15	5	5	2	5	5	3	4.2	3.7	▲ 12.6%
5	애플 에어팟 프로	4	4	3	5	5	2	3.8	2.7	▲ 42.0%
6	스타벅스 시그니처 핫 초콜릿	6	2	10	-	5	3	4.3	2.5	▲ 73.3%
7	퓨리나 캣차우	3	4	1	5	4	2	3.2	4.1	▼ -22.8%
8	나이키 줌 페가수스 40	8	2	6	-	10	5	5.2	3.4	▲ 52.0%
9	필립스 스마트 LED	5	2	4	5	3	2	3.5	2.2	▲ 59.1%
10	코맷 키친타올	7	3	-	-	5	2	2.8	2.1	▲ 34.9%

확인해야 할 데이터를 체크 아이콘으로 강조하기

예제 파일 CHAPTER 03 \ 아이콘 집합-체크.xlsx

01 이번에는 J열과 K열에 계산된 두 개 연도의 상반기 월별 재고 평균이 3 미만인 경우를 시각화하겠습니다.

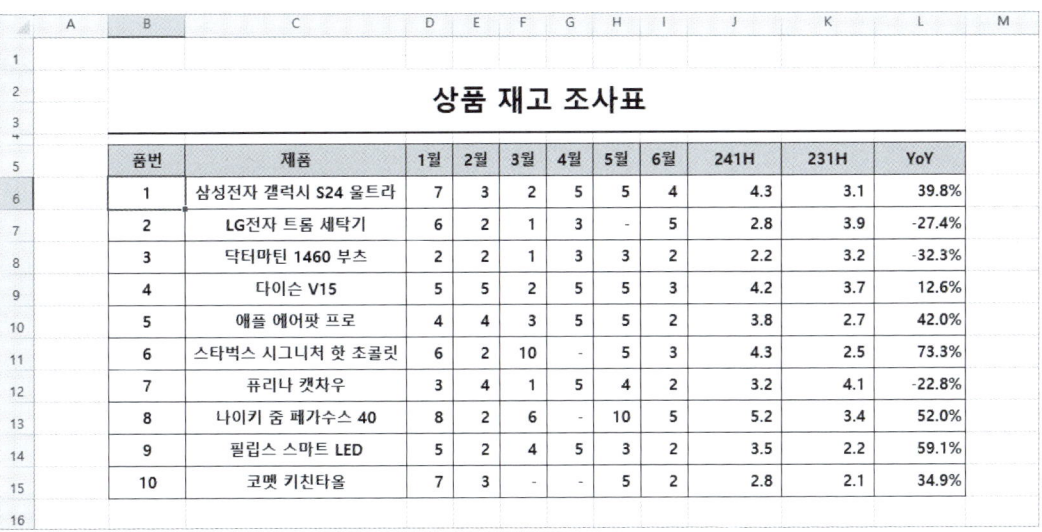

02 먼저 월 재고 평균이 3 미만인 경우에 체크 모양 아이콘이 나타나도록 하겠습니다. [J6:K15] 범위를 지정한 다음, 리본 메뉴의 [홈] 탭–[스타일] 그룹–[조건부 서식]을 클릭하고 [아이콘 집합]–[기타 규칙]을 선택합니다.

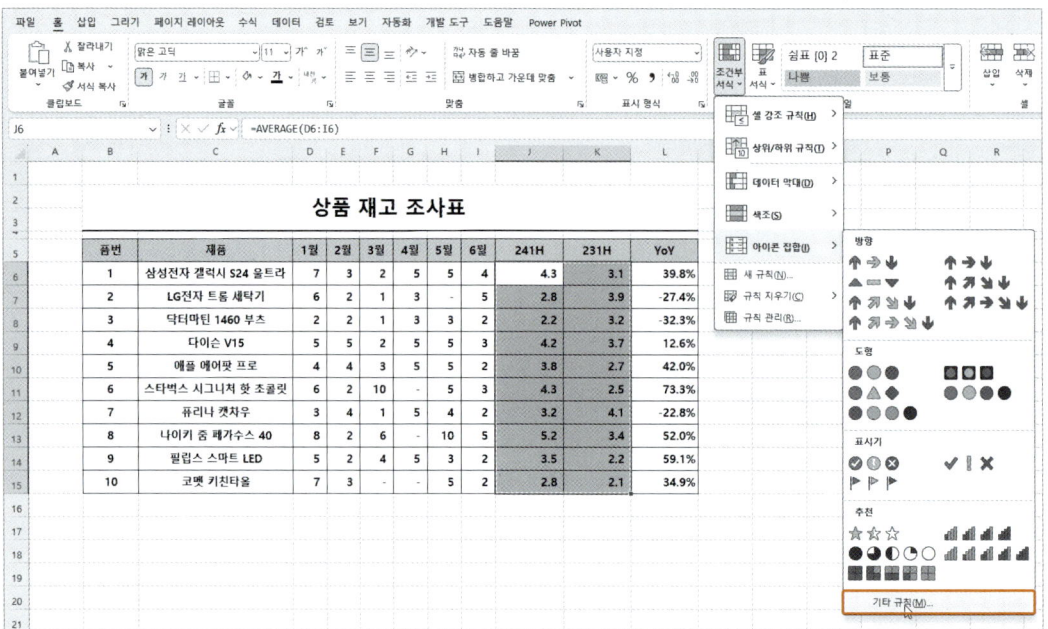

TIP 아이콘 집합 내에서 하나의 아이콘만 사용할 것이고, 월 평균 재고가 3 미만인 경우를 조건으로 지정해야 하므로 [기타 규칙]을 이용해 설정합니다.

03 [새 서식 규칙] 대화상자가 표시되면 [다음 규칙에 따라 각 아이콘 표시]의 [종류] 옵션을 [백분율]에서 [숫자]로 모두 변경합니다.

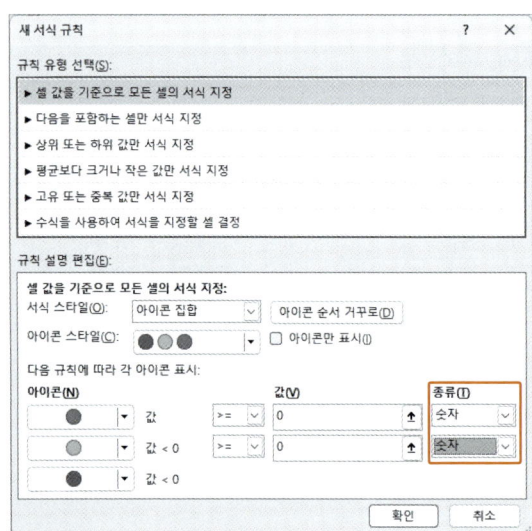

04 [값] 옵션의 값을 순서대로 **10**과 **3**으로 수정합니다.

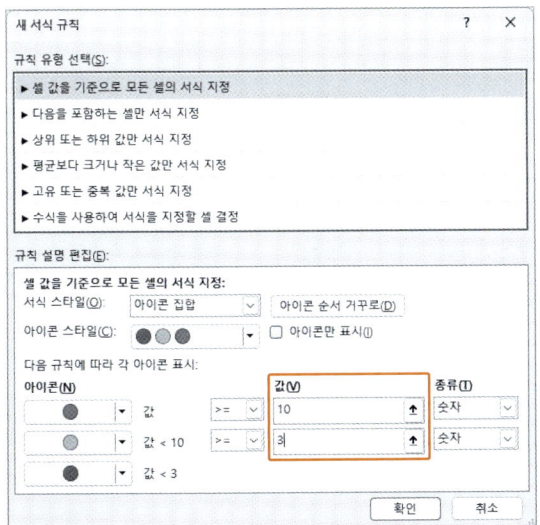

 엑셀마스터가 짚어주는 핵심 NOTE

작업 이해하기

이번 예제는 월 재고 평균이 3 미만인 값을 표시하는 작업입니다. 그런데 조건부 서식의 아이콘 집합에서는 크다(>)와 크거나 같다(>=)만 사용할 수 있으므로 3 미만은 직접 지정할 수 없습니다. 따라서 위 두 조건에 3 이상 기준을 넣어 구간을 나누어야 합니다. 첫 번째 값은 3보다 크면 어떤 수라도 상관없고, 두 번째 값은 반드시 3으로 설정합니다. 이렇게 하면 마지막 구간이 자동으로 3 미만으로 지정됩니다.

05 첫 번째 조건의 [아이콘] 목록 단추▼를 클릭해 [셀 아이콘 없음]을 선택합니다.

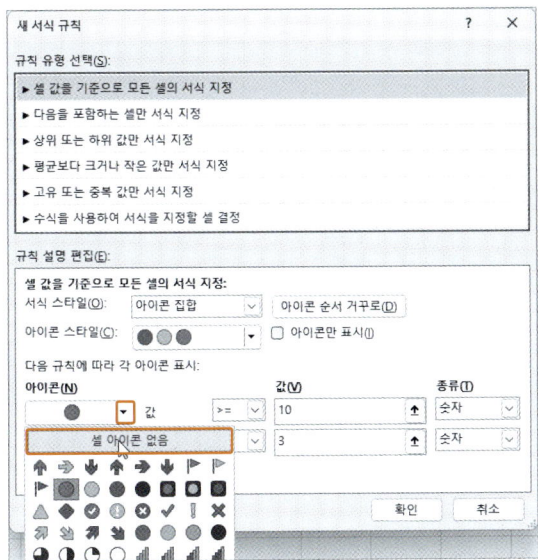

06 두 번째 조건도 같은 방법으로 [셀 아이콘 없음]으로 설정합니다. 마지막 조건은 목록 단추 ▼를 클릭해 표시된 아이콘 중 [녹색 확인 표시]를 선택하고 [확인]을 클릭합니다.

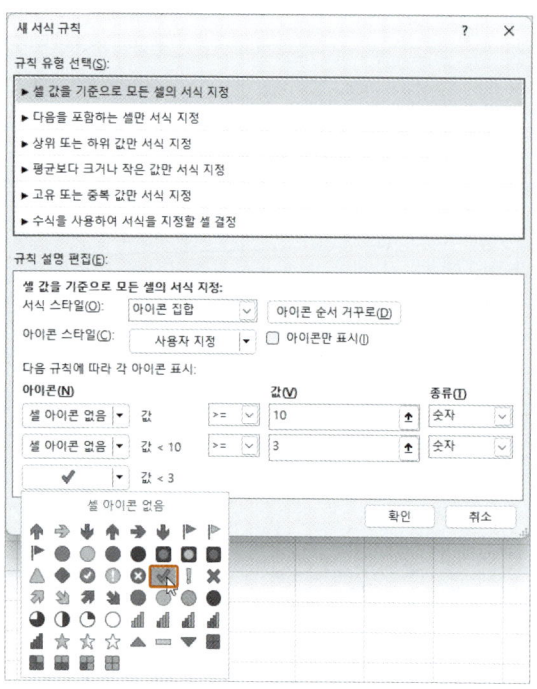

07 월 평균 재고 수량이 3 미만인 셀에 녹색 체크 아이콘이 표시됩니다. 조건부 서식은 중첩이 가능하므로 조건을 추가해 좀 더 강조해보겠습니다. [J6:K15] 범위가 선택된 상태에서 리본 메뉴의 [홈] 탭-[스타일] 그룹-[조건부 서식]을 클릭하고 [셀 강조 규칙]-[보다 작음]을 선택합니다.

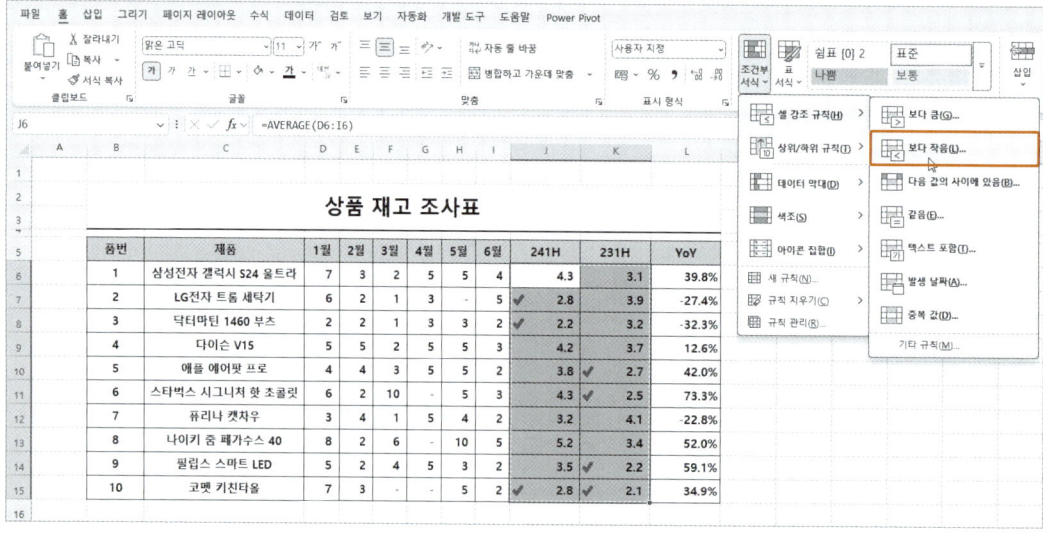

08 [보다 작음] 대화상자가 표시되면 [다음 값보다 작은 셀의 서식 지정]의 값을 **3**으로 변경하고 [확인]을 클릭합니다.

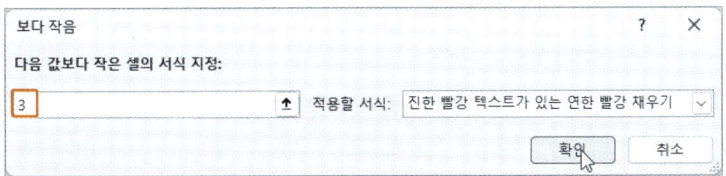

TIP 원하는 서식이 있다면 [적용할 서식]의 목록 단추를 클릭하고 [사용자 지정]을 선택해 설정합니다.

09 월 평균 재고 수량이 3 미만인 셀에 녹색 체크 아이콘과 함께 지정한 서식이 적용됩니다.

상품 재고 조사표

품번	제품	1월	2월	3월	4월	5월	6월	241H	231H	YoY
1	삼성전자 갤럭시 S24 울트라	7	3	2	5	5	4	4.3	3.1	39.8%
2	LG전자 트롬 세탁기	6	2	1	3	-	5	✔ 2.8	3.9	-27.4%
3	닥터마틴 1460 부츠	2	2	1	3	3	2	✔ 2.2	3.2	-32.3%
4	다이슨 V15	5	5	2	5	5	3	4.2	3.7	12.6%
5	애플 에어팟 프로	4	4	3	5	5	2	3.8	✔ 2.7	42.0%
6	스타벅스 시그니처 핫 초콜릿	6	2	10	-	5	3	4.3	✔ 2.5	73.3%
7	퓨리나 캣차우	3	4	1	5	4	2	3.2	4.1	-22.8%
8	나이키 줌 페가수스 40	8	2	6	-	10	5	5.2	3.4	52.0%
9	필립스 스마트 LED	5	2	4	5	3	2	3.5	✔ 2.2	59.1%
10	코멧 키친타올	7	3	-	-	5	2	✔ 2.8	✔ 2.1	34.9%

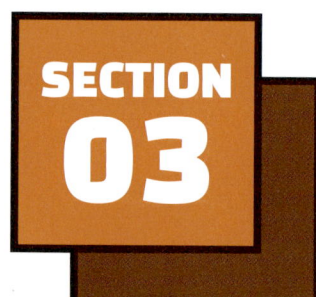

세밀한 조건이 필요할 때 사용자 지정 서식

조건부 서식을 활용하면 셀의 배경색, 글꼴, 테두리 등 다양한 서식을 자동으로 적용할 수 있습니다. 특히 수식을 사용하면 기본적으로 제공되는 조건 외에도 더 복잡하고 세밀한 기준을 직접 만들 수 있는데, 이러한 방식을 사용자 지정 조건이라고 합니다. 사용자 지정 조건은 유효성 검사 기능과 함께 사용하면 데이터 입력 오류를 줄이고, 보고서의 가독성을 높이는 데 큰 효과를 낼 수 있습니다.

사용자 지정 서식을 설정하려면 리본 메뉴의 [홈] 탭-[스타일] 그룹-[조건부 서식圖]을 클릭하고 [새 규칙]을 선택합니다. [새 서식 규칙] 대화상자가 표시되면 [규칙 유형 선택]에서 [수식을 사용하여 서식을 지정할 셀 결정]을 선택합니다.

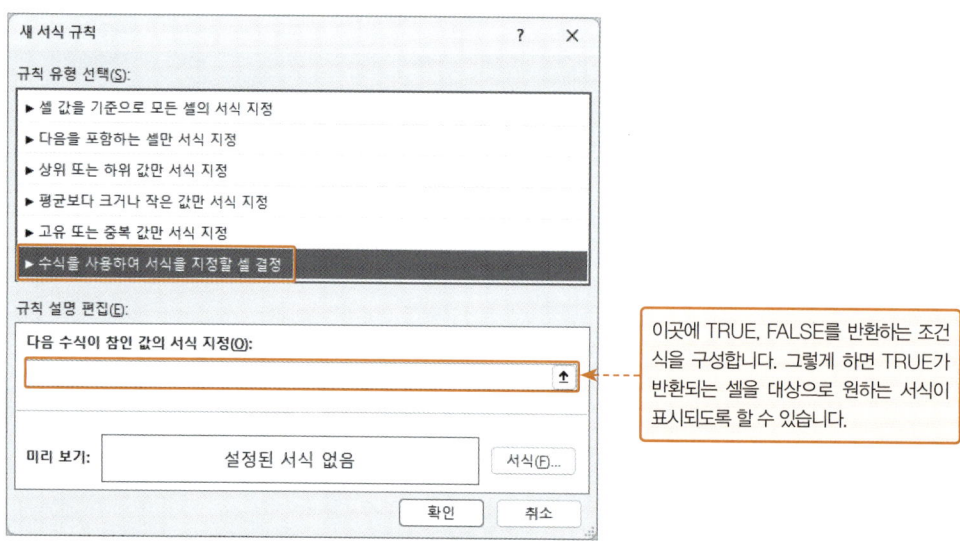

예제를 통해 표에서 선택 옵션에 따라 해당 위치를 강조하는 방법을 알아보겠습니다.

선택 옵션에 따라 표의 해당 위치가 강조되도록 설정하기

예제 파일 CHAPTER 03 \ 포커스.xlsx

01 예제 파일을 열면 2017년부터 2024년까지의 월별 실적을 집계한 표가 있습니다. [C2] 셀에 월을 입력하면 해당 월의 데이터만 강조되도록 설정하겠습니다.

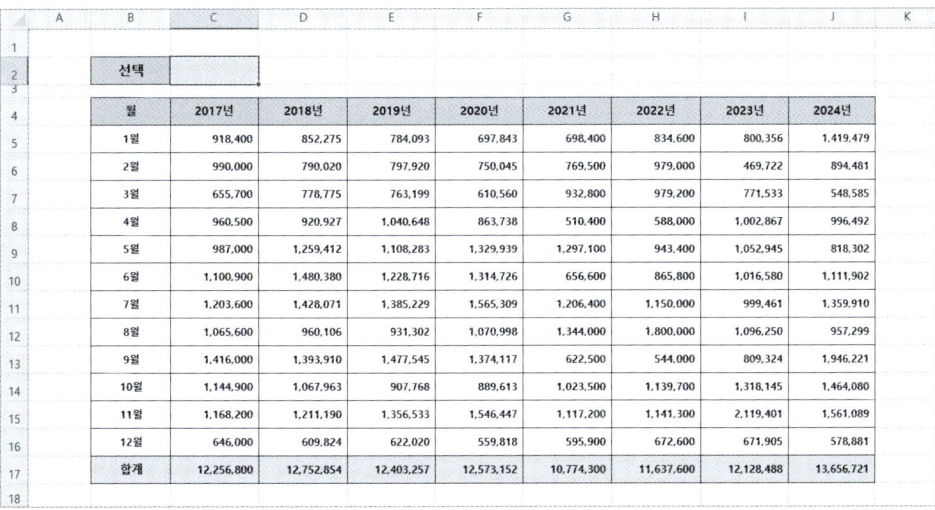

TIP 예를 들어 **1월**을 입력하면 [B5:J5] 범위의 색상이 변경됩니다.

02 [C2] 셀에 입력할 내용을 목록에서 선택하도록 설정하겠습니다. [C2] 셀을 선택한 다음, 리본 메뉴의 [데이터] 탭-[데이터 도구] 그룹-[데이터 유효성 검사]를 클릭합니다.

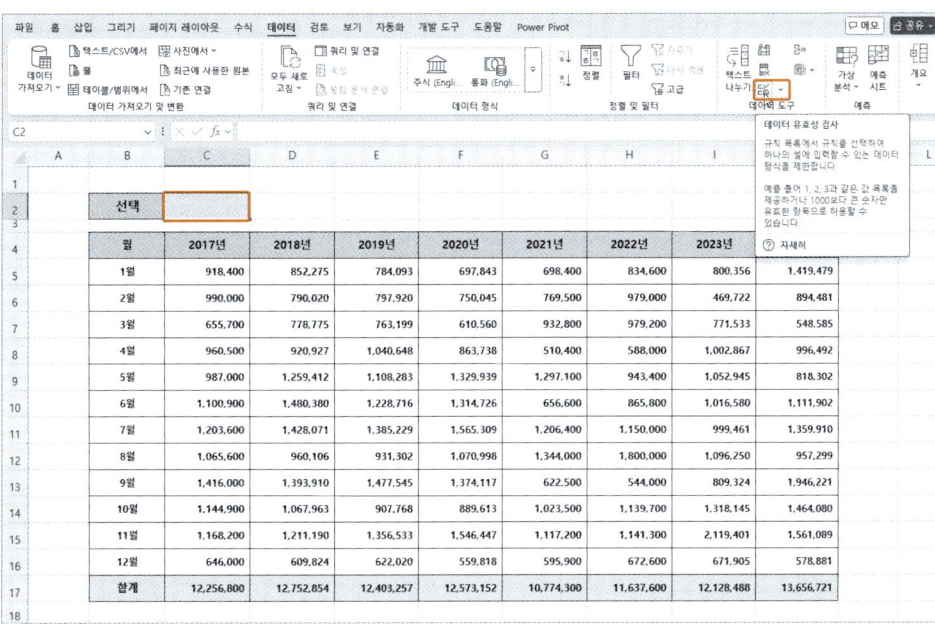

TIP 직접 입력해도 되지만 오타가 발생할 수도 있으므로 목록에서 선택하는 것이 안전합니다.

03 [데이터 유효성] 대화상자가 표시되면 [제한 대상]을 [목록]으로 변경합니다. [원본] 입력란을 선택한 다음 [B5:B16] 범위를 지정하고 [확인]을 클릭합니다.

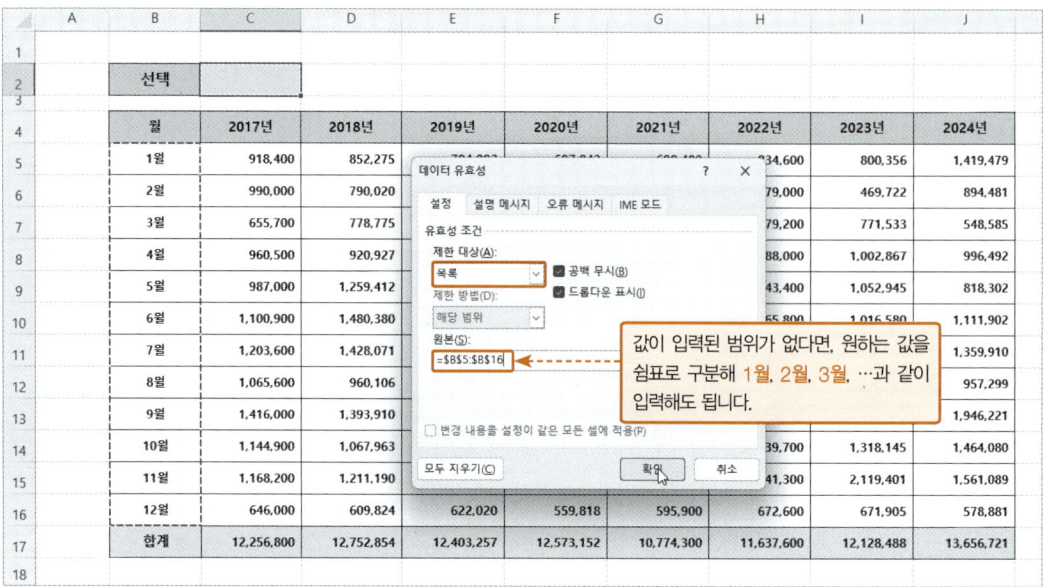

04 [C2] 셀의 오른쪽 하단에 표시된 목록 단추 ▼를 클릭하면 [B5:B16] 범위 내의 값 중 하나를 선택할 수 있도록 목록이 나타납니다. '7월'을 선택합니다.

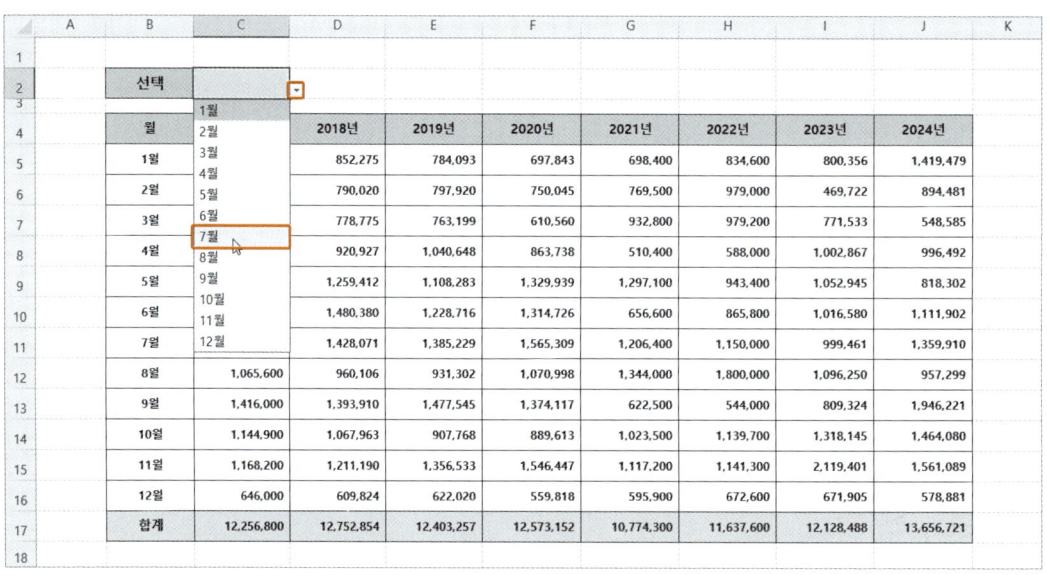

05 이제 선택한 월 데이터를 시각적으로 강조하겠습니다. [B5:J16] 범위를 지정한 다음, 리본 메뉴의 [홈] 탭-[스타일] 그룹-[조건부 서식]을 클릭하고 [새 규칙]을 선택합니다.

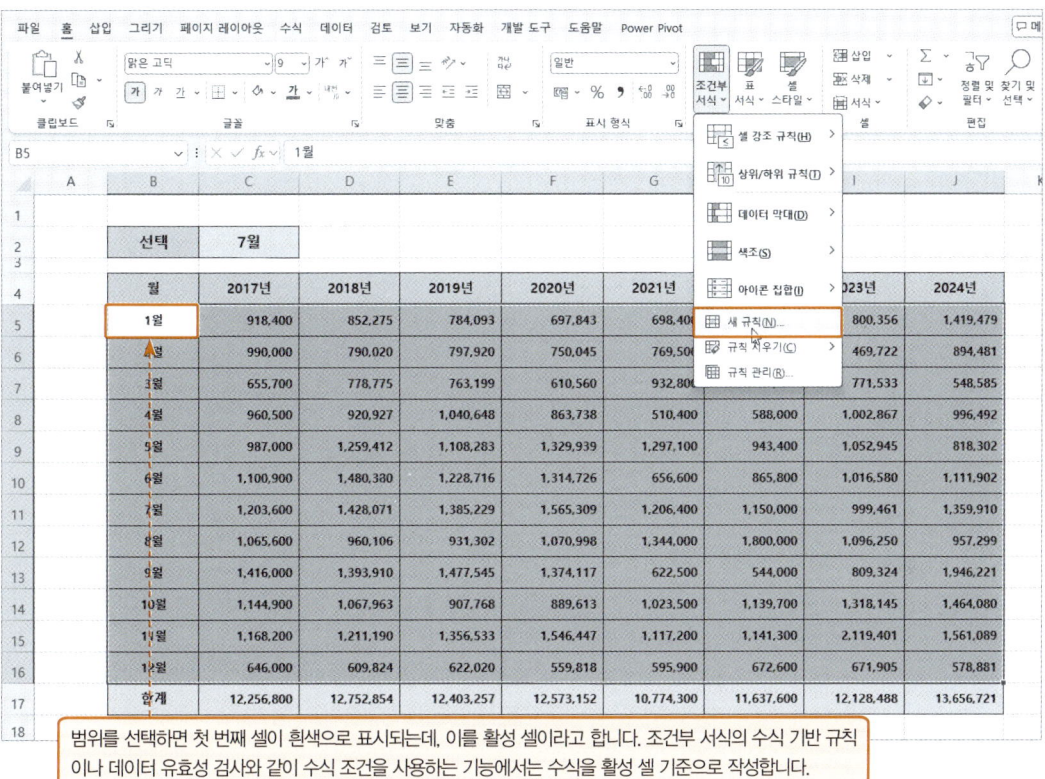

범위를 선택하면 첫 번째 셀이 흰색으로 표시되는데, 이를 활성 셀이라고 합니다. 조건부 서식의 수식 기반 규칙이나 데이터 유효성 검사와 같이 수식 조건을 사용하는 기능에서는 수식을 활성 셀 기준으로 작성합니다.

06 [새 서식 규칙] 대화상자가 표시되면 [규칙 유형 선택] 목록에서 [수식을 사용하여 서식을 지정할 셀 결정]을 선택합니다. [다음 수식이 참인 값의 서식 지정]에 다음 수식을 입력하고 [서식]을 클릭합니다.

=$B5=$C$2

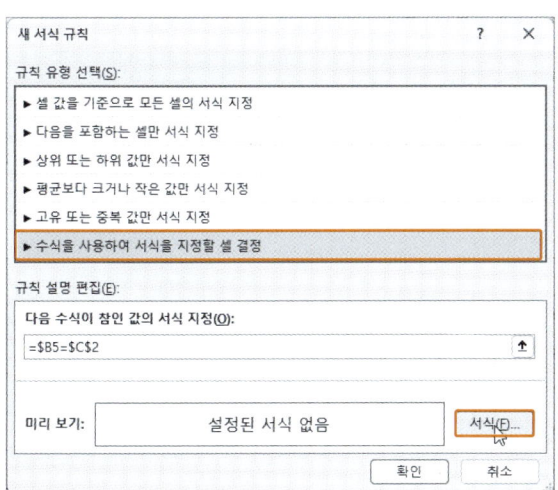

엑셀마스터가 짚어주는 핵심 NOTE

수식 조건 이해하기

이번 수식의 조건은 '[B5] 셀의 값이 [C2] 셀의 값과 같으면'입니다. 수식 자체는 어렵지 않으며, 핵심은 참조 방식입니다.

이번 수식은 선택된 [B5:J16] 범위 내 활성 셀인 [B5] 셀에 적용되며, 나머지 셀에는 상대 참조로 자동 조정되어 적용됩니다. 즉, [B6:B16] 범위에는 다음과 같은 수식 조건으로 조정되어야 합니다.

[B6] 셀 : B6=C2
[B7] 셀 : B7=C2
    …
[B16] 셀 : B16=C2

또, [C5:J5] 범위에는 다음과 같은 수식 조건으로 조정되어야 합니다.

[C5] 셀 : B5=C2
[D5] 셀 : B5=C2
    …
[J5] 셀 : B5=C2

이처럼 아래쪽(행 방향)으로 수식을 복사할 때는 수식 조건 중 행 번호가 변경되어야 하고, 오른쪽(열 방향)으로 수식을 복사할 때는 수식 조건이 변경되면 안 됩니다. 따라서 열은 B로 고정하고, 행 번호는 내려가면서 바뀌도록 상대 참조로 설정해야 합니다. 이를 위해 B5는 혼합 참조인 $B5로, 비교 대상인 C2는 절대 참조인 $C$2로 지정하면 선택한 범위 전체에 일관되게 조건을 적용할 수 있습니다.

07 [셀 서식] 대화상자가 표시되면 [채우기] 탭에서 원하는 배경색을 선택하고 [확인]을 클릭합니다.

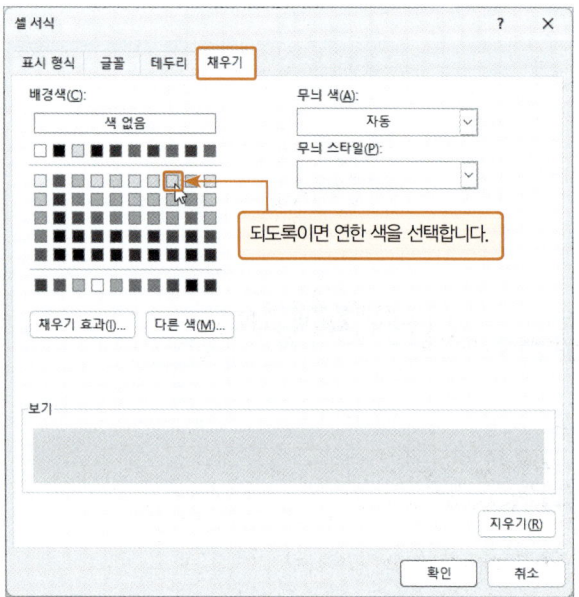

08 [새 서식 규칙] 대화상자도 [확인]을 클릭해 닫습니다. [C2] 셀에 입력된 7월의 실적 데이터가 다음과 같이 강조됩니다.

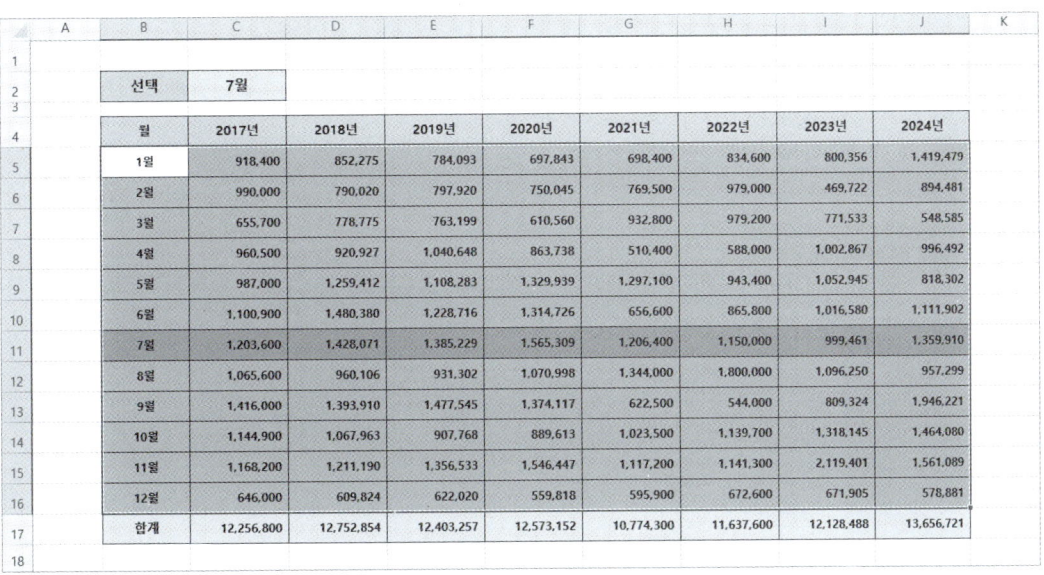

09 [C2] 셀의 내용을 **5월**로 변경하면 5월의 실적 데이터가 강조됩니다.

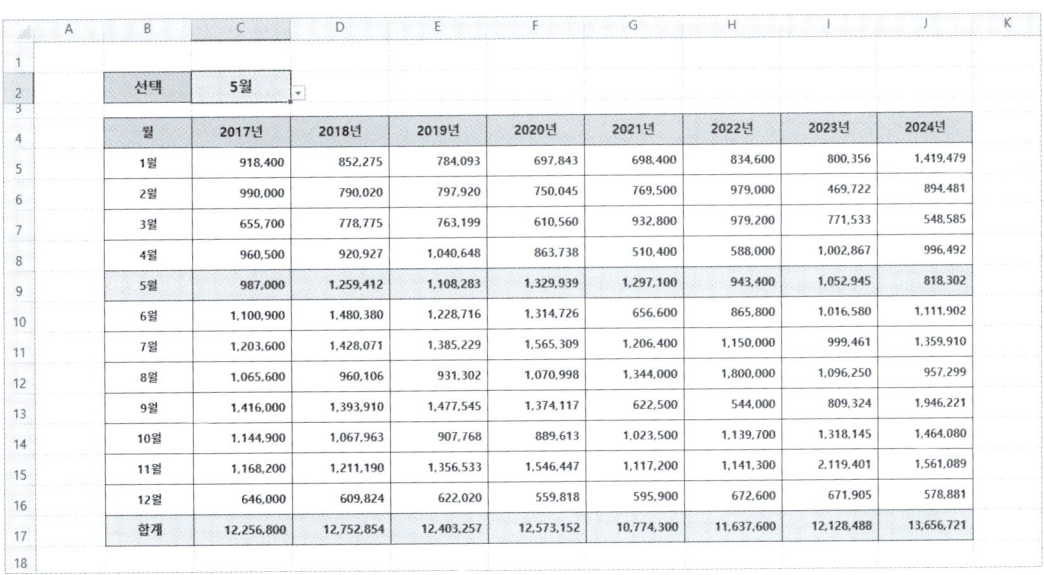

10 이번에는 월 머리글만 추가로 강조하겠습니다. [B5:B16] 범위를 지정한 다음, 리본 메뉴의 [홈] 탭-[스타일] 그룹-[조건부 서식]을 클릭하고 [셀 강조 규칙]-[같음]을 선택합니다.

11 [같음] 대화상자가 표시되면 [다음 값과 같은 셀의 서식 지정] 입력란을 클릭하고 워크시트의 [C2] 셀을 클릭합니다. [적용할 서식] 목록에서 [사용자 지정 서식]을 선택합니다.

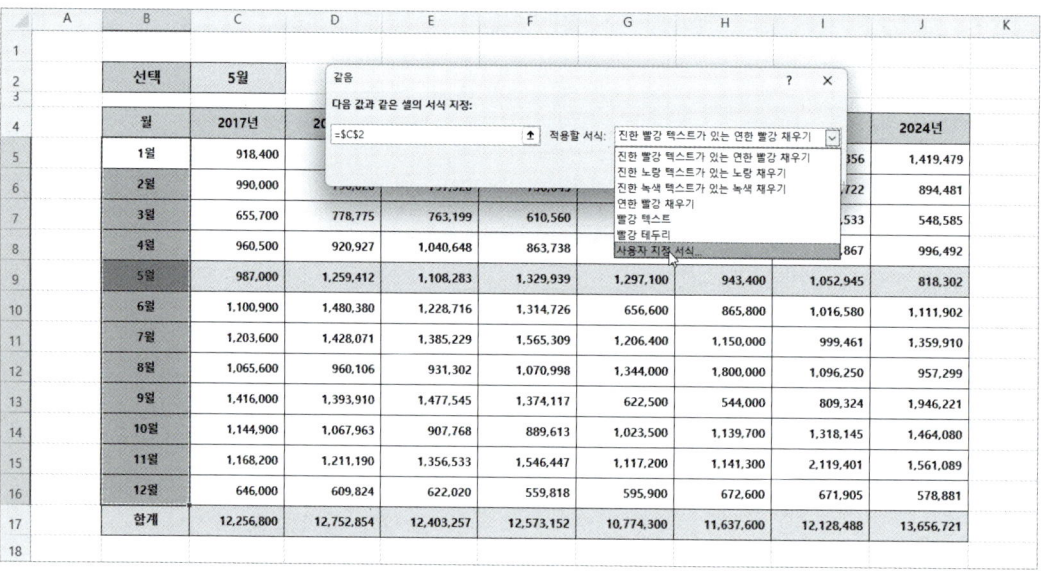

12 [셀 서식] 대화상자의 [채우기] 탭에서 원하는 색상을 선택합니다. [글꼴] 탭을 클릭하고 [색]을 [흰색, 배경 1]로 선택한 다음 [확인]을 클릭합니다.

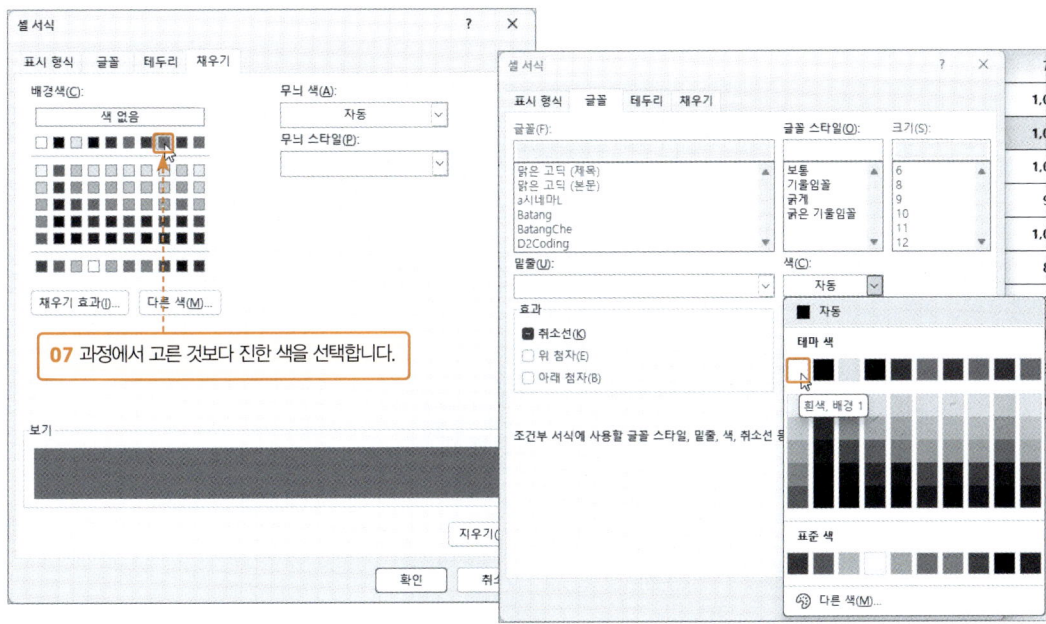

13 [C2] 셀에서 원하는 월을 선택해봅니다. 다음과 같이 해당 월의 실적 데이터가 강조되고, 머리글에는 추가한 서식이 적용됩니다.

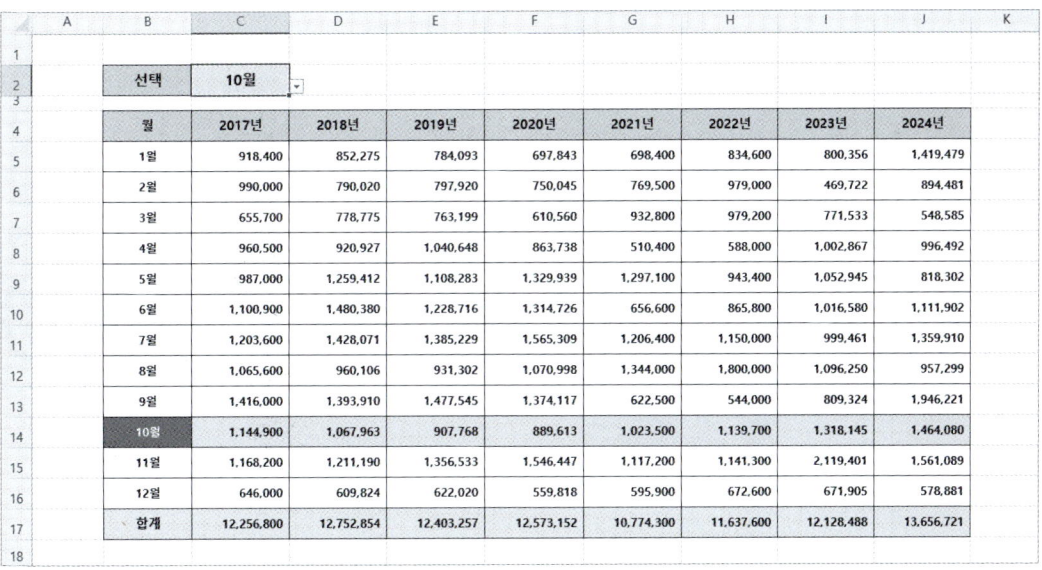

CHAPTER 04

보고서에 필요한 데이터 시각화②: 차트

이번 CHAPTER의 핵심!

- 차트의 종류와 특징 이해하기
- 막대형 차트를 활용해 물결 차트, 콤보형 차트 만들기
- 시각적으로 우수한 막대형 차트 만들기
- 꺾은선형 차트를 다양하게 변형하기
- 원형 차트, 도넛형 차트 만들기
- 분산형 차트 이해하기

엑셀에서 데이터를 시각화하기 위해서 사용되는 대표적인 도구가 바로 차트입니다. 차트는 다양한 차트 종류(세로 막대, 꺾은선형, 원형, 분산형 등)를 지원하며, 데이터의 추세나 비교, 분포 등을 한눈에 파악할 수 있어 데이터의 의미를 보다 명확하게 전달해 효과적인 의사결정을 지원하는 장점이 있습니다.

다만, 차트는 보고서에서 차지하는 공간이 크므로, 보고서에 많은 차트를 동시에 사용하는 데는 한계가 있습니다. 이런 단점을 보완하기 위해 추가된 '스파크라인'이라는 셀 차트는 엑셀 2013 버전부터 지원됩니다. 상대적으로 적은 차트 종류(세로 막대, 꺾은선형)만 지원하는 대신 셀 안에 삽입되어 공간을 크게 차지하지 않는 장점이 있습니다. 다만 셀 안에 차트가 삽입되는 구조이다 보니 전체적인 흐름이나 간단한 비교에만 사용할 수 있습니다.

이번 CHAPTER에서는 사용자들이 자주 활용하는 차트로 보고서를 시각화하는 방법에 대해 설명합니다.

차트의 종류와 선택

보고 상황에 맞는 차트 알아보기

엑셀에서 가장 기본적인 차트는 꺾은선형, 세로 막대형 차트, 원형 차트입니다. 나머지 차트는 잘 사용하지 않거나 언제 사용해야 하는지 잘 모르는 경우가 많습니다.

엑셀의 기본형 차트는 다음과 같은 경우에 주로 사용합니다.

표현하려는 주제	선택해야 할 차트 종류
데이터의 비교	세로/가로 막대형 차트
데이터의 추세	꺾은선형 차트
데이터의 비율	원형 차트
데이터의 관계	분산형 차트

다음과 같이 스마트폰 시장 점유율을 기록한 표 데이터가 있다고 가정합니다.

제조사	2018년	2019년	2020년	2021년	2022년	2023년
삼성전자	20.80%	21.40%	20.60%	20.20%	21.60%	22.50%
애플	14.90%	19.90%	20.80%	23.40%	22.90%	23.30%
샤오미	9.20%	10.40%	13.50%	14.10%	12.70%	11.40%
기타	55.10%	48.30%	45.10%	42.30%	42.80%	42.80%

스마트폰 시장 점유율 (18년 ~ 23년)

제조사별 시장 점유율을 연도별로 비교하려면 다음과 같이 막대형 차트를 사용하는 것이 좋습니다.

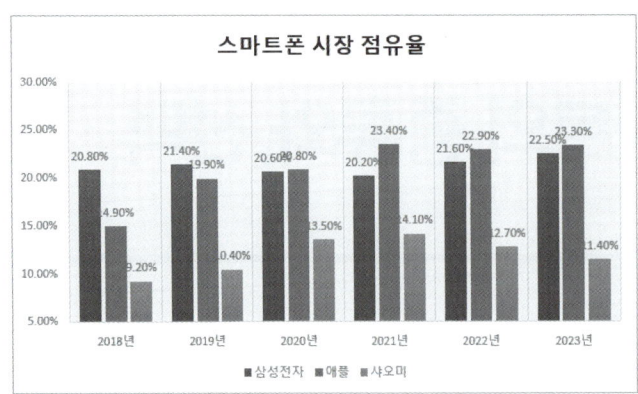

비교해야 할 제조사가 많으면 막대가 지나치게 많아져 차트가 복잡해보일 수 있습니다. 이때는 다음과 같이 각 제조사를 하나의 막대로 두고 세부 항목 값을 쌓아 표현하는 누적 막대형 차트를 사용하면 좋습니다. 이렇게 하면 전체 규모와 구성비를 한눈에 확인할 수 있습니다.

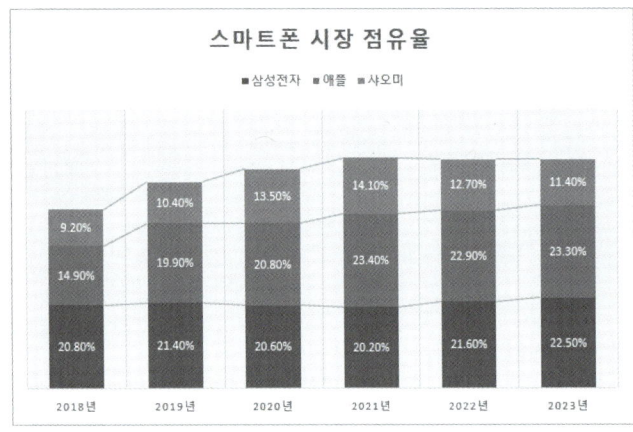

제조사의 시장 점유율이 시간에 따라 어떻게 변하고 있는지 보여주려면 꺾은선형 차트가 적합합니다. 시간을 기준으로 점유율 변화를 선으로 이어 표현하면 흐름을 한눈에 파악할 수 있습니다.

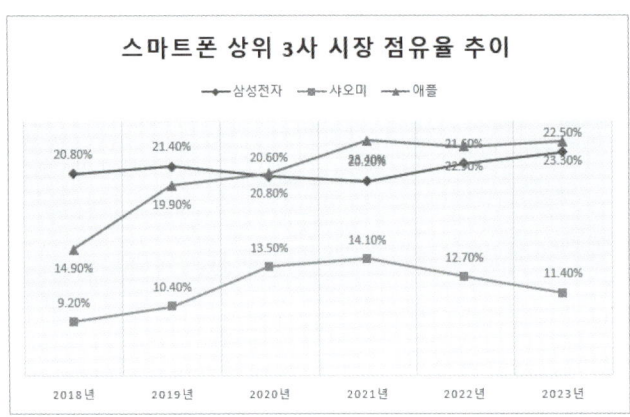

제조사별 시장 점유율을 보여주려면 원형 차트나 도넛형 차트를 사용합니다. 항목별 비중을 한눈에 파악하기에 적합합니다. 다만, 항목 수가 많거나 항목 간 차이가 작은 경우에는 막대형 차트가 더 효과적입니다.

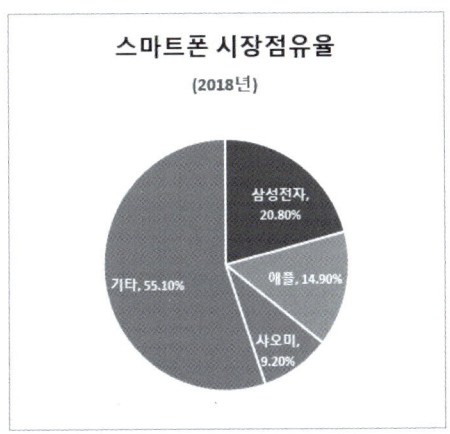
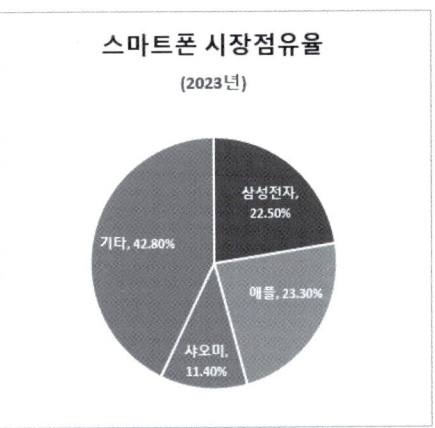

분산형 차트는 같은 시점의 두 변수 쌍을 점으로 표시해 분포와 상관관계를 드러내는 데 적합합니다. 예를 들어, 샤오미의 점유율이 하락하면서 생긴 이득을 삼성전자와 애플 중 어디에서 더 많이 얻었는지 설명하고 싶다면 다음과 같이 두 회사의 시장 점유율을 분산형 차트로 표현할 수 있습니다.

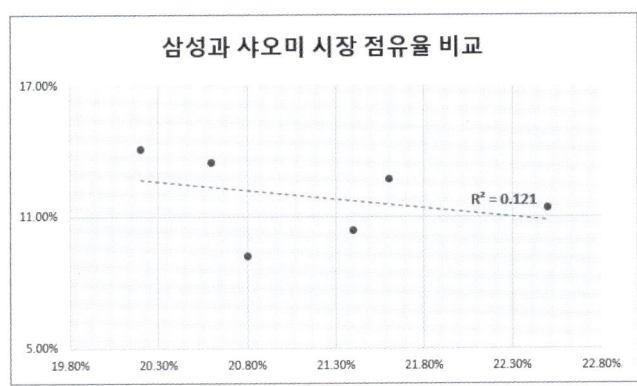

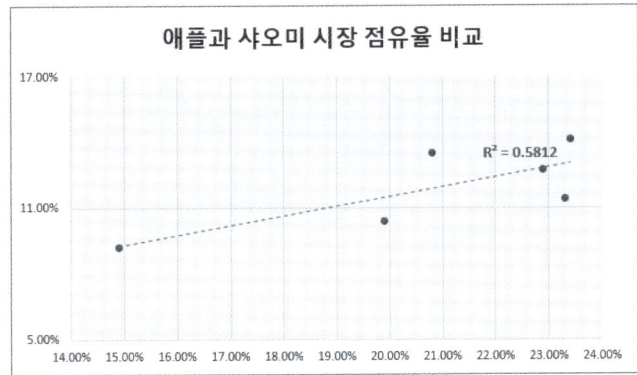

이처럼 상황에 맞는 차트를 사용하면 보고서를 검토하는 의사결정권자에게 핵심 메시지를 더 명확하게 전달할 수 있습니다.

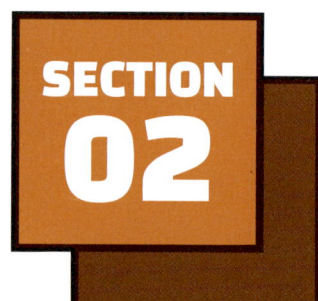

SECTION 02 가장 널리 활용되는 막대형 차트와 스킬

막대형 차트에는 세로 막대형과 가로 막대형이 있는데, 널리 사용되는 기본 유형은 세로 막대형 차트입니다. 막대형 차트는 활용도가 높지만 범주가 많거나 값 차이가 작을 때 정보가 복잡해보이는 등의 한계도 있습니다. 이 파트에서는 이러한 한계를 짚고, 이 문제를 개선할 수 있는 몇 가지 방법을 소개합니다.

물결 차트

세로 막대형 차트를 만들다 보면 특정 항목의 값이 지나치게 커서 나머지 막대가 거의 구분되지 않는 경우가 있습니다. 이런 상황에서는 가장 큰 막대를 잘라 표시하는 방법을 고려하게 됩니다. 다음 예시는 이러한 필요가 생기는 전형적인 경우입니다.

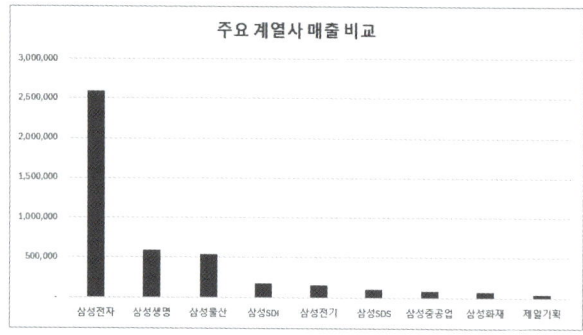

이 문제는 가장 큰 막대를 잘라 다음과 같이 표시하면 해결할 수 있습니다.

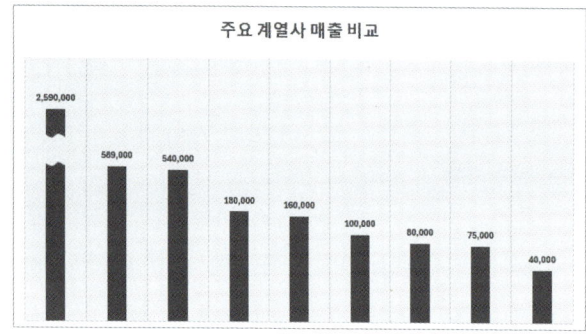

특정 항목을 잘라 물결 차트로 만들기

예제 파일 CHAPTER 04 \ 물결 차트.xlsx

01 예제 파일을 열면 삼성 계열사별 매출이 정리된 표와, 이를 토대로 작성한 막대형 차트를 확인할 수 있습니다.

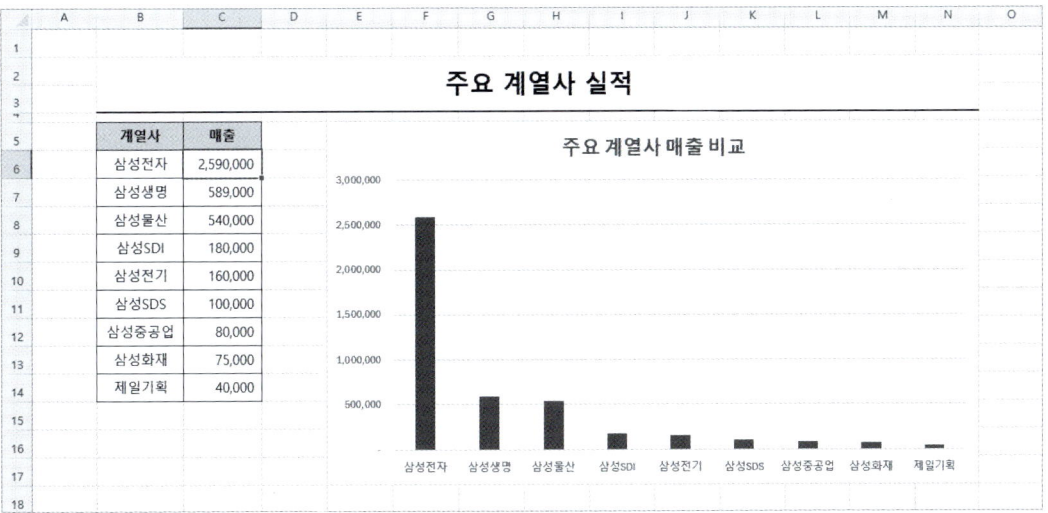

02 물결 차트로 변환하기 위해 축의 표시 단위를 변경하겠습니다. Y축을 두 번 클릭하면 워크시트 오른쪽 영역에 [축 서식] 작업 창이 열립니다.

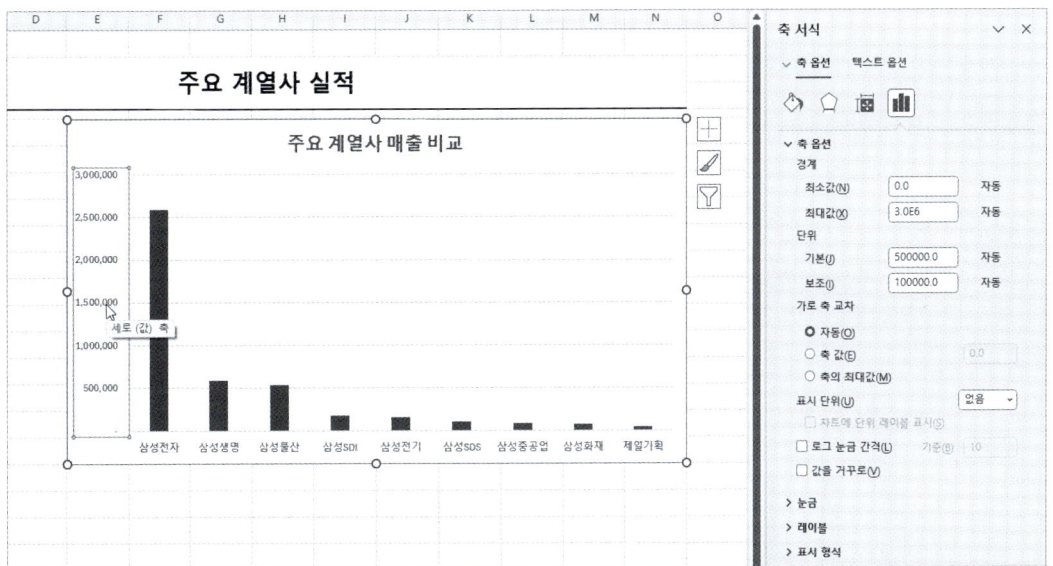

TIP 물결 차트는 가장 긴 막대그래프를 잘라 표시하고, 나머지 막대그래프는 좀 더 길게 표시하는 차트입니다. 이런 차트를 엑셀에서 표시하는 가장 쉬운 방법이 축의 표시 단위를 변경해 막대그래프의 길이를 일정하게 변경해놓고 작업하는 것입니다.

03 [축 서식] 작업 창의 [축 옵션]에서 [로그 눈금 간격]에 체크합니다. 기준값이 10이므로 Y축 눈금이 1, 10, 100, … 과 같은 10의 거듭제곱 간격으로 표시됩니다.

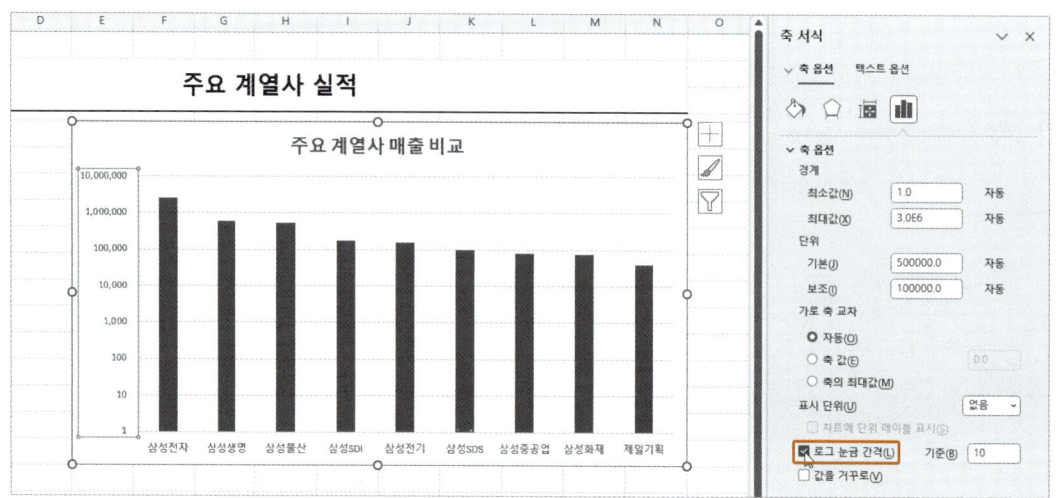

 엑셀마스터가 짚어주는 핵심 NOTE

작업 이해하기

Y축 눈금이 1, 10, 100과 같이 변경되면, 눈금선 간격은 동일해도 하나의 눈금선 간격당 표시할 숫자가 점점 커져 모든 막대그래프의 길이가 화면과 같이 큰 차이가 없어집니다.
이렇게 한 후 Y축의 시작값을 변경하고 첫 번째 막대가 잘린 것과 같은 효과를 넣어 표시하면 물결 차트로 구성할 수 있습니다.

04 모든 막대그래프가 통과한 눈금 단위를 최소값으로 지정합니다. [최소값] 옵션을 **10000**으로 변경합니다.

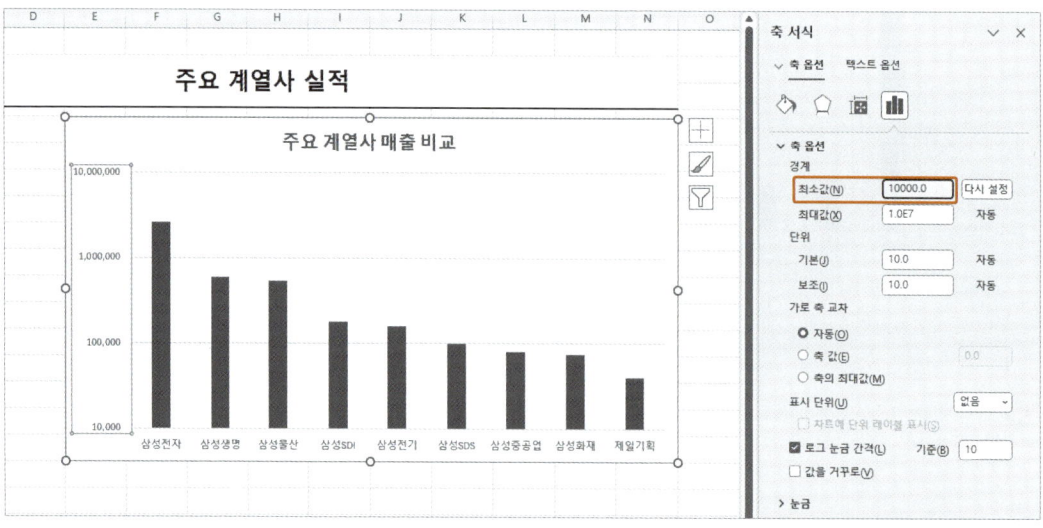

05 Y축 레이블은 막대그래프의 값을 제대로 이해할 수 있는 값이 아니므로 숨깁니다. [레이블] 옵션을 확장하고 [레이블 위치]를 [없음]으로 변경합니다.

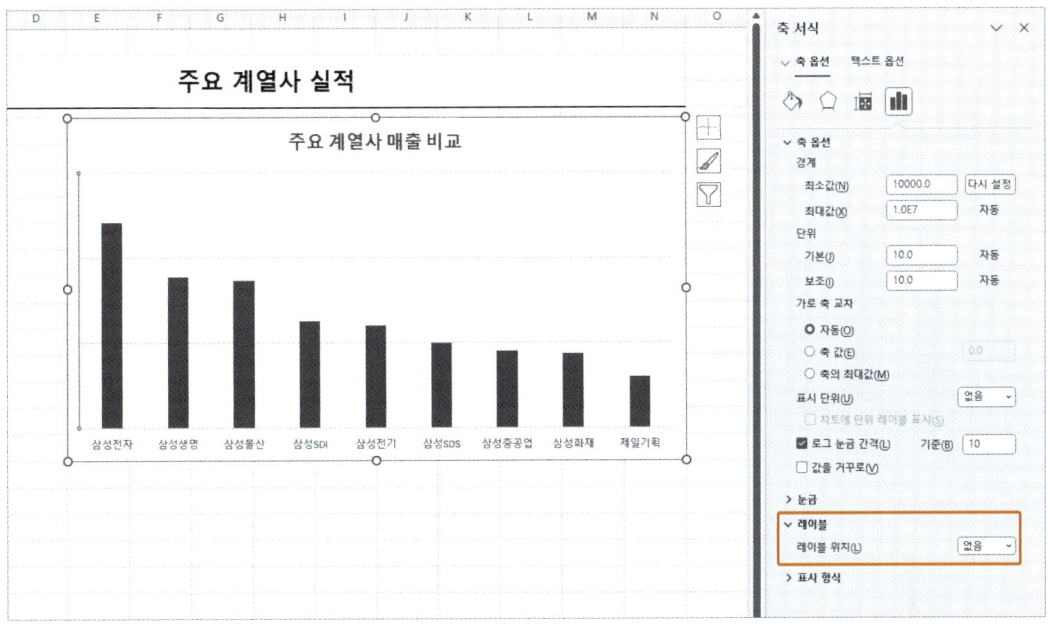

06 각 막대그래프의 값을 이해할 수 있도록 데이터 레이블을 표시하겠습니다. 차트 오른쪽에 있는 [차트 요소⊞]를 클릭한 후 [데이터 레이블]에 체크합니다.

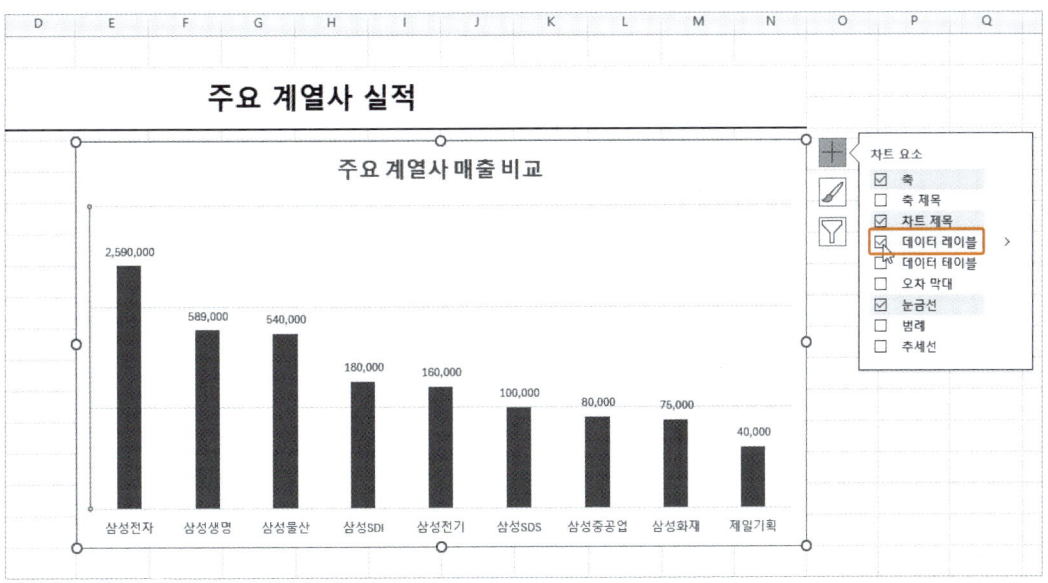

07 이어서 [눈금선] 옵션을 선택한 후 [기본 주 가로]의 체크는 해제하고 [기본 주 세로]에 체크합니다.

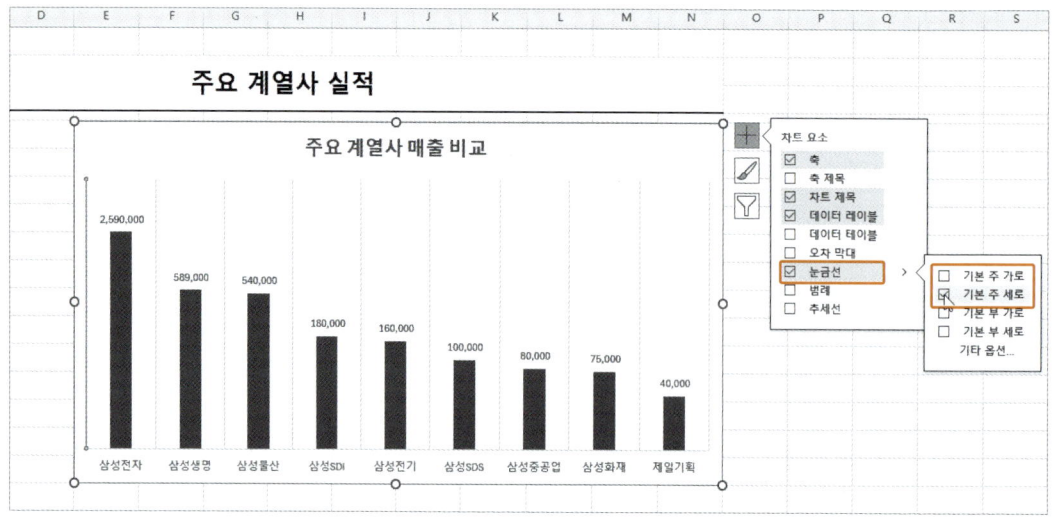

TIP 물결 도형을 이용해 막대 중간이 끊어졌음을 표현할 것이므로 차트 가로 눈금선은 표시하지 않는 것이 좋습니다.

08 차트에 배경색을 넣어보겠습니다. 차트의 그림 영역을 선택하고 리본 메뉴의 [서식] 탭-[도형 스타일] 그룹-[도형 채우기]의 목록 단추를 클릭하고 [흰색, 배경 1, 5% 더 어둡게]를 선택합니다.

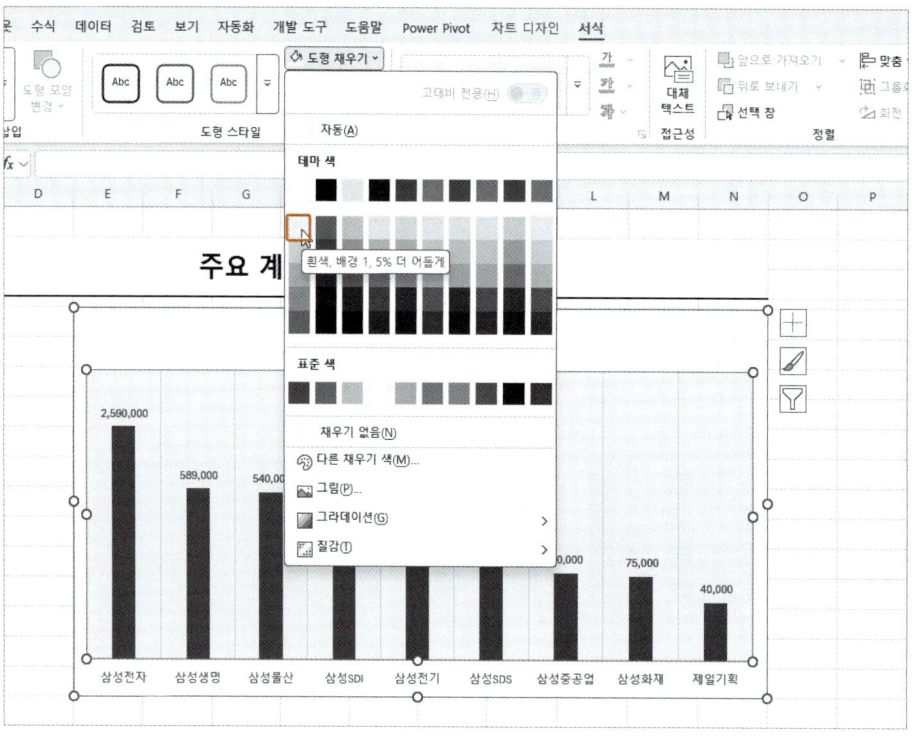

TIP 차트 배경색은 꼭 설정해야 하는 것은 아닙니다.

09 차트의 그림 영역이 선택된 상태에서 [서식] 탭-[도형 삽입] 그룹-[도형]의 목록 단추▼를 클릭합니다. [별 및 현수막] 그룹의 [이중 물결] 도형을 선택합니다.

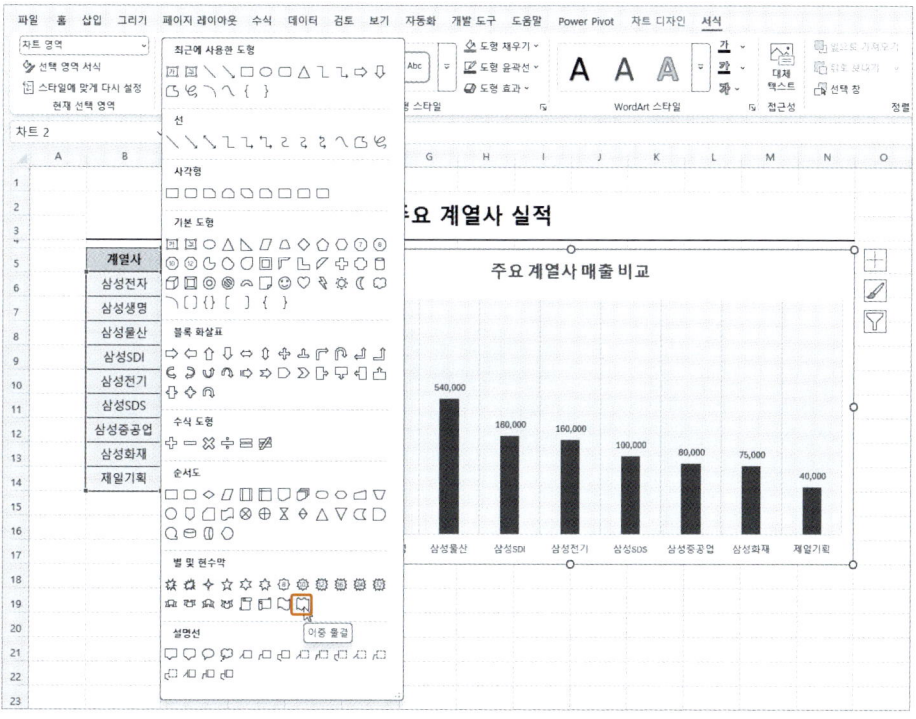

10 첫 번째 막대그래프의 끊어짐을 표현할 위치에서 드래그해 이중 물결 도형을 삽입합니다.

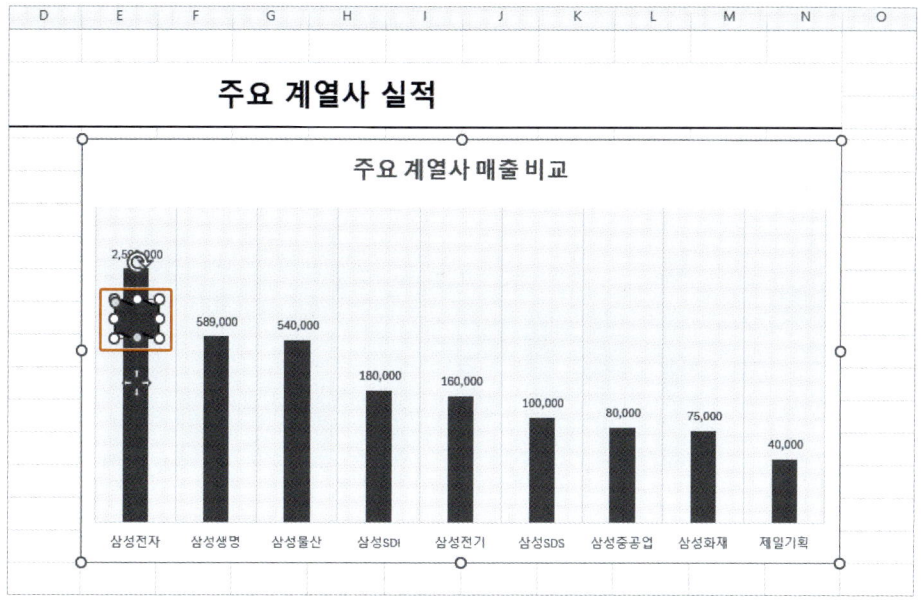

CHAPTER 04 보고서에 필요한 데이터 시각화② : 차트

11 삽입한 이중 물결 도형의 배경색과 테두리 선을 모두 **08** 과정에서 지정한 차트 배경색과 동일하게 설정하겠습니다. 도형이 선택된 상태에서 [도형 서식] 탭-[도형 스타일] 그룹의 [도형 채우기]와 [도형 윤곽선]을 선택해 작업합니다.

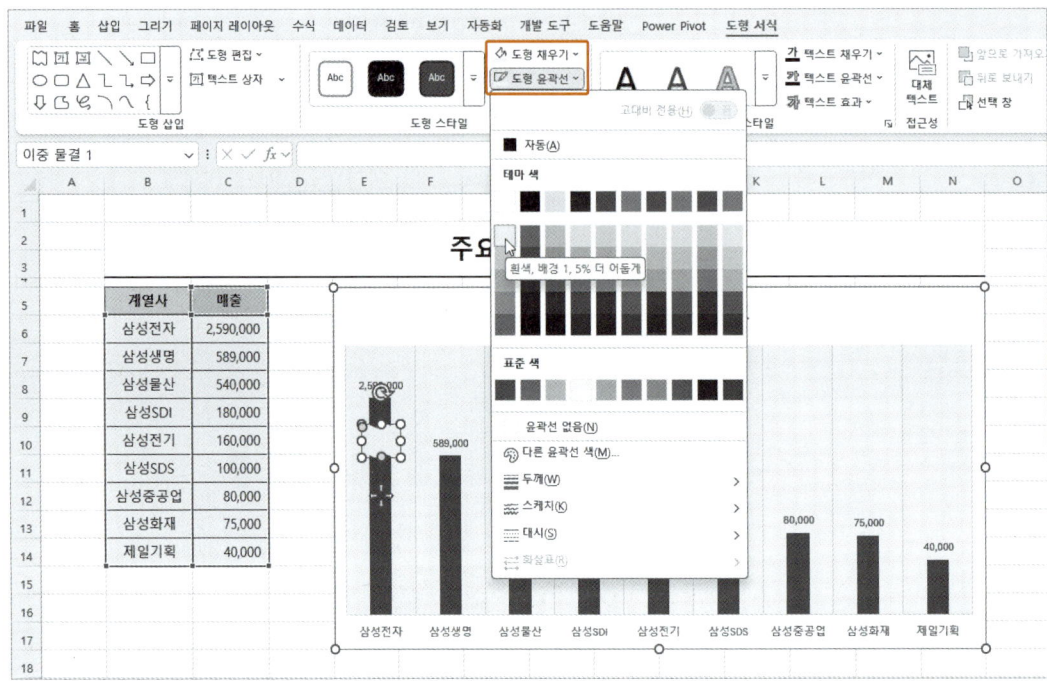

12 다음과 같이 물결 차트가 완성됩니다.

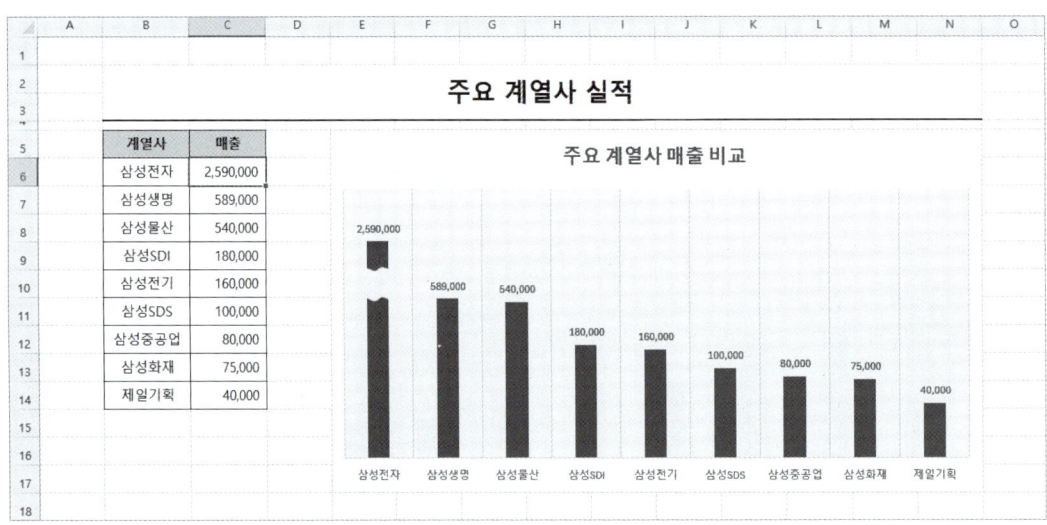

콤보형 차트

단위나 규모가 다른 데이터를 하나의 차트에 함께 표시하면 값의 스케일 차이 때문에 한쪽 계열이 바닥에 붙어 거의 보이지 않을 수 있습니다. 예를 들어, 다음과 같이 품번별 생산량(개)과 불량률(%)을 하나의 차트에 표시하면 생산량이 불량률을 압도해 구분이 어렵습니다.

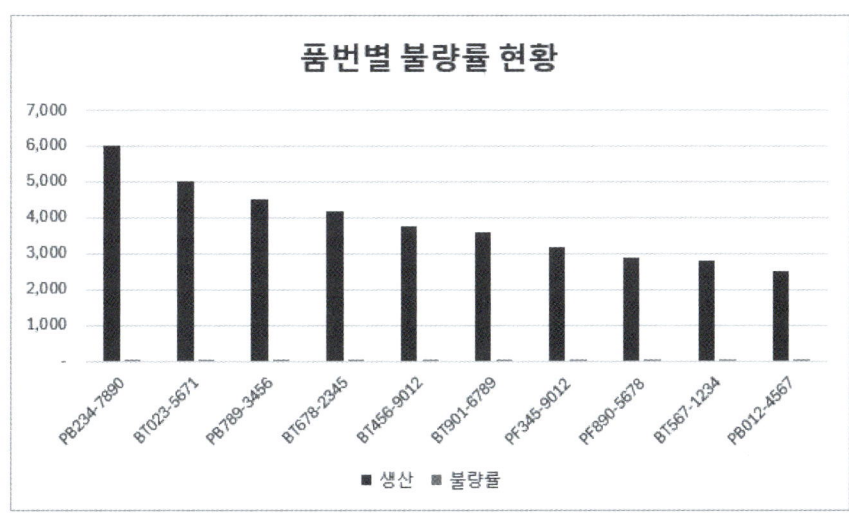

이때는 세로 막대형과 꺾은선형의 콤보 차트로 구성하고 보조 축을 사용해 생산량은 기본 축에, 불량률은 보조 축에 배치할 수 있습니다. 다음 차트는 이 구성을 적용한 예입니다.

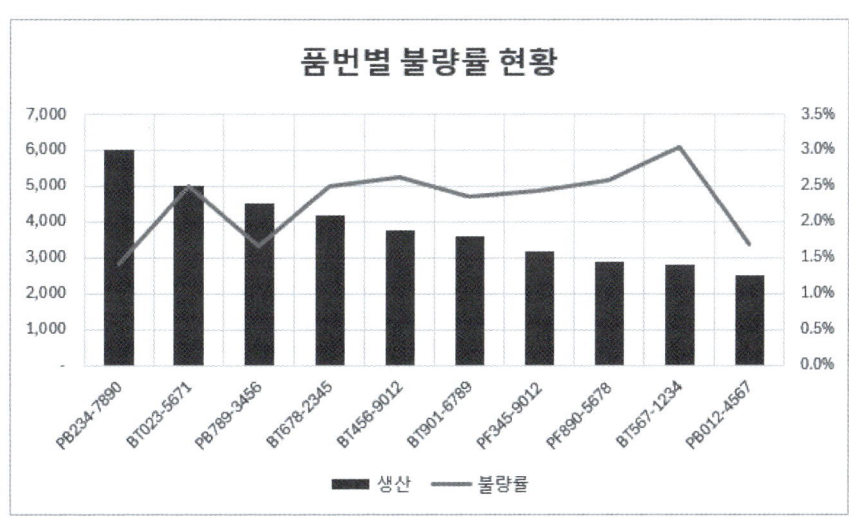

꺾은선형 그래프가 시각적으로 산만해 보인다면 다음과 같이 세로 막대형을 겹쳐 표시하는 방식으로 판독성을 높일 수 있습니다.

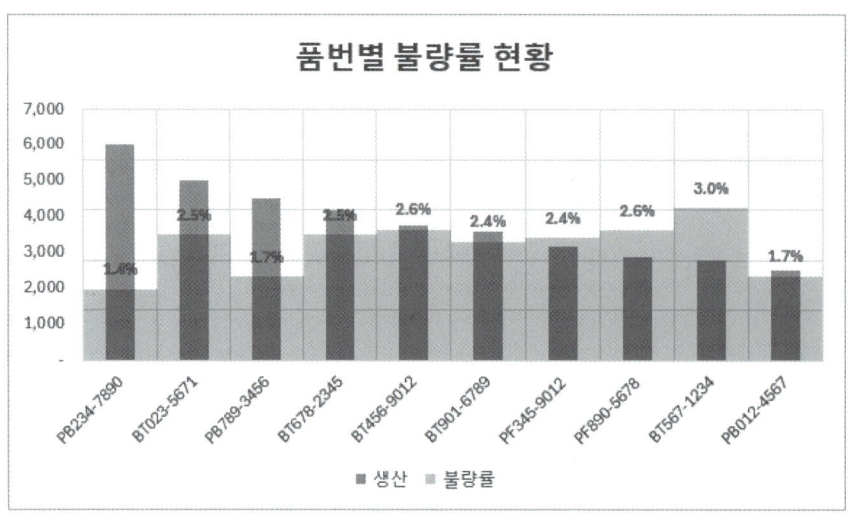

위 차트로 품번별 불량률은 확인할 수 있지만, 높고 낮음의 원인이 무엇인지 파악하기는 어렵습니다. 품번 앞 두 자리 영문자가 생산 공정을 나타내는 코드라면, 해당 코드별로 묶어 공정별 불량률을 비교하는 차트로 표시할 수도 있습니다.

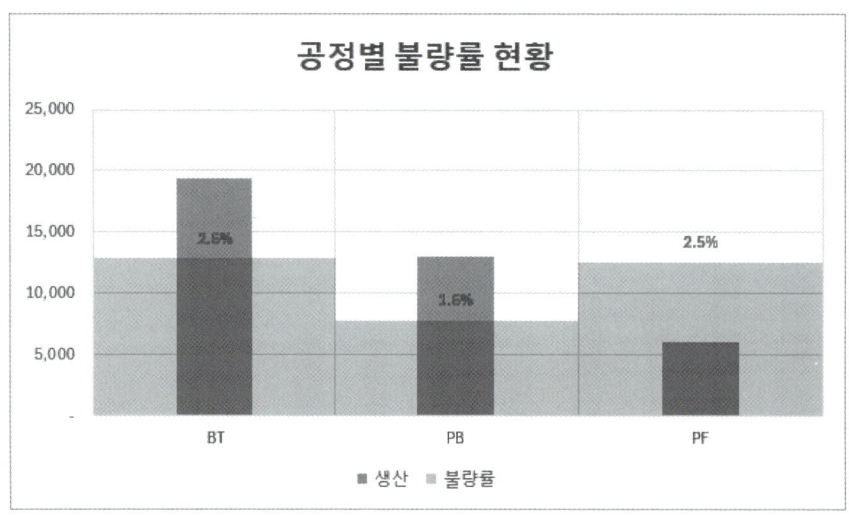

전체 공정 중 PB 공정의 불량률이 낮다는 점이 한눈에 파악됩니다. 이처럼 집중해야 할 정보가 효율적으로 드러나도록 차트를 구성하면 의사결정에 필요한 요점을 빠르게 확인할 수 있습니다. 자세한 구성 방법은 이어지는 실습을 참고합니다.

단위 차가 큰 여러 데이터를 하나의 차트에 표시하기

예제 파일 CHAPTER 04 \ 콤보형 차트.xlsx

01 예제 파일의 왼쪽 표에는 품번별 생산 수량과 불량 수량, 불량률이 정리되어 있습니다. 오른쪽 차트는 왼쪽 표에서 품번(B열), 생산(C열), 불량률(E열) 데이터로 그린 세로 막대형 차트입니다.

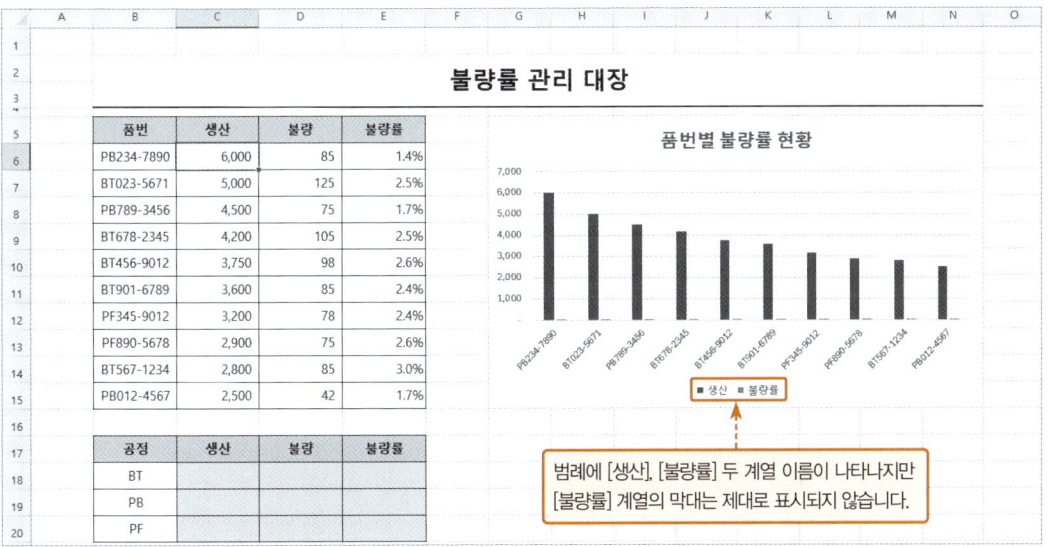

02 두 계열이 모두 잘 표시되도록 콤보형 차트를 새로 만들겠습니다. [B5:C15] 범위를 지정하고 Ctrl 을 누른 상태에서 [E5:E15] 범위를 지정합니다. 리본 메뉴의 [삽입] 탭-[차트] 그룹-[콤보 차트 삽입]을 클릭하고 [사용자 지정 콤보 차트 만들기]를 선택합니다.

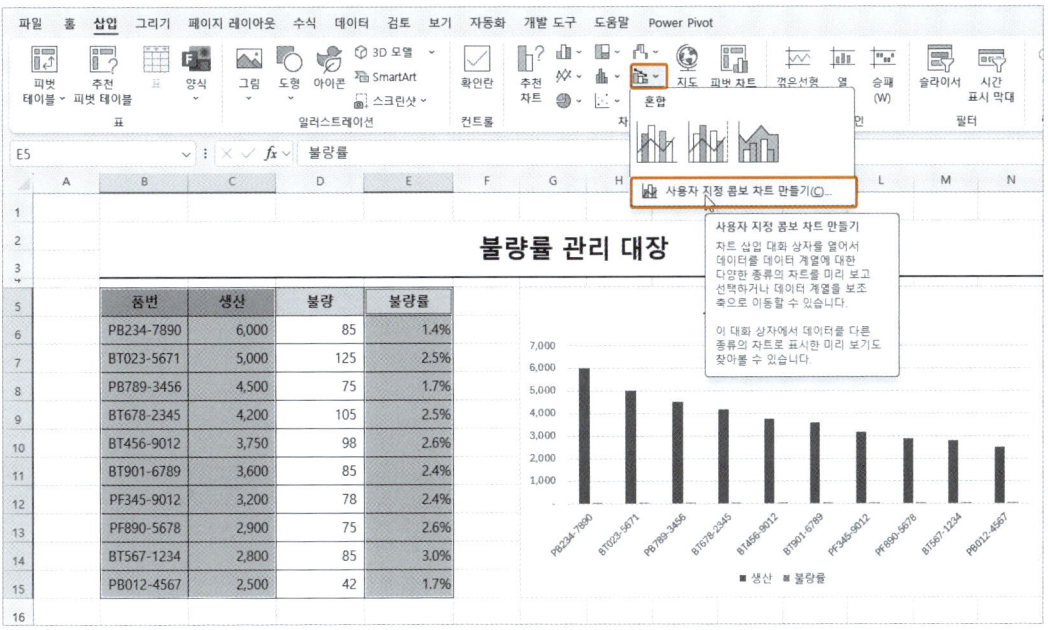

CHAPTER 04 보고서에 필요한 데이터 시각화② : 차트 **163**

엑셀마스터가 짚어주는 핵심 NOTE

콤보 차트 지원 버전

콤보 차트는 엑셀 2013 버전부터 지원됩니다. 따라서, 엑셀 2010 버전에는 [콤보 차트 삽입] 명령이 없습니다. 엑셀 2010 버전에서는 다음 방법에 따라 기존 차트를 콤보 차트로 변경하면 됩니다.

1. 차트를 선택하고, 리본 메뉴의 [서식] 탭을 클릭합니다.
2. 맨 왼쪽 [현재 선택 영역] 콤보 상자에서 '계열 "불량률"'을 선택합니다.
3. [선택 영역 서식] 명령을 클릭합니다.
4. [데이터 계열 서식] 대화상자가 표시되면 '보조 축' 옵션에 체크합니다.

이렇게 작업했다면, **05** 과정부터 계속 진행합니다.

---

03 [차트 삽입] 대화상자가 표시되면 '불량률' 계열의 [보조 축] 옵션에 체크합니다.

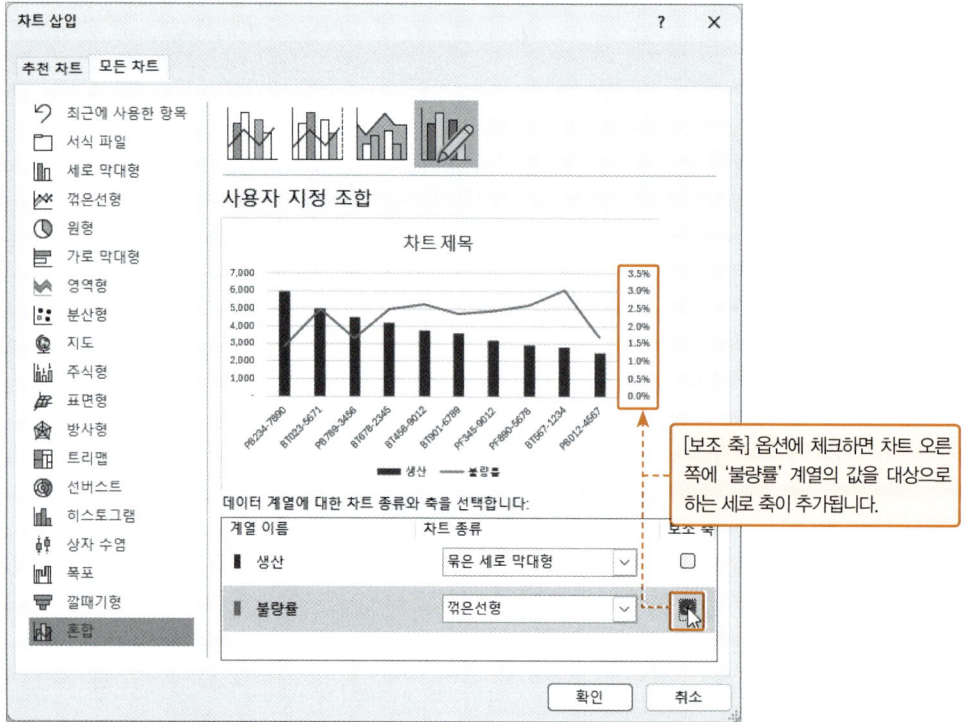

04 꺾은선형 그래프가 시각적으로 산만해 보인다면 둘 다 막대그래프로 표시할 수 있습니다. '불량률' 계열의 [차트 종류]를 [묶은 세로 막대형]으로 변경하면 미리보기에 차트의 막대그래프가 겹쳐서 표시됩니다.

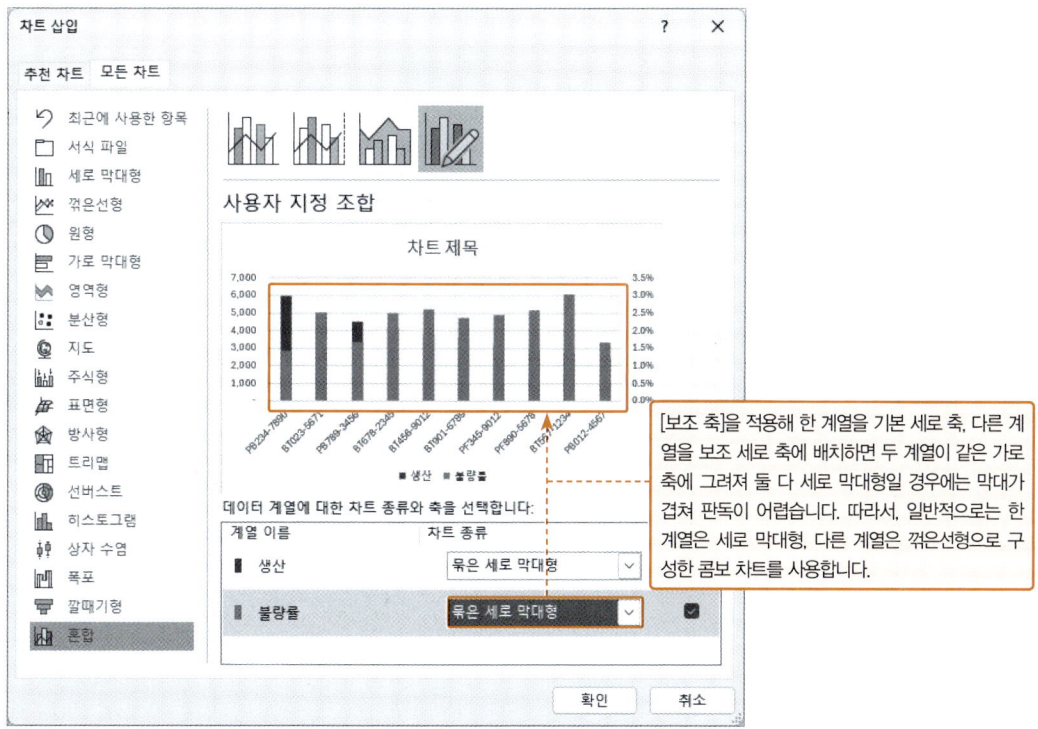

05 04 과정의 작업은 취소하고 '불량률' 계열의 [차트 종류]를 [꺾은선형]으로 변경하고 [확인]을 클릭합니다.

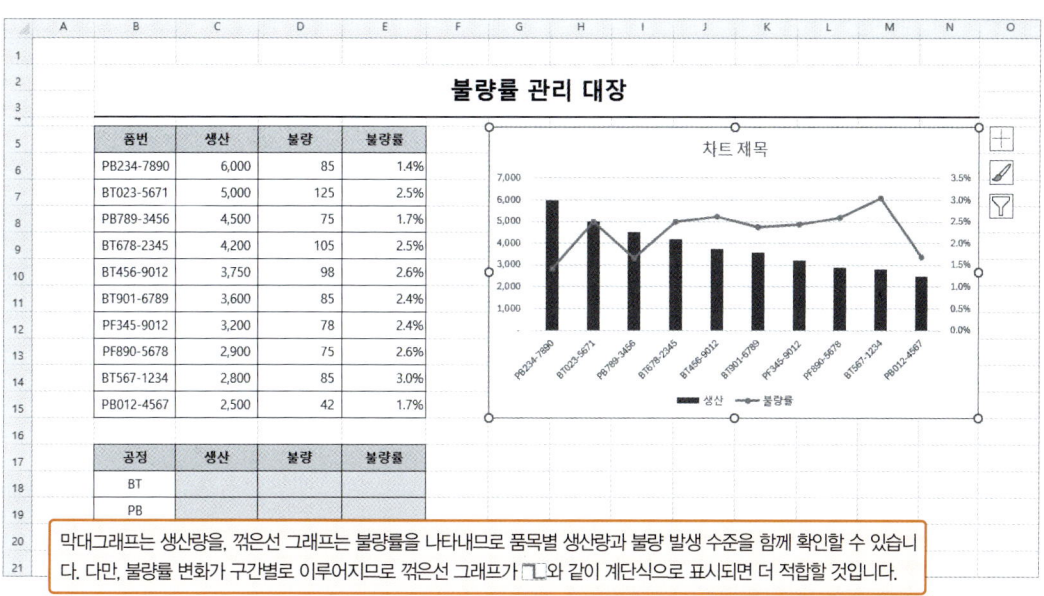

CHAPTER 04 보고서에 필요한 데이터 시각화② : 차트 · **165**

06 꺾은선 그래프는 계단식으로 표시할 수 없으니 다른 방법을 이용해보겠습니다. 꺾은선 그래프를 선택한 다음, 리본 메뉴의 [삽입] 탭–[차트] 그룹–[세로 또는 가로 막대형 차트 삽입]을 클릭하고 [묶은 세로 막대형] 차트를 선택합니다.

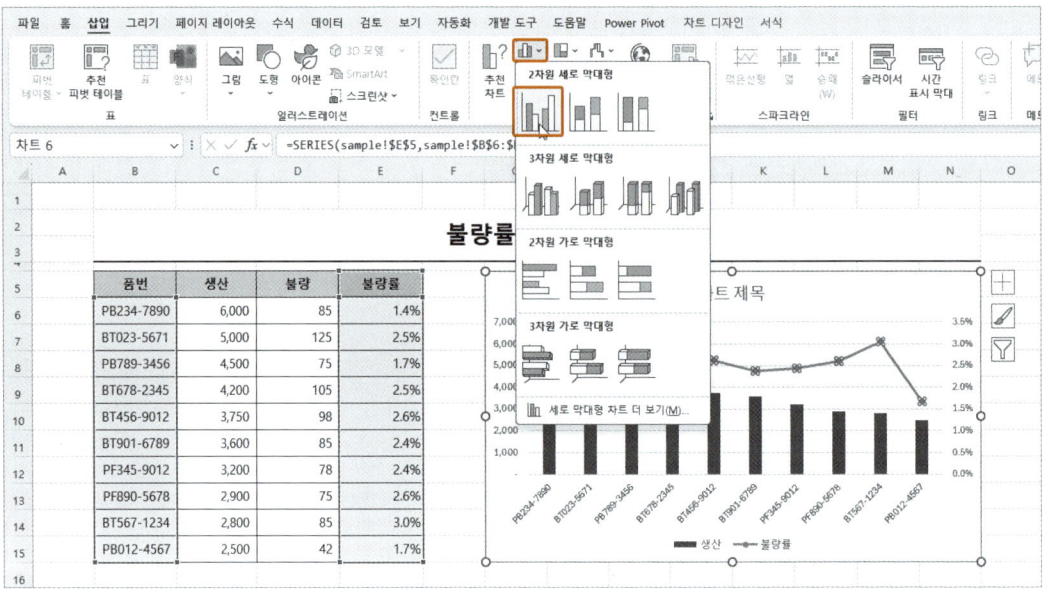

07 다음과 같이 막대그래프가 서로 겹쳐집니다. '불량률' 막대그래프를 더블클릭해 [데이터 계열 서식] 작업 창을 엽니다.

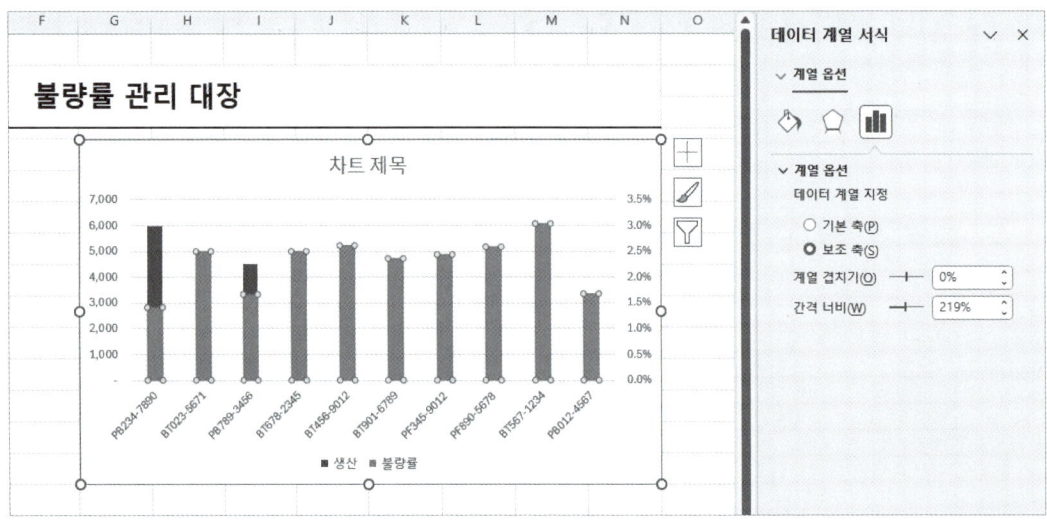

08 옵션 중 [간격 너비]를 219%에서 **0%**로 변경합니다.

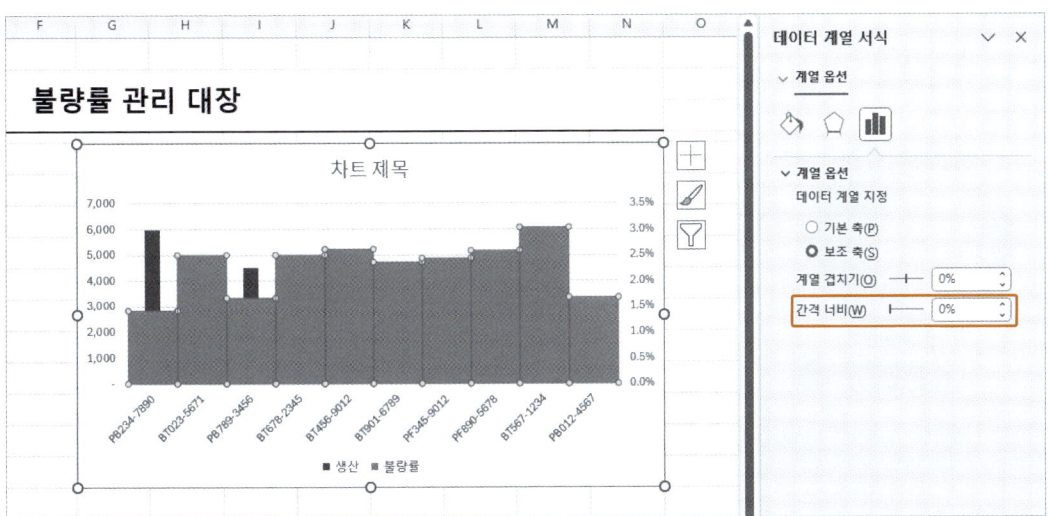

09 '불량률' 막대그래프를 조금 투명하게 설정해 '생산' 막대그래프가 제대로 표시되게 하겠습니다. '불량률' 막대그래프가 선택된 상태에서 리본 메뉴의 [서식] 탭-[도형 스타일] 그룹-[도형 채우기]를 클릭하고 하위 메뉴에서 [다른 채우기 색]을 선택합니다.

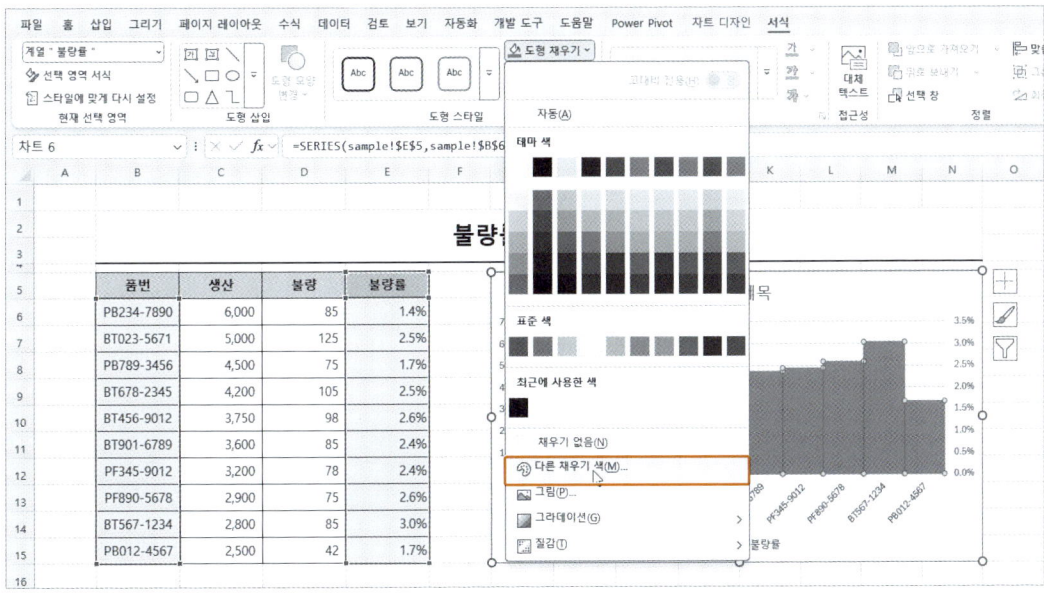

10 [색] 대화상자가 표시되면 [투명도] 옵션을 80%로 조정하고 [확인]을 클릭합니다.

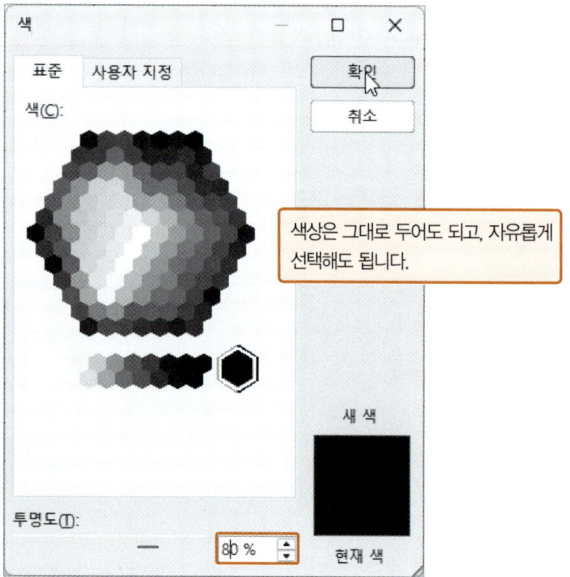

색상은 그대로 두어도 되고, 자유롭게 선택해도 됩니다.

11 다음과 같이 '불량률'과 '생산' 그래프를 함께 식별할 수 있습니다.

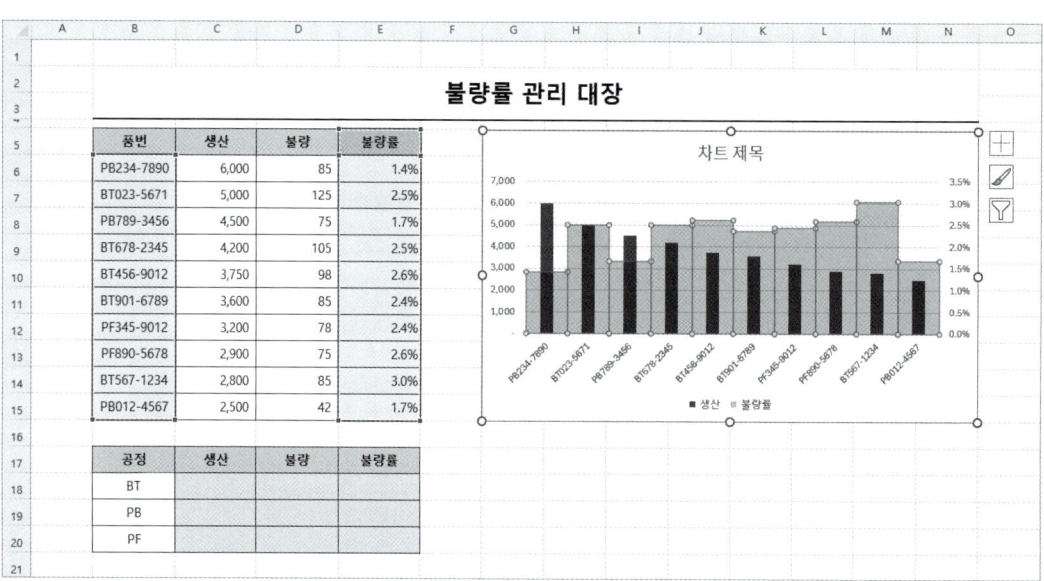

12 '불량률' 막대그래프를 조금 낮게 표시되도록 하겠습니다. Y 보조 축을 더블클릭해 [축 서식] 작업 창을 표시합니다.

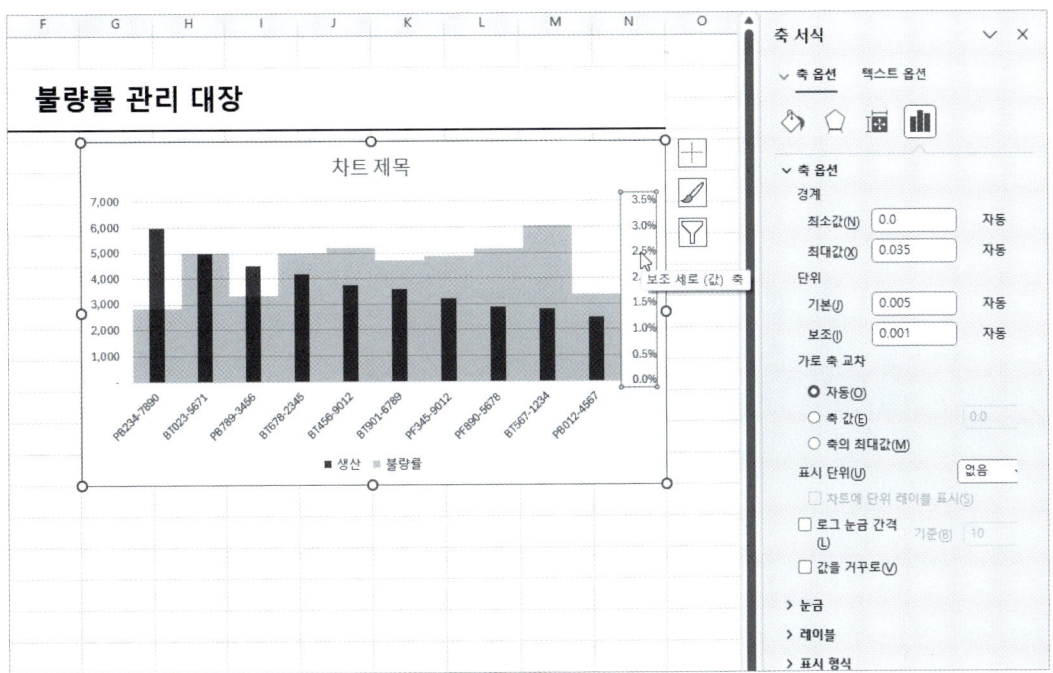

13 [축 서식] 작업 창에서 [최대값]을 0.035에서 **0.05**로 변경한 다음, [레이블] 옵션을 확장하고 [레이블 위치]를 [없음]으로 변경합니다.

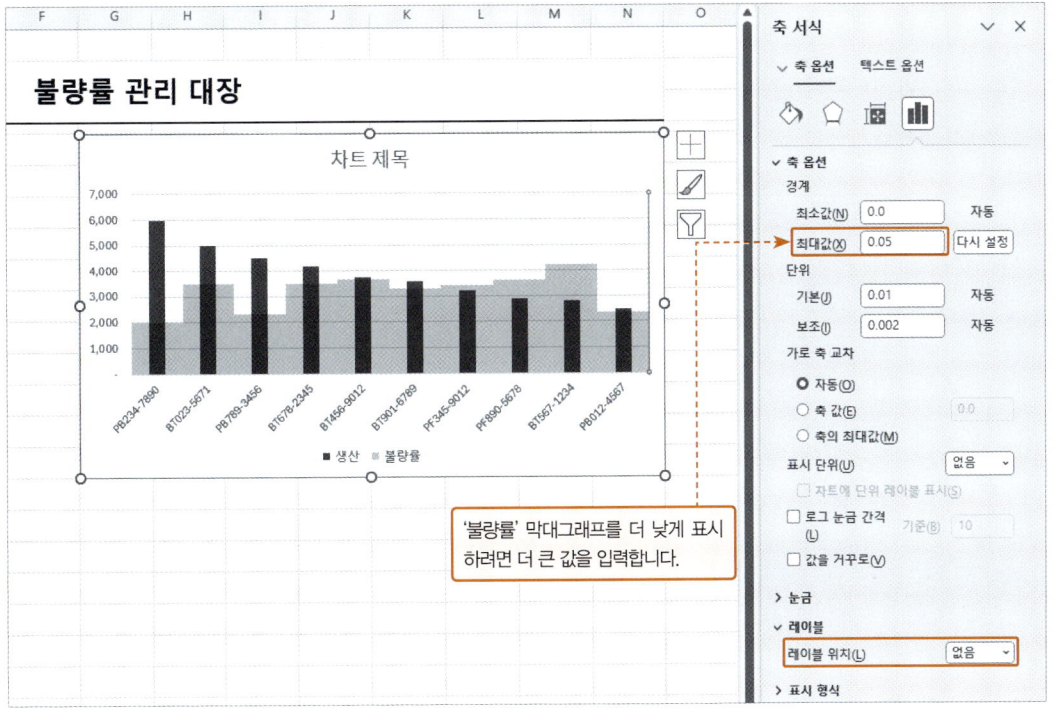

14 '불량률' 그래프에 레이블을 표시하겠습니다. '불량률' 계열을 선택하고 [차트 요소⊞]를 클릭한 다음 [데이터 레이블]에 체크합니다.

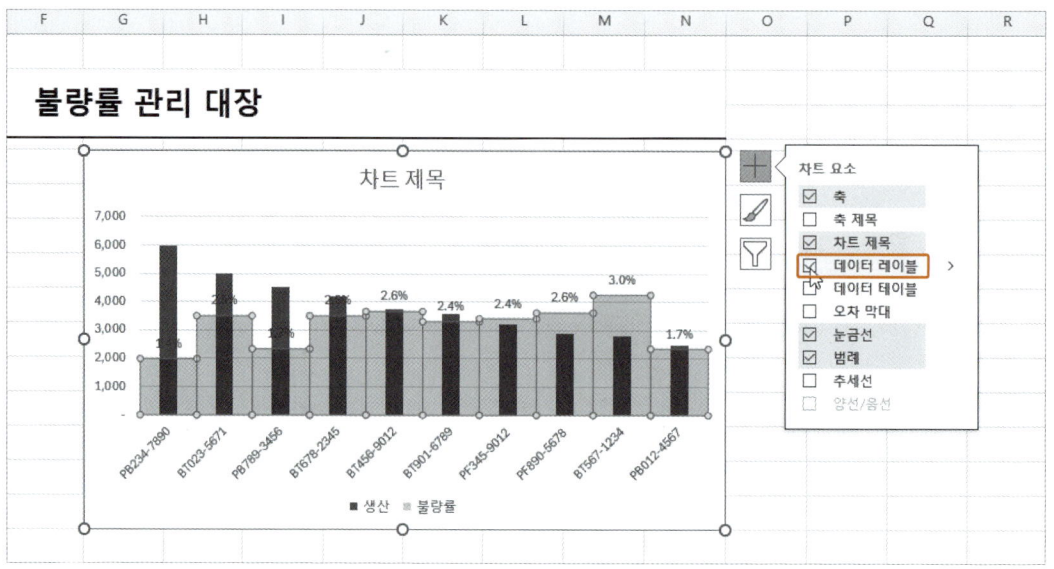

15 '생산' 그래프의 색상이 어두워 '불량률' 그래프의 데이터 레이블이 제대로 표시되지 않는 것이 있습니다. 색상을 밝게 변경하겠습니다. '생산' 그래프를 선택한 다음, 리본 메뉴의 [서식] 탭–[도형 스타일] 그룹–[도형 채우기]를 클릭하고 밝은 색상 중에서 선택합니다.

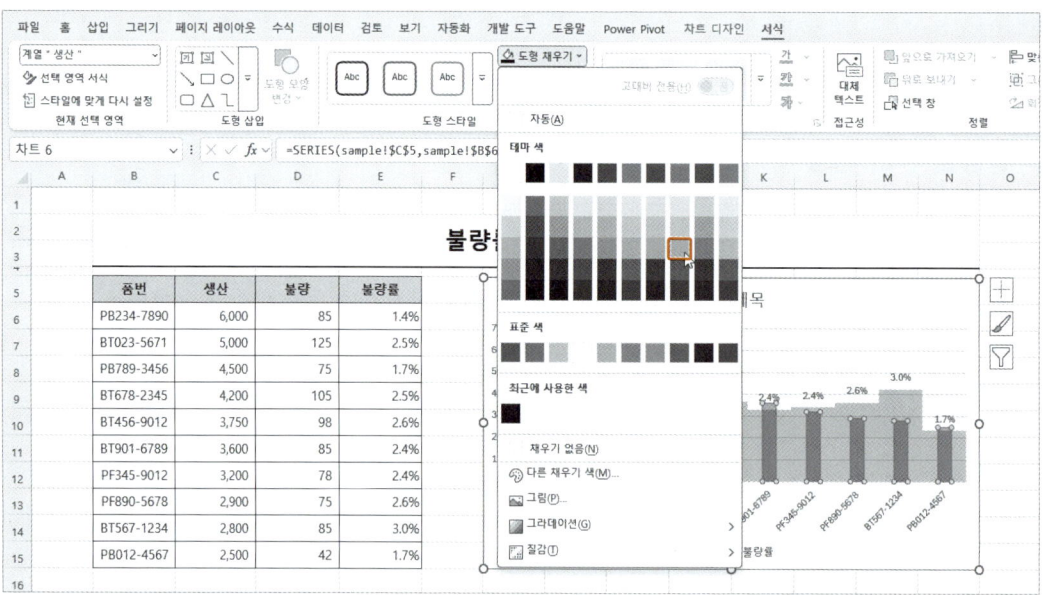

16 눈금선을 표시해 '불량률' 계열의 값이 더 잘 이해되도록 하겠습니다. 차트 영역을 선택하고 [차트 요소]를 클릭한 다음 [눈금선]을 선택합니다. [기본 주 가로]의 체크는 해제하고 [보조 주 가로]와 [보조 주 세로]에 체크합니다.

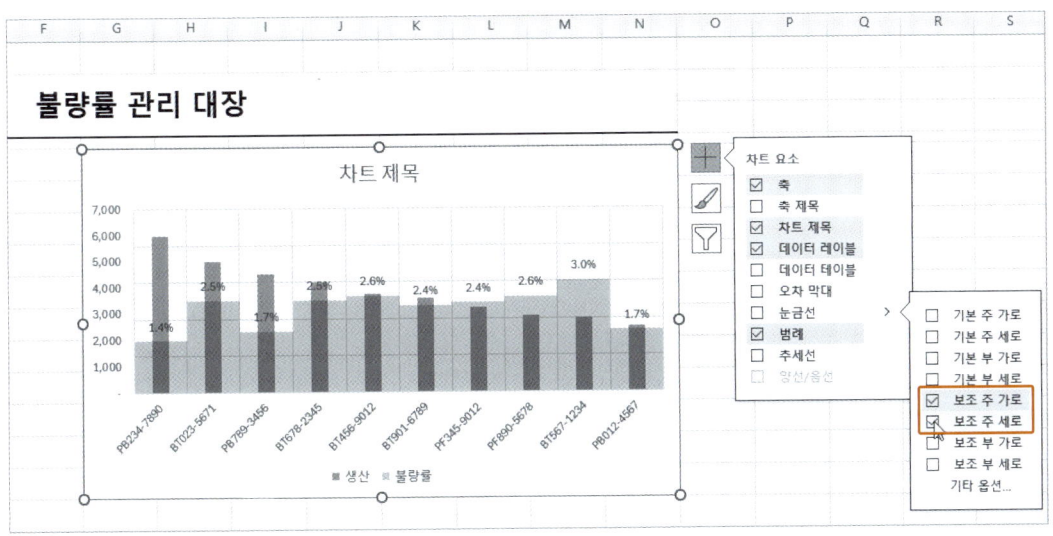

TIP '불량률' 계열이 보조 축에 배치되어 있으므로, 보조 축의 눈금선을 표시하면 한 칸에 1%씩 눈금선이 표시되어 불량률을 정밀하게 비교할 수 있습니다.

17 불량률을 좀 더 잘 이해할 수 있도록 품번의 생산 공정별 데이터를 집계해 차트를 새로 생성하겠습니다. [C18] 셀에 다음 수식을 입력하고 채우기 핸들 을 [C20] 셀까지 드래그해 수식을 복사합니다.

=SUMIF($B$6:$B$15, B18 & "*", $C$6:$C$15)

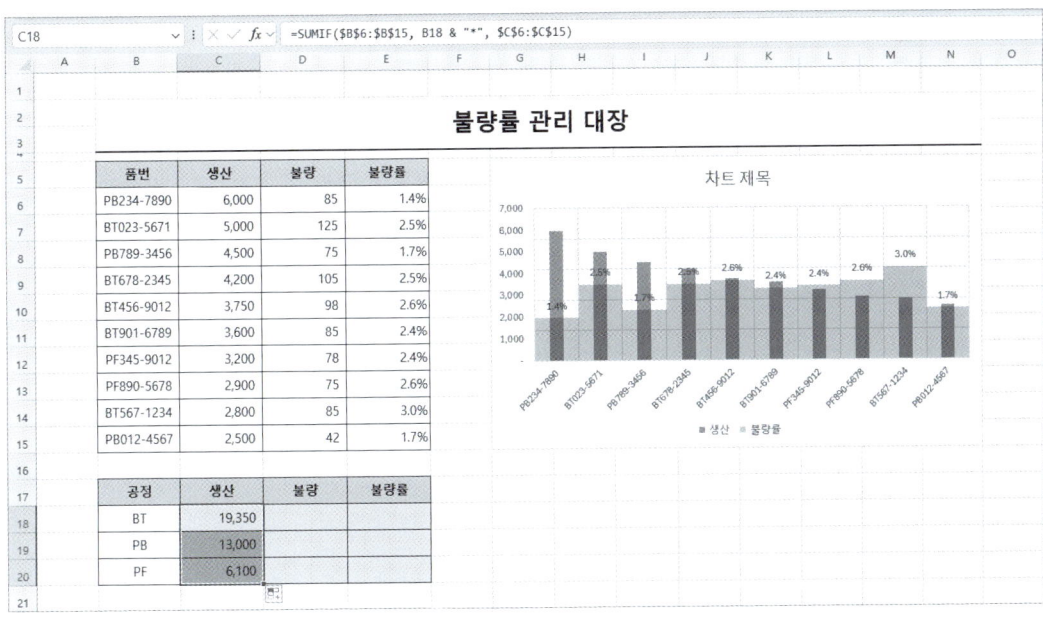

엑셀마스터가 짚어주는 핵심 NOTE

수식 이해하기

SUMIF를 사용하면 조건에 맞는 값을 합산할 수 있습니다. 여기서는 [B6:B15] 범위의 품번 앞의 두 자리(생산 공정 코드)가 일치하는 항목의 생산 데이터([C6:C15] 범위)를 더해 구합니다.

이 수식에서 가장 중요한 부분은 두 번째 인수인 B18 & "*"입니다.

이것은 [B18] 셀의 값에 "*"를 붙이라는 의미로, "*"는 SUMIF 함수 내에서는 와일드카드 문자로 동작하므로 [B18] 셀의 값(BT)으로 시작하는 모든 품목을 대상으로 합계를 구하라는 의미입니다.

SUMIF 함수는 SUMIFS 함수로도 변경할 수 있으며, 이 경우 세 번째 인수를 첫 번째 인수로 옮기면 됩니다.

=SUMIFS($C$6:$C$15, $B$6:$B$15, B18 & "*")

---

18 불량 개수의 합계도 **17** 과정과 동일한 방법으로 구합니다. [D18] 셀에 다음 수식을 입력하고 채우기 핸들을 [D20] 셀까지 드래그해 수식을 복사합니다.

=SUMIF($B$6:$B$15, B18 & "*", $D$6:$D$15)

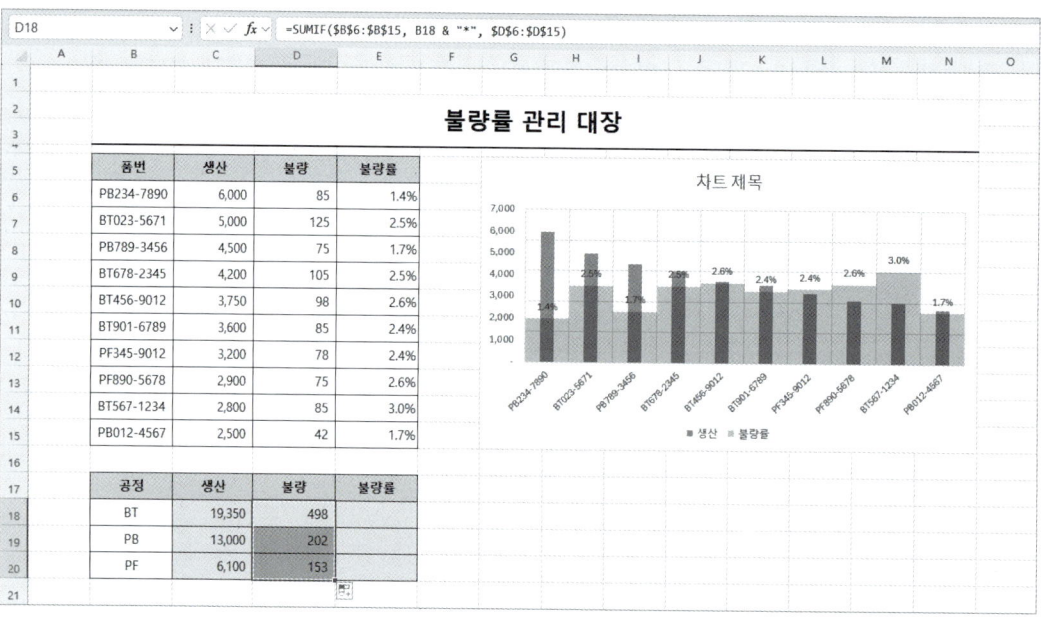

19 불량률을 구하기 위해 [E18] 셀에 다음 수식을 입력하고 채우기 핸들을 [E20] 셀까지 드래그해 수식을 복사합니다.

=D18/C18

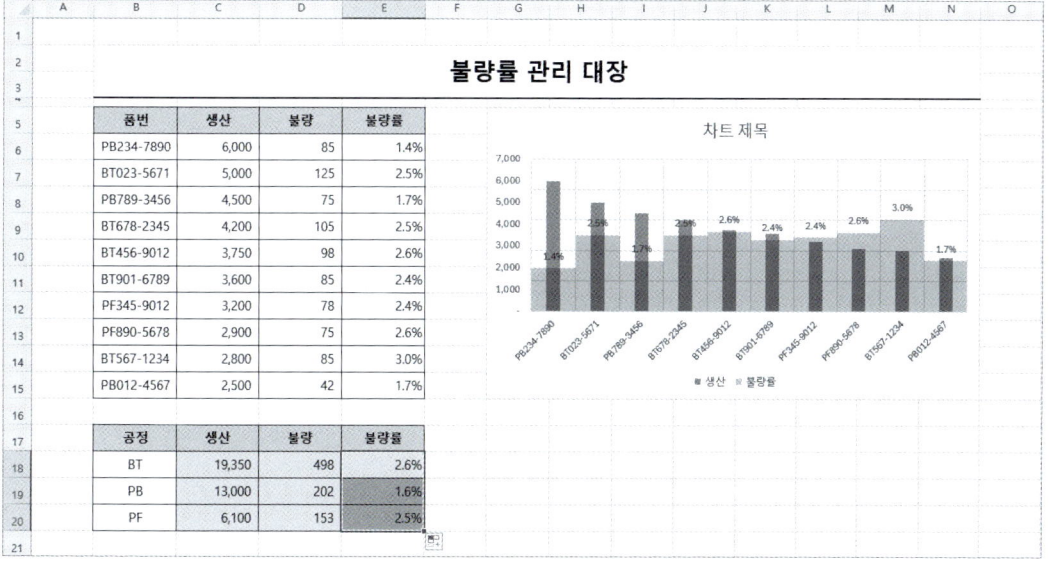

20 이제 생산 공정별 불량률을 표시하는 차트를 생성하겠습니다. 앞에서 진행한 서식 설정 과정을 반복하지 않도록 차트 서식을 생성해 좀 더 쉽게 완성해보겠습니다. 차트에서 마우스 오른쪽 버튼을 클릭한 다음 [서식 파일로 저장]을 선택합니다.

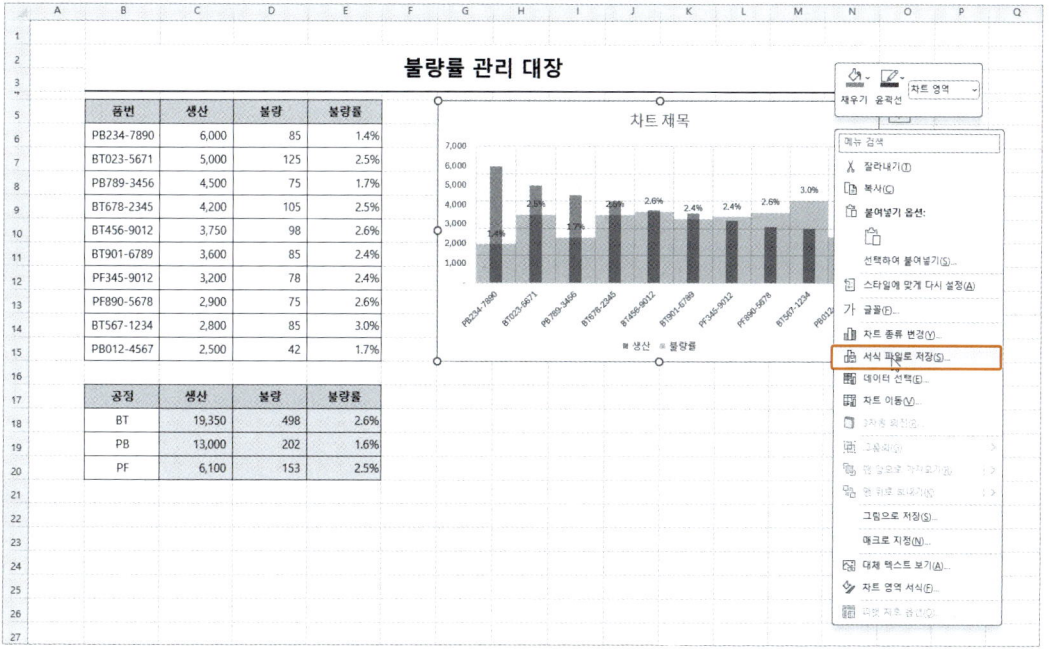

CHAPTER 04 보고서에 필요한 데이터 시각화② : 차트 · **173**

21 [차트 서식 파일 저장] 대화상자가 표시되면 경로는 그대로 두고, 파일 이름을 원하는 이름으로 입력하고 [저장]을 클릭합니다.

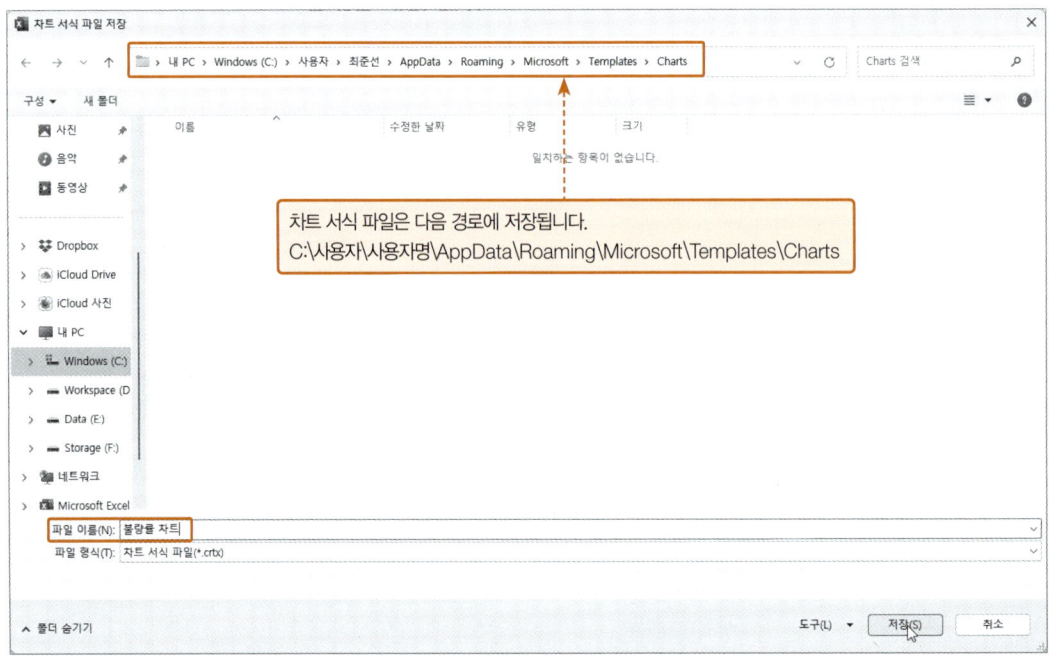

차트 서식 파일은 다음 경로에 저장됩니다.
C:\사용자\사용자명\AppData\Roaming\Microsoft\Templates\Charts

22 이제 차트를 생성합니다. [B17:C20] 범위를 지정하고, Ctrl 을 누른 상태에서 [E17:E20] 범위를 지정합니다. 그런 다음 리본 메뉴의 [삽입] 탭-[차트] 그룹-[추천 차트]를 클릭합니다.

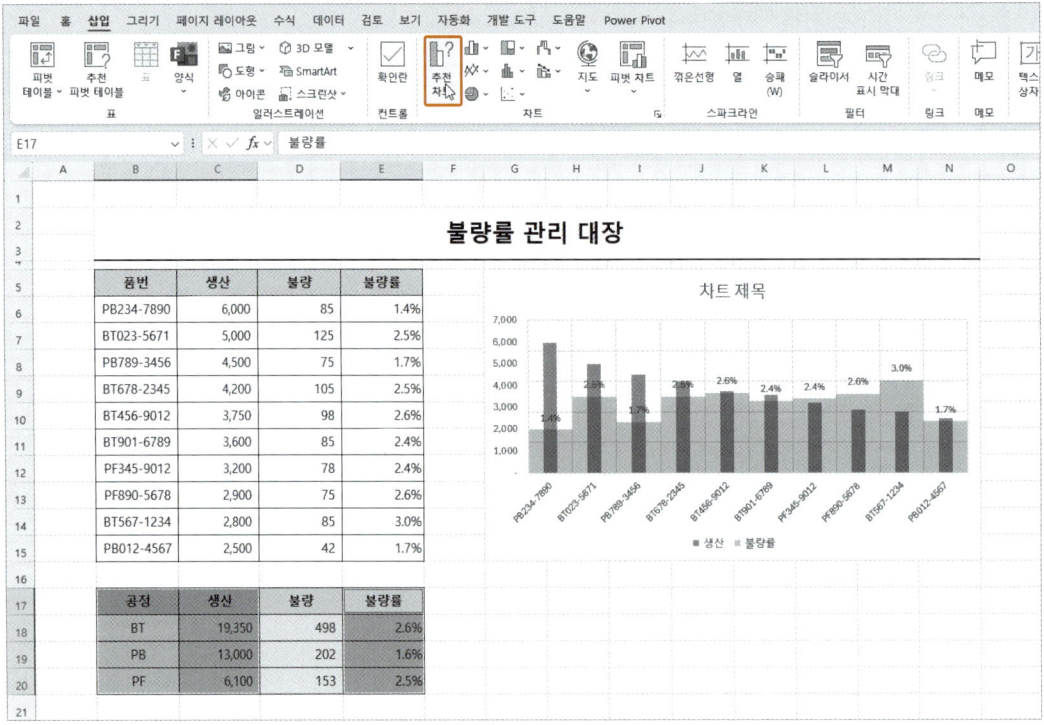

23 [차트 삽입] 대화상자가 표시되면 [모든 차트] 탭을 클릭한 다음 [서식 파일]을 선택합니다. **21**과정에서 저장한 차트를 선택하고 [확인]을 클릭합니다.

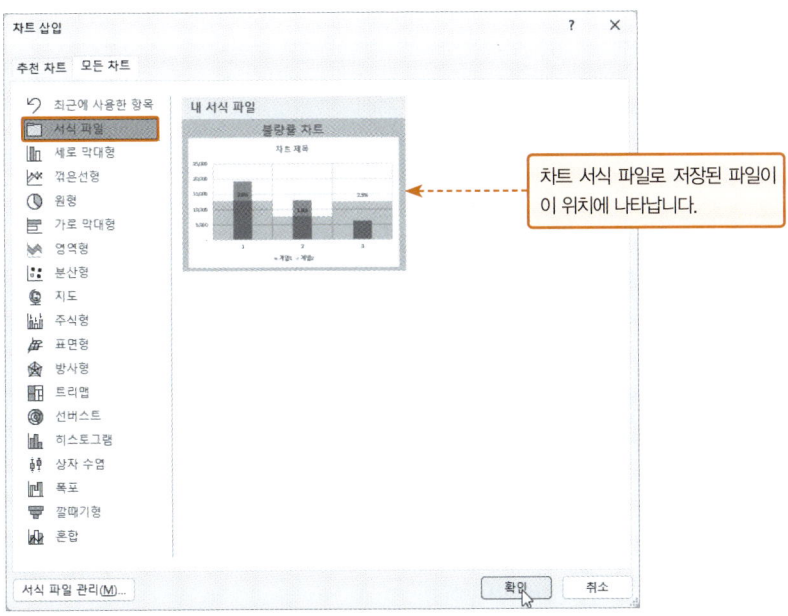

차트 서식 파일로 저장된 파일이 이 위치에 나타납니다.

TIP 자주 사용하는 차트는 이렇게 차트 서식 파일로 저장해 활용하면 편리합니다.

24 다음과 같이 동일한 서식이 적용된 차트를 손쉽게 완성할 수 있습니다.

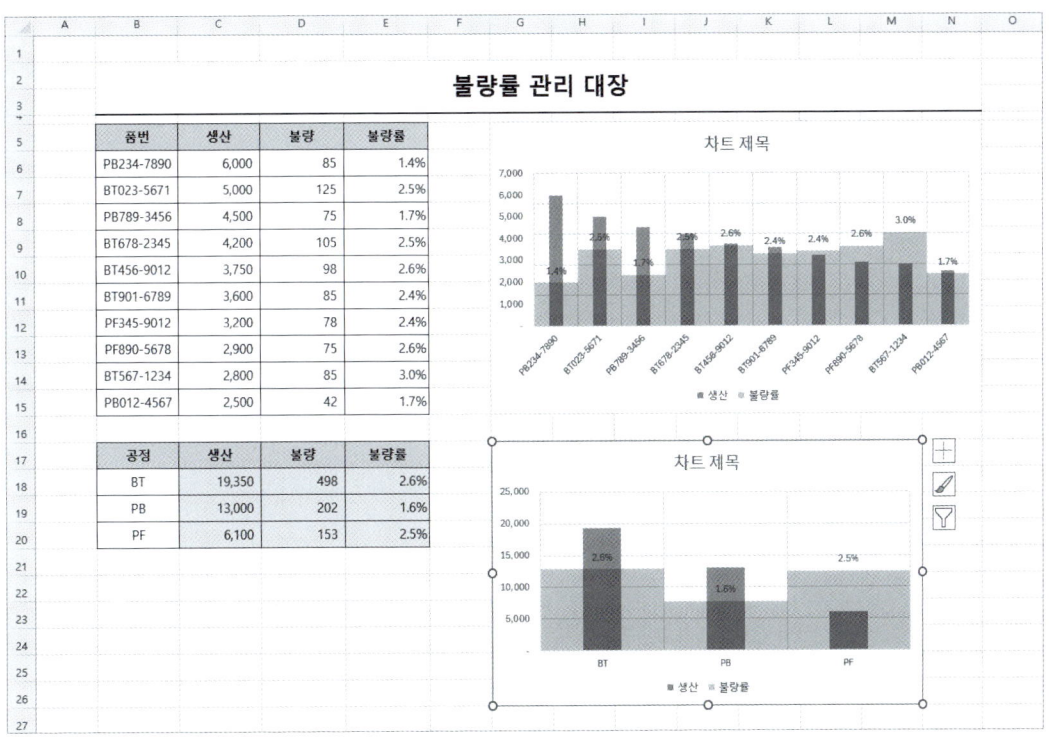

CHAPTER 04 보고서에 필요한 데이터 시각화② : 차트 **175**

축 레이블과 데이터 레이블

양수와 음수가 함께 있는 막대그래프는 X축 레이블과 겹쳐 다음 차트와 같이 가독성이 떨어지는 문제가 있습니다.

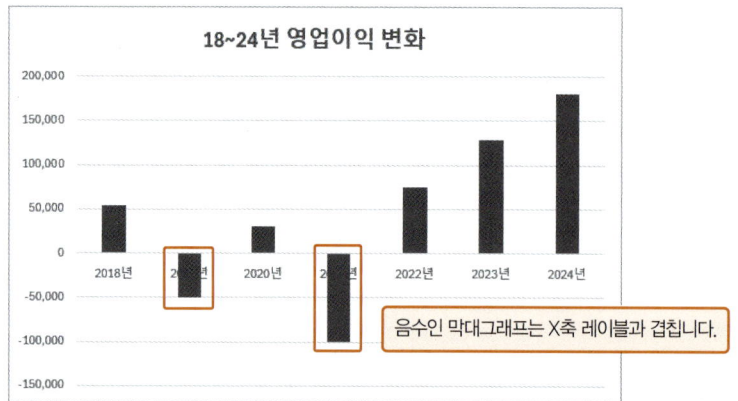

X축 레이블을 0선을 기준으로 위아래에 교차해 표시하고, 양수와 음수의 막대그래프 색상을 구분하면 다음과 같이 좀 더 시각적으로 좋은 정보를 제공할 수 있습니다.

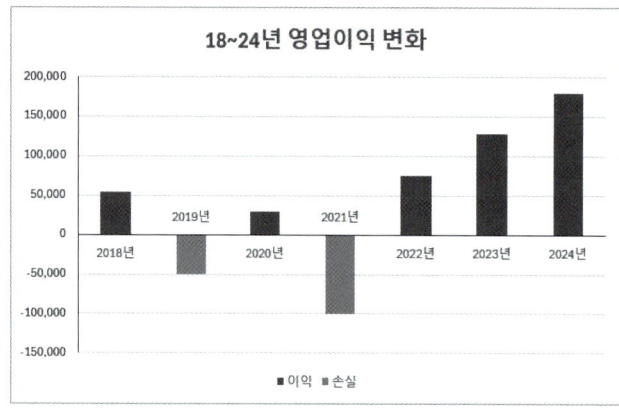

0선을 기준으로 X축 레이블을 교차해 나타내는 방법은 다음 예제를 통해 확인합니다.

X축 레이블 교차 편집하기

예제 파일 CHAPTER 04 \ X축 레이블 교차.xlsx

01 예제 파일에는 연도별 영업이익이 정리된 표와 세로 막대형 차트가 있습니다. X축 레이블이 막대그래프와 겹치지 않도록 반대편으로 옮기고, 양수와 음수 막대에 서로 다른 색을 적용하겠습니다.

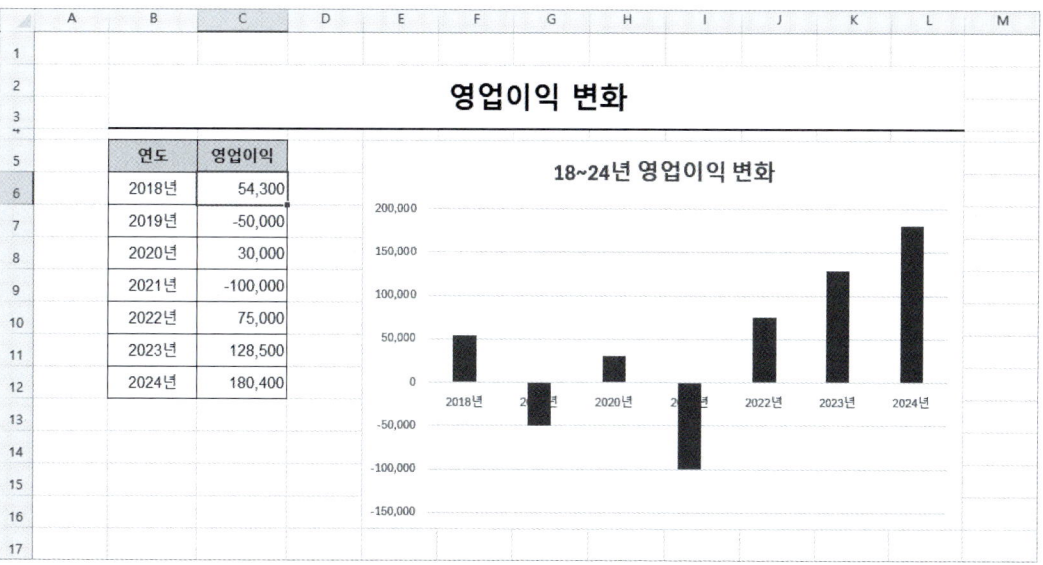

02 차트를 변경하려면 표 데이터 구성을 변경해야 합니다. 표 오른쪽에 세 개의 열을 추가하겠습니다. D열 머리글에서 마우스 오른쪽 버튼을 클릭하고 [삽입]을 선택한 다음, 이어서 F4 를 두 번 눌러 같은 작업을 반복합니다. 추가한 열의 [D5:F5] 범위에 **이익**, **손실**, **X축레이블**을 각각 입력합니다.

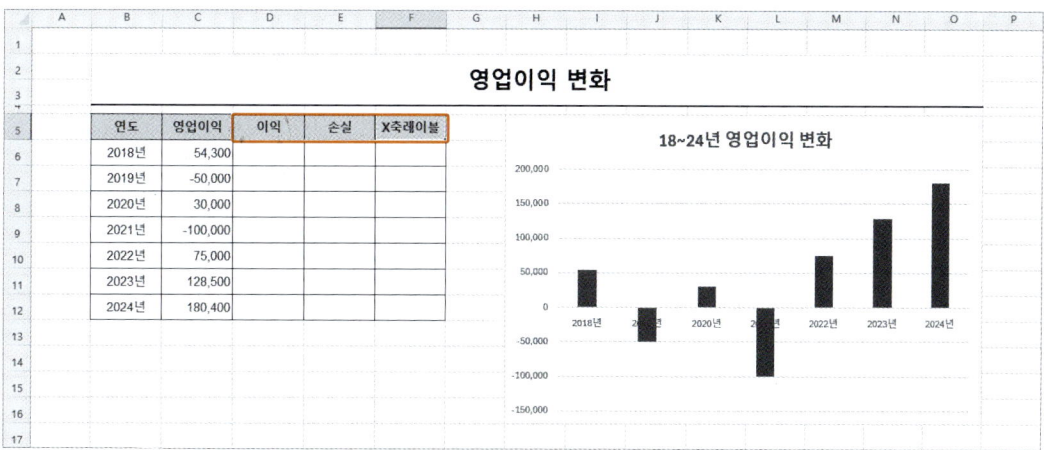

엑셀마스터가 짚어주는 핵심 NOTE

추가한 열은 어떤 용도로 사용할까?

[영역이익] 열처럼 하나의 열에 모든 데이터가 있으면 양수와 음수의 막대그래프 색상을 구분할 수 없습니다. 따라서, [이익] 열과 [손실] 열을 서로 다른 계열로 분리해 별도로 구성한 것입니다.

그리고 막대그래프를 피해 X축 레이블은 표시할 수 있는 옵션이 제공되지 않으므로, 축 레이블을 데이터 레이블로 변경하기 위해 X축 레이블을 표시할 전용 열을 하나 추가한 것입니다.

03 먼저 [이익] 열의 값을 계산합니다. [D6] 셀에 다음 수식을 입력하고 채우기 핸들을 [D12] 셀까지 드래그해 수식을 복사합니다.

=IF(C6>0, C6, 0)

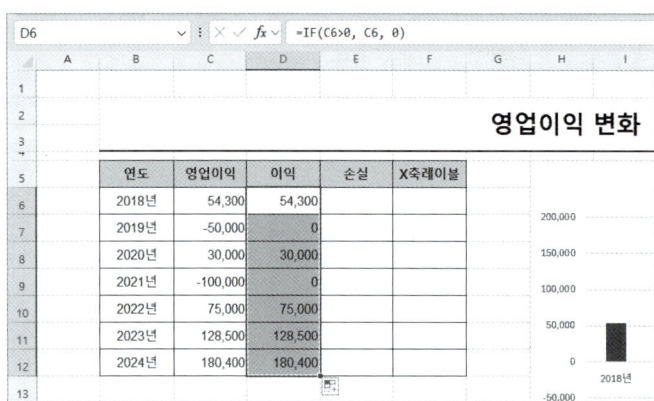

04 이어서 [손실] 열의 값을 계산합니다. [E6] 셀에 다음 수식을 입력하고 채우기 핸들을 [E12] 셀까지 드래그해 수식을 복사합니다.

=IF(C6<0, C6, 0)

05 X축 레이블은 막대그래프의 반대쪽에 표시되어야 합니다. [X축레이블] 열의 값을 다음과 같이 계산합니다. [F6] 셀에 다음 수식을 입력하고 채우기 핸들을 [F12] 셀까지 드래그해 수식을 복사합니다.

=IF(C6>0, −50000, 50000)

엑셀마스터가 짚어주는 핵심 NOTE

왜 IF 함수에서 −50000이나 50000을 반환하도록 할까?

사실 이번 열은 X축 레이블을 대체하기 위한 것이므로 어떤 값을 반환하도록 해도 무관합니다. 다만, 설정을 위해 쉽게 선택할 수 있도록 기존 차트의 Y축 단위에서 첫 번째 눈금선 단위인 ±50000 값을 반환하도록 한 것입니다.

---

06 차트 영역을 선택한 다음 [C12] 셀의 오른쪽 크기 조정 핸들을 [F12] 셀까지 드래그해 차트의 원본 범위를 조정합니다.

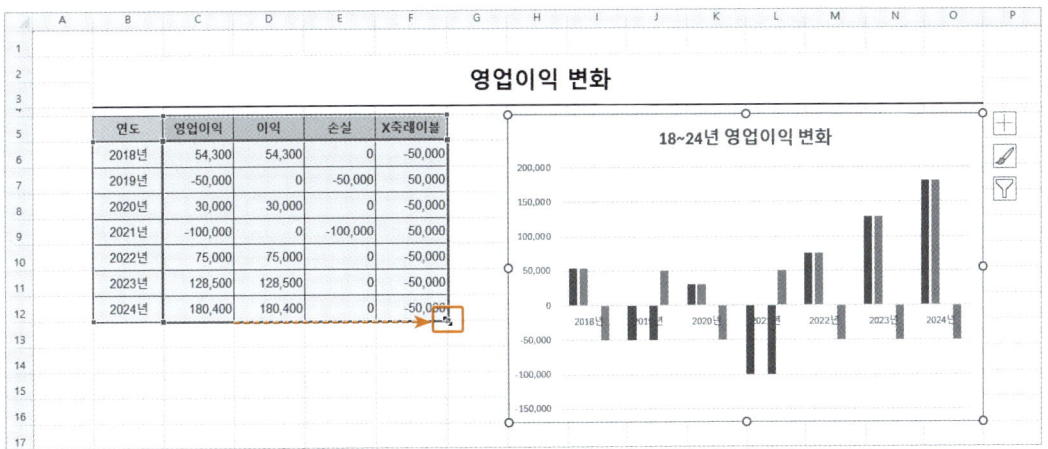

CHAPTER 04 보고서에 필요한 데이터 시각화② : 차트

07 [C12] 셀의 왼쪽 크기 조정 핸들을 [D12] 셀까지 드래그해 [영업이익] 열을 차트에서 제외합니다.

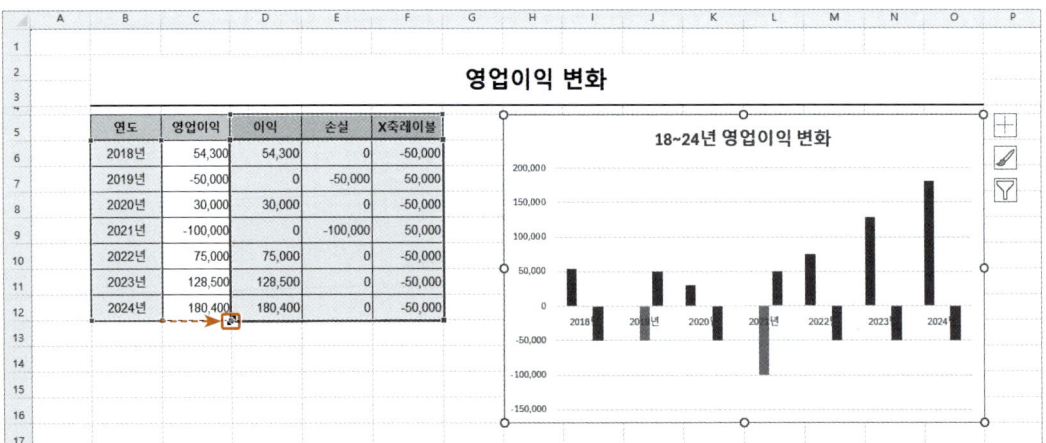

08 원래 있던 X축 레이블을 제거하기 위해 X축을 더블클릭해 [축 서식] 작업 창을 표시합니다.

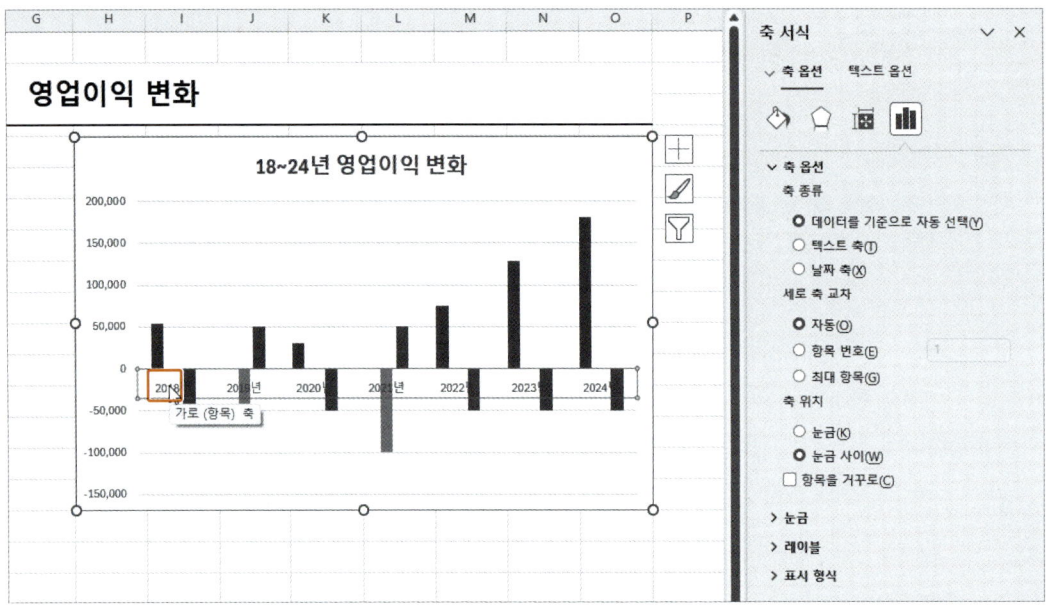

09 [축 서식] 작업 창에서 [레이블] 옵션을 확장하고 [레이블 위치]를 [없음]으로 변경합니다.

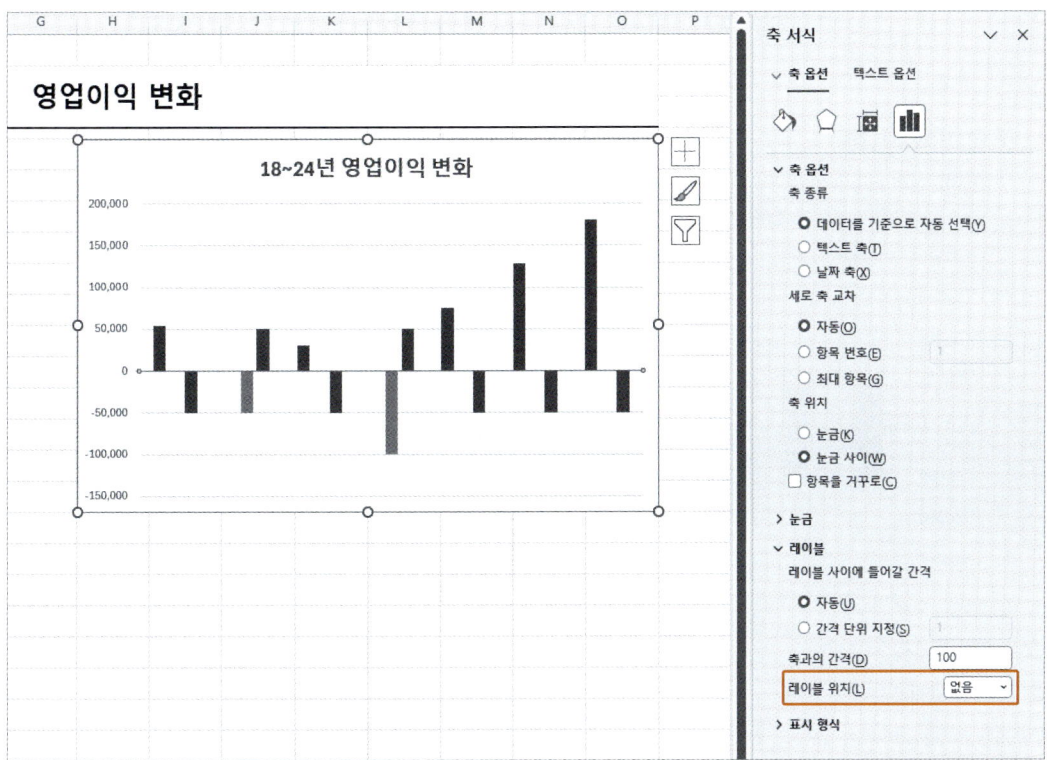

10 세 개의 계열을 하나의 막대그래프로 보이게 하겠습니다. 막대그래프를 선택하면 [축 서식] 작업 창이 [데이터 계열 서식] 작업 창으로 변경됩니다. [계열 겹치기]를 **100%**로 변경합니다.

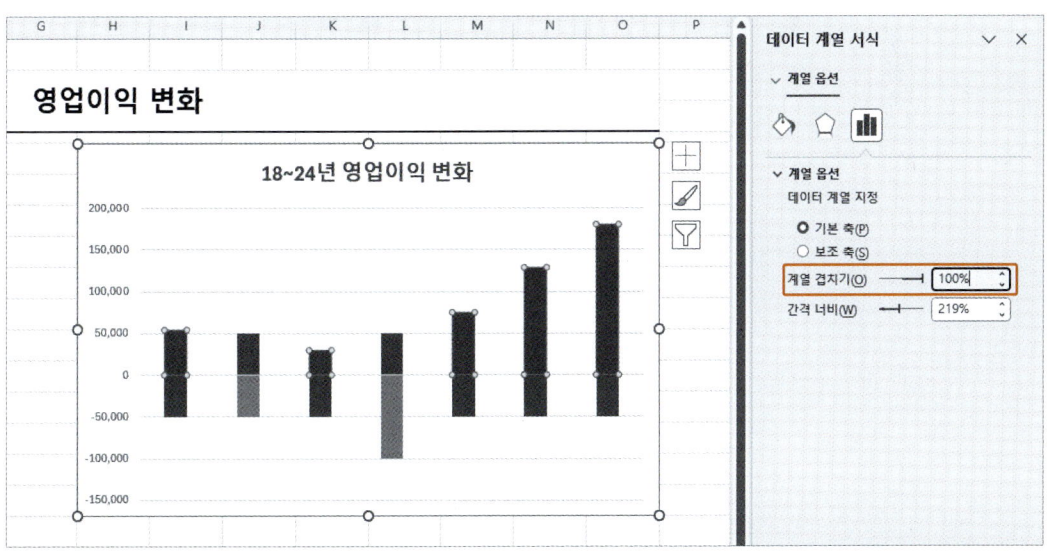

TIP [이익], [손실], [X축레이블] 열은 [영업이익] 열의 데이터를 보기 좋게 구성하기 위해 세 개로 구분한 것이므로, 이를 하나의 막대그래프로 보이도록 계열을 겹칩니다.

CHAPTER 04 보고서에 필요한 데이터 시각화② : 차트 **181**

11 이제 X축 레이블을 표시하겠습니다. [X축레이블] 막대그래프를 선택하고 [차트 요소 ⊞]를 클릭한 다음 [데이터 레이블]에 체크합니다.

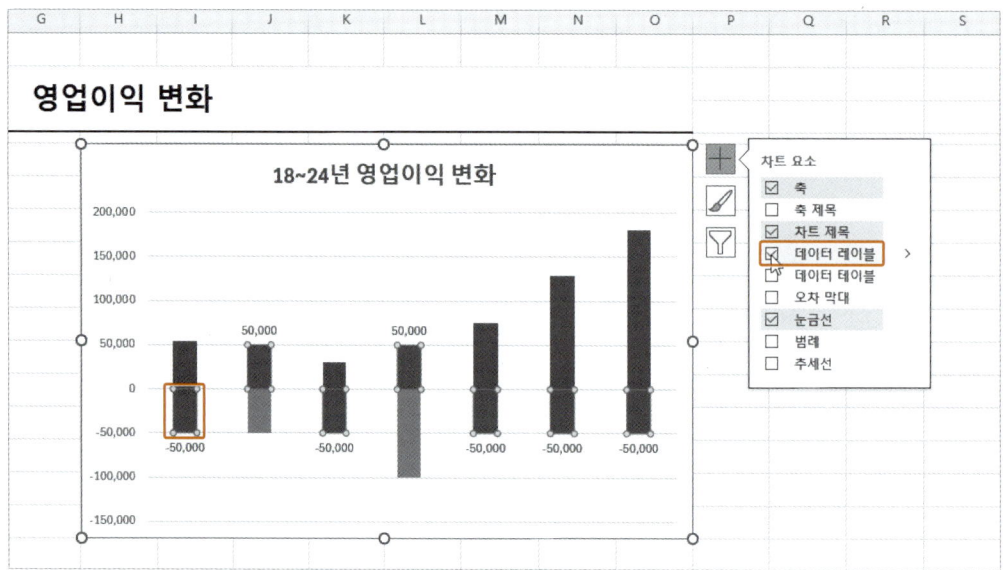

12 [X축레이블] 막대그래프는 표시되지 않아야 하므로 막대그래프가 선택된 상태에서 리본 메뉴의 [서식] 탭–[도형 스타일] 그룹–[도형 채우기]를 클릭하고 [채우기 없음]을 선택합니다.

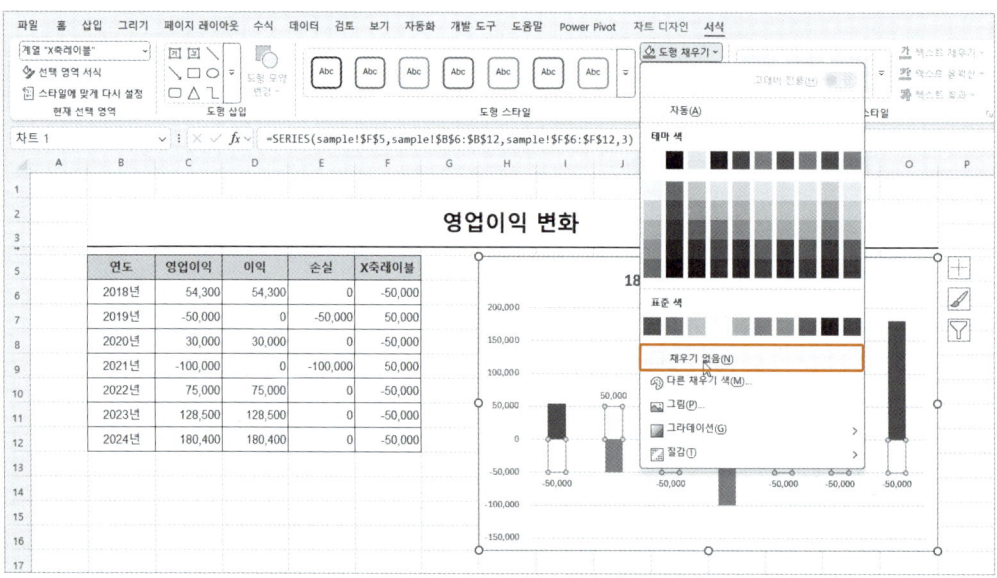

13 데이터 레이블의 값과 위치를 조정하겠습니다. [X축레이블]의 데이터 레이블을 더블클릭하여 [데이터 레이블 서식] 작업 창을 연 다음, [항목 이름]에 체크하고 [값]의 체크는 해제합니다.

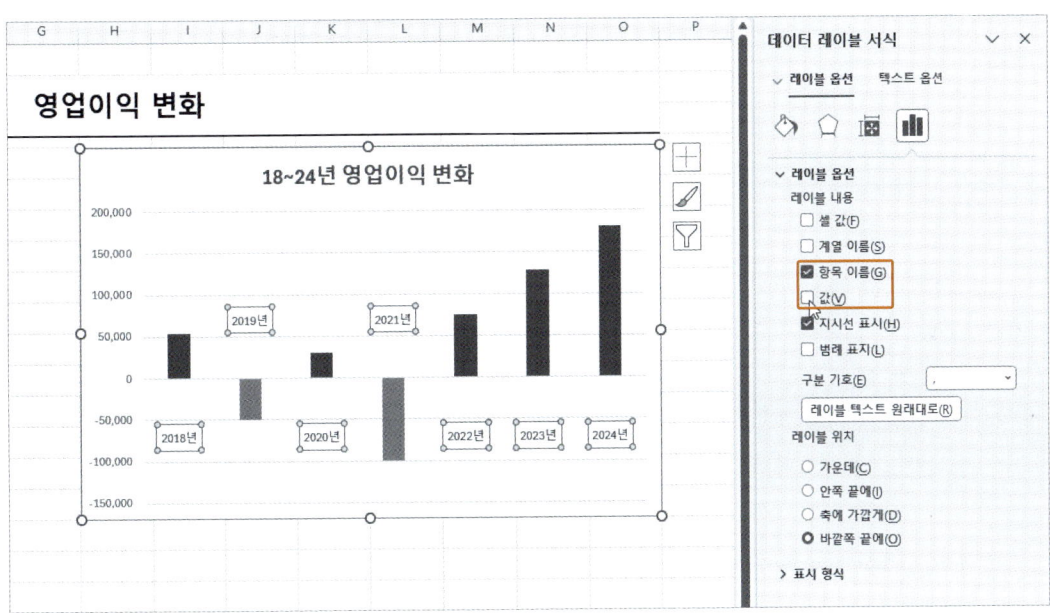

14 [레이블 위치] 옵션을 [축에 가깝게]로 변경합니다. [X축레이블]의 데이터 레이블이 축 레이블을 대체할 수 있는 위치에 자리잡게 됩니다.

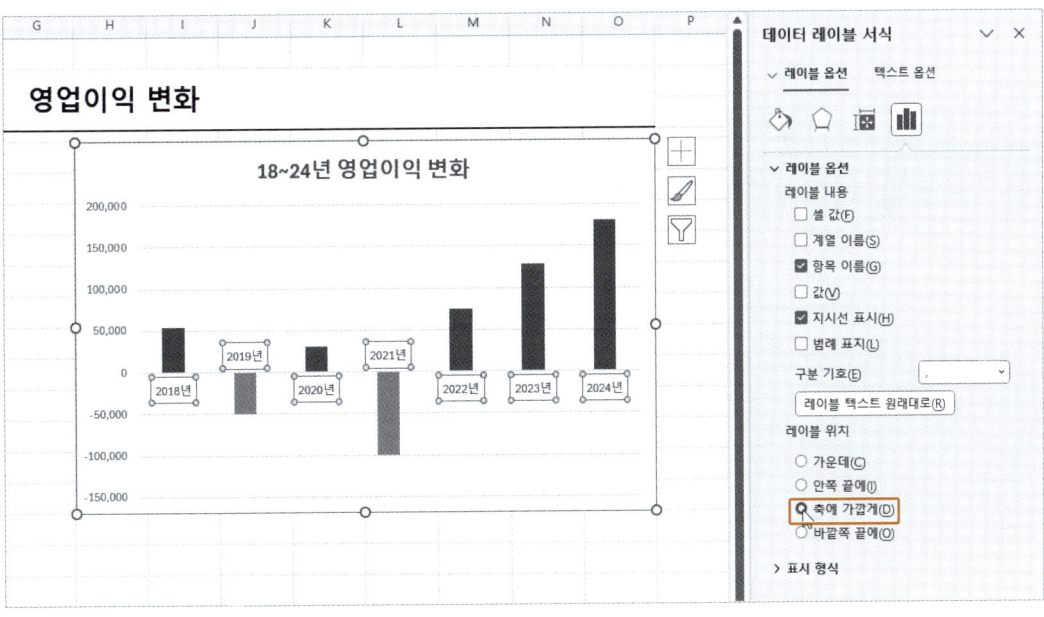

15 이제 X축을 더 선명하게 표시하겠습니다. X축을 선택한 다음, 리본 메뉴의 [서식] 탭-[도형 스타일] 그룹의 [빠른 스타일]에서 [미세 선-어둡게 1]을 선택합니다.

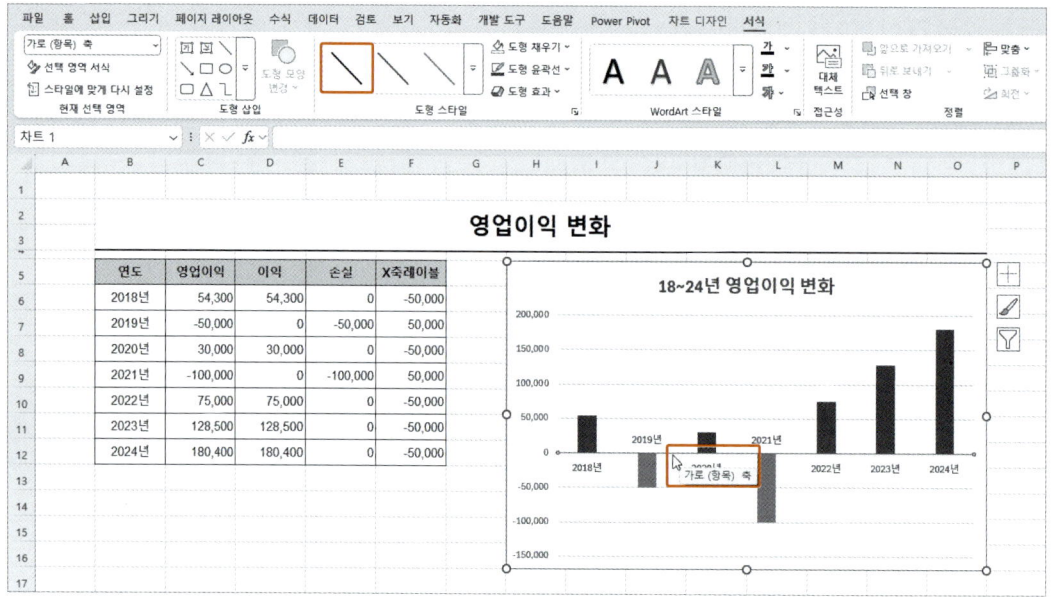

16 X축이 보다 선명하여, 교차로 위치해 있는 X축 레이블이 더욱 뚜렷하게 구분되는 효과를 주고 있습니다.

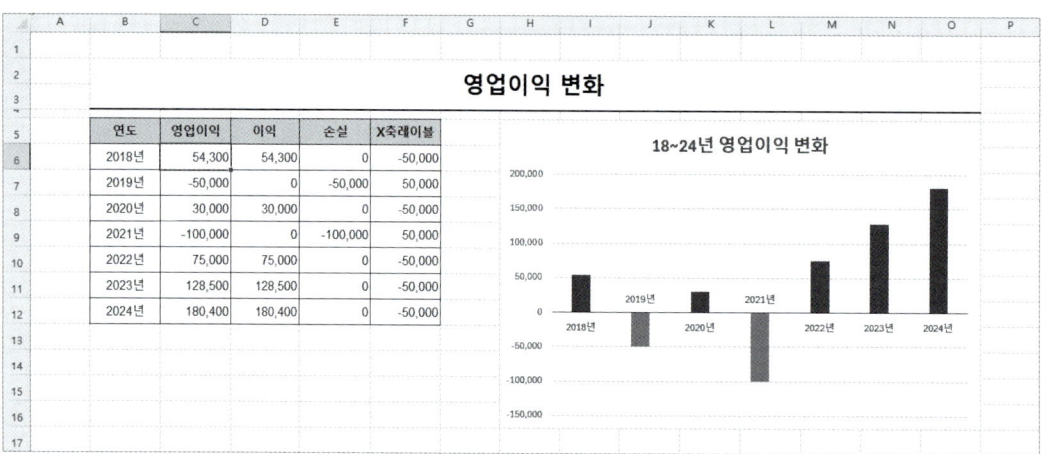

가로 막대형 차트

가로 막대 차트는 두 데이터 간의 항목을 비교하는 데 굉장히 효과적이지만, 엑셀의 가로 막대형 차트는 모든 막대그래프가 다음과 같이 한쪽 방향으로만 표시되는 아쉬움이 있습니다.

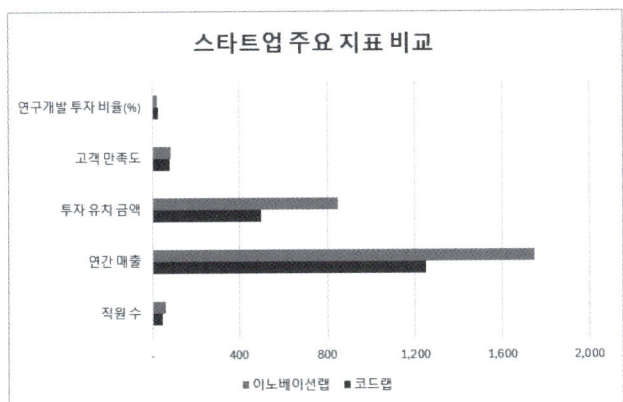

그래서 다음과 같은 세로 막대형 차트를 훨씬 더 많이 사용하는 것입니다.

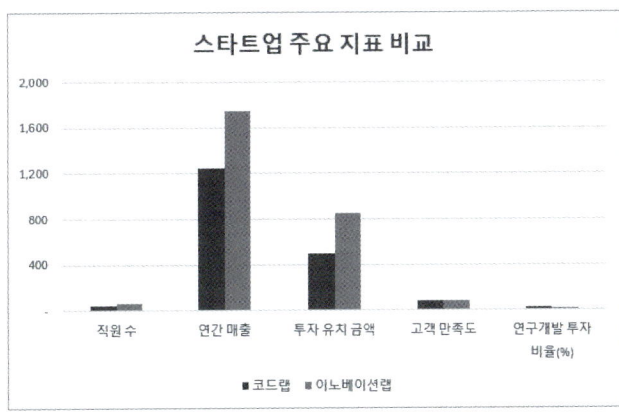

하지만, 엑셀에서도 다음과 같이 가로 막대형 차트를 양쪽 방향으로 구현할 수 있습니다.

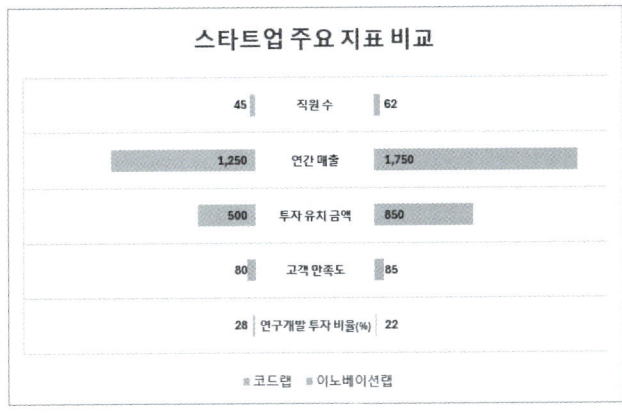

물론 약간의 추가 작업을 해야 하지만, 차트는 손을 대는 만큼 시각적으로 더 많은 정보를 효율적으로 전달할 수 있습니다. 이런 차트를 구현하고 싶다면 다음 사례를 참고하세요!

시각적으로 우수한 가로 막대 차트 만들기

예제 파일 CHAPTER 04 \ 가로 막대형 차트.xlsx

01 예제 파일에는 두 스타트업 회사의 주요 지표를 비교한 가로 막대 차트가 만들어져 있습니다. 차트 구성을 변경해 가독성이 높은 가로 막대형 차트로 변환해보겠습니다.

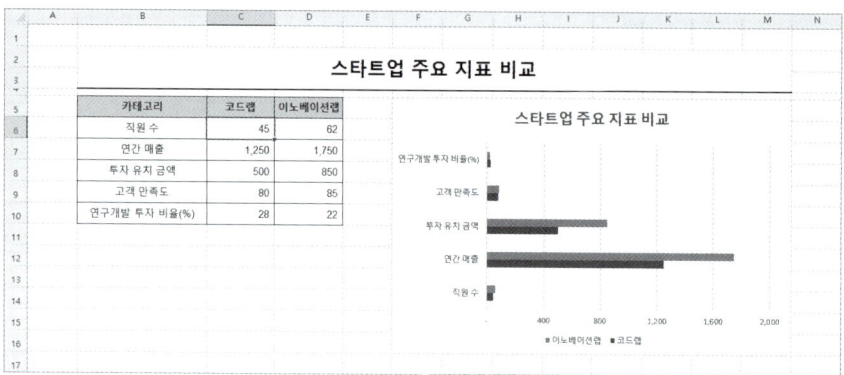

02 차트에서 제공하는 옵션만으로는 원하는 구성을 할 수가 없으므로 표의 구성을 변경합니다. C열 머리글을 선택하고 리본 메뉴의 [홈] 탭-[셀] 그룹-[삽입 ▦]을 클릭해 열을 하나 추가합니다. 동일한 방법으로 E열을 선택하고 열을 삽입한 다음, G열을 선택해 열을 삽입합니다. 추가한 [C5] 셀, [E5] 셀, [G5] 셀의 제목으로 **왼쪽**, **X축레이블**, **오른쪽**을 각각 입력합니다.

카테고리	왼쪽	코드랩	X축레이블	이노베이션랩	오른쪽
직원 수		45		62	
연간 매출		1,250		1,750	
투자 유치 금액		500		850	
고객 만족도		80		85	
연구개발 투자 비율(%)		28		22	

03 먼저 [왼쪽] 열의 값을 계산하겠습니다. [C6] 셀에 다음 수식을 입력하고 채우기 핸들 ▪을 [C10] 셀까지 드래그해 수식을 복사합니다.

=2000-D6

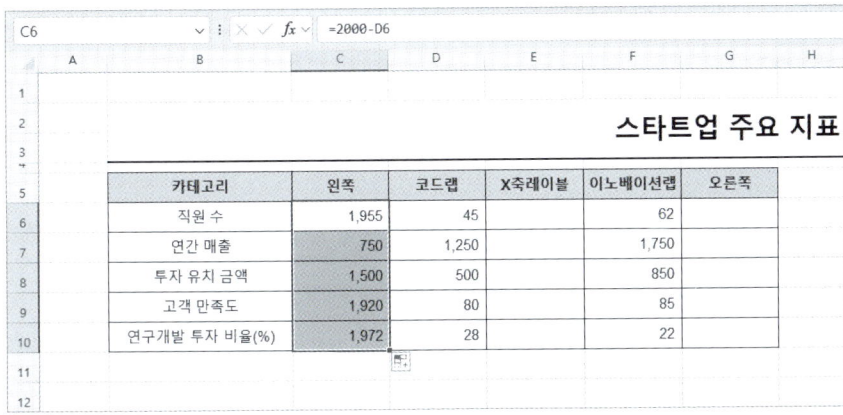

엑셀마스터가 짚어주는 핵심 NOTE

왜 2000에서 D열의 값을 뺄까?

일단, 2000은 고정된 값이 아닙니다. 예제의 D열과 F열의 숫자를 보면 최댓값이 1,750입니다. 이 값이 가장 큰 막대그래프가 될 예정이므로, 2000은 이 숫자가 포함될 눈금선의 값이라고 생각하면 좋습니다.

수식을 계산하면 C열과 D열의 값을 더한 값이 항상 2000이 됩니다. 이렇게 [왼쪽] 열과 [코드랩] 열의 값을 더했을 때 일정한 값이 나오도록 하는 것이 핵심입니다.

04 이번에는 [오른쪽] 열의 값을 계산하겠습니다. [G6] 셀에 다음 수식을 입력하고 채우기 핸들을 [G10] 셀까지 드래그해 수식을 복사합니다.

=2000-F6

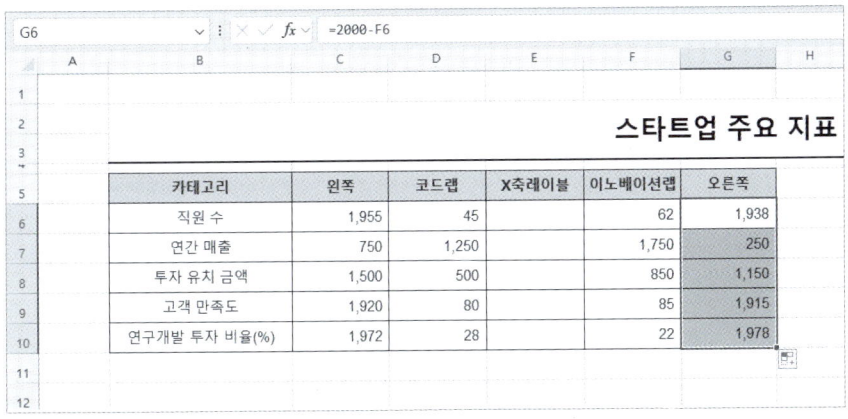

TIP 이렇게 하면 [C:D] 열의 합계와 [F:G] 열의 합계가 모두 같아집니다.

05 [X축레이블] 열에는 2000의 절반에 해당하는 값을 입력합니다. [E6:E10] 범위를 지정하고 **1000**을 입력한 후 Ctrl + Enter 를 누릅니다.

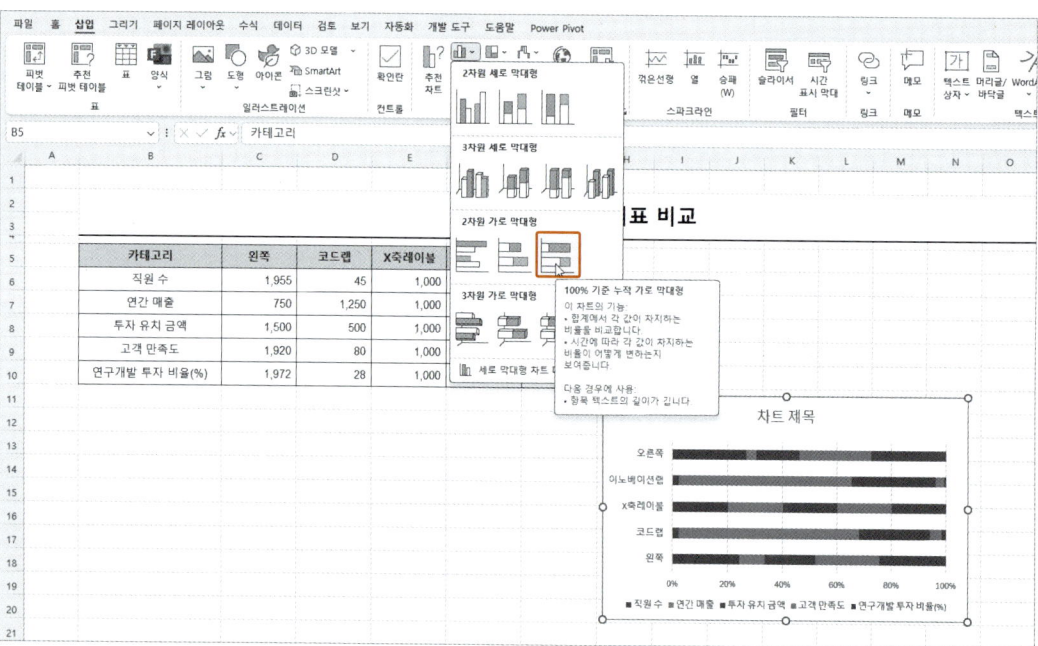

06 표 구성을 마쳤으면 차트를 다시 생성해야 합니다. 기존 차트를 선택하고 Delete 를 눌러 삭제합니다.

07 [B5:G10] 범위를 지정한 다음, 리본 메뉴의 [삽입] 탭–[차트] 그룹–[세로 또는 가로 막대형 차트 삽입]을 클릭합니다. [2차원 가로 막대형]의 [100% 기준 누적 가로 막대형] 차트를 선택합니다.

08 생성된 차트를 [I5:P16] 범위에 맞게 옮깁니다. 차트를 보면 C열, D열, … 이렇게 열 단위가 하나의 계열이 되지 않고, X축에 표시되어 있습니다. X축 항목이 차트의 그래프가 되도록 변경하겠습니다. 차트가 선택된 상태에서 리본 메뉴의 [차트 디자인] 탭-[데이터] 그룹-[행/열 전환]을 클릭합니다.

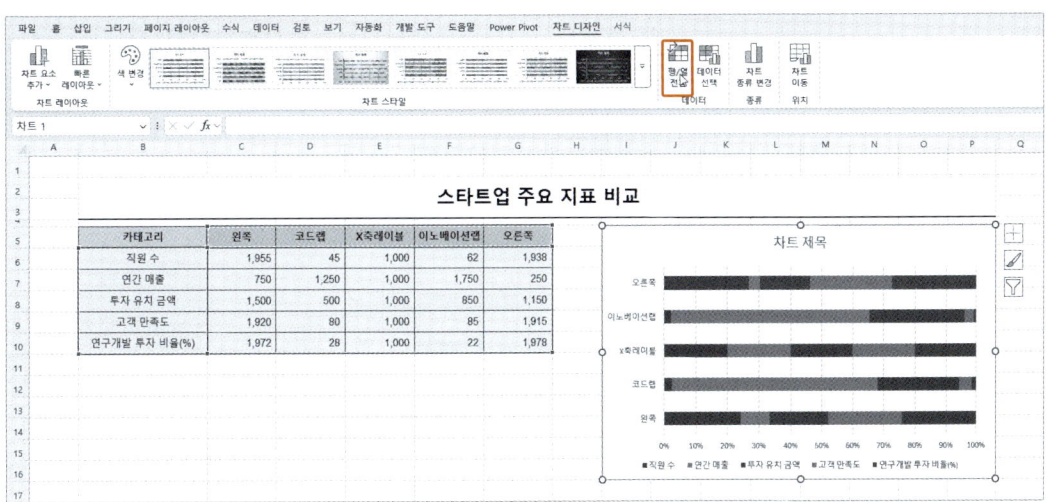

09 가로 막대형 차트의 X축은 표에서 표시되는 항목을 거꾸로 표시하므로, '직원 수'부터 '연구개발 투자 비율(%)' 순으로 표시됩니다. 이를 원래 순서대로 변경하려면 X축 설정을 수정해야 합니다. X축을 더블클릭해 [축 서식] 작업 창을 엽니다.

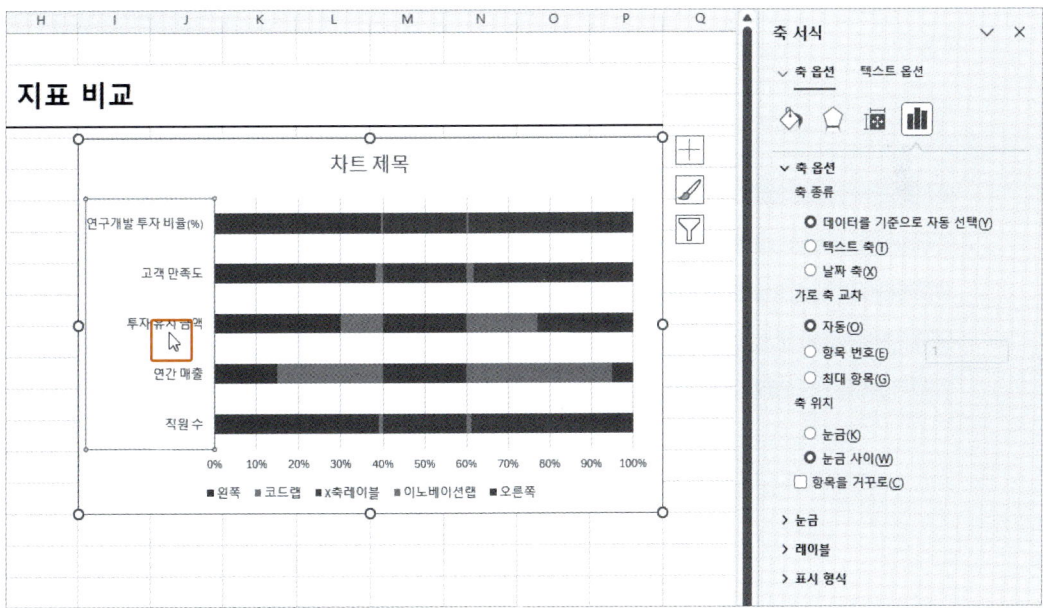

10 [축 옵션]의 [항목을 거꾸로]에 체크하면 X축 레이블이 표 순서에 맞게 표시됩니다.

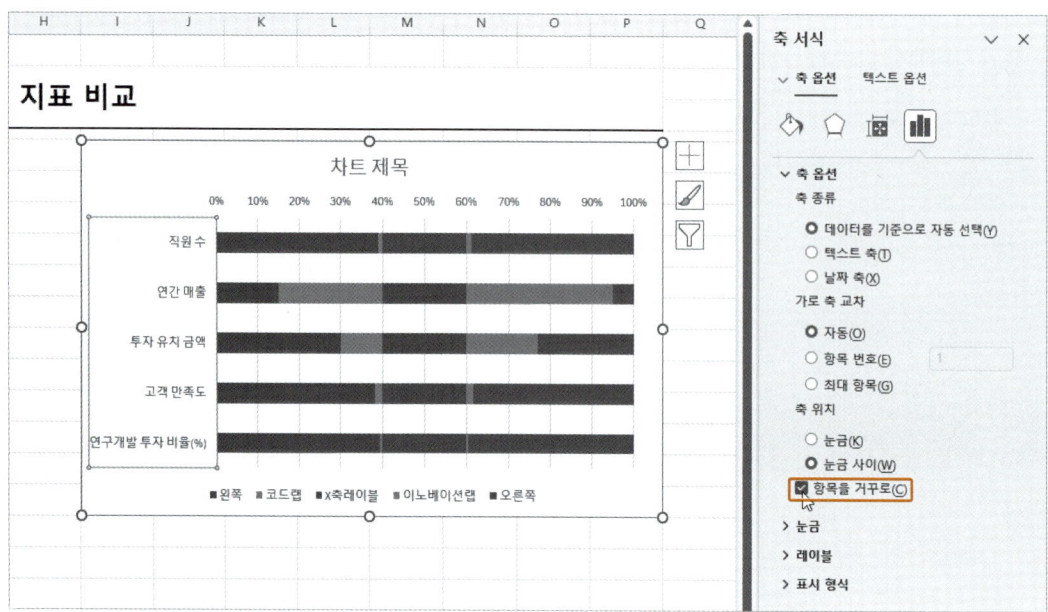

11 X축 레이블은 차트 가운데에 표시할 것이므로 현재의 X축 레이블은 숨기겠습니다. [축 서식] 작업 창에서 [레이블] 옵션을 확장하고, [레이블 위치]를 [없음]으로 변경합니다.

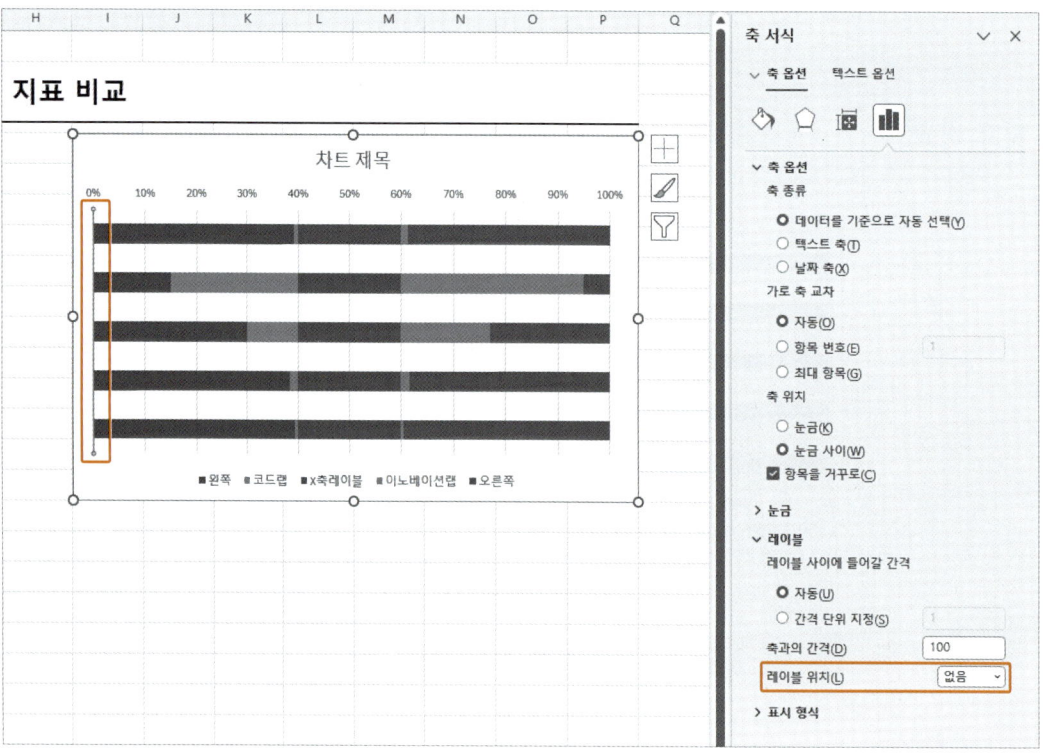

12 Y축의 레이블도 필요하지 않으므로 숨깁니다. 차트 제목 아래에 있는 Y축을 선택한 다음, [축 서식] 작업 창에서 [레이블 위치]를 [없음]으로 변경합니다.

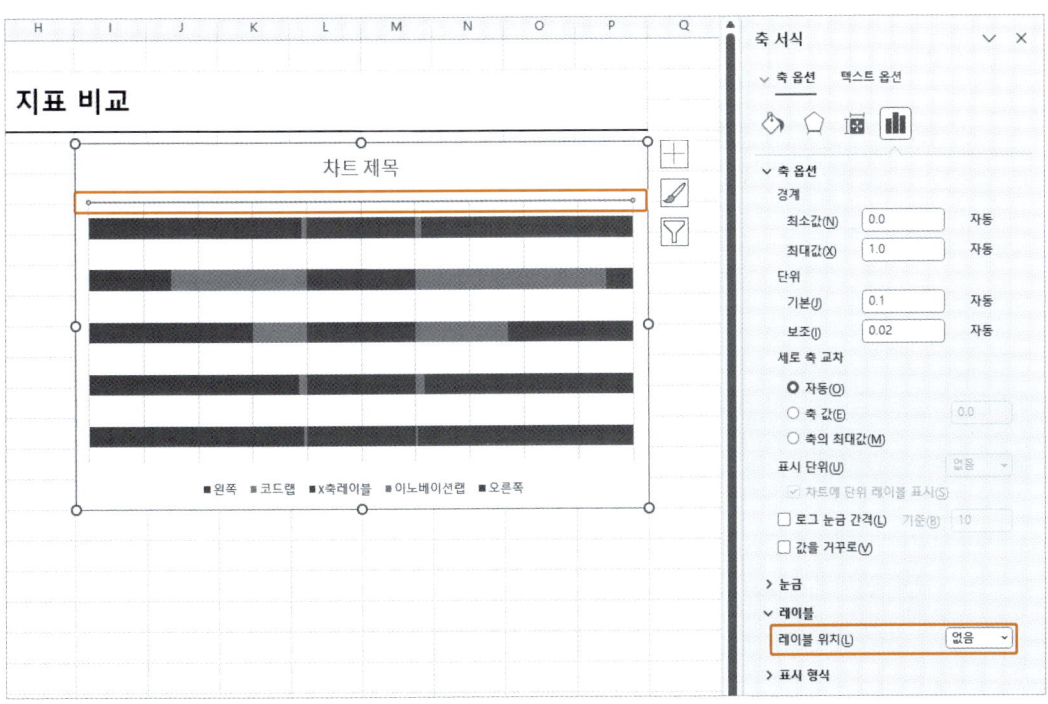

13 막대그래프에서 표시하지 않을 부분의 색을 제거하면 필요한 부분만 남게 됩니다. 차트에서 [왼쪽] 계열을 표시하는 막대그래프를 선택한 다음, 리본 메뉴의 [서식] 탭-[도형 스타일] 그룹-[도형 채우기]를 클릭하고 [채우기 없음]을 선택합니다.

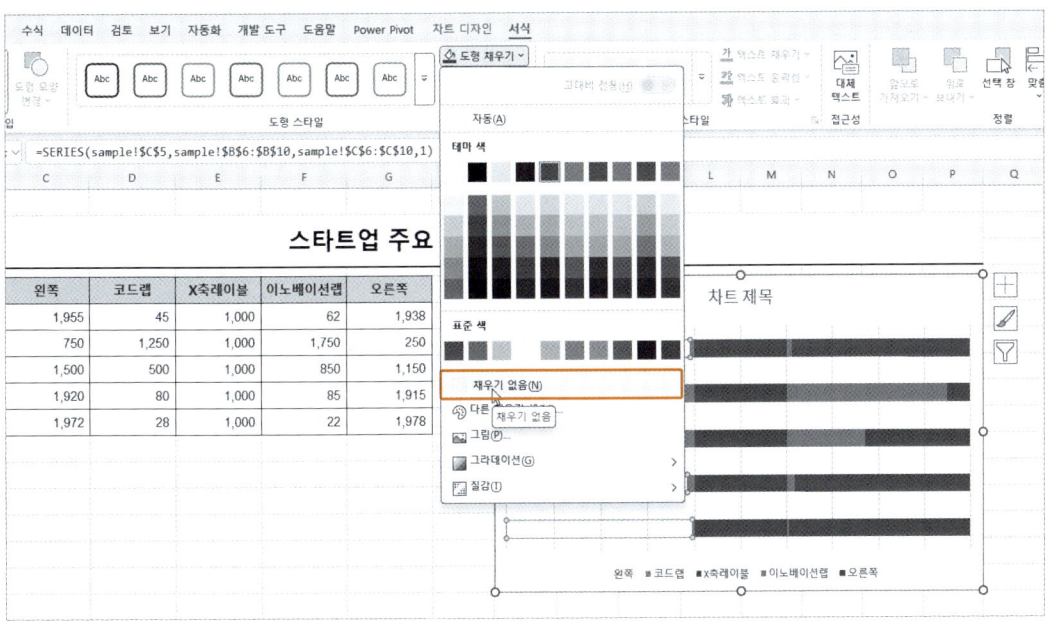

14 같은 방법으로 [오른쪽] 계열과 [X축레이블] 계열을 표시하는 막대그래프의 채우기 색도 각각 제거합니다.

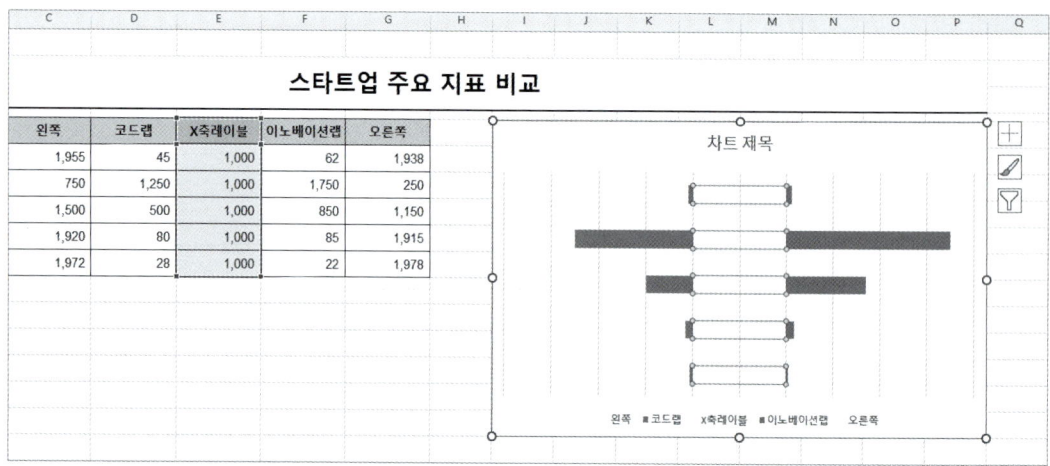

15 차트의 가운데에 X축 레이블을 표시하겠습니다. [X축레이블] 계열의 막대그래프가 선택된 상태에서 [차트 요소 ⊞]를 클릭하고 [데이터 레이블]에 체크합니다.

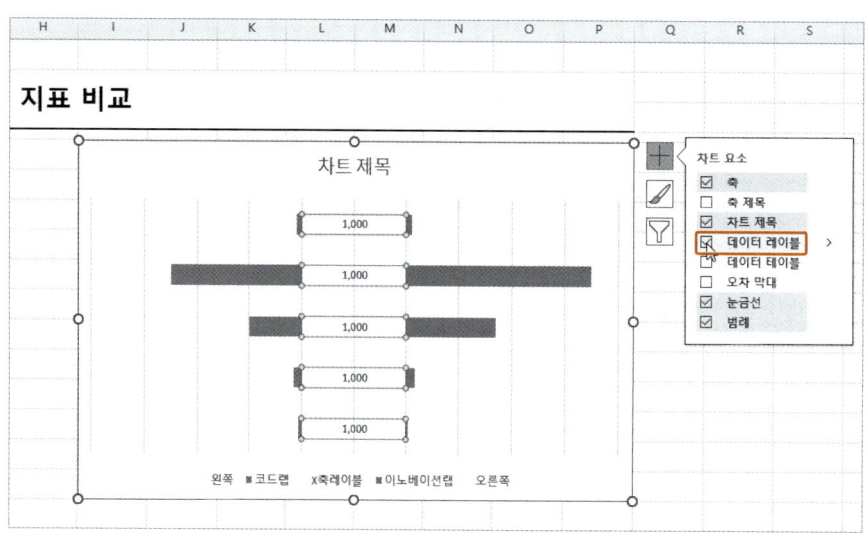

16 추가된 데이터 레이블을 더블클릭해 [데이터 레이블 서식] 작업 창을 연 다음, [레이블 옵션]-[레이블 내용]에서 [값]의 체크는 해제하고 [항목 이름]에 체크합니다.

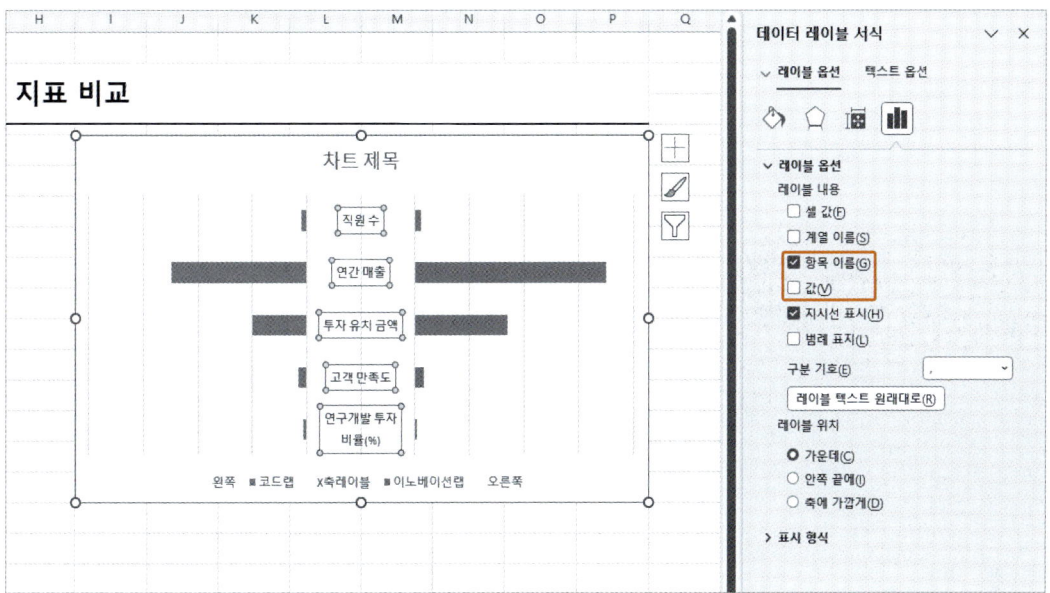

17 내용이 길어 두 줄로 표시된 레이블이 있으므로 글자 크기를 줄입니다. 데이터 레이블이 선택된 상태에서 리본 메뉴의 [홈] 탭-[글꼴] 그룹-[글꼴 크기]를 **8**로 조정합니다.

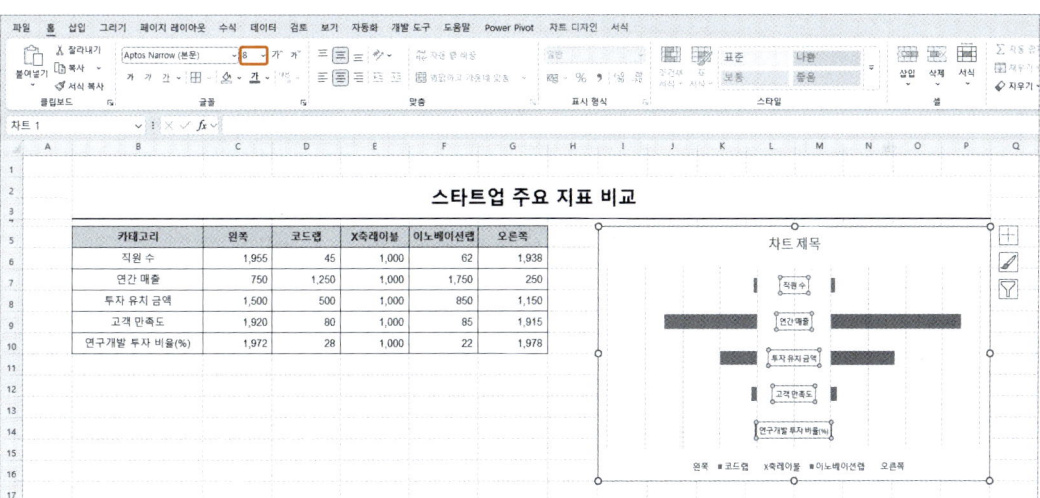

18 세로로 표시되어 있는 눈금선을 가로로 변경해 보기 좋게 만들겠습니다. [차트 요소 +]를 클릭하고 [눈금선]을 선택한 다음 [기본 주 세로]의 체크를 해제하고 [기본 주 가로]에 체크합니다.

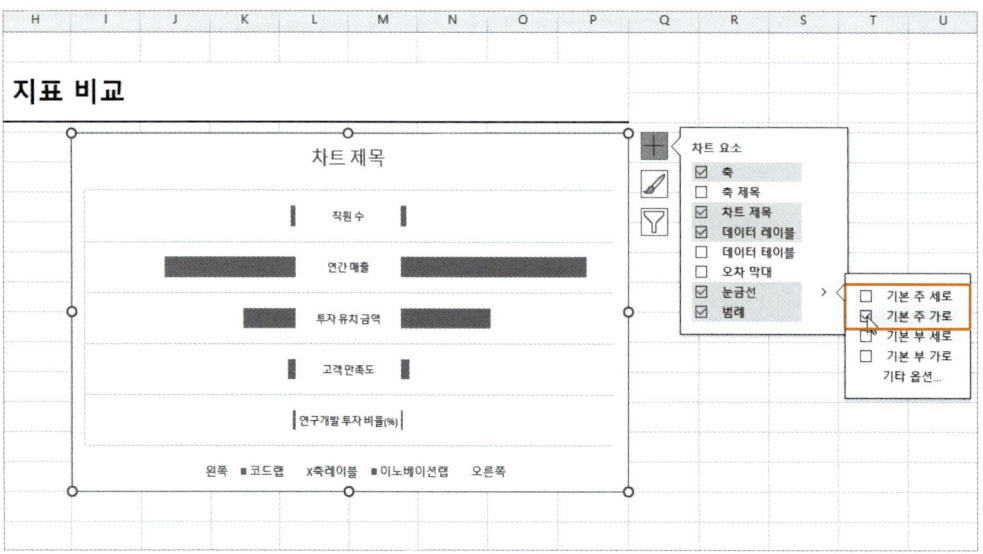

19 각 막대그래프 안의 데이터 레이블을 표시하겠습니다. [코드랩] 계열의 막대그래프를 선택하고 [차트 요소 +]를 클릭한 다음 [데이터 레이블]에 체크합니다.

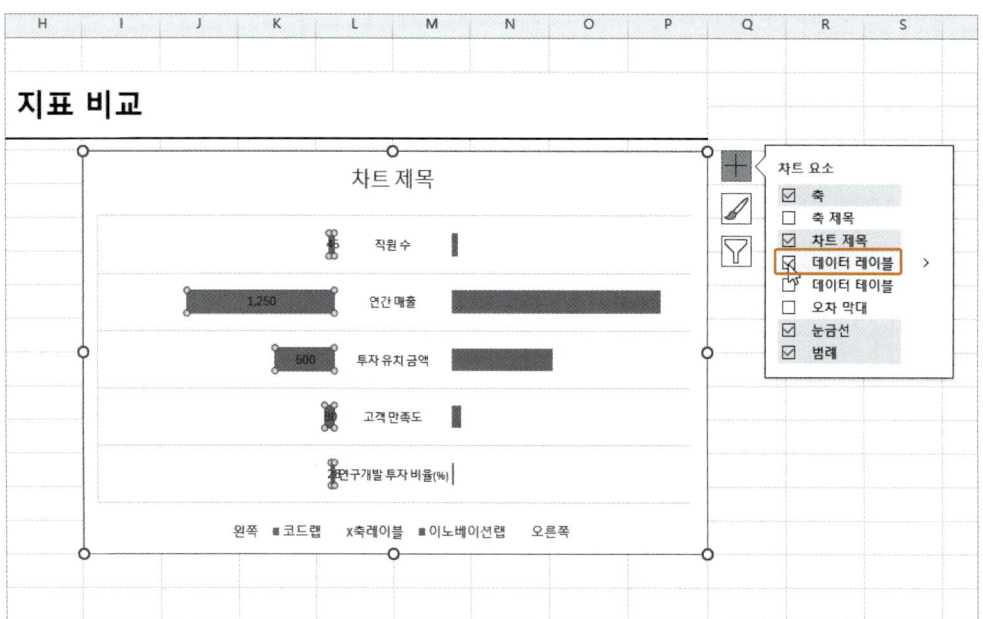

20 표시된 데이터 레이블을 더블클릭해 [데이터 레이블 서식] 작업 창이 열리면 [레이블 위치]를 [안쪽 끝에]로 변경합니다.

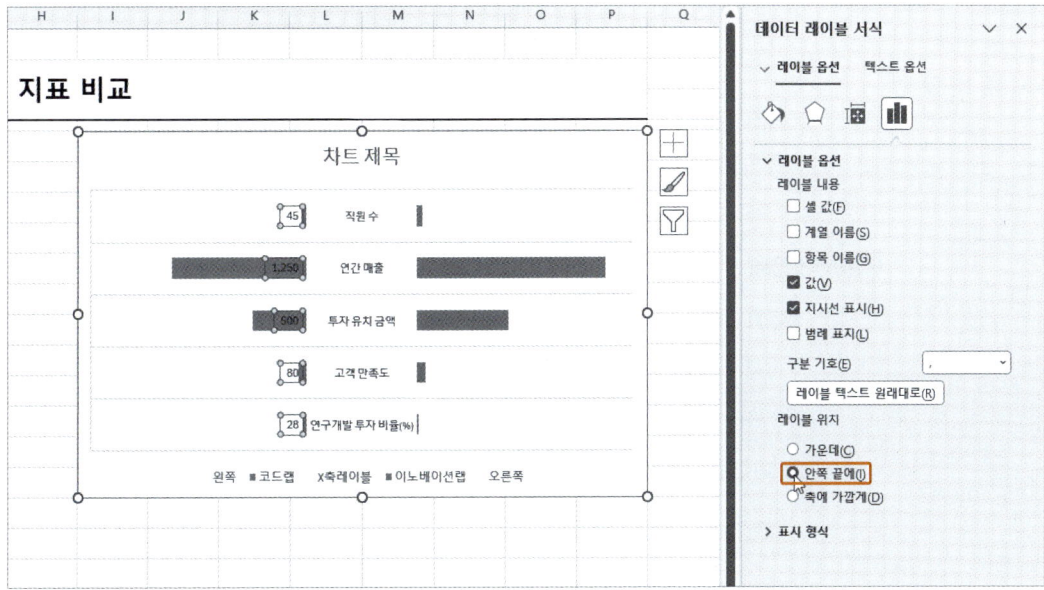

21 [이노베이션랩] 계열의 막대그래프도 선택하고 **19** 과정을 참고해 데이터 레이블을 표시합니다. 표시된 데이터 레이블을 더블클릭하고 [레이블 위치]를 [축에 가깝게]로 변경합니다.

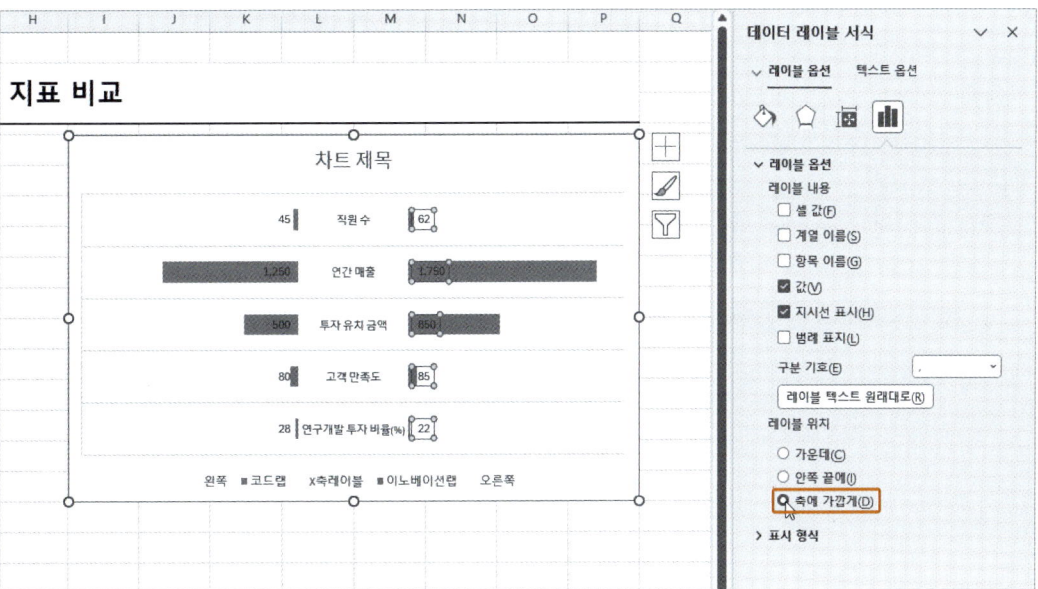

22 이제 범례에 표시되는 불필요한 항목을 제거하겠습니다. 범례에서 [왼쪽] 항목을 두 번 클릭해 [왼쪽] 항목만 선택하고 Delete 를 누르거나, 마우스 오른쪽 버튼을 클릭하고 [삭제]를 선택합니다.

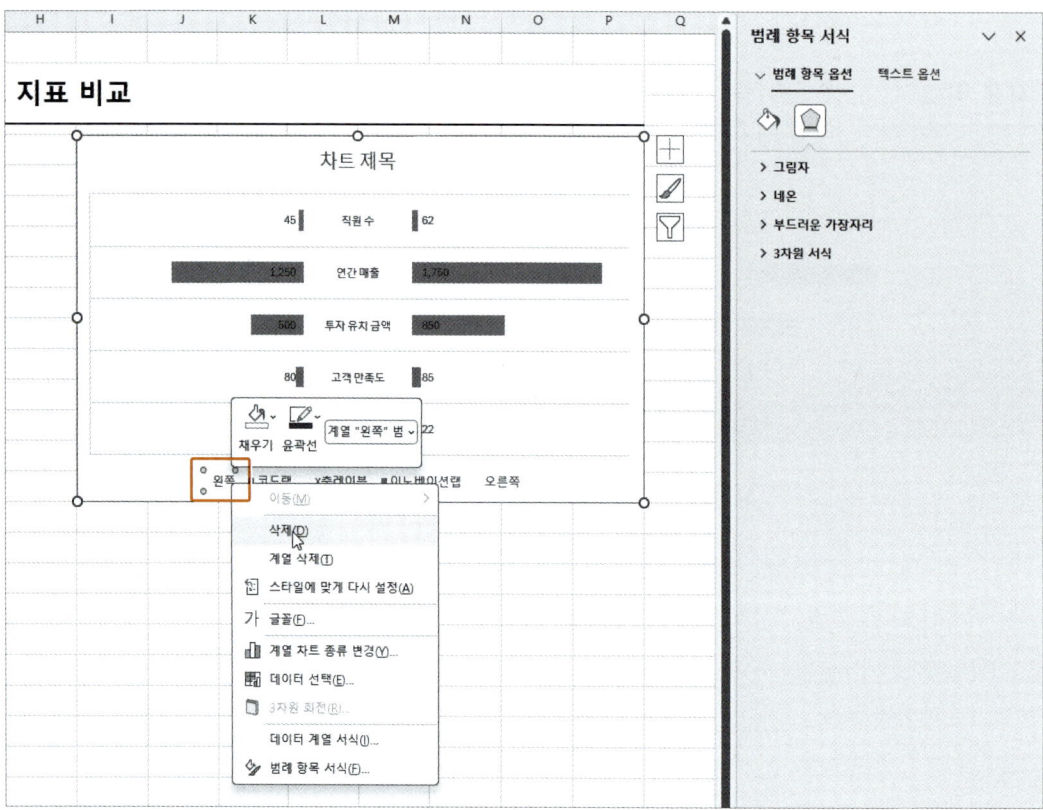

23 [X축레이블] 항목과 [오른쪽] 항목의 범례도 같은 방법으로 삭제하여 다음과 같이 정돈된 차트를 완성합니다.

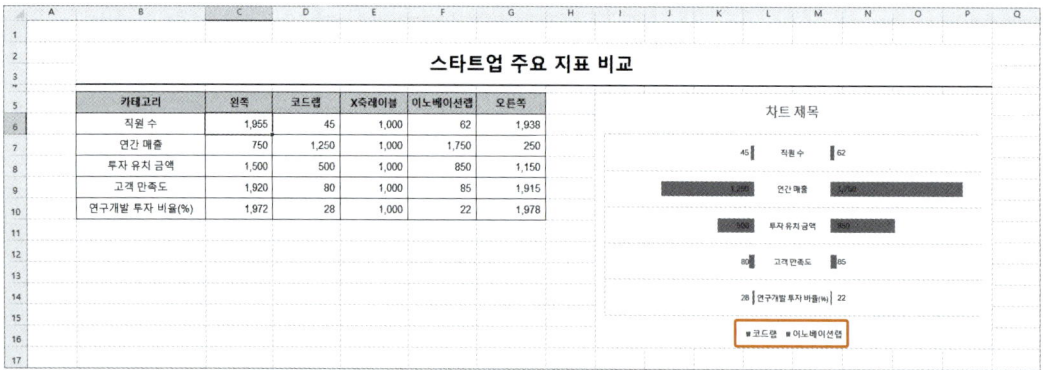

SECTION 03 시간에 따른 분명한 변화는 꺾은선형 차트

꺾은선형 차트는 시간에 따른 데이터의 변화(추세)를 분명하게 보여주는 데 적합합니다. 다만 몇 가지 한계가 있어 이를 보완하는 방법에 대한 이해가 필요합니다. 몇 가지 사례를 통해 꺾은선형 차트의 장단점을 살펴보겠습니다.

꺾은선형 그래프가 끊기거나 X축에 붙어 표시되는 문제

꺾은선형 차트를 만들다 보면 다음과 같이 값이 0인 지점에서 선이 X축에 닿아 흐름이 끊긴 듯 보일 때가 있습니다. 해당 지점의 데이터가 0인 경우에 나타나는 현상입니다.

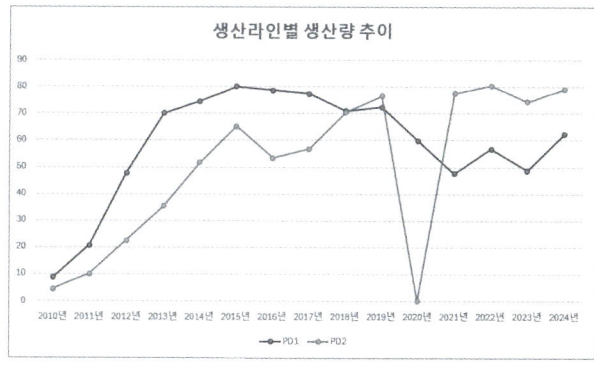

위의 차트를 다음과 같이 선을 연결해 전체 추이를 파악하기 쉽도록 만들 수 있습니다.

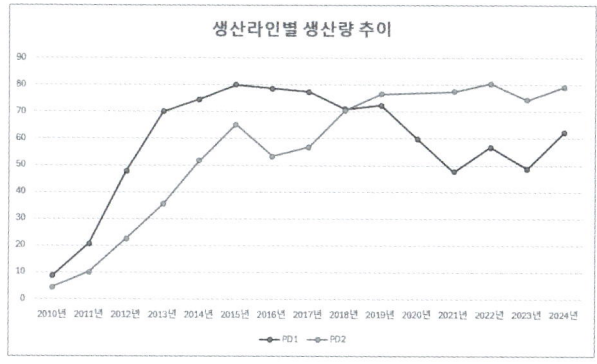

또한, 다음과 같은 차트도 많이 보게 됩니다.

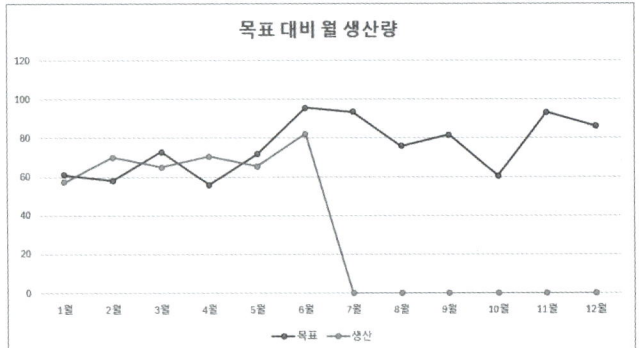

이때는 다음과 같이 0이 아닌 구간만 선으로 표시하고, 값이 0인 구간은 선을 끊어 표현하는 것이 적절합니다.

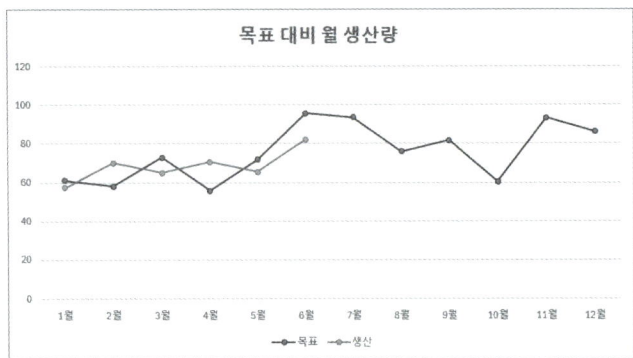

값이 입력되지 않은 빈 셀이 있으면 다음과 같이 그래프의 선이 끊겨 표시됩니다.

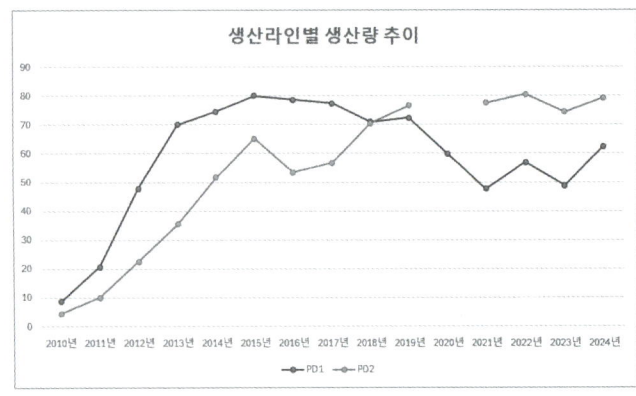

예제를 통해 이렇게 X축에 닿거나 끊긴 선 그래프를 연결해보겠습니다.

X축에 닿거나 끊긴 선 그래프를 연결하는 방법

예제 파일 CHAPTER 04 \ 선 그래프 연결.xlsx

01 예제 파일의 [sample 1] 시트를 보면 다음과 같이 한 점이 X축에 붙어 있는 꺾은선 차트가 있습니다. 그래프가 X축에 붙지 않고 연결되도록 수정해보겠습니다.

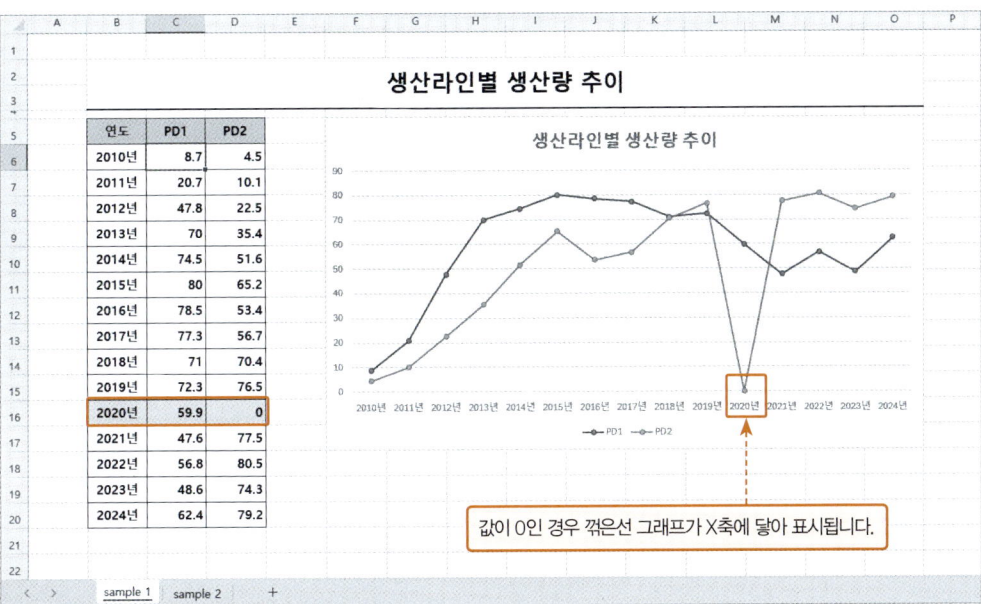

02 [D16] 셀을 선택하고 Delete 를 눌러 값을 지워봅니다. 다음과 같이 꺾은선 그래프가 끊긴 형태로 표시됩니다.

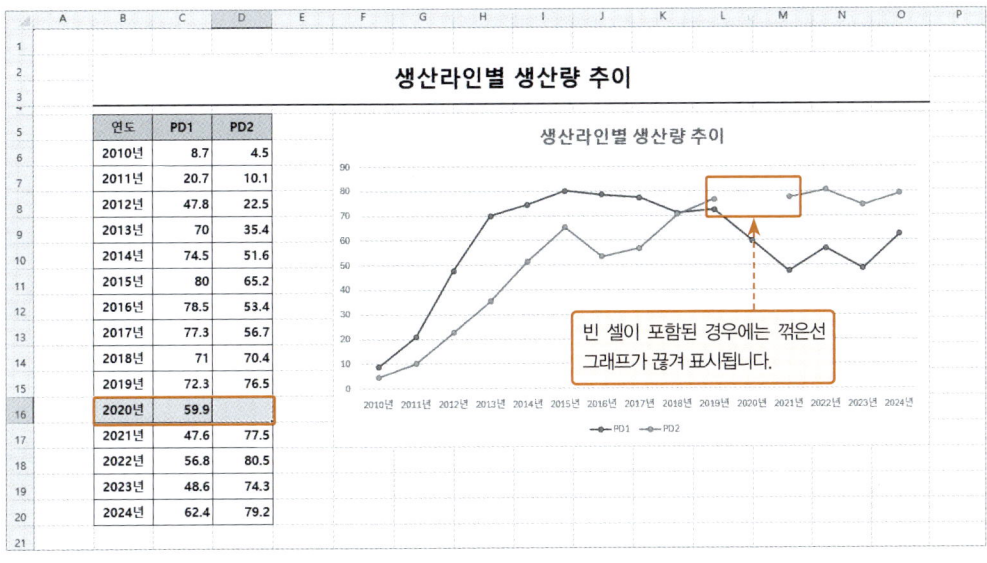

TIP 값을 지우는 것은 그래프가 표시되는 모습을 확인하기 위한 작업입니다.

03 값이 0인 경우에는 그래프의 선을 연결할 수 없으므로, 빈 셀로 처리하거나 #N/A 오류가 반환되도록 설정해야 합니다. [D16] 셀에 다음 수식을 입력해 #N/A 오류가 반환되게 합니다.

`=NA()`

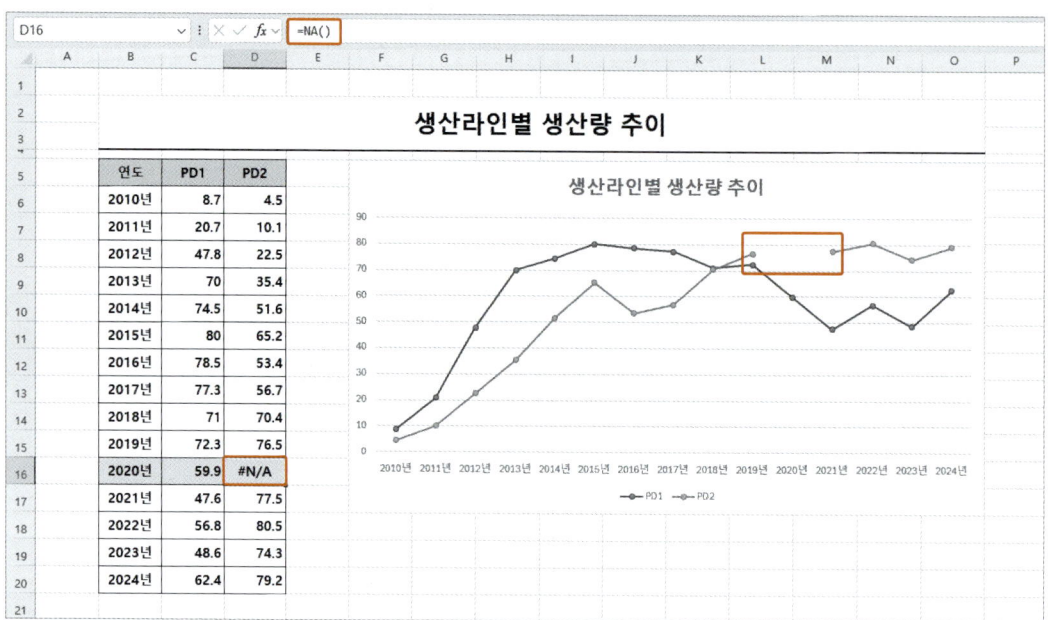

 엑셀마스터가 짚어주는 핵심 NOTE

NA 함수 이해하기

엑셀의 NA 함수는 #N/A 오류값을 반환합니다. 이 오류는 VLOOKUP 함수 등에서 찾는 값이 없을 때도 발생합니다. 데이터에 #N/A가 있으면 꺾은선형 차트에서는 그 지점의 선이 끊겨 표시됩니다.

원본 표의 값이 여러 함수나 피벗 테이블 계산으로 생성되는 경우 0이 반환되는 일이 잦습니다. 이 경우, IF 함수로 그 0을 NA 함수로 처리해 #N/A 오류를 반환하게 하면 꺾은선형 차트에서 해당 지점의 선이 끊겨 표시됩니다. 한편, IF 함수로 빈 문자열("")을 반환하면 0으로 취급되어 선이 X축에 닿아 표시되므로 주의해야 합니다.

따라서, 꺾은선형 차트에서 0이 발생할 수 있다면 NA 함수를 활용하는 방법을 익혀두는 것이 좋습니다.

04 이제 끊긴 꺾은선 그래프를 연결하겠습니다. 차트 영역을 선택하고 리본 메뉴의 [차트 디자인] 탭-[데이터] 그룹-[데이터 선택]을 클릭합니다.

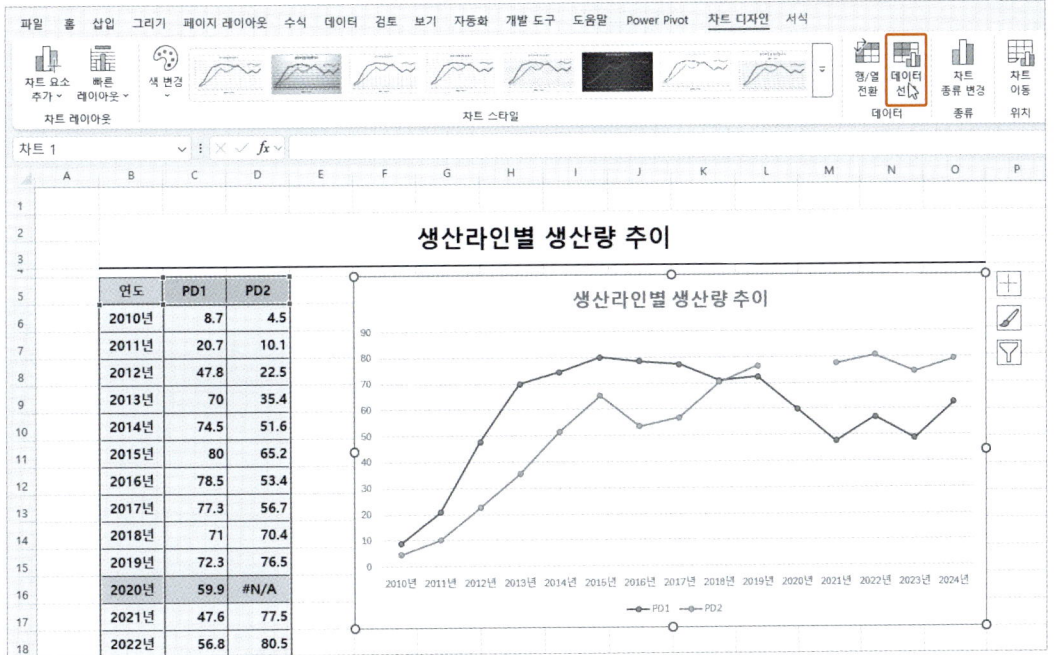

05 [데이터 원본 선택] 대화상자가 표시되면 [숨겨진 셀/빈 셀]을 클릭합니다.

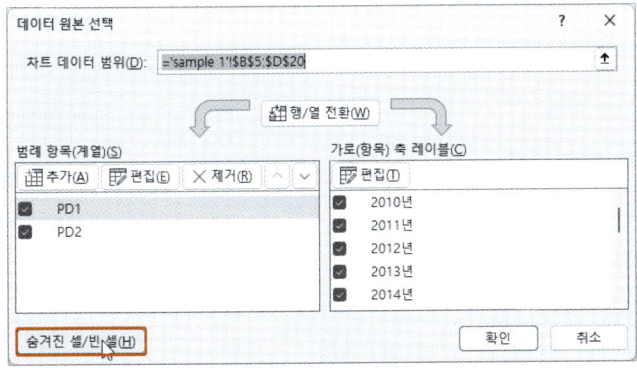

06 [숨겨진 셀/빈 셀 설정] 대화상자가 표시되면 [빈 셀 표시 형식] 옵션을 [간격]에서 [선으로 데이터 요소 연결]로 변경하고 [확인]을 클릭합니다.

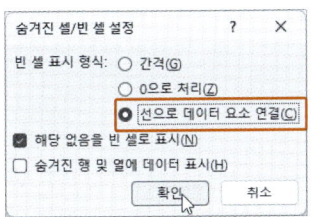

엑셀마스터가 짚어주는 핵심 NOTE

[해당 없음을 빈 셀로 표시] 옵션

03 과정에서 NA 함수를 사용했을 때 꺾은선 그래프가 끊겨 표시되지 않았다면 이 옵션이 체크 해제되어 있을 경우가 높습니다. [해당 없음을 빈 셀로 표시] 옵션에서 [해당 없음]은 #N/A 오류를 의미합니다. 그러므로 앞의 과정에서 꺾은선 그래프가 끊겨 표시되지 않았다면 이 옵션을 반드시 체크해야 합니다.

07 [데이터 원본 선택] 대화상자도 [확인]을 클릭해 닫습니다. 화면과 같이 꺾은선 그래프가 연결되어 표시됩니다.

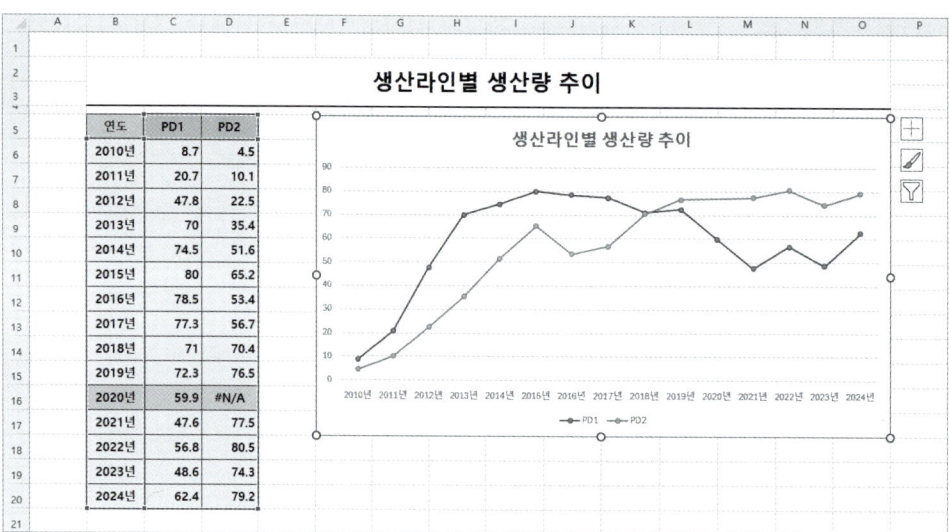

08 [sample 2] 시트를 선택하면 다음과 같은 차트를 확인할 수 있습니다. 이 경우도 0은 표시하지 않고, 실제 값이 존재하는 범위만 그래프가 표시되도록 설정하겠습니다.

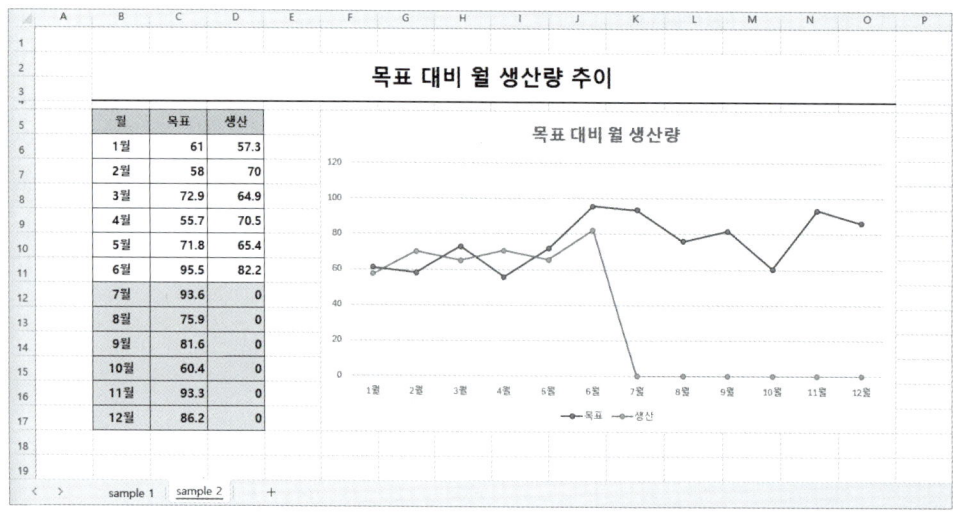

09 앞의 방법과 동일하게 [D12:D17] 범위에 #N/A 에러가 발생하도록 합니다. [D12] 셀에 다음 수식을 입력하고 채우기 핸들을 [D17] 셀까지 드래그해 수식을 복사합니다.

=NA()

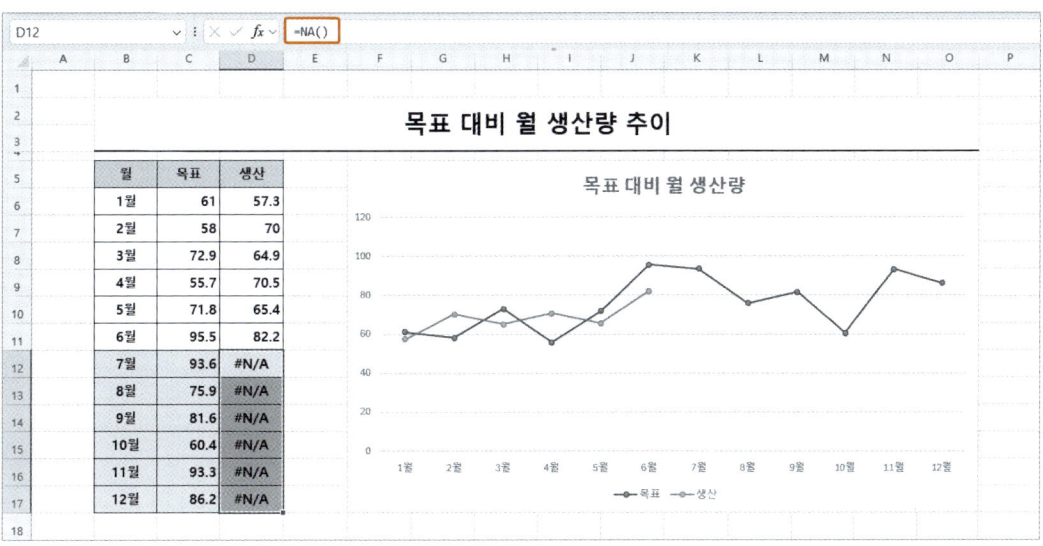

꺾은선 그래프 하단에 그라데이션 효과 추가

아래의 꺾은선형 차트를 보면 연도별 실적의 변화를 잘 파악할 수 있습니다. 다만, 시각적 강조가 약해 다소 단조롭게 보일 수 있습니다.

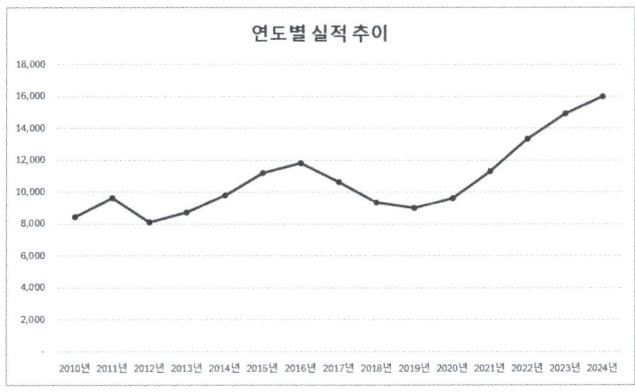

차트가 다소 단조롭다고 판단되면 다음과 같이 선 아래 영역을 채워 시각적인 효과를 높일 수 있습니다.

또, 몇 가지 옵션을 수정하여 다음과 같이 좀 더 화려하게 구현할 수도 있습니다.

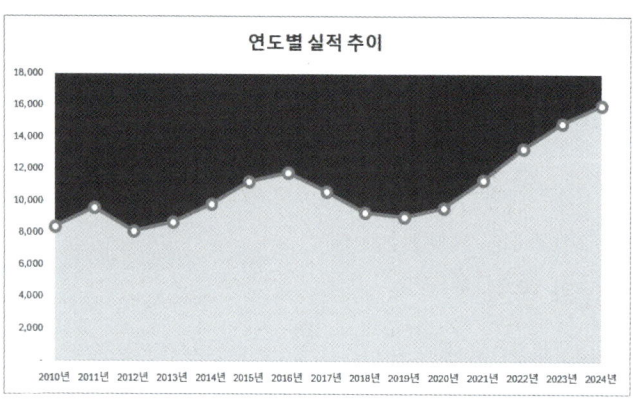

차트는 정보를 전달하는 목적 외에도 시각적 완성도를 높이는 데 중요한 역할을 합니다. 따라서, 꺾은선형 차트를 이런 방식으로 표현하면 자료의 품질과 만족도를 높일 수 있습니다.

꺾은선 그래프 하단에 그라데이션 효과 넣기

예제 파일 CHAPTER 04 \ 그라데이션.xlsx

01 예제 파일을 열면 다음과 같은 표와 차트를 확인할 수 있습니다. 꺾은선 그래프 하단에 배경색을 넣어보겠습니다.

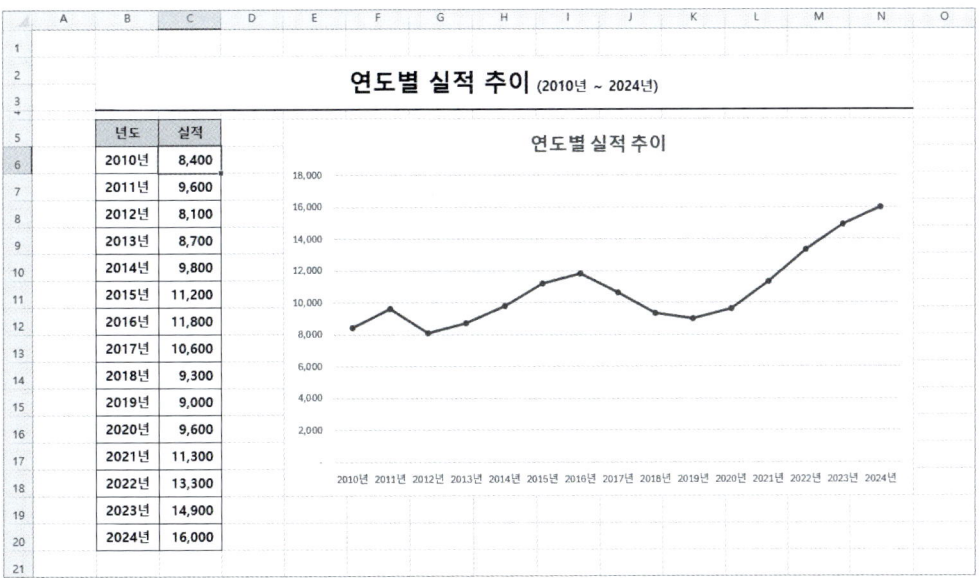

02 꺾은선 그래프 자체에 하단 배경을 넣는 기능은 제공되지 않으므로, 동일한 값을 갖는 그래프를 하나 더 추가한 다음 꺾은선 차트와 영역형 차트의 혼합형 차트를 구성합니다. [C5:C20] 범위를 복사(Ctrl + C)한 다음, 차트를 선택하고 Ctrl + V 를 눌러 붙여 넣습니다.

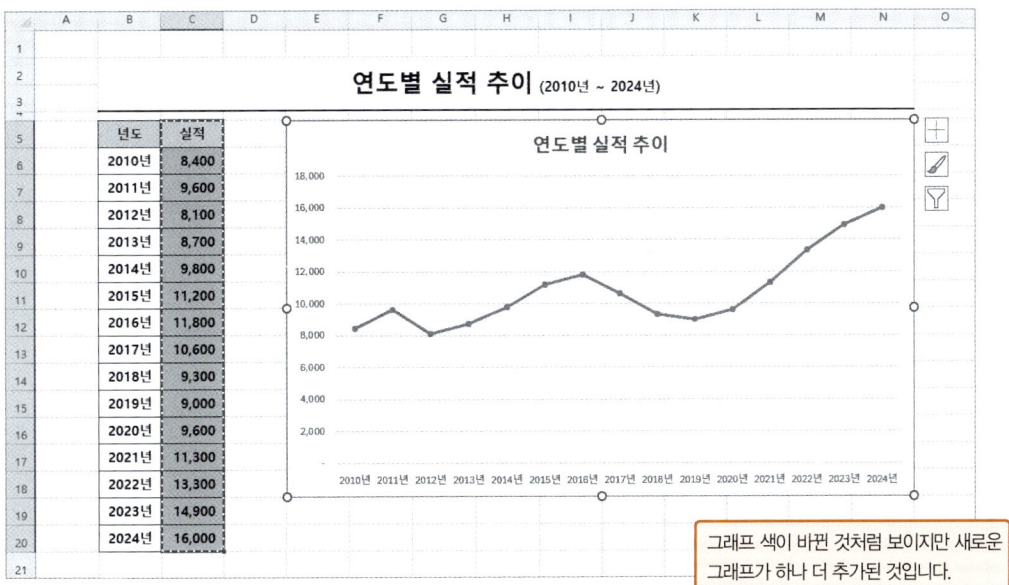

> 그래프 색이 바뀐 것처럼 보이지만 새로운 그래프가 하나 더 추가된 것입니다.

03 추가된 주황색 꺾은선 그래프를 선택한 다음, 리본 메뉴의 [삽입] 탭-[차트] 그룹-[꺾은선형 또는 영역형 차트 삽입]을 클릭하고 [2차원 영역형]의 [영역형] 차트를 선택합니다.

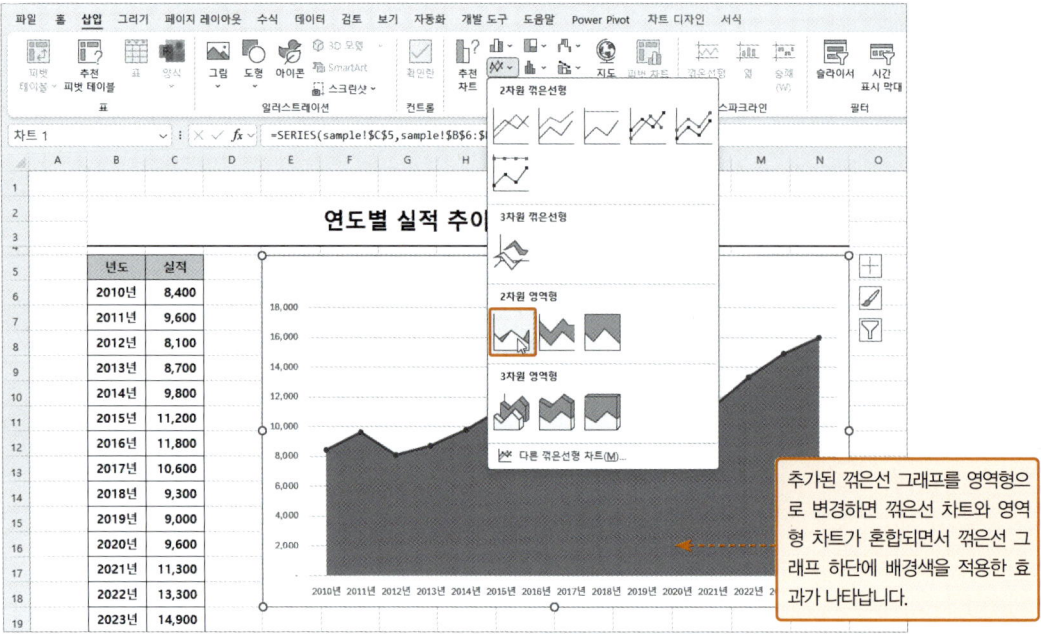

> 추가된 꺾은선 그래프를 영역형으로 변경하면 꺾은선 차트와 영역형 차트가 혼합되면서 꺾은선 그래프 하단에 배경색을 적용한 효과가 나타납니다.

04 영역형 그래프를 선택하고 리본 메뉴의 [서식] 탭-[도형 스타일] 그룹-[도형 채우기]를 클릭하고, 꺾은선 그래프와 유사하지만 좀 더 연한 색상을 선택합니다.

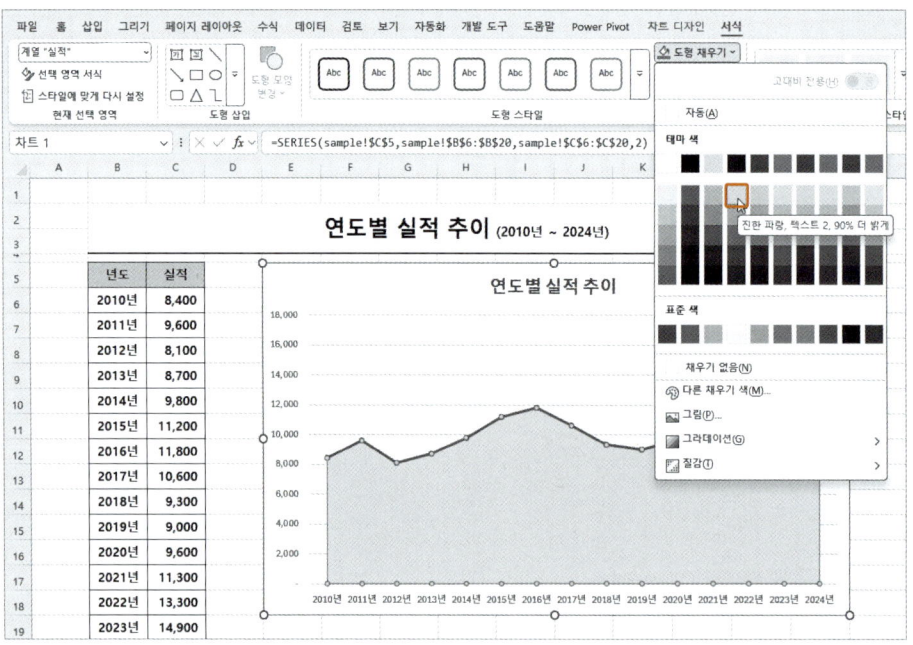

05 영역형 차트를 더블클릭하면 [데이터 계열 서식] 작업 창이 열립니다. [채우기 및 선]을 클릭하고, [채우기] 옵션을 확장합니다. [투명도]를 **50%**로 변경하면 영역형 차트 뒤로 눈금선이 비치게 만들 수 있습니다.

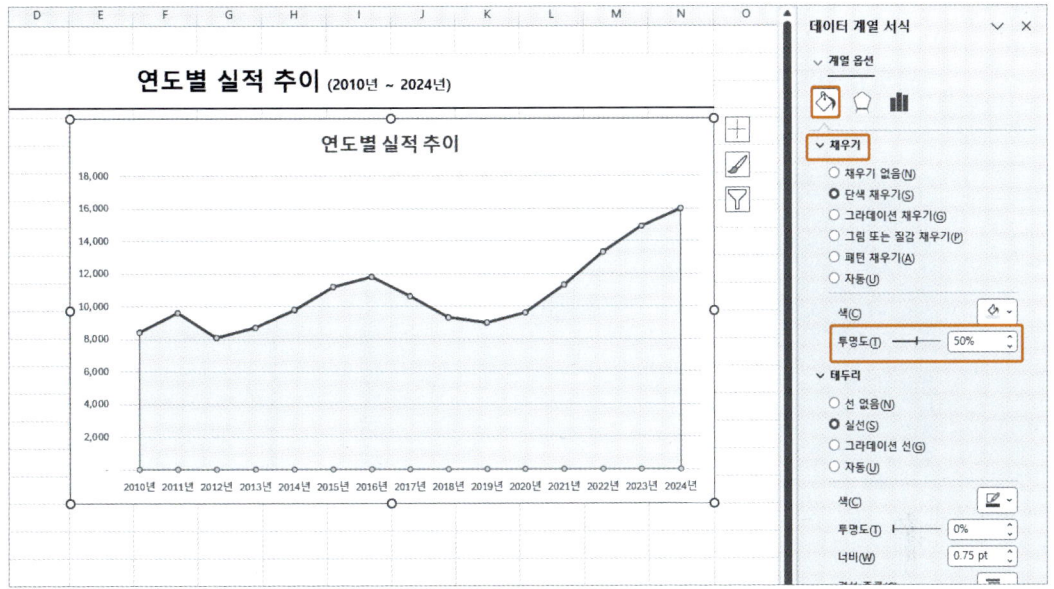

TIP [채우기]에는 [그라데이션 채우기]를 비롯한 다양한 옵션이 제공됩니다. 여러 가지 옵션을 변경하면서 선호하는 채우기 작업을 완성시켜 봅니다.

06 이번에는 꺾은선 그래프 상단과 하단 배경색을 다르게 설정해보겠습니다. **05** 과정에서 설정한 투명도를 다시 **0%**로 조정합니다.

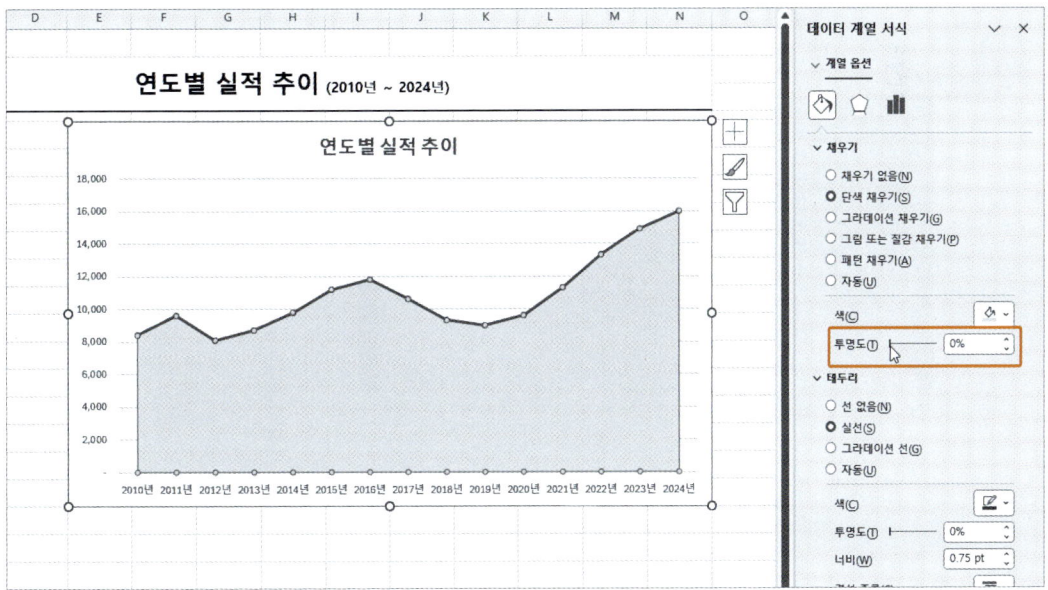

07 차트에서 눈금선 사이를 클릭하면 오른쪽 작업 창이 [그림 영역 서식] 작업 창으로 변경됩니다. [채우기] 옵션 중 [색] 옵션에서 원하는 배경색을 선택합니다. 보통 조금 어두운 색상을 선택하는 것이 효과적입니다.

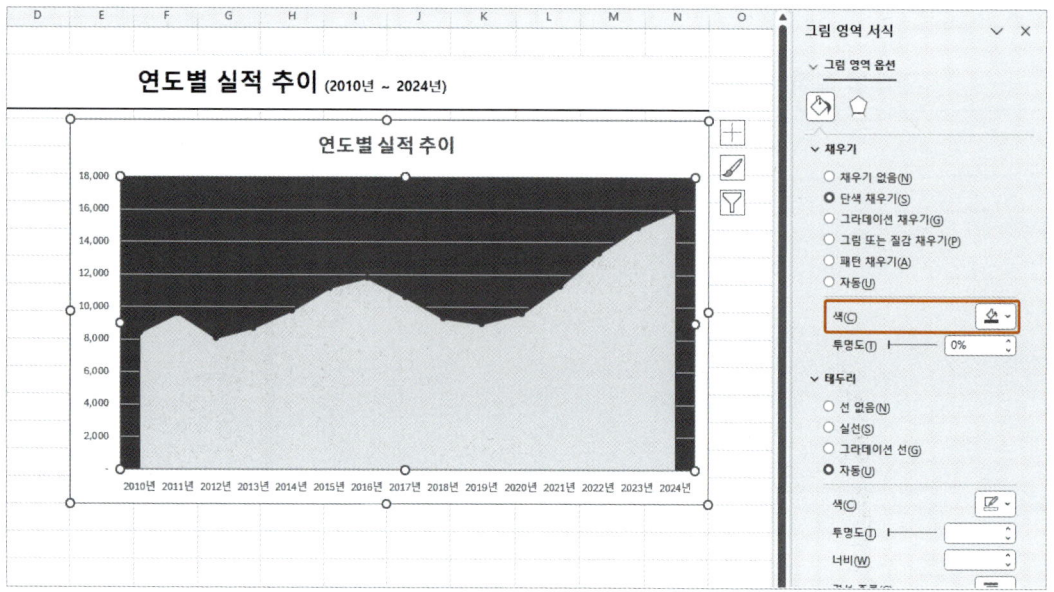

08 꺾은선 그래프를 선택하면 [데이터 계열 서식] 작업 창으로 변경됩니다. [선] 옵션에서 [색]을 좀 더 밝은 색으로 변경합니다.

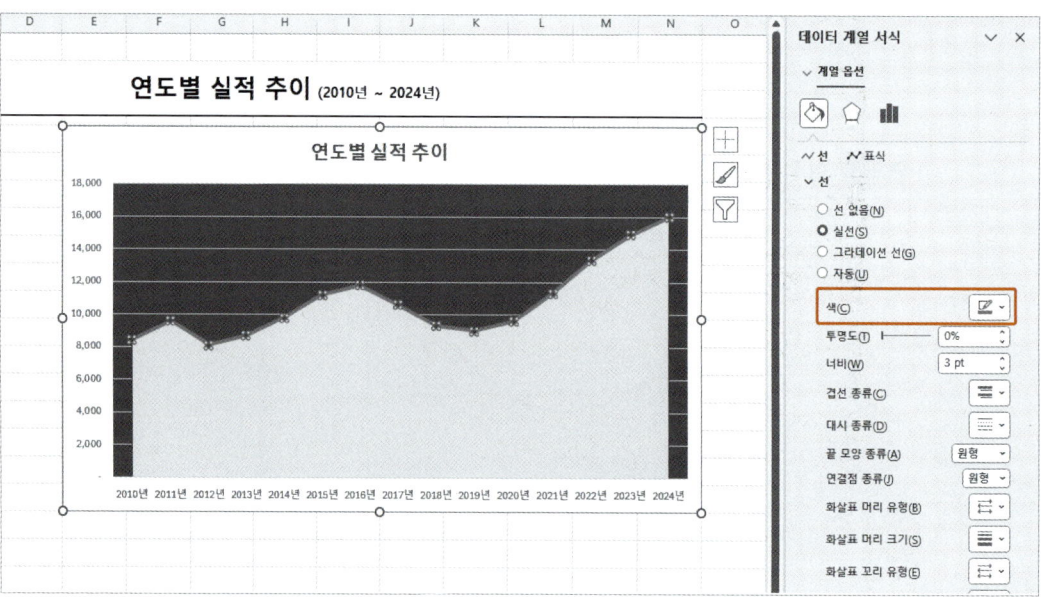

09 [표식]을 선택하고 [표식 옵션]을 [기본 제공]으로 변경한 다음 [크기]를 **7**로 설정해 표식의 크기를 키웁니다. [채우기] 옵션의 [색]을 [흰색, 배경1]로 변경합니다.

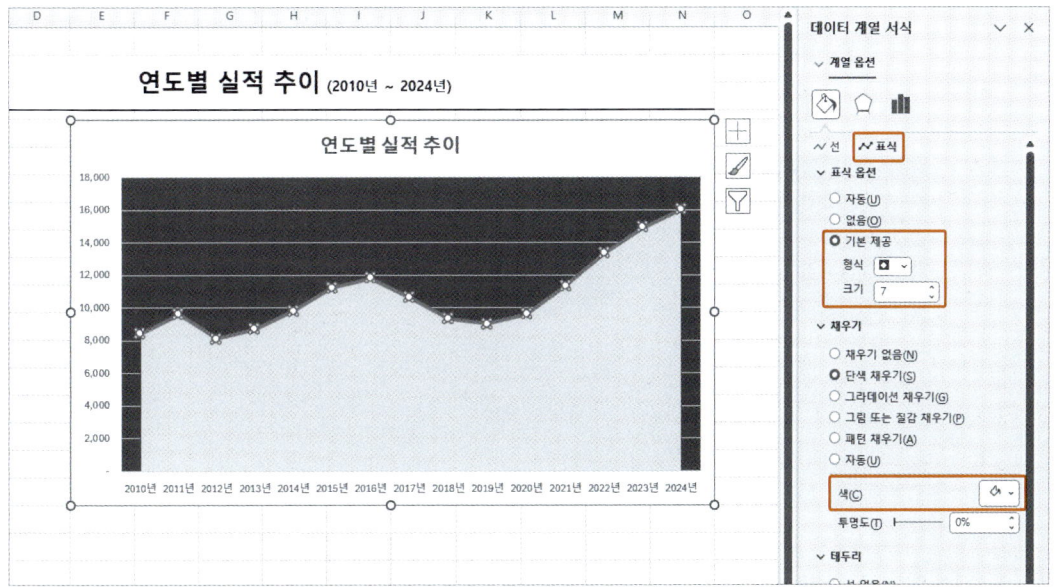

10 꺾은선 그래프를 중심으로 위아래 배경이 다르게 나타나도록 설정합니다. 차트의 X축을 선택해 [축 서식] 작업 창이 표시되도록 합니다. [축 옵션]을 선택하고 [축 위치]를 [눈금]으로 변경합니다.

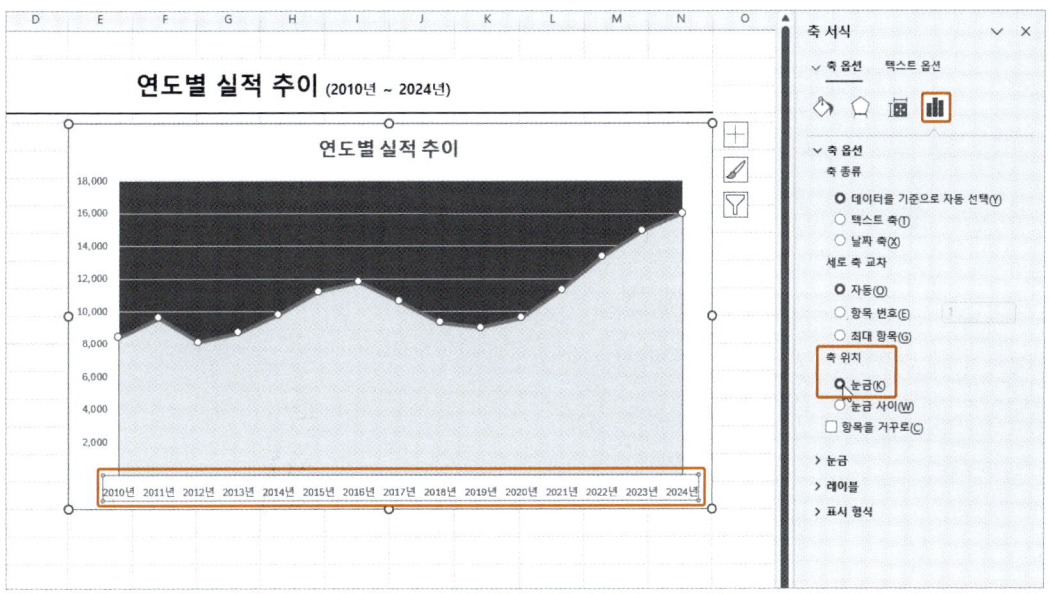

11 눈금선을 제거하겠습니다. [차트 요소 ⊞]를 클릭하고 [눈금선]의 체크를 해제합니다.

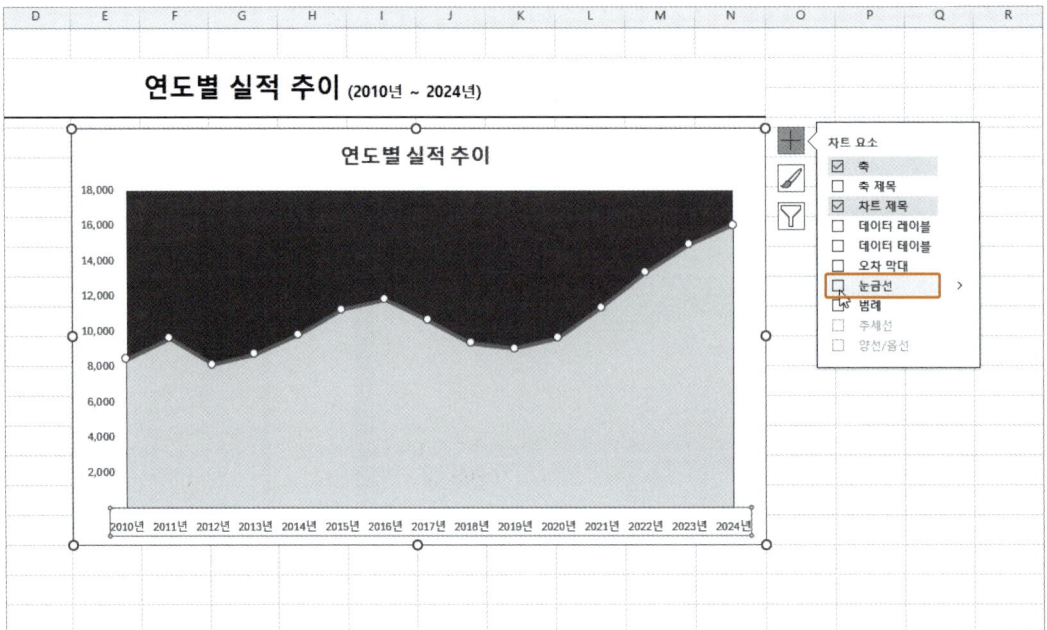

계단식 차트 표현

꺾은선형 차트는 전체적인 흐름을 보여주지만, 표식을 항상 직선으로 연결하므로 다음과 같이 흐름이 들쑥날쑥할 경우에는 사용하기가 애매합니다.

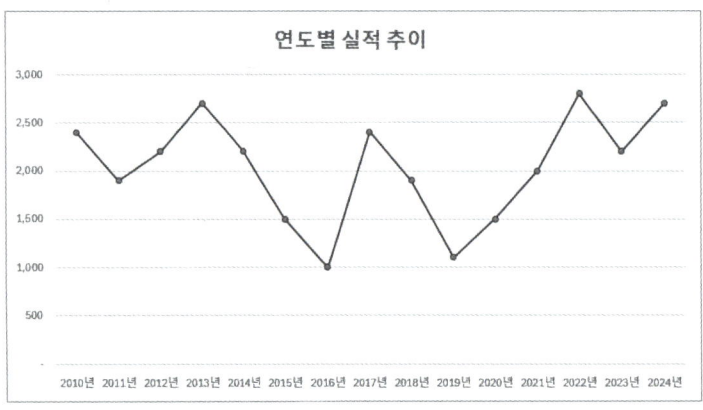

이런 경우는 꺾은선형 차트보다는 막대형 차트를 더 많이 사용하지만, 다음과 같이 계단식 차트가 필요한 경우도 종종 있습니다.

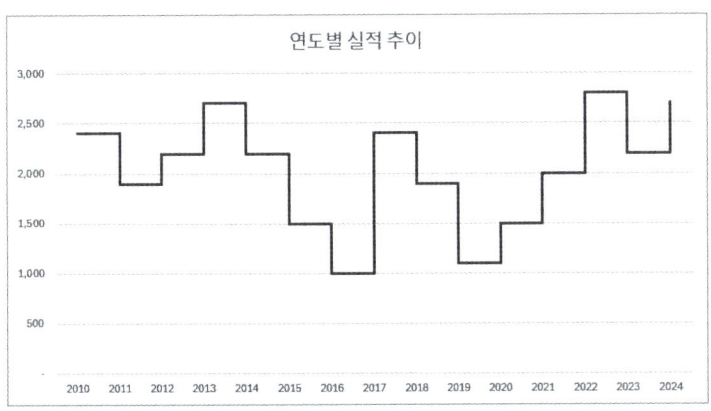

엑셀에는 위와 같은 계단식 차트가 제공되지 않지만, 표현이 불가능한 것은 아닙니다. 위의 차트 역시 엑셀에서 구현한 것입니다.

다음 실습을 참고하여 계단식 차트를 구성하는 방법을 알아보겠습니다.

꺾은선 그래프를 계단식 차트로 변환하기

예제 파일 CHAPTER 04 \ 계단식 차트.xlsx

01 예제 파일을 열면 왼쪽 표의 연도별 실적이 꺾은선형 차트로 표현되어 있습니다. 꺾은선형 차트를 계단식 차트로 변환해보겠습니다.

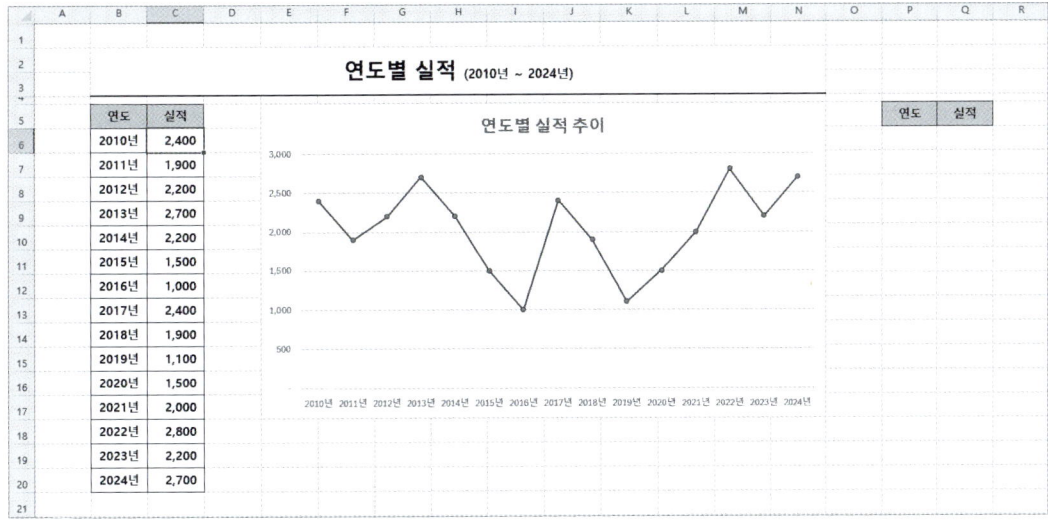

02 계단식 차트를 표현하는 방법에는 몇 가지가 있지만, 가장 쉬운 방법은 표를 변형하는 것입니다. 먼저 X축 범위에서 첫 번째 연도를 제외한 [B7:B20] 범위를 복사(Ctrl + C)하고 [P6] 셀에 Ctrl + V 를 눌러 붙여 넣습니다.

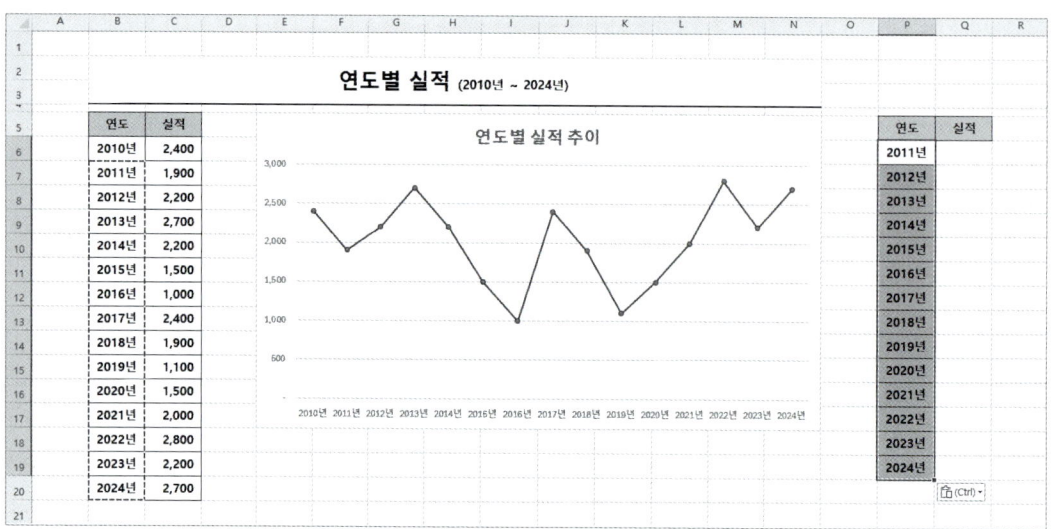

03 이번에는 실적에서 마지막 실적을 제외한 [C6:C19] 범위를 복사(Ctrl + C)해서 [Q6] 셀에 Ctrl + V 를 눌러 붙여 넣습니다.

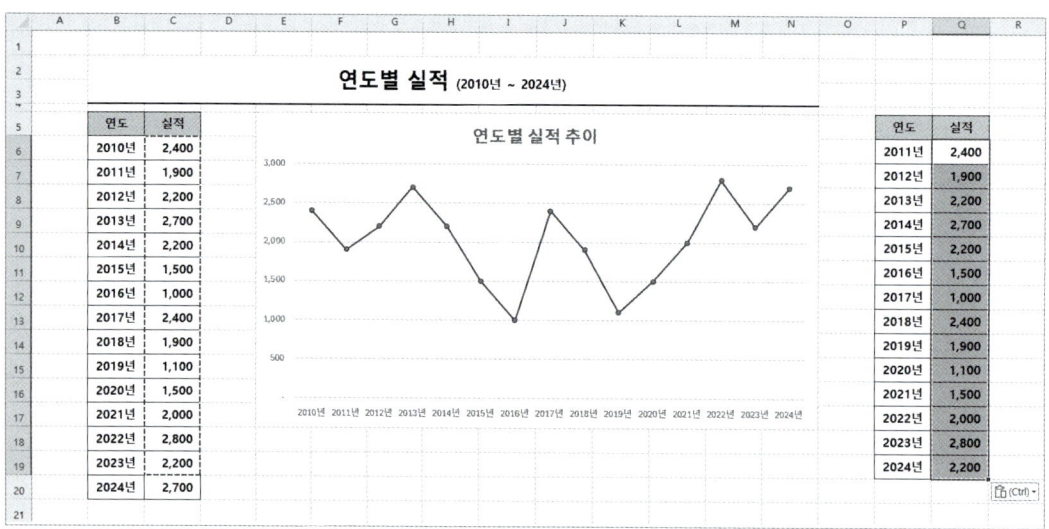

04 이번에는 [B6:C20] 범위를 그대로 복사해서, [P20] 셀에 붙여 넣습니다.

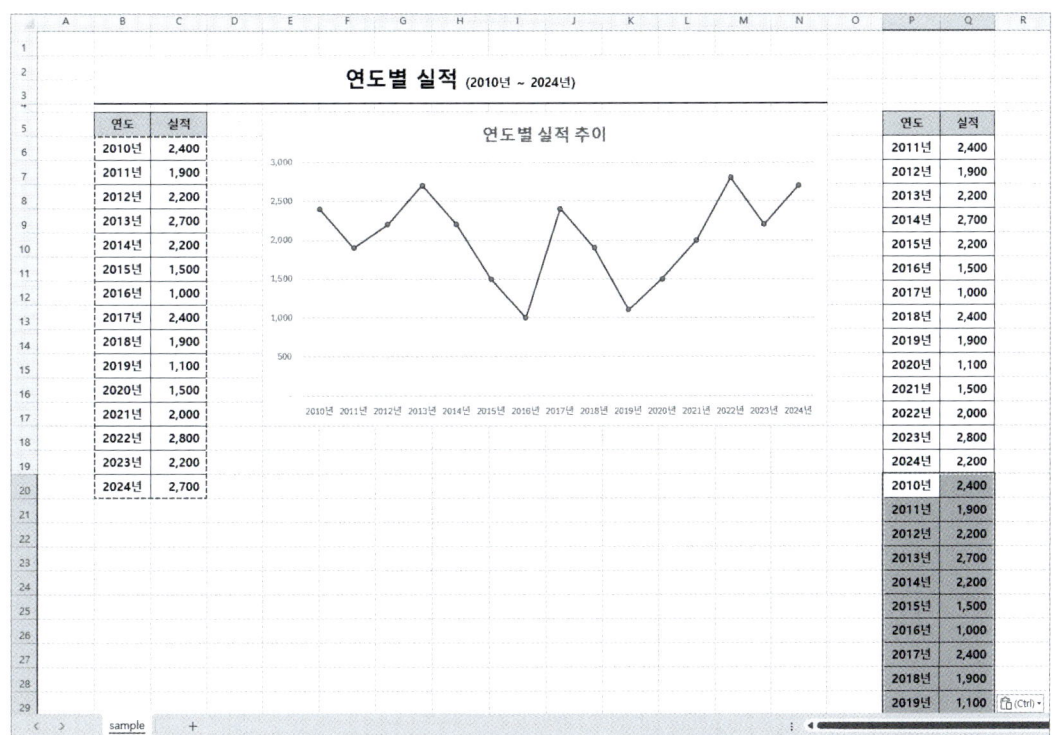

 엑셀마스터가 짚어주는 핵심 NOTE

표를 왜 이렇게 변환해야 할까?

꺾은선 그래프는 2010년이 2,400이고, 2011년이 1,900이면 두 지점을 선으로 연결합니다. 그러므로 ╲와 같은 사선 형태의 꺾은선 그래프가 표시됩니다.

그런데, 오른쪽과 같이 데이터를 복사해놓으면 2010년이 2,400인 경우는 바뀌지 않지만, 2011년이 두 개가 되므로 2,400과 1,900 이렇게 두 개의 값이 존재하게 됩니다. 그렇게 되면 동일한 값은 가로선(—)으로 연결되고, 2011년의 2,400과 1,900은 세로선(|)으로 연결되어 계단식으로 그래프가 표시됩니다.

물론 이렇게 표시하려면 몇 가지 수정 작업이 필요하지만, 표를 이렇게 만드는 이유는 충분히 이해할 수 있을 것입니다.

05 차트의 X축에 표시될 데이터는 반드시 숫자가 되어야 합니다. P열 머리글을 선택하고 단축키 Ctrl + H 를 누릅니다. [찾기 및 바꾸기] 대화상자가 표시되면 [찾을 내용]에 **년**을 입력하고 [모두 바꾸기]를 클릭합니다.

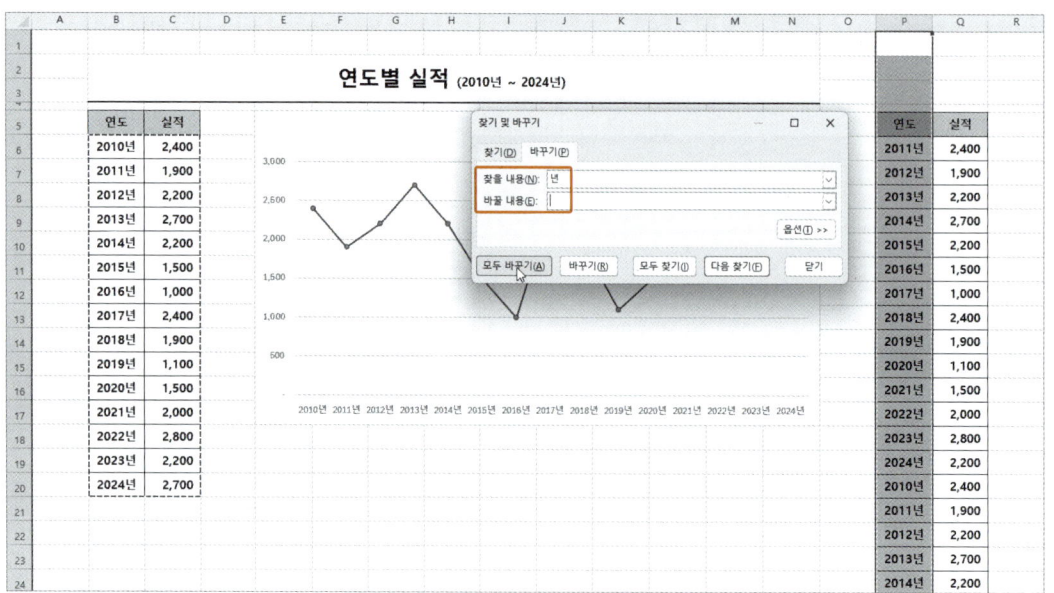

 엑셀마스터가 짚어주는 핵심 NOTE

X축 항목을 숫자로 바꿀 수 없는 경우는 어떻게 해야 할까?

이 방법으로 계단식 차트를 만들려면 반드시 X축 항목은 숫자가 되어야 합니다. 숫자로 변경할 수 없는 경우에는 P열과 Q열 사이에 빈 열을 하나 삽입하고 다음과 같은 수식을 사용해 숫자를 갖는 열을 X축으로 사용합니다.

=MATCH(P6, $B$6:$B$20, 0)

MATCH 함수는 첫 번째 인수의 값을 두 번째 인수 범위에서 찾아 몇 번째에 값이 입력되어 있는지 반환합니다. P열의 값을 2, 3, 4, …, 1, 2, 3, …과 같은 숫자로 값을 바꿀 수 있습니다.

06 차트의 원본 범위를 오른쪽에 복사해놓은 표로 변경합니다. 꺾은선 그래프를 선택하고 수식 입력줄에서 다음과 같이 수식을 변경합니다.

=SERIES(sample!$C$5, sample!$P$6:$P$34, sample!$Q$6:$Q$34, 1)

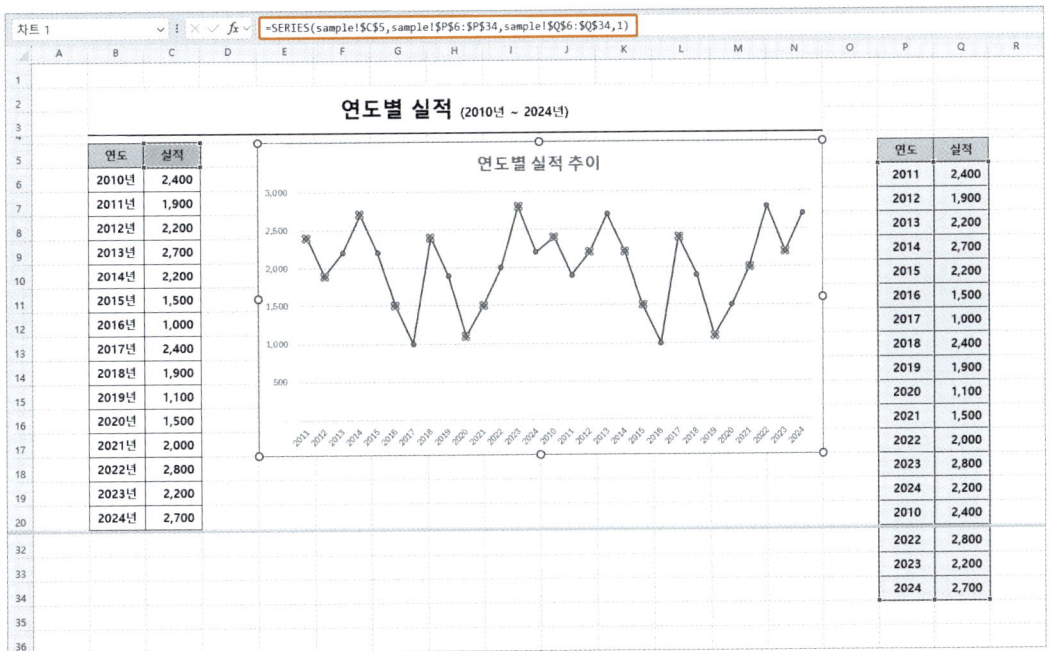

엑셀마스터가 짚어주는 핵심 NOTE

SERIES 함수 이해하기

엑셀 차트는 차트 내의 그래프가 참조되는 범위를 SERIES 함수로 표시해주고 이를 이용해 범위 참조를 쉽게 변경할 수 있도록 해줍니다. SERIES 함수의 인수에 대해서는 아래 내용을 참고하세요!

SERIES(① 계열 이름, ② X축 범위, ③ Y축 범위, ④ 정렬 순서)

보통 이번과 같이 참조 위치만 변경하려면 ②, ③번째 인수 범위만 조정하면 되고, [범례]에 나타날 계열의 이름을 변경하려면 ①번째 인수도 함께 변경하는 것이 좋습니다.

참고로 ②, ③번째 인수의 범위를 수정할 때 시트명이 반드시 나와야 하므로 느낌표(!) 뒤의 셀 주소만 정확하게 수정해야 합니다.

07 차트의 X축 옵션을 변경해 계단식 차트로 변경하겠습니다. X축을 더블클릭해 [축 서식] 작업 창을 열고, [축 종류]를 [날짜 축]으로 선택합니다.

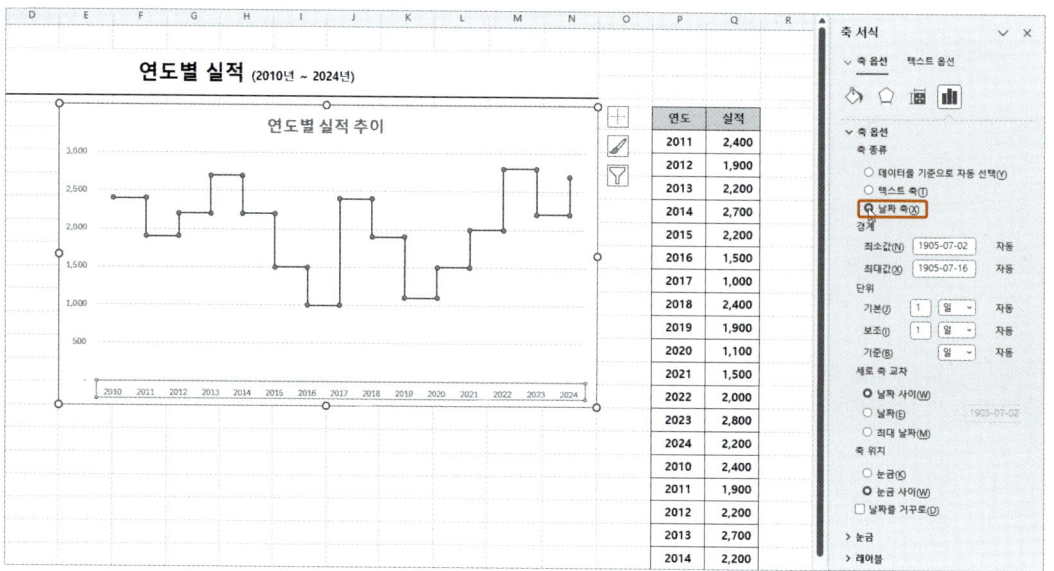

TIP 계단식 차트는 표식이 있는 꺾은선형보다 일반 꺾은선형이 깔끔합니다. 표식이 불편하신 분들은 차트 종류를 변경하면 됩니다.

한눈에 파악되는 항목별 구성비는 원형 차트

원형 차트는 전체 대비 항목별 구성비를 보여주는 데 효과적이어서 널리 쓰입니다. 다만, 여러 계열을 동시에 표시할 수 없어 여러 개의 원형 차트를 배치해 설명해야 하는 점이 아쉽습니다.

예를 들면 다음과 같은 경우입니다.

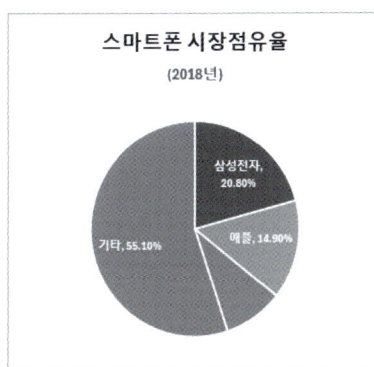
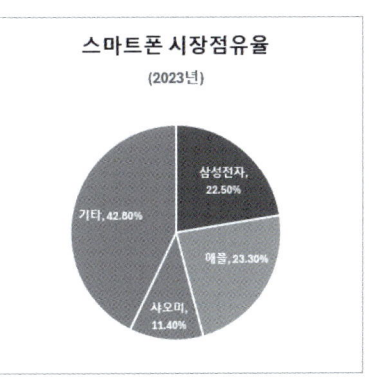

이 두 차트를 하나로 표시할 수 있다면 좋겠지만, 원형 차트는 단일 계열만 지원하므로 각각 별도의 차트로 만들어야 합니다. 하지만, 도넛형 차트를 사용하면 두 연도를 하나의 차트에 표현할 수 있습니다.

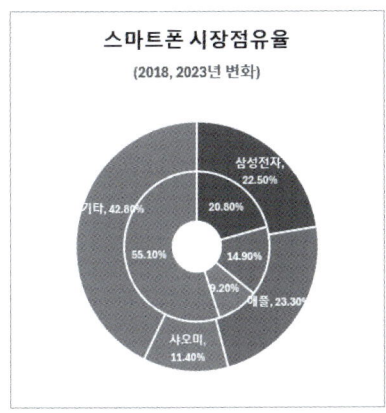

구체적인 표현 방법은 다음 실습을 통해 알아보겠습니다.

원형 차트에서 여러 계열을 동시에 표시하기

예제 파일 CHAPTER 04 \ 원형 차트.xlsx

01 예제 파일에는 2018년부터 2023년까지의 스마트폰 시장 점유율을 정리한 표가 있습니다. 시작 연도(2018년)와 마지막 연도(2023년)의 두 데이터를 비교하는 원형 차트를 만들어보겠습니다.

02 먼저 원형 차트를 생성할 대상 범위를 선택해야 합니다. [B5:C9] 범위를 지정하고 Ctrl 을 누른 상태에서 [H5:H9] 범위를 지정합니다. 리본 메뉴의 [삽입] 탭-[차트] 그룹-[원형 또는 도넛형 차트 삽입]을 클릭하고 [2차원 원형]의 첫 번째 차트를 선택합니다.

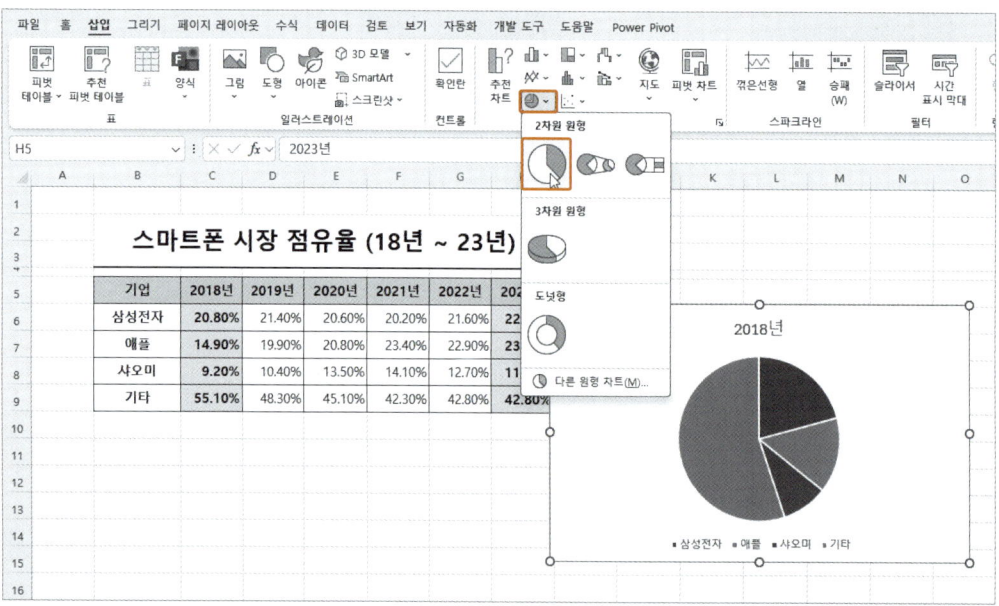

03 생성된 차트의 그래프를 선택하면 원본 범위가 표시됩니다. 그런데 차트를 생성할 때 선택한 2023년 데이터가 차트에 표시되지 않았습니다.

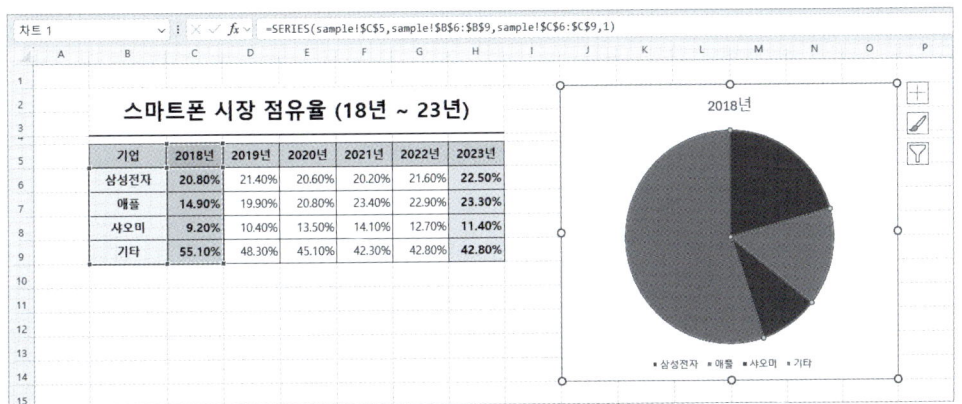

엑셀마스터가 짚어주는 핵심 NOTE

원형 차트의 이해

원형 차트의 범례를 보면 B열의 기업명이 표시되어 있습니다. 세로 막대형 차트나 꺾은선형 차트에서는 기업명이 X축 항목에 표시되는 것과 달리 원형 차트는 X축 항목이 범례에 표시되는 것입니다.

이것은 원형 차트가 여러 계열을 표시할 수 없다는 의미입니다. 원형 차트는 하나의 원 그래프로 개별 항목의 비율을 표시하므로, 이러한 제약은 놀라운 점이 아닙니다.

04 생성된 차트를 삭제하고, 도넛형 차트를 다시 생성하겠습니다. [B5:C9] 범위를 지정하고 Ctrl 을 누른 상태에서 [H5:H9] 범위를 지정합니다. 리본 메뉴의 [삽입] 탭-[차트] 그룹-[원형 또는 도넛형 차트 삽입]을 클릭하고 [도넛형]의 첫 번째 차트를 선택합니다.

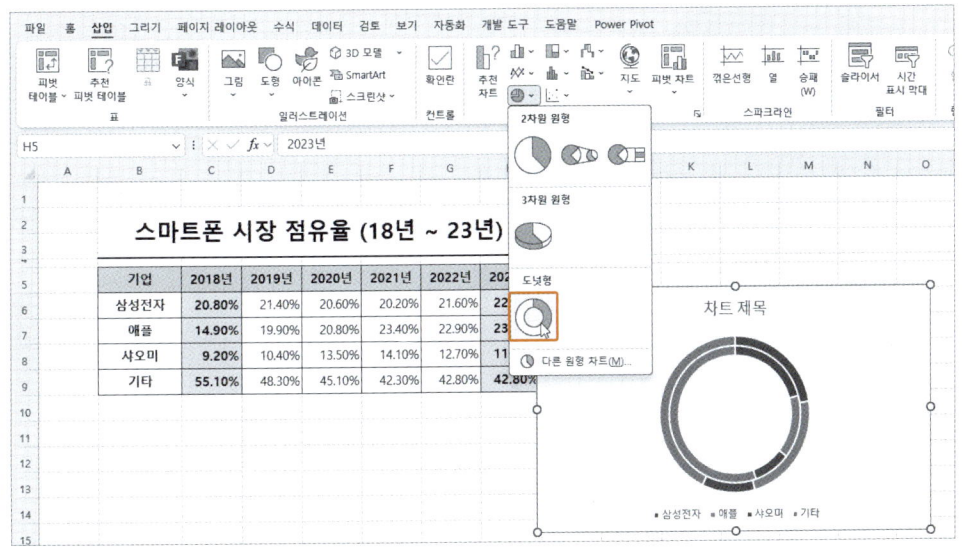

05 생성된 차트의 바깥쪽 그래프를 클릭해보면 표의 H열에 있는 2023년 시장 점유율 범위가 표시됩니다.

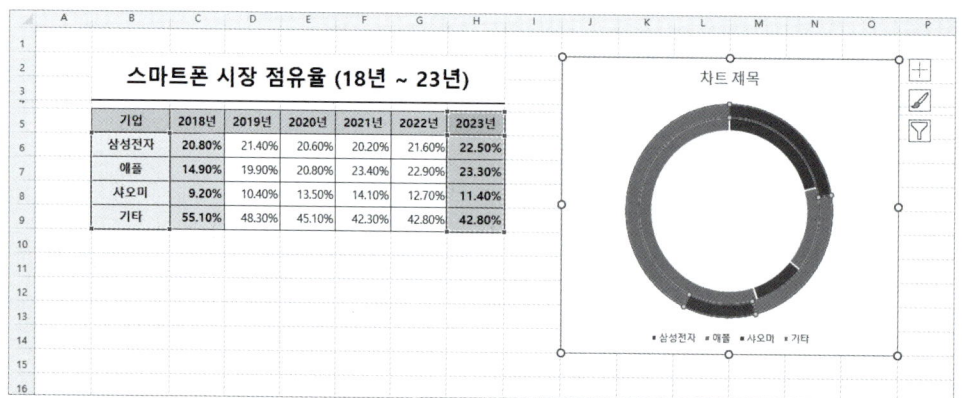

 엑셀마스터가 짚어주는 핵심 NOTE

도넛형 차트 이해하기

도넛형 차트는 원형 차트와 달리 여러 계열을 동시에 표시할 수 있습니다. 참고로 표의 왼쪽 열이 안쪽에, 오른쪽 열이 바깥쪽에 표시됩니다.

06 도넛형 그래프의 구멍 크기를 조절하면 각 계열의 크기를 늘리거나 줄일 수 있습니다. 그래프를 더블클릭하면 [데이터 계열 서식] 작업 창이 표시됩니다. [계열 옵션]의 [도넛 구멍 크기]를 **30%**로 조정합니다.

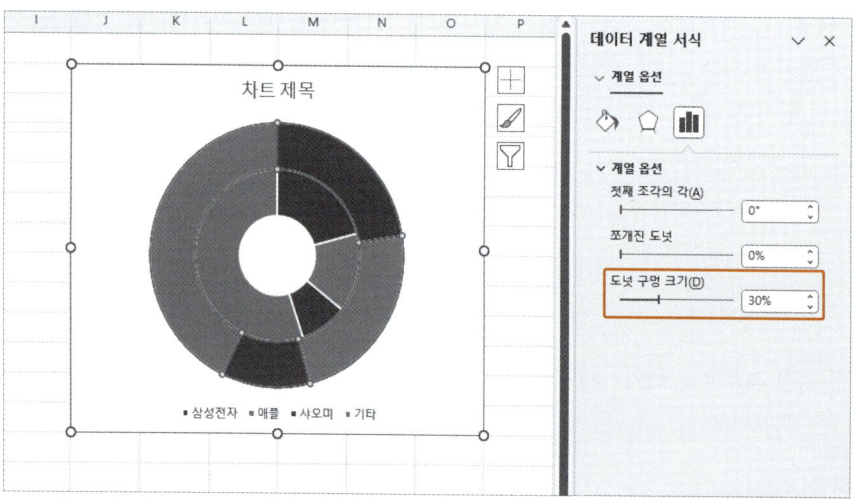

07 원형이나 도넛형 차트는 범례 대신 데이터 레이블을 많이 사용합니다. 범례를 선택하고 마우스 오른쪽 버튼을 클릭하여 [삭제] 메뉴를 선택합니다.

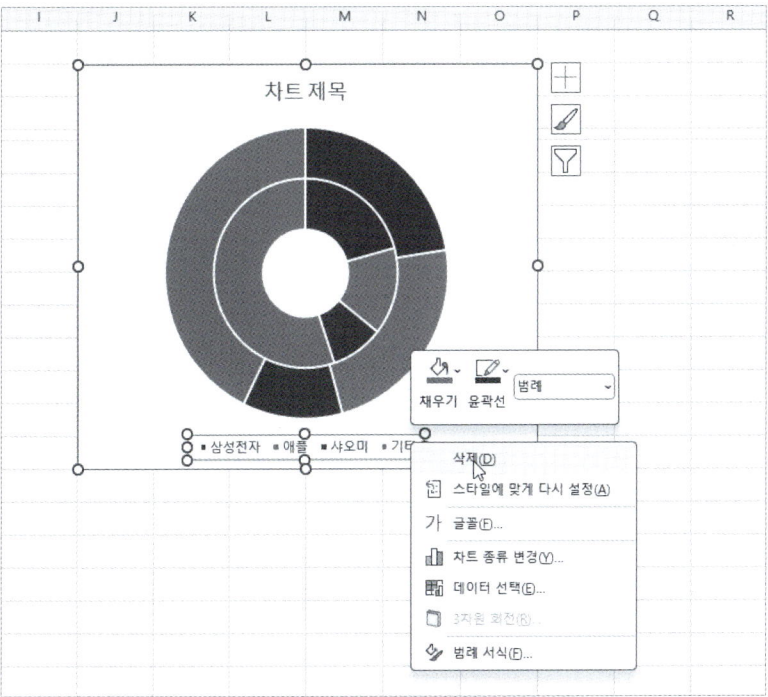

08 [차트 요소]를 클릭하고 [데이터 레이블]에 체크합니다.

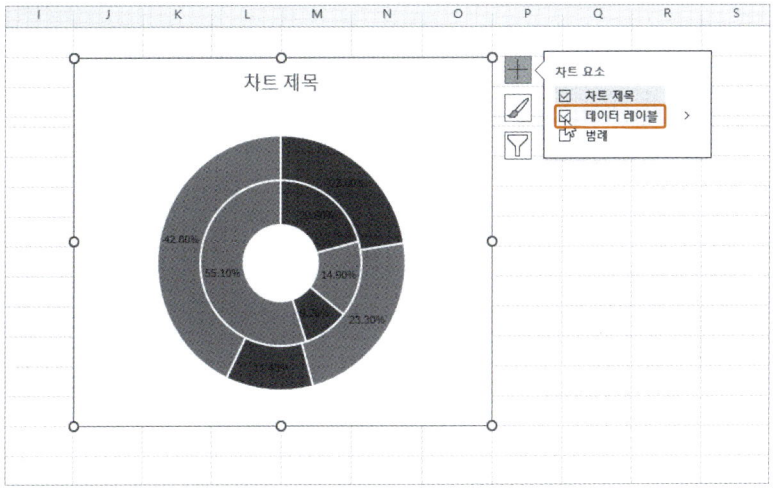

09 범례의 항목 이름을 데이터 레이블에 추가하겠습니다. 바깥쪽 도넛 그래프의 데이터 레이블을 더블 클릭해 [데이터 레이블 서식] 작업 창을 열고 [레이블 옵션]의 [레이블 내용]에서 [항목 이름]에 체크합니다.

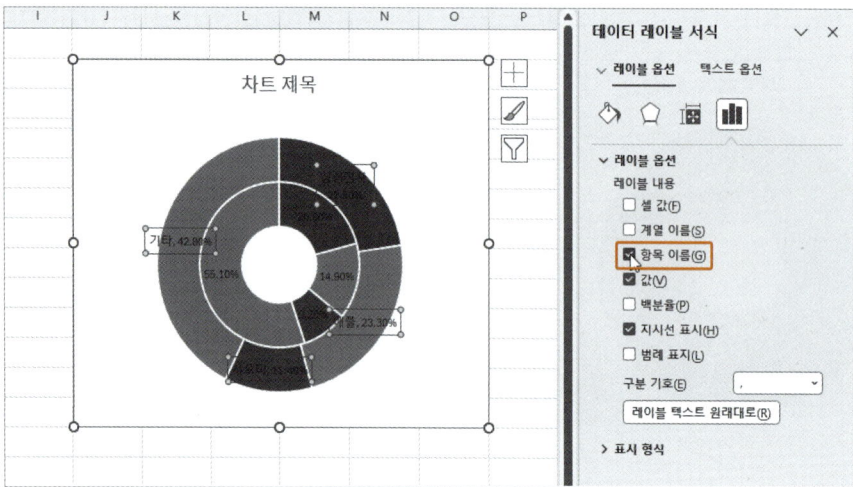

두 가지 데이터의 연관성이 궁금할 때는 분산형 차트

분산형 차트 자체는 만들기는 쉽지만, 효과적으로 활용하려면 [추세선] 옵션을 이해하는 것이 중요합니다. 추세선은 그래프의 전반적인 흐름과 패턴·경향을 보여주는 차트 요소입니다.

예를 들어 실적 추이를 그린 꺾은선형 차트가 다음과 같은 경우, 해당 기업이 성장세인지 침체 국면인지 즉시 판단하기가 어려울 수 있습니다.

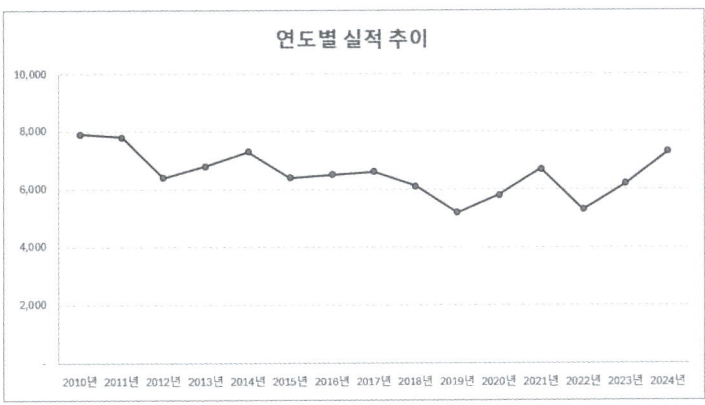

이때 추세선을 추가하면 차트의 방향을 좀 더 명확하게 이해할 수 있습니다.

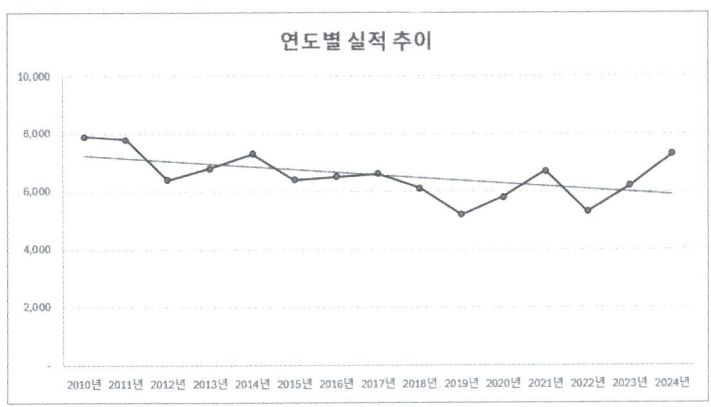

추세선에는 다음과 같이 여러 종류가 있고, 여러 목적에 따라 구분해 사용할 수 있습니다.

종류	설명	아이콘
선형	데이터가 일정한 비율로 증가/감소하는 경우에 사용합니다. 예 : 연간 매출 증가, 인구 증가 등	
지수	데이터가 점점 더 빠른 속도로 증가/감소하는 경우에 사용합니다. 예 : 복리, 바이러스 감염 속도 등	
로그	데이터가 급격하게 성장/쇠퇴한 후 점차 안정화되는 경우에 사용합니다. 예 : 초기 시장 진입 시의 매출 성장 패턴, 학습 곡선	
다항식	데이터가 상승/하락을 여러 차례 반복하는 경우에 사용합니다. 예 : 주식 가격 변화, 계절성 데이터	
거듭제곱	데이터가 비례관계(기하급수적 증가/감소)를 보이는 경우에 사용합니다. 예 : 속도, 거리 등의 물리적 현상을 설명하는 데 적합	
이동평균	데이터의 등락이 심한 경우, 일정 구간의 평균을 통해 전체적인 방향성을 확인하려고 할 때 사용합니다. 예 : 일 주가 변동, 일 판매량	

분산형 차트에서는 선형 추세선을 통해 두 데이터의 관계를 설명하며, 추세선의 신뢰도는 R^2(=결정계수) 값을 통해 판단합니다. R^2 값은 0~1 범위의 값을 반환하며, 1에 가까울수록 데이터를 잘 설명하는 추세선이라 할 수 있습니다.

예를 들어 부모와 자녀의 키에 연관성이 있는지 확인하기 위해, 몇 그룹의 키를 조사하여 다음과 같이 분산형 차트로 표현하면 양의 상관관계에 있는 것처럼 보입니다.

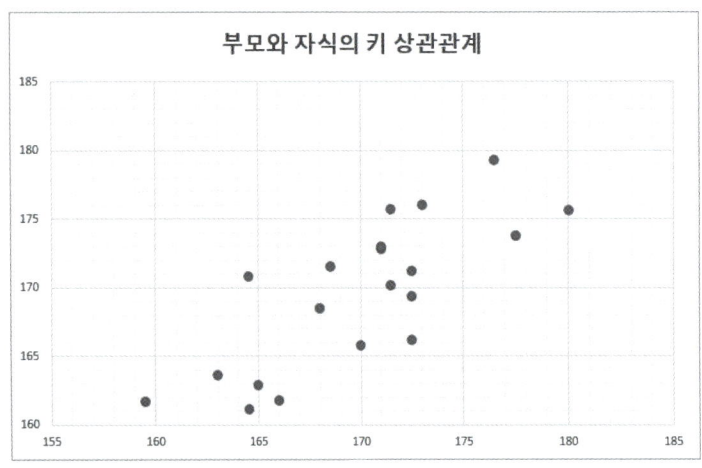

연관성의 수준과 부모의 키가 자녀의 키에 미치는 영향의 크기를 더 정확히 설명하려면 다음과 같이 선형 추세선을 추가하고 결정계수(R^2)를 차트에 표시할 수 있습니다.

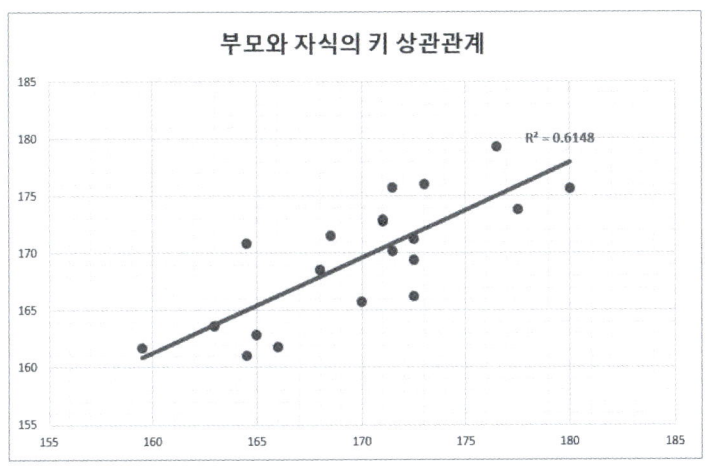

보통 R^2 값이 0.7 이상이면 연관성이 아주 강하다고 할 수 있으며, 위 예시의 0.6148 값도 강한 연관성이 있다고 할 수 있습니다. 이런 방법으로 분산형 차트에서 서로 다른 값들의 관계를 설명할 수 있습니다.

분산형 차트를 사용해 두 값의 연관성을 설명하는 방법 이해하기

예제 파일 CHAPTER 04 \ 분산형 차트.xlsx

01 예제 파일에는 스마트폰 시장 점유율을 정리한 표와 꺾은선형 차트가 있습니다. 샤오미의 시장 점유율은 2021년을 정점으로 2023년까지 계속 하락하는 모습을 보여줍니다. 샤오미의 시장 점유율 하락에 따른 수혜를 삼성전자와 애플 중 어떤 기업이 더 많이 입었는지 확인해보겠습니다.

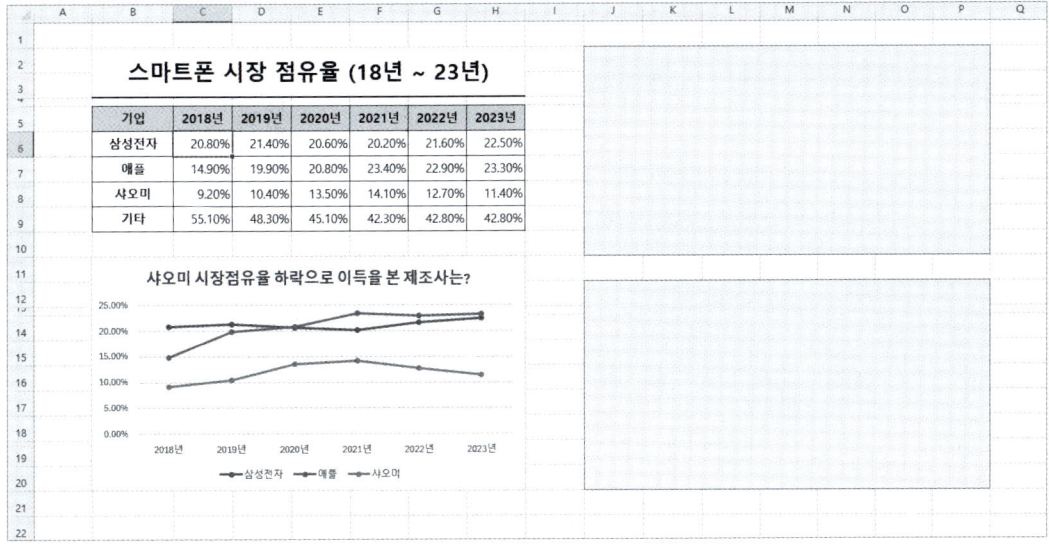

02 샤오미와 삼성전자의 시장 점유율의 관계를 확인하기 위해 분산형 차트를 생성하겠습니다. [C6:H6] 범위를 지정하고 Ctrl 을 누른 상태에서 [C8:H8] 범위를 지정합니다. 리본 메뉴의 [삽입] 탭–[차트] 그룹–[분산형 또는 거품형 차트 삽입]을 클릭하고 [분산형]의 첫 번째 차트를 선택합니다.

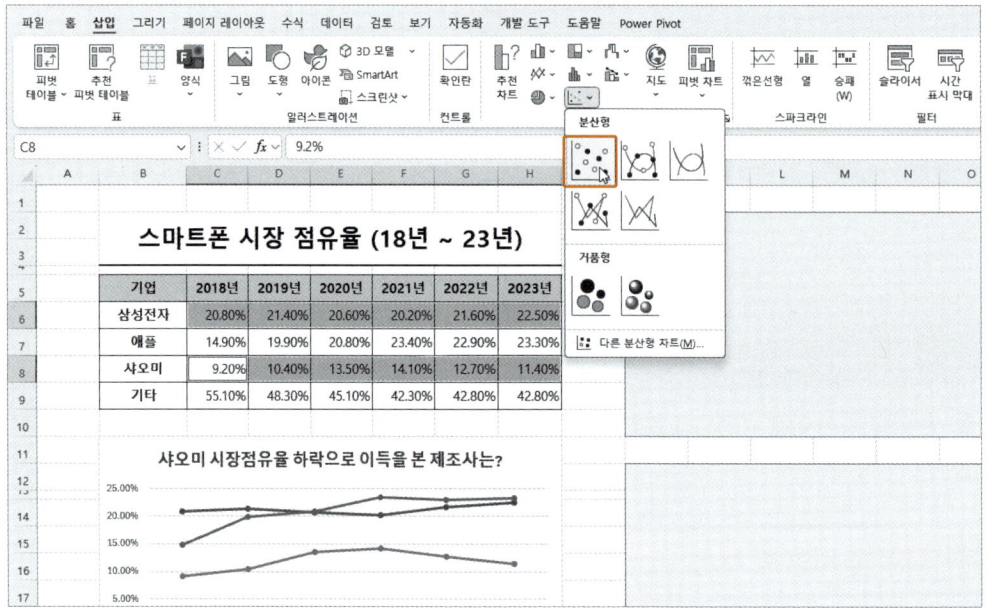

TIP 분산형 차트는 오직 숫자 데이터 범위만으로 생성해야 합니다.

03 생성된 차트를 [J2:P10] 범위에 위치시키고 차트 제목을 **삼성전자 vs 샤오미**로 변경합니다.

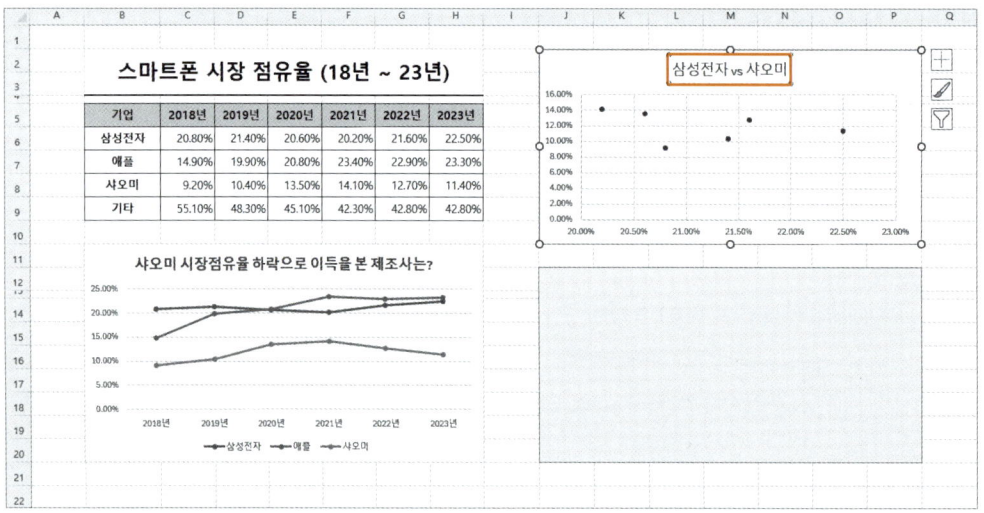

04 [차트 요소 ⊕]를 클릭하고 [추세선]에 체크합니다.

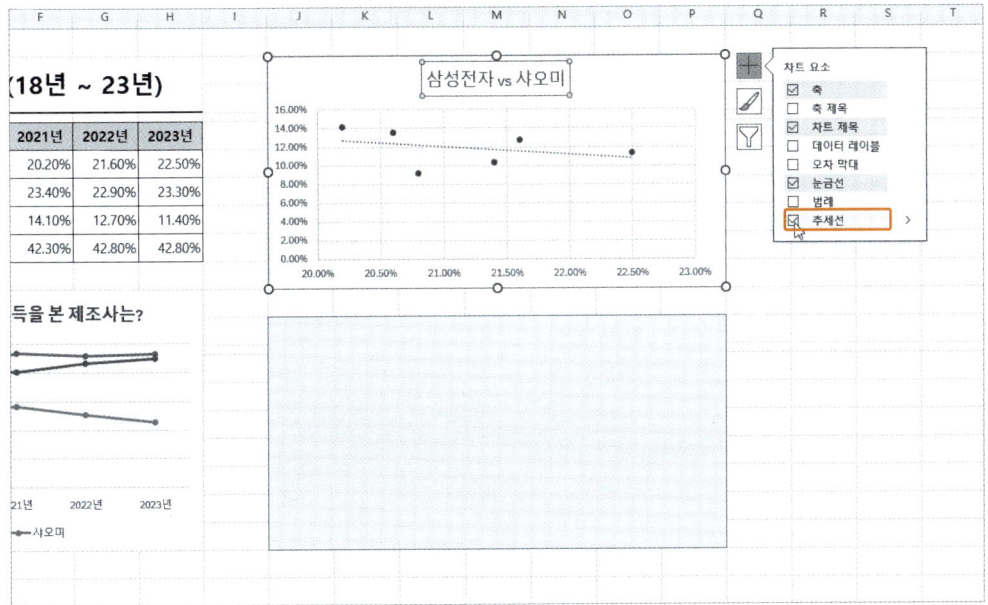

05 추가된 추세선을 더블클릭하면 [추세선 서식] 작업 창이 표시됩니다. [추세선 옵션]의 [R-제곱 값을 차트에 표시]에 체크합니다.

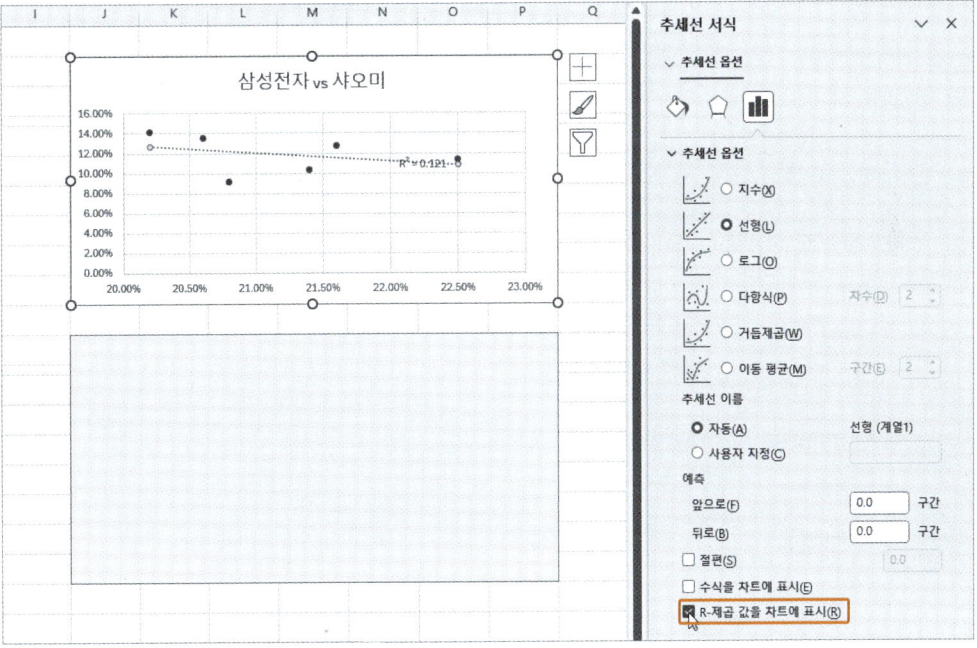

CHAPTER 04 보고서에 필요한 데이터 시각화② : 차트

06 표시된 R-제곱 값 도형을 추세선 위로 옮기고, 리본 메뉴의 [홈] 탭-[글꼴] 그룹에서 [굵게 가]를 클릭합니다. [글꼴 크기]는 [11]로, [글꼴 색 가]은 빨강으로 조정합니다.

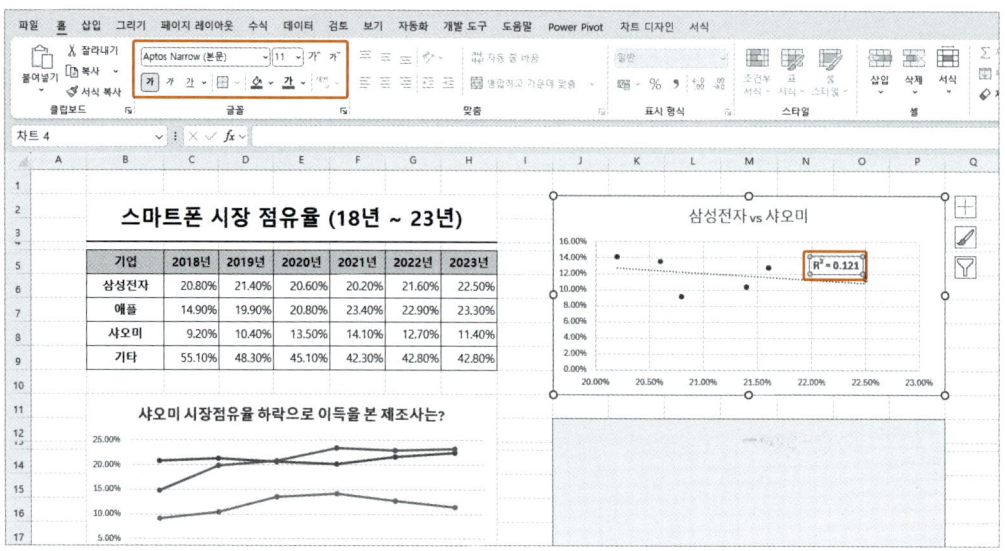

TIP 결정계수(R^2)가 0.121이면 약 12.1%만 설명하므로 두 업체의 시장 점유율 간 선형관계는 약한 편입니다. 다만, 이 값은 2018년부터 2023년까지의 전체 기간을 기준으로 계산된 것이므로, 샤오미의 시장 점유율이 정점 이후 하락한 2021년부터 2023년까지를 별도로 비교하는 편이 적절해 보입니다.

07 관계를 비교할 연도 범위를 조정하겠습니다. 차트의 표식을 선택하면 원본 범위가 표에 표시됩니다. [C6] 셀 왼쪽 하단의 크기 조정 핸들을 [F6] 셀까지 드래그하면 다음과 같이 R 제곱값이 0.121에서 **0.8661**로 변경됩니다.

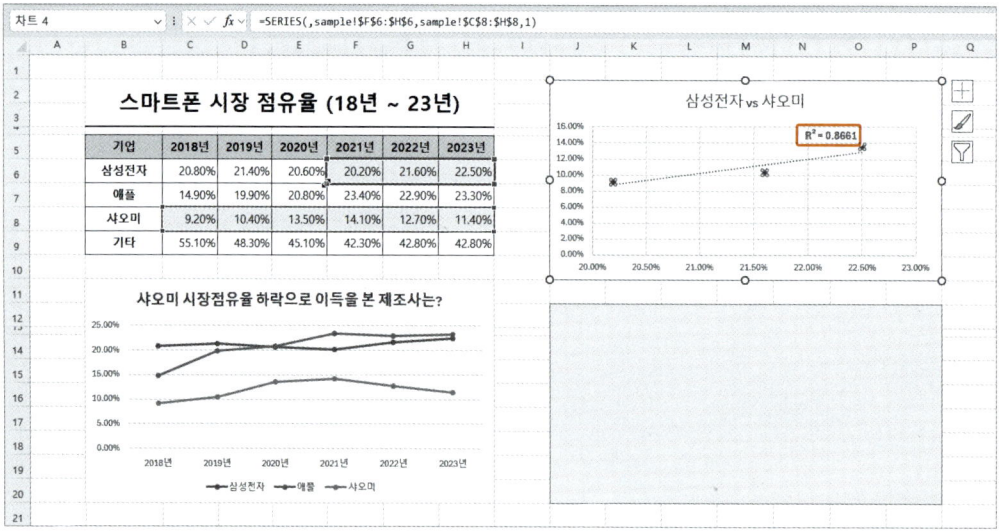

TIP 마우스로 범위를 조정하는 것이 쉽지 않다면 수식 입력줄의 SERIES 함수 두 번째 인수 범위를 sample!$F$6:$H$6으로 변경해도 됩니다.

=SERIES(, sample!$F$6:$H$6, sample!$C$8:$H$8, 1)

08 [C8] 셀 왼쪽 하단의 크기 조정 핸들을 [F8] 셀까지 드래그해 Y축 범위로 조정하면 R 제곱값이 0.8661에서 **0.9893**으로 변경됩니다.

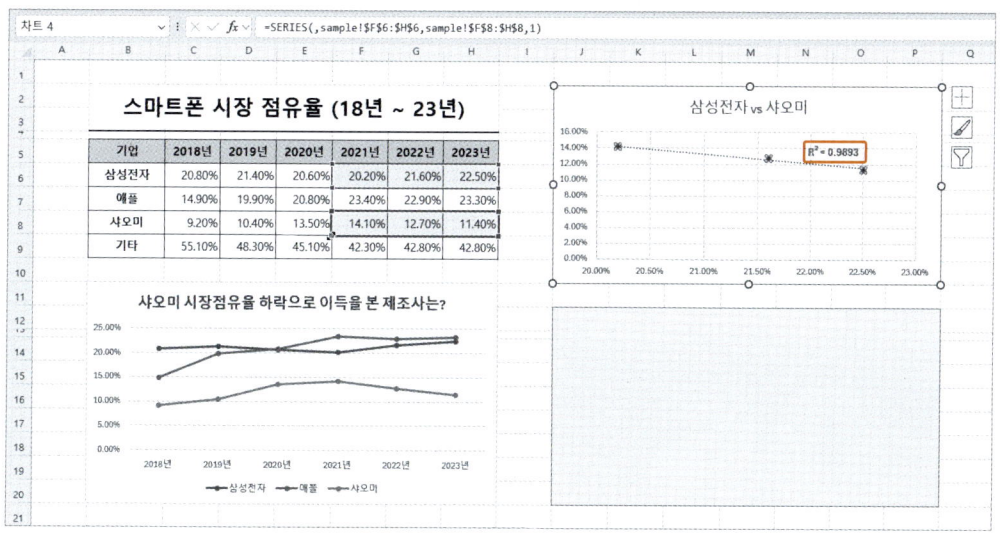

TIP 전체 기간의 결정계수(R^2)는 0.121로 낮아 두 회사의 시장 점유율 간 선형관계가 거의 없는 반면, 2021년부터의 R^2는 0.9893으로 매우 높아 샤오미의 점유율 변화가 삼성전자의 점유율 변화에 강한 영향을 미쳤다고 해석할 수 있습니다. 이처럼 분산형 차트로 설명할 때는 관심 구간만을 대상으로 분석하는 편이 타당성과 신뢰도를 높이는 데 효과적입니다.

09 이제 동일한 방법으로 [C7:H8] 범위를 지정하고, 애플과 샤오미의 시장 점유율 변화를 확인해봅니다. 2018년부터 2023년까지의 샤오미와 애플의 시장 점유율 연관성이 0.5812인 것을 확인할 수 있습니다. 아주 높지는 않지만 삼성전자에 비하면 높다고 할 수 있습니다.

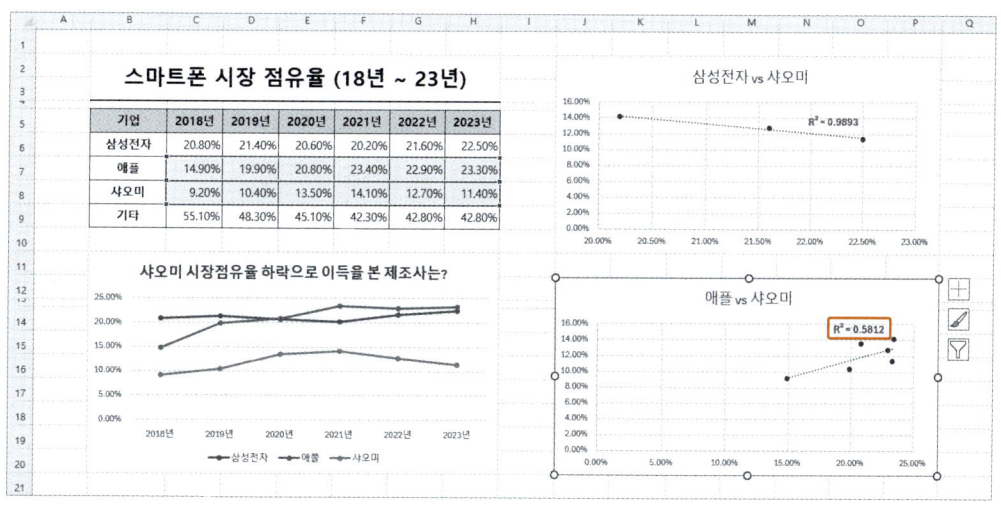

10 삼성전자와 동일한 방법으로 기간을 2021년부터로 변경해봅니다. 그러면 결정계수가 0.0441이므로 연관성이 거의 없다고 설명할 수 있습니다.

TIP 분석 결과를 보면, 샤오미의 시장 점유율 하락으로 인한 수혜는 삼성전자가 가져갔다고 할 수 있습니다.

CHAPTER 05

피벗 테이블 보고서 활용

이번 CHAPTER의 핵심!
- **데이터 전처리하기**
- **계층 구조와 필터 이해하기**
- **슬라이서 활용하기**
- **함수로 피벗 테이블의 값 참조하기**

기업에는 대량의 데이터가 지속적으로 쌓이고, 이를 기반으로 다양한 의사결정을 내리고자 합니다. 대시보드 역시 의사결정권자가 필요한 정보를 빠르게 파악할 수 있도록 만드는 도구이기 때문에, 데이터를 정확하게 관리하고 효율적으로 분석하는 방법을 익히는 것이 무엇보다 중요합니다.

다만, 대부분의 엑셀 사용자는 함수를 활용해 보고서를 만드는데 함수는 정해진 형태의 보고서를 만들 때에는 유용해도 대량의 데이터에서 다양한 정보를 추출하거나 분석하기에는 한계가 있습니다. 엑셀에서 데이터를 분석하는 데 가장 강력한 도구는 피벗 테이블입니다.

피벗 테이블은 많은 데이터를 드래그&드롭만으로도 빠르고 쉽게 요약하고 분석할 수 있기 때문에, 함수보다 더 직관적이고 다양한 관점에서 데이터를 이해하는 데 도움이 됩니다.

하지만 피벗 테이블을 제대로 활용하려면 데이터가 정확하고 일정한 형식으로 정리되어 있어야 합니다. 현실에서는 엑셀로 관리된 데이터가 중복되거나 형식이 제각각인 경우가 많기 때문에, 분석 전에 데이터를 수정하거나 정리하는 과정이 필요합니다. 이러한 과정을 '데이터 전처리' 또는 '데이터 클리닝'이라고 하며, 엑셀에서는 파워 쿼리를 활용하는 것이 가장 효율적인 방법입니다.

결국 엑셀로 대시보드를 만들려면 파워 쿼리로 데이터를 정리하고, 피벗 테이블로 요약·분석하는 방식이 가장 쉽고 효과적입니다. 다만 파워 쿼리는 이 책의 핵심 내용과는 다소 거리가 있으므로, 필요한 경우에는 일잘러의 무기가 되는 엑셀 시리즈 2권인 《일잘러의 무기가 되는 엑셀 파워 쿼리》를 참고할 것을 추천합니다.

피벗 테이블 보고서 활용을 위한 데이터 전처리

데이터 전처리에 정답은 없지만, 엑셀에서 피벗 테이블을 원활히 사용하려면 두 가지는 반드시 알아야 합니다. 첫째, 병합된 셀이나 빈 셀은 필드 인식과 집계를 방해하므로 피해야 합니다. 둘째, 표를 오른쪽으로 확장하는 구성은 분석에 부적합하므로 아래로 확장하는 구조로 정리하는 것이 좋습니다. 이 두 가지를 이해하면 피벗 테이블을 활용할 때 발생하는 대부분의 문제를 줄일 수 있습니다.

빈 셀이나 병합된 셀이 많은 표의 전처리 방법

원본 표에 빈 셀이나 병합된 셀이 있으면 피벗 테이블 보고서에서 집계를 수행하기가 어렵습니다. 다음 표를 보면, B열의 지점명 셀들이 각각 병합되어 있습니다.

지점	제품	판매실적		지점	실적
용인	노트북	₩ 52,827.5		용인	
	스마트워치	₩ 38,238.5		수지	
	스마트폰	₩ 119,713.5		분당	
	이어폰	₩ 13,157.5			
	태블릿	₩ 77,294.5			
수지	노트북	₩ 22,294.0			
	스마트워치	₩ 11,474.0			
	스마트폰	₩ 55,028.0			
	태블릿	₩ 33,396.5			
분당	노트북	₩ 46,346.0			
	스마트워치	₩ 31,049.0			
	스마트폰	₩ 101,366.5			
	이어폰	₩ 10,992.0			
	컴퓨터	₩ 27,560.5			
	태블릿	₩ 68,877.0			

다음 표에서 지점별 실적을 피벗 테이블로 바로 집계하면 병합된 셀이 빈 값으로 처리되어 '(비어 있음)' 항목으로 묶이므로 원하는 결과를 얻기는 어렵습니다.

따라서 피벗 테이블을 사용하려면 먼저 병합을 해제하고 빈 셀을 채워 표를 연속된 레코드 형태로 정리해야 합니다. 병합을 풀고 빈칸을 모두 채우거나, 보조 열을 추가해 일관되게 기입하거나, 파워 쿼리를 이용해 모두 채우는 방식으로 처리합니다. 자세한 절차는 다음 실습에서 다룹니다.

병합된 셀이 있는 표로 피벗 테이블 만들기

예제 파일 CHAPTER 05 \ 병합-채우기.xlsx

01 예제 파일을 열면 B열의 지점명 셀에 병합이 적용된 것을 확인할 수 있습니다. B열의 병합을 해제한 뒤 빈 셀을 채우고 [G3] 셀 위치에 피벗 테이블 보고서를 생성하겠습니다.

02 [B4:B18] 범위를 지정하고 리본 메뉴의 [홈] 탭-[맞춤] 그룹-[병합하고 가운데 맞춤圖]을 클릭해 병합을 모두 해제합니다.

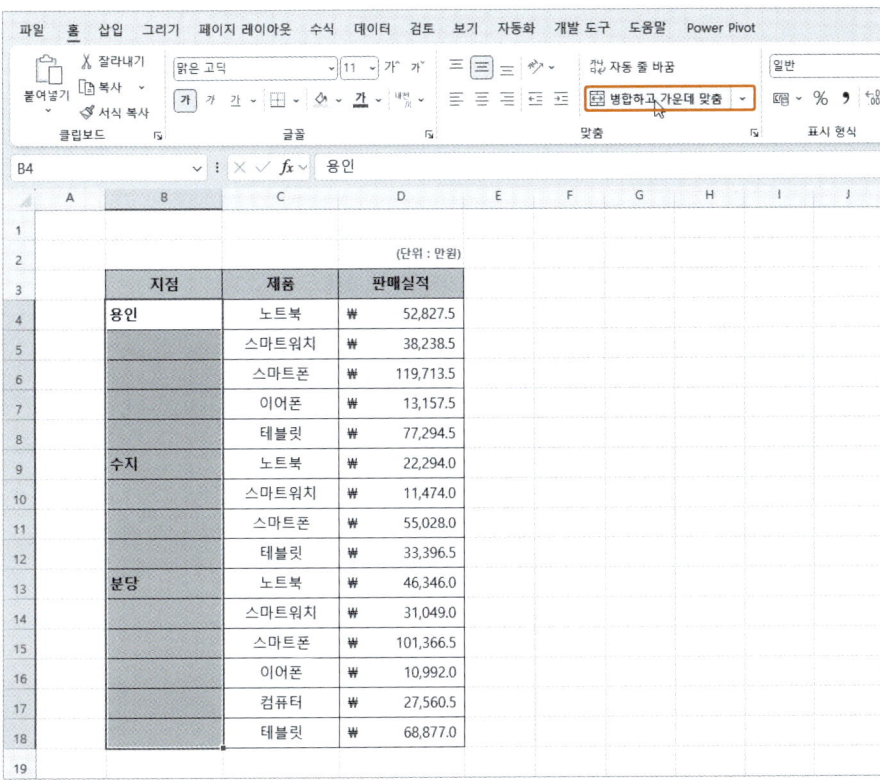

03 병합이 해제된 범위에서 빈 셀만 선택해보겠습니다. [B4:B18] 범위가 선택된 상태에서 F5 를 누릅니다. [이동] 대화상자가 표시되면 [옵션]을 클릭합니다.

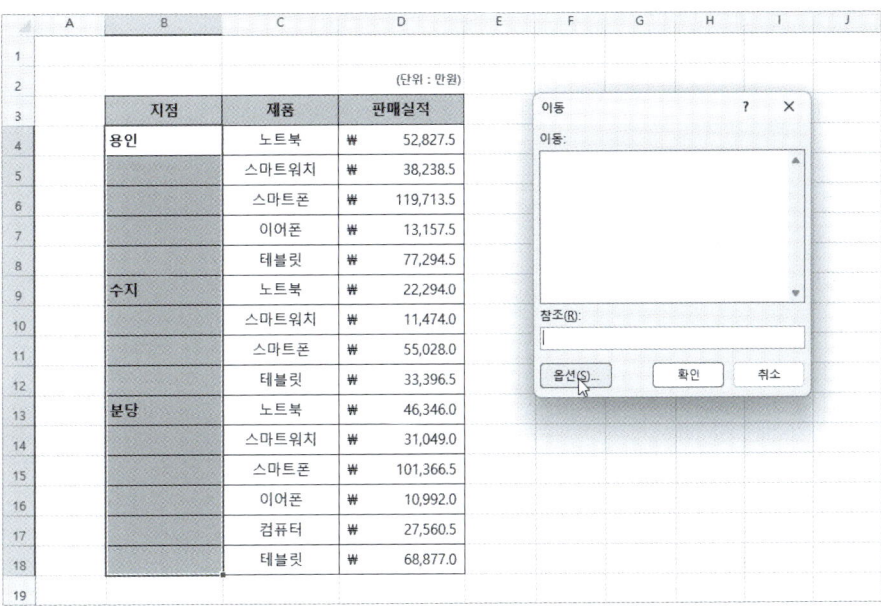

04 [이동 옵션] 대화상자가 표시되면 [빈 셀] 옵션을 선택하고 [확인]을 클릭합니다.

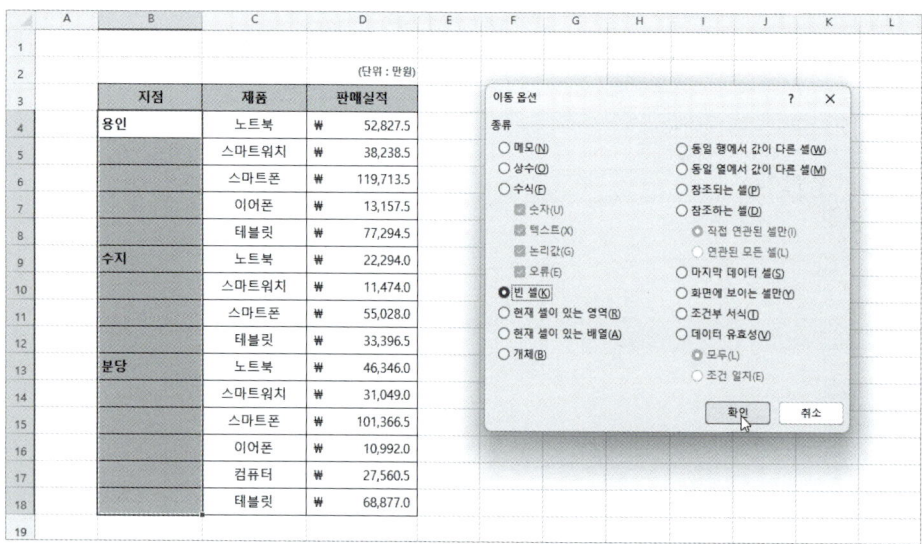

05 빈 셀이 모두 선택되고 [B5] 셀이 활성화됩니다. 등호(=)를 입력하고 [B4] 셀을 클릭해 참조한 다음 Ctrl + Enter 를 누르면 선택된 모든 빈 셀에 수식이 복사되어 채워집니다.

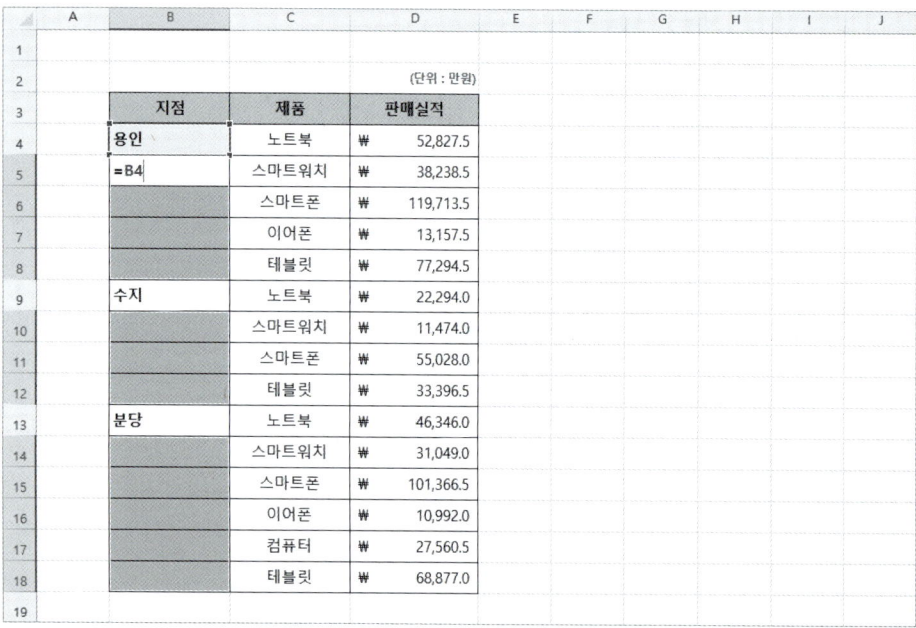

06 B열의 값을 모두 채웠으니 이제 피벗 테이블 보고서를 만들어 지점별 실적을 집계하겠습니다. [B4] 셀을 선택하고 리본 메뉴의 [삽입] 탭-[표] 그룹-[피벗 테이블]을 클릭합니다.

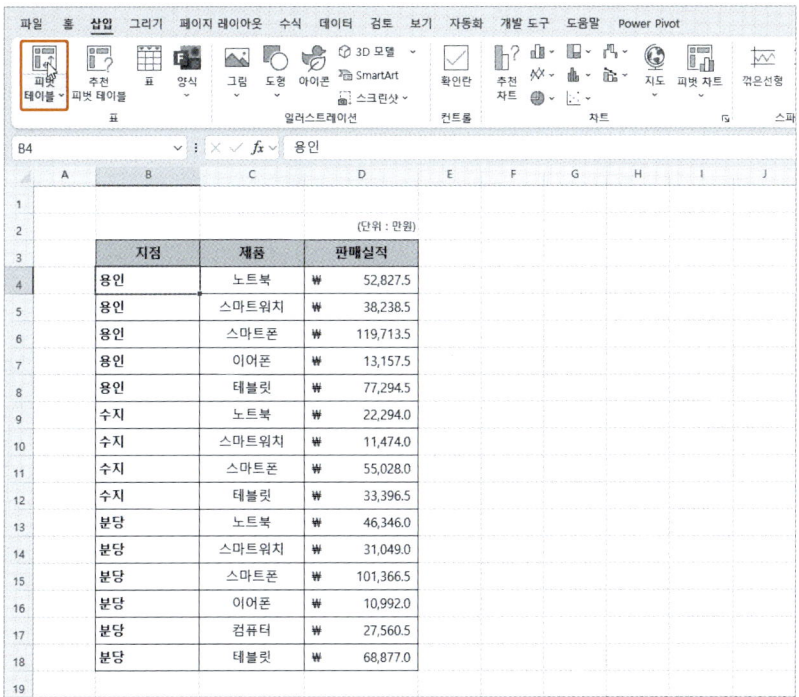

07 [표 또는 범위의 피벗 테이블] 대화상자가 표시되면 [기존 워크시트] 옵션을 선택하고 [위치] 입력란을 클릭한 다음 [G3] 셀을 선택합니다. [확인]을 클릭합니다.

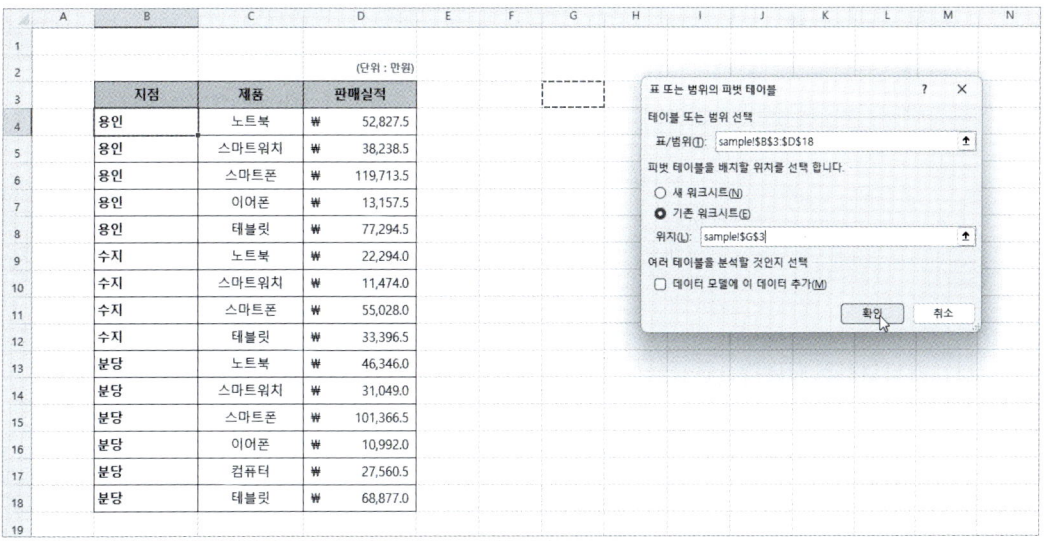

08 [G3] 셀 위치에 피벗 테이블 보고서 레이아웃이 표시됩니다.

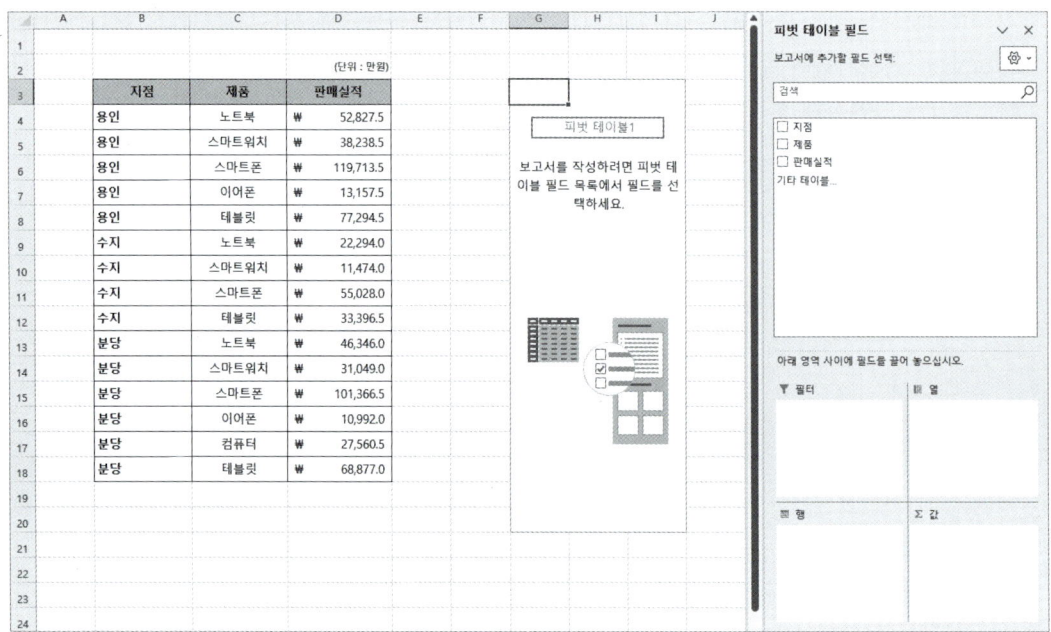

09 [피벗 테이블 필드] 작업 창에서 [지점]과 [판매실적] 필드에 체크합니다. 다음과 같이 지점별 실적을 집계한 피벗 테이블 보고서가 완성됩니다.

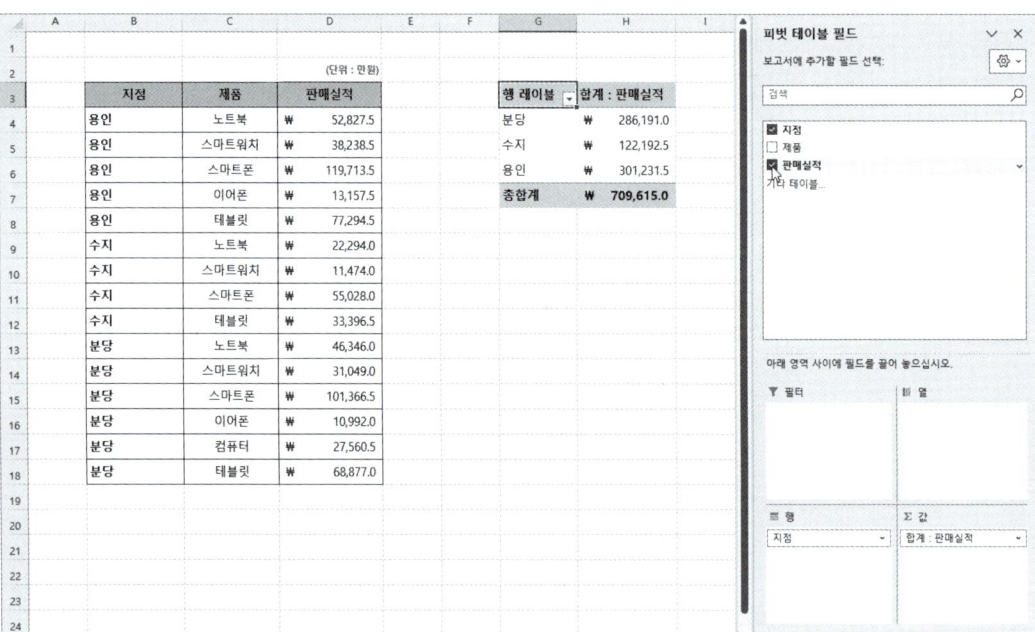

보조 열을 생성해 병합 문제 해결하기

예제 파일 CHAPTER 05 \ 병합-보조 열.xlsx

01 예제 파일에는 이전 실습과 동일한 데이터로 만든 표가 있습니다. 이번에는 B열의 병합을 해제하지 않은 상태에서 E열에 병합된 셀 값을 반환하여 채운 다음 피벗 테이블을 생성하겠습니다.

02 [E4] 셀에 다음 수식을 입력하고 채우기 핸들을 [E18] 셀까지 드래그해 수식을 복사합니다.

=IF(B4<>"", B4, E3)

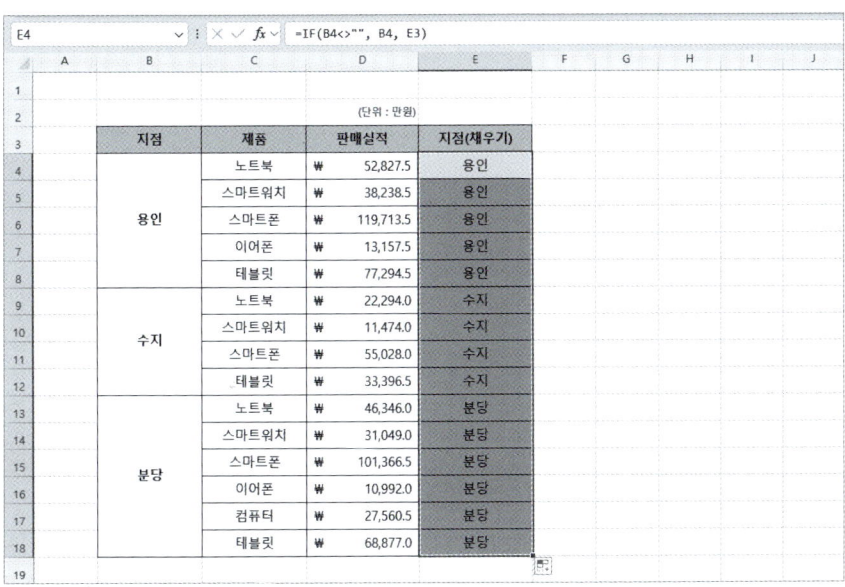

엑셀마스터가 짚어주는 핵심 NOTE

수식 이해하기

이번 수식은 다음과 같은 수식으로 이해하는 것이 쉽습니다.

=IF(지점 <> "", 지점, 위쪽 셀)

B열의 셀들은 병합이 되어 있는데, 병합된 셀은 첫 번째 셀에만 값이 저장되고, 나머지 셀은 모두 빈 셀로 처리됩니다. 그러므로 B4<>"" 조건이 TRUE가 되는 경우는 병합된 셀의 첫 번째 셀 값이 입력된 것이므로 이런 경우에는 그 값을 그대로 참조합니다.

지점	제품	판매실적	지점(채우기)
용인			용인

B4<>"" 조건이 FALSE가 되는 경우는 모두 병합된 셀의 빈 셀이므로, 값을 참조하기 어려워, 바로 위쪽 셀의 값을 참조합니다.

지점	제품	판매실적	지점(채우기)
용인			용인
			용인
			용인

이런 방식을 사용하면 원본 표의 병합을 해제하지 않고, 값이 채워진 열을 사용할 수 있습니다.

03 [H3] 셀 위치에 피벗 테이블을 만들고, [피벗 테이블 필드] 작업 창에서 [판매실적]과 [지점(채우기)] 필드에 체크해 보고서를 완성합니다.

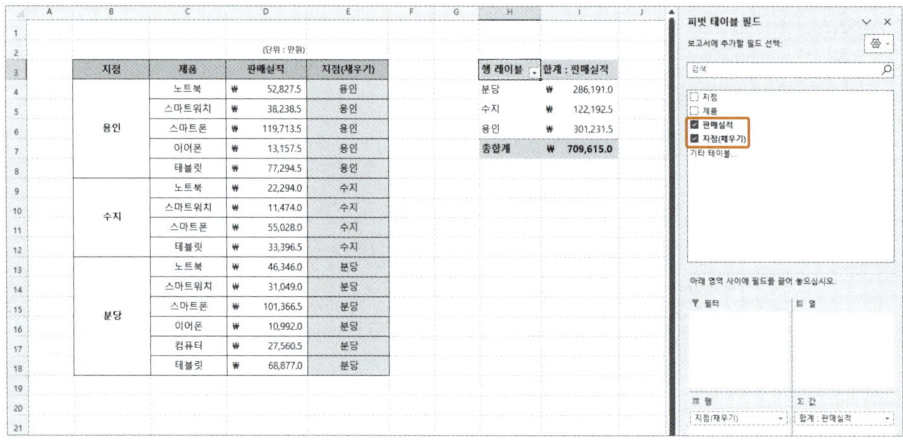

LINK 피벗 테이블 보고서를 만드는 과정은 이 책의 234페이지부터 참고합니다. [지점] 필드 대신 [지점(채우기)] 필드를 사용한다는 것만 다릅니다.

파워 쿼리를 활용해 병합 문제 해결하기

예제 파일 CHAPTER 05 \ 병합-파워 쿼리.xlsx

01 예제 파일은 이전 실습과 동일한 데이터입니다. 이번에는 파워 쿼리를 이용해 [지점] 열의 빈 셀을 모두 채우고 피벗으로 집계해보겠습니다. [B3:D18] 범위를 지정하고, 리본 메뉴의 [데이터] 탭-[데이터 가져오기 및 변환] 그룹-[테이블/범위에서]를 클릭합니다.

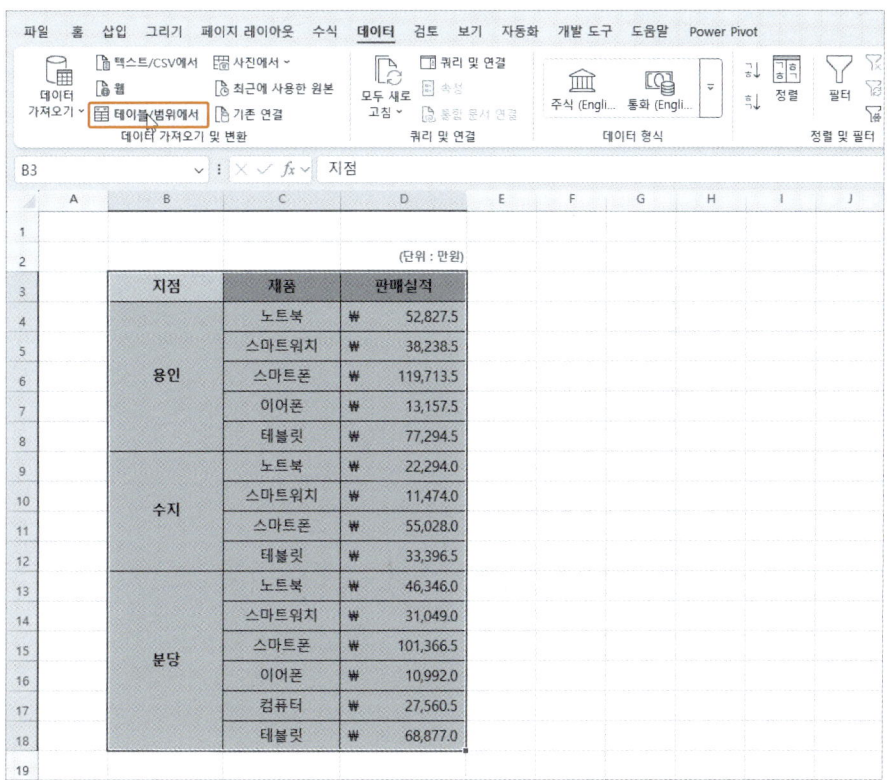

엑셀마스터가 짚어주는 핵심 NOTE

엑셀 버전에 따라 다른 파워 쿼리 사용법

엑셀 2016 이상 버전에서는 리본 메뉴의 [데이터] 탭에 파워 쿼리 명령이 기본으로 제공됩니다. 엑셀 2010, 2013 버전에서는 추가 기능을 설치해 사용할 수 있습니다.

즉, 241~253페이지의 실습은 최소 엑셀 2016 이상 버전 사용자여야 따라 하기가 가능하며, 그 이하 버전 사용자는 앞서 234~240페이지에서 설명한 내용을 참고해 작업하는 것을 권합니다.

02 [표 만들기] 대화상자가 표시되면 [확인]을 클릭해 엑셀 표로 등록합니다.

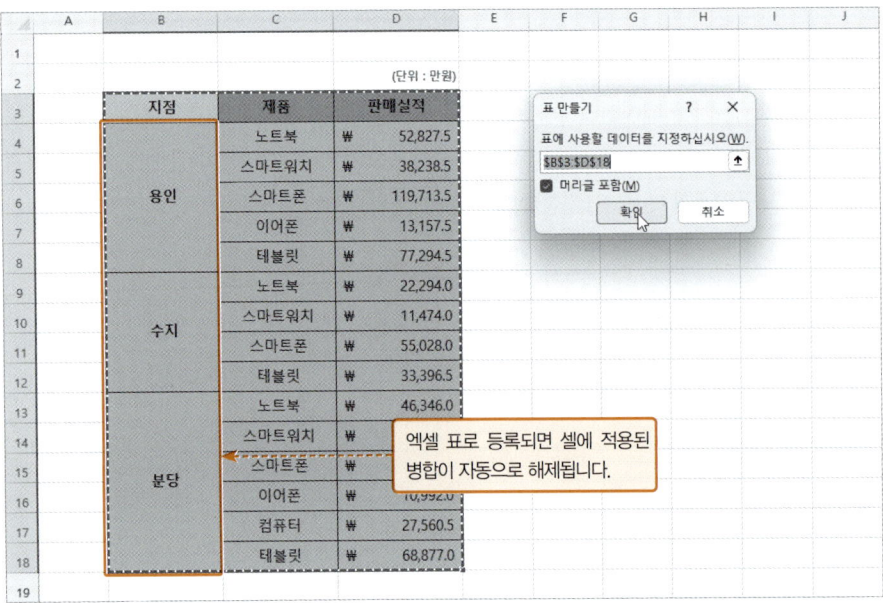

03 이어서 바로 [Power Query 편집기] 창이 열립니다.

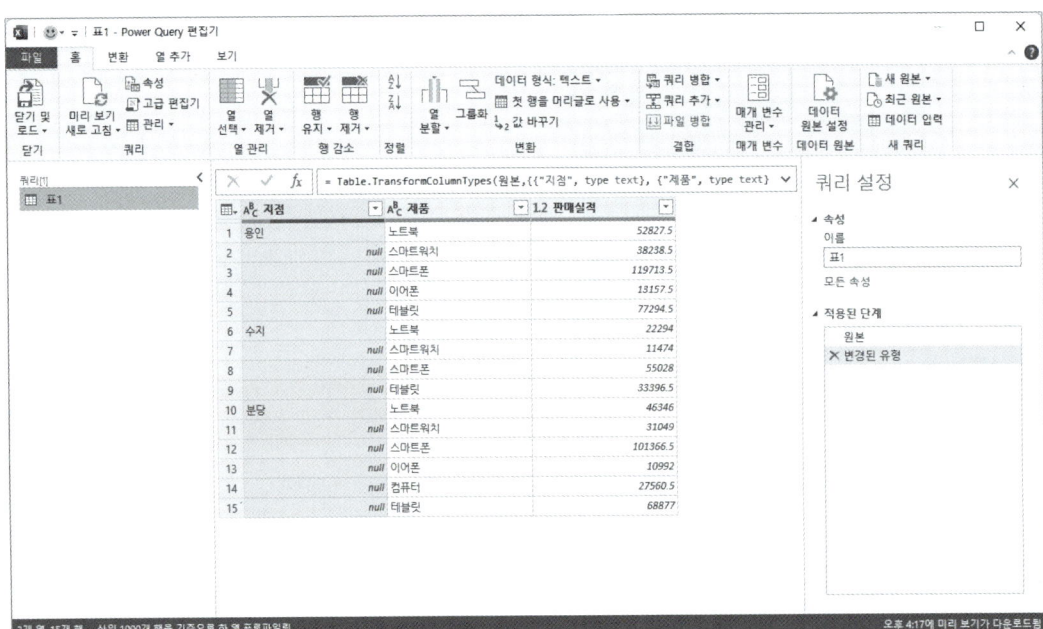

04 [지점] 열이 선택된 상태에서 리본 메뉴의 [변환] 탭-[열] 그룹-[채우기]를 클릭하고, [아래로]를 선택합니다.

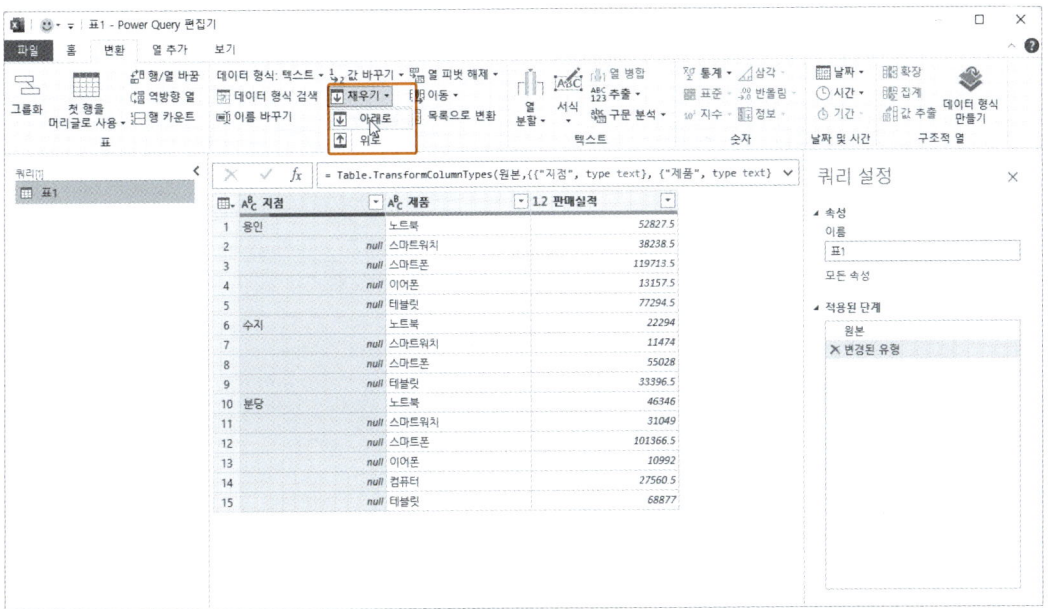

TIP 파워 쿼리에서 [지점] 열을 채워도 원본 엑셀 표는 변경되지 않습니다. 채운 값은 쿼리 결과에만 반영됩니다.

05 [지점] 열의 값이 모두 채워집니다. 이제 변환된 데이터로 피벗을 생성하겠습니다. 리본 메뉴의 [홈] 탭-[닫기] 그룹-[닫기 및 로드]의 목록 단추를 클릭하고 [닫기 및 다음으로 로드]를 선택합니다.

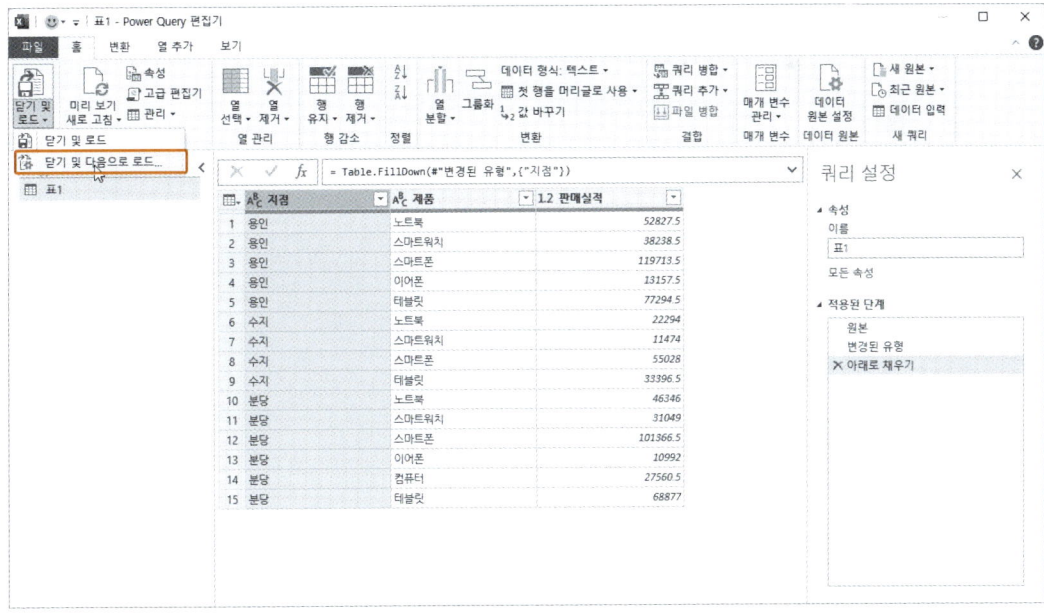

TIP 리본 메뉴의 [파일] 탭에도 [닫기 및 다음으로 로드] 메뉴가 있습니다. 동일한 기능이므로 어떤 것을 선택해도 됩니다.

06 [Power Query 편집기] 창이 닫히고 엑셀 창에 [데이터 가져오기] 대화상자가 표시됩니다. [피벗 테이블 보고서]와 [기존 워크시트]를 각각 선택한 다음, [위치]의 입력란을 클릭하고 [G3] 셀을 선택합니다. [확인]을 클릭합니다.

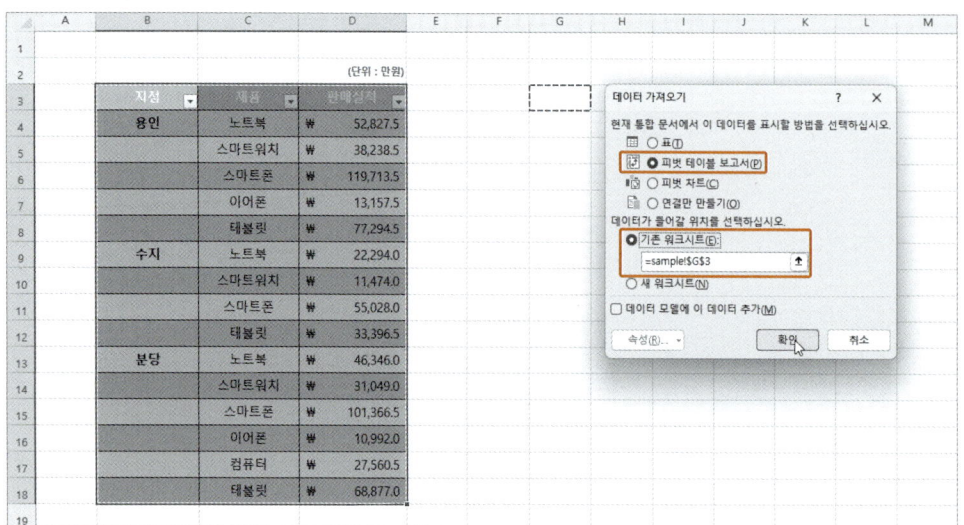

 엑셀마스터가 짚어주는 핵심 NOTE

[데이터 가져오기] 대화상자와 엑셀 2016 버전

엑셀 2016 버전은 [데이터 가져오기] 대화상자에서 [피벗 테이블 보고서] 옵션이 기본으로 제공되지 않습니다. 엑셀 2016 버전을 사용한다면 [연결만 만들기] 옵션을 선택하고 [확인]을 클릭해 [데이터 가져오기] 대화상자를 닫은 후, 다음 과정에 따라 피벗 테이블 보고서를 만듭니다.

❶ 리본 메뉴의 [삽입] 탭–[표] 그룹–[피벗 테이블]을 클릭합니다.

❷ [피벗 테이블 만들기] 대화상자에서 [외부 데이터 원본 사용]을 선택하고 [연결 선택]을 클릭합니다.

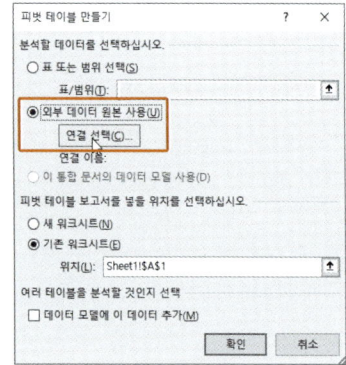

❸ [기존 연결] 대화상자가 표시되면 [연결] 탭에서 '쿼리-표1' 쿼리를 선택하고 [열기]를 클릭합니다.

❹ [피벗 테이블 만들기] 대화상자에서 [기존 워크시트]를 선택한 다음 [G3] 셀을 클릭한 후 [확인]을 클릭합니다.

07 [G3] 셀 위치에 피벗 테이블 보고서를 만듭니다. 원본 표에 병합 셀이 있어도 이처럼 깔끔하게 모든 값이 채워진 결과를 얻을 수 있습니다.

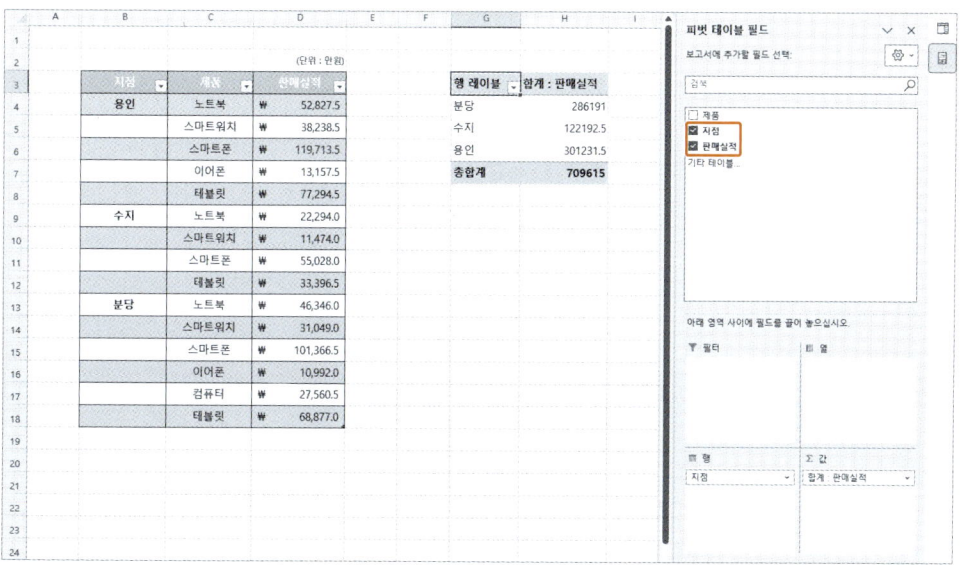

LINK 피벗 테이블 보고서를 만드는 과정은 이 책의 234페이지부터 참고합니다.

데이터가 오른쪽 방향으로 입력된 표의 전처리 방법

사용자가 만드는 표 중에 새로운 항목이 추가될 때마다 오른쪽에 열이 추가되는 표가 있습니다. 이런 표는 보기에는 좋지만, 이 데이터로 추가 요약 작업을 진행할 경우 여러 문제가 생깁니다. 예를 들어 이번 예제처럼 개별 지점의 분기별 실적이 상단 표와 같이 정리된 경우, 이 표를 가지고 두 연도의 분기별 실적을 따로 정리하고 YoY를 구해야 한다고 생각해보겠습니다.

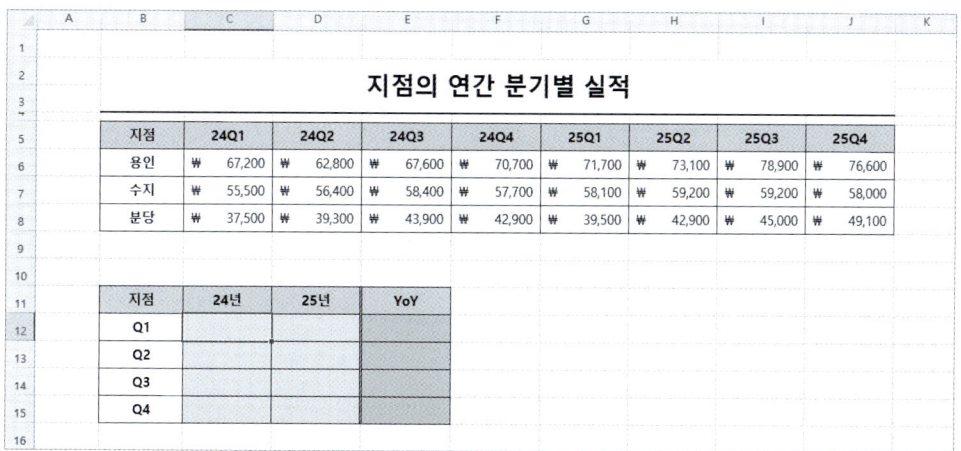

함수를 사용해 집계 표를 만들 수는 있지만, 직접 작업해보면 쉽지 않다는 것을 알게 됩니다. 예를 들어 [C12] 셀에는 수식 **=SUM(C6:C8)**을 입력해 1분기 집계를 할 수 있지만, 해당 수식을 아래로 복사할 수는 없습니다.

수식만으로 문제를 해결하려면 SUM 함수의 숫자 범위가 C열에서 D열, E열, F열로 바뀌어야 합니다. 그러므로 [C12] 셀의 수식을 **=SUM(INDEX($C$6:$F$8,,ROW(A1)))**으로 수정해야 하는데, 이렇게 함수를 여러 개 사용하는 수식은 어렵고 번거롭습니다.

또, 피벗 테이블 보고서로 다음 화면과 같이 만들면 연도를 분리해 집계하거나 YoY를 구하기 어렵습니다.

피벗 테이블을 사용하려면 원본 표를 가로 대신 세로 구조로 바꾼 뒤 피벗 테이블로 집계하고 YoY(Year-over-Year, 전년 대비 증감률)를 계산해야 합니다.

자세한 방법은 다음 실습을 참고합니다.

파워 쿼리의 열 피벗 해제 기능을 이용해 문제 해결하기

예제 파일 CHAPTER 05 \ 피벗 열.xlsx

01 예제 파일을 열고, 첫 번째 표를 파워 쿼리로 변환한 다음 피벗 테이블을 생성하겠습니다. [C6] 셀을 선택하고 리본 메뉴의 [데이터] 탭–[데이터 가져오기 및 변환] 그룹–[테이블/범위에서]를 클릭합니다.

02 [표 만들기] 대화상자가 표시되면 [확인]을 클릭합니다.

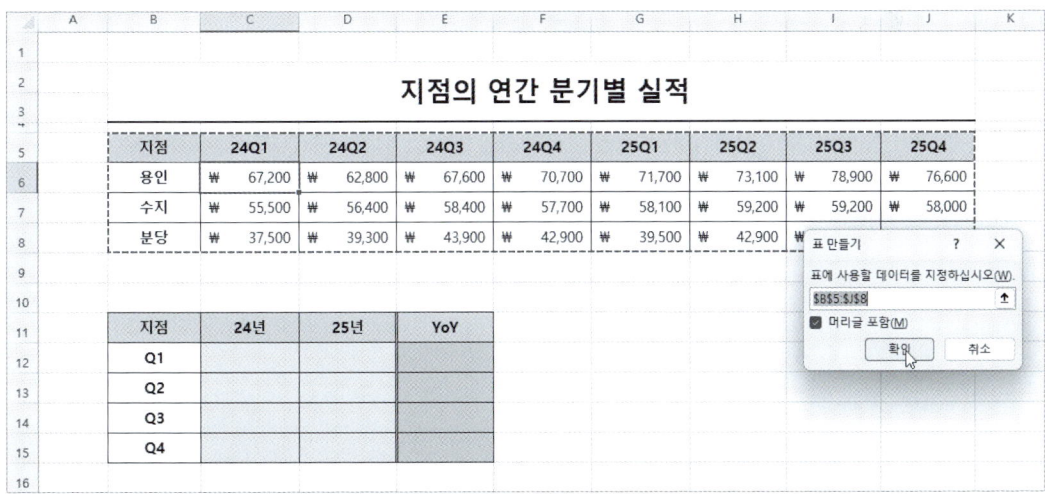

CHAPTER 05 피벗 테이블 보고서 활용 • **247**

03 [Power Query 편집기] 창이 열립니다. [지점] 열이 선택된 상태에서 리본 메뉴의 [변환] 탭-[열] 그룹-[열 피벗 해제]의 목록 단추▼를 클릭하고 [다른 열 피벗 해제]를 선택합니다.

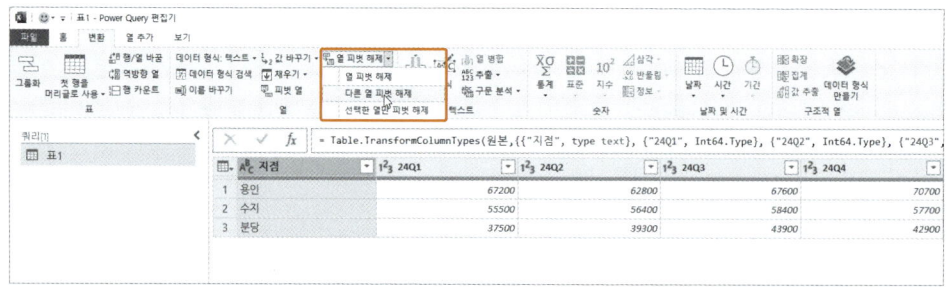

04 표의 방향이 아래로 바뀝니다. 이제 [특성] 열의 연도와 분기를 구분하겠습니다. [특성] 열의 머리글을 선택하고 [변환] 탭-[텍스트] 그룹-[열 분할 🏛]을 클릭하고 [문자 수 기준]을 선택합니다.

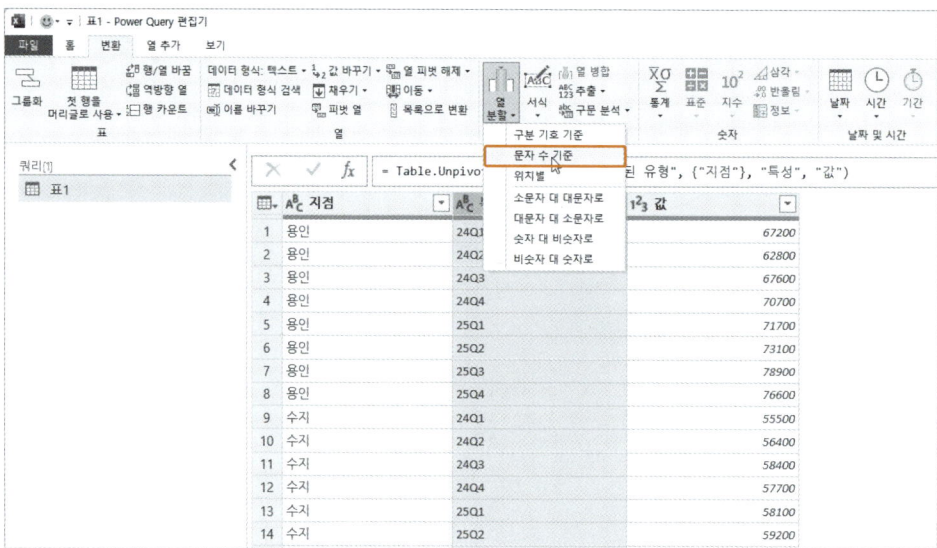

05 [문자 수로 열 분할] 대화상자가 표시되면 [문자 수]에 **2**를 입력하고 [확인]을 클릭합니다.

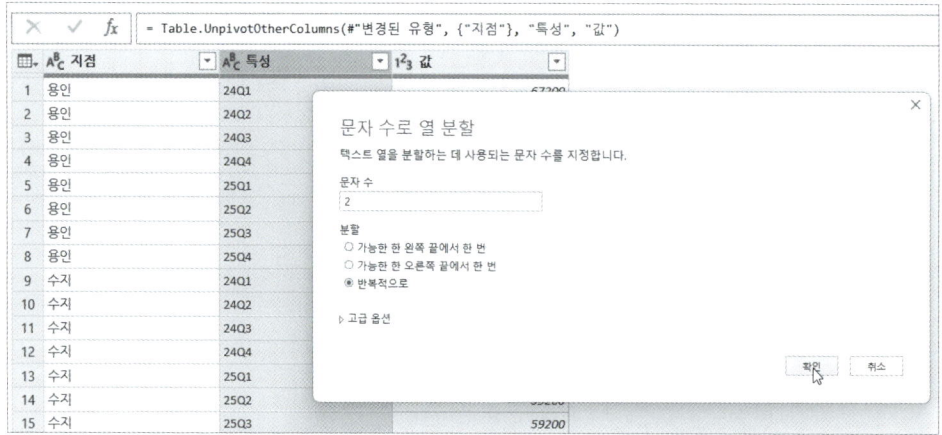

06 [특성] 열이 [특성.1] 열과 [특성.2] 열로 나뉩니다. [특성.1] 열의 숫자 뒤에 '년'을 붙이겠습니다. [특성.1] 열이 선택된 상태에서 리본 메뉴의 [변환] 탭-[텍스트] 그룹-[서식]을 클릭하고 [접미사 추가]를 선택합니다.

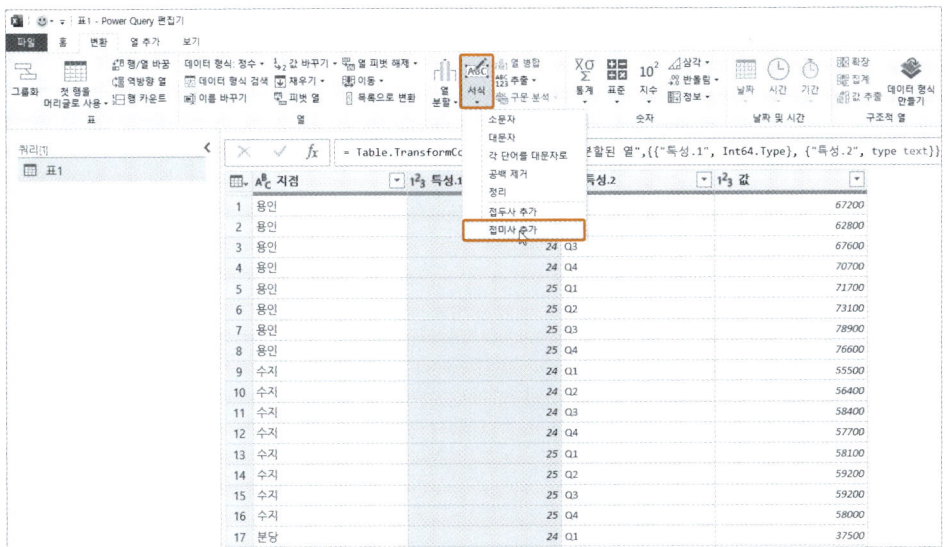

07 [접미사] 대화상자가 표시되면 [값]에 **년**을 입력하고 [확인]을 클릭합니다.

08 [특성.1] 열 머리글을 더블클릭하고 이름을 **연도**로 변경합니다.

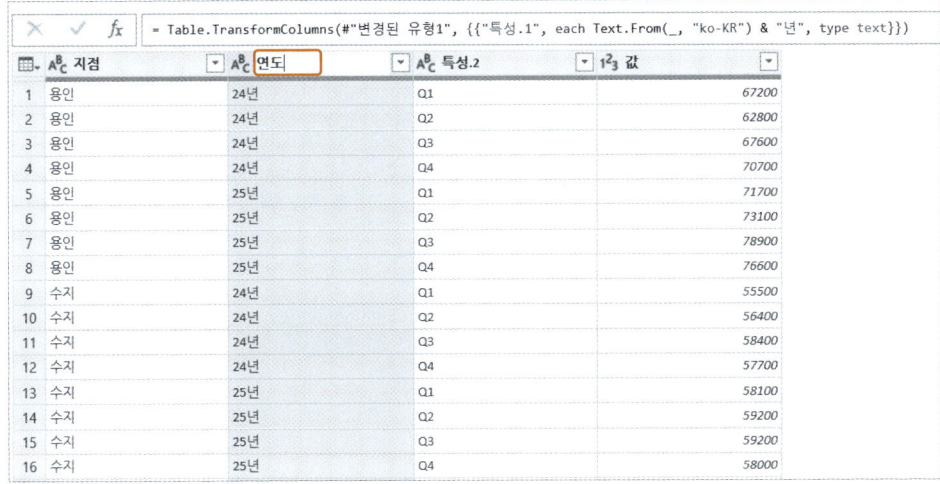

09 [특성.2] 열 머리글은 **분기**로, [값] 열 머리글은 **실적**으로 각각 이름을 변경합니다. 이제 엑셀 창으로 돌아가 쿼리 데이터로 피벗 테이블 보고서를 생성하겠습니다. 리본 메뉴의 [파일] 탭-[닫기 및 다음으로 로드]를 선택합니다.

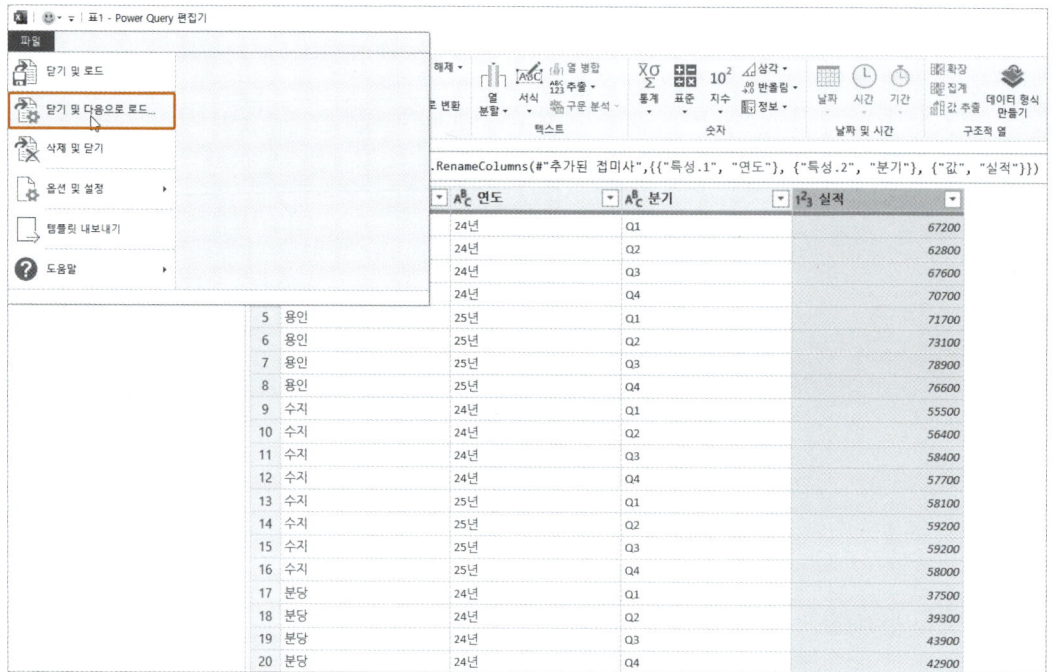

10 [데이터 가져오기] 대화상자가 표시됩니다. [피벗 테이블 보고서]를 선택하고, 데이터가 들어갈 위치로 [기존 워크시트]를 선택한 다음 입력란에서 [G11] 셀을 클릭합니다. [확인]을 클릭합니다.

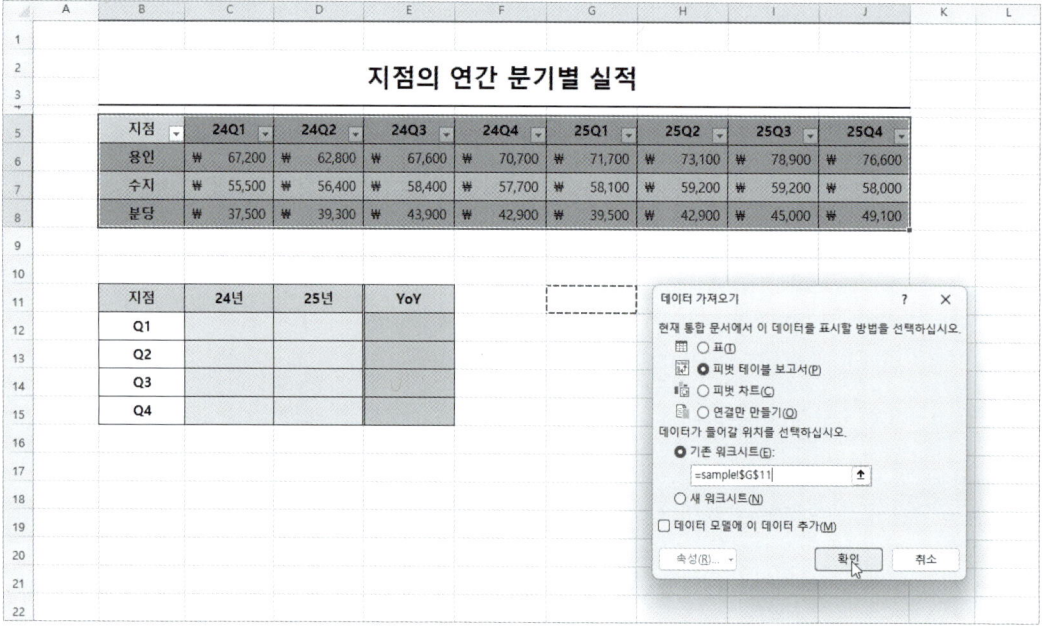

11 [G11] 셀 위치에 피벗 테이블이 생성됩니다. [피벗 테이블 필드] 작업 창에서 [연도], [분기], [실적] 필드를 순서대로 체크하면 피벗 테이블 보고서가 다음과 같이 구성됩니다.

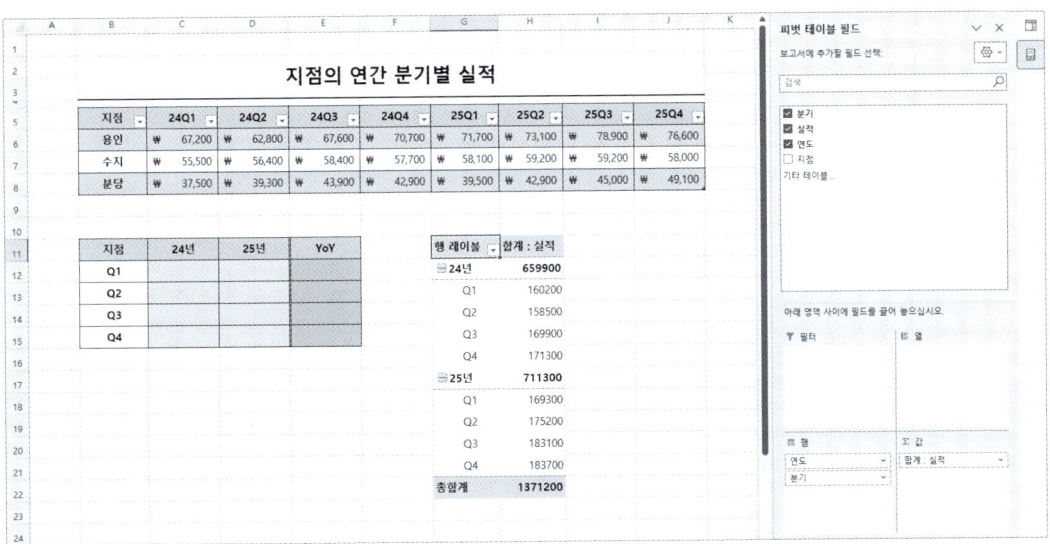

TIP 엑셀 화면 오른쪽에 [피벗 테이블 필드] 작업 창이 표시되지 않는다면 리본 메뉴의 [피벗 테이블 분석] 탭-[표시] 그룹에서 [필드 목록]을 클릭합니다.

12 피벗 테이블 보고서를 가로 방향으로 변경하기 위해 [연도] 필드를 [행] 영역에서 [열] 영역으로 드래그해 옮깁니다. [J12] 셀에 만들어진 [총합계]에서 마우스 오른쪽 버튼을 클릭하고 [합계 제거]를 선택해 삭제합니다.

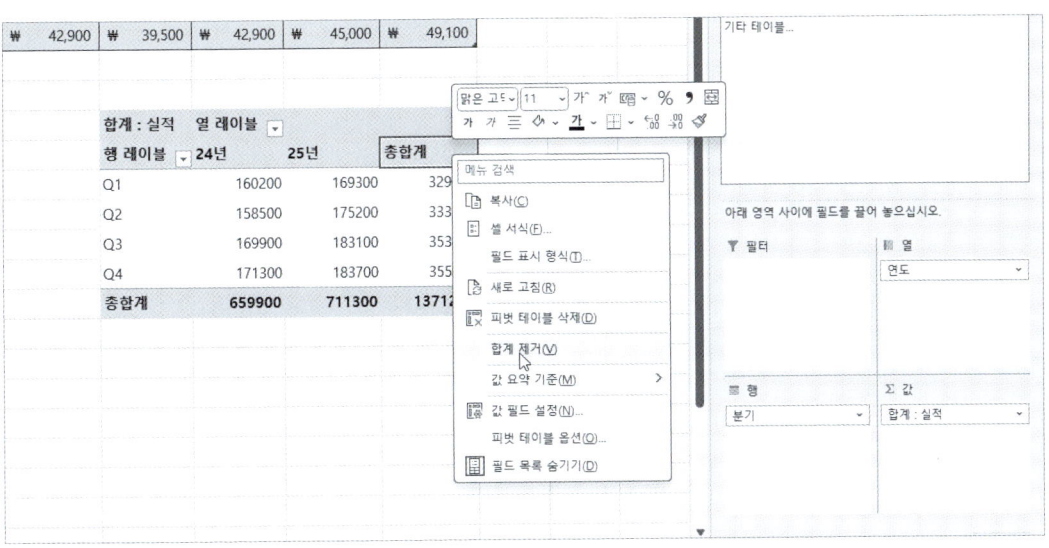

13 피벗 테이블 보고서에 YoY(전년 대비 증감률)를 추가하겠습니다. [I12] 셀에 있는 [25년] 항목을 선택한 다음, 리본 메뉴의 [피벗 테이블 분석] 탭–[계산] 그룹–[필드, 항목 및 집합]을 클릭하고 [계산 항목]을 선택합니다.

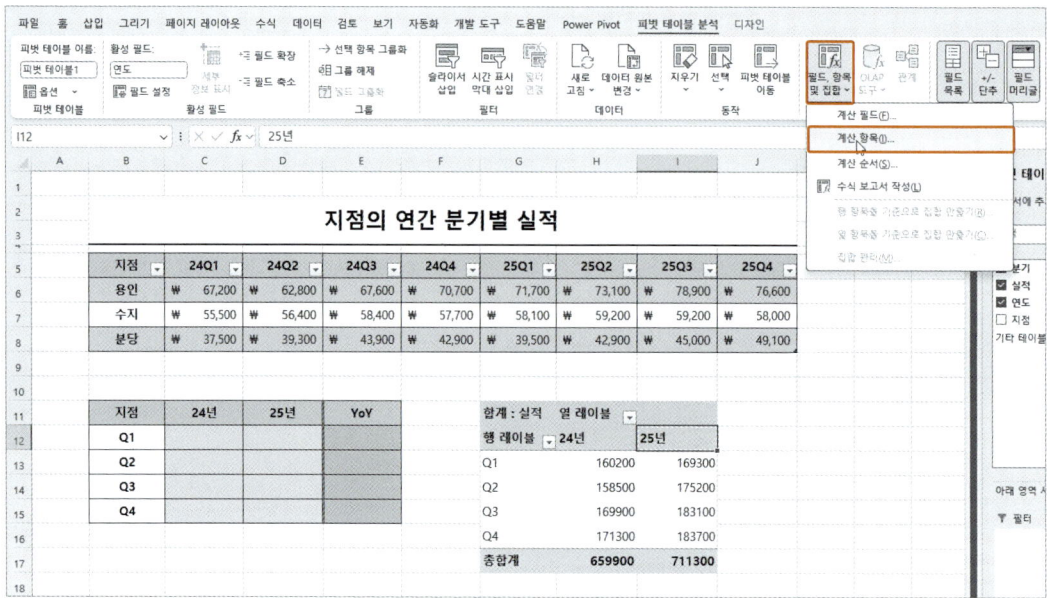

14 [계산 항목 삽입] 대화상자가 표시되면 [이름]에는 **YoY**를 입력하고 [수식] 입력란에 다음 수식을 입력한 다음 [추가]를 클릭합니다. [확인]을 클릭해 [계산 항목 삽입] 대화상자를 닫습니다.

=('25년' - '24년') / '24년'

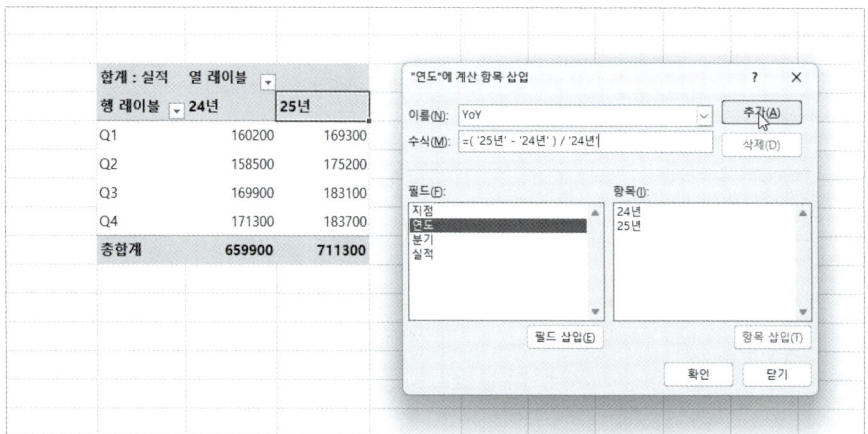

15 피벗 테이블 보고서의 숫자를 이해하기 쉽도록 표시 형식을 설정해 완성하겠습니다. [H13:I17] 범위를 지정하고 리본 메뉴의 [홈] 탭-[표시 형식] 그룹-[회계 표시 형식]을 클릭합니다. [J13:J17] 범위에는 [백분율 스타일 %]과 [자릿수 늘림]을 적용합니다.

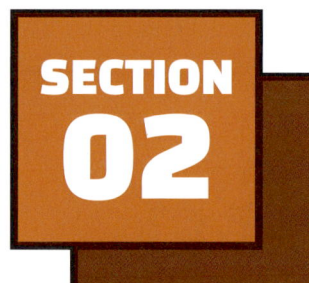

행/열 머리글의 계층 구조와 필터 이해

피벗 테이블 보고서는 단순한 요약을 넘어 다양한 관점에서 데이터를 집계·분석할 수 있도록 여러 기능을 제공합니다. 그리고 이를 통해 사용자는 데이터를 보다 직관적이고 입체적으로 이해할 수 있습니다.

피벗 테이블 보고서를 효과적으로 활용하려면 먼저 각 영역의 역할을 정확히 이해해야 합니다.

피벗 테이블 보고서의 영역별 역할

피벗 테이블 보고서를 만들려면 데이터가 행 기준으로 정리된 세로 구조의 표가 필요합니다.

> 피벗 테이블 보고서로 만들 표는 열 제목이 하나의 행에 정리되어 있어야 합니다.

피벗 테이블을 만들면 [피벗 테이블 필드] 작업 창에 원본 표의 머리글이 필드로 표시됩니다. 작업 창 하단에는 [필터], [열], [행], [값] 영역이 있고, 위쪽의 필드를 해당 영역으로 드래그&드롭하거나 필드 확인란에 체크하면 피벗 테이블 보고서가 생성됩니다.

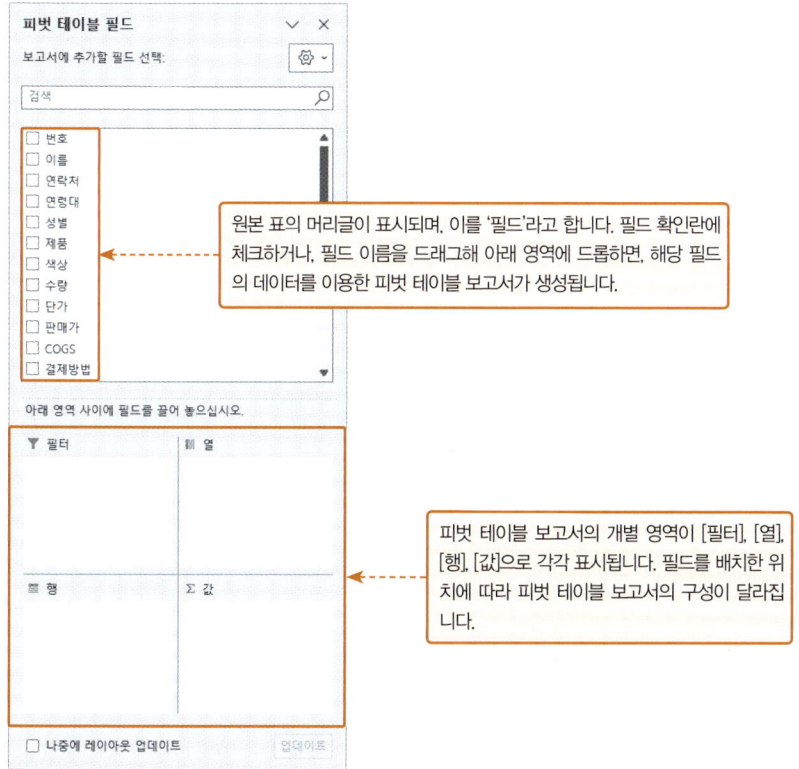

[피벗 테이블 필드] 작업 창의 [필터], [열], [행], [값] 영역은 각각 보고서의 필터, 열 머리글, 행 머리글, 값(데이터) 영역을 의미합니다.

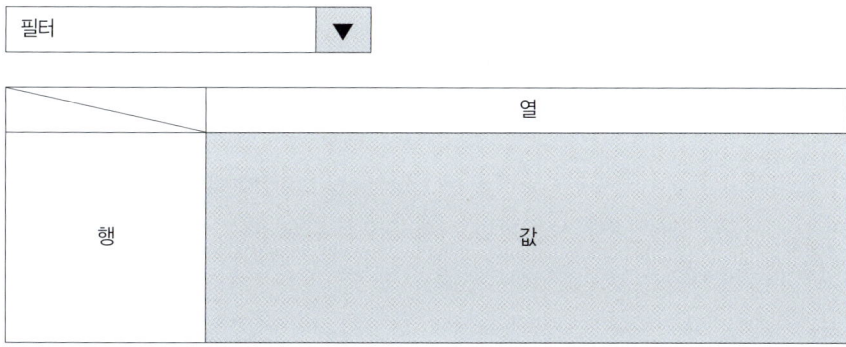

각 영역의 역할은 다음과 같습니다.

[필터] 영역

피벗 테이블에서 집계할 데이터를 지정하는 영역입니다. 예를 들어 특정 지점의 실적만 보려면 [필터] 영역에 [지점] 필드를 배치하고 원하는 지점을 선택합니다. 그렇게 하면 다음과 같이 해당 지점의 실적만 피벗 테이블에 표시됩니다.

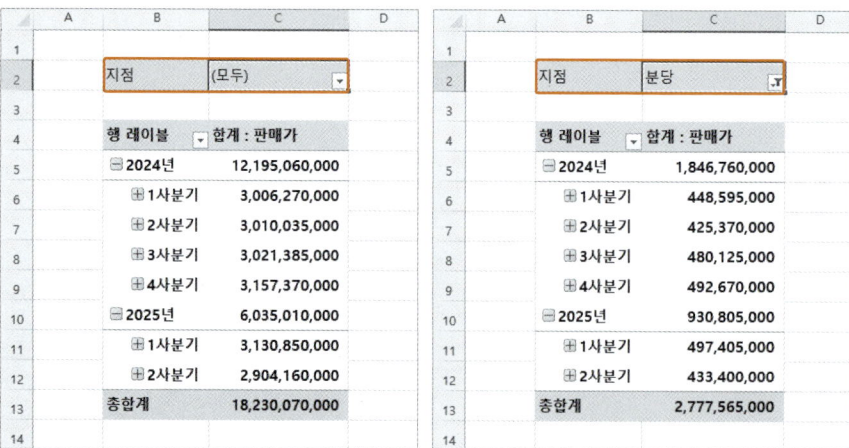

[행] 영역

피벗 테이블 보고서의 행 머리글(왼쪽)을 구성하는 영역입니다. 예를 들어 [제품] 필드를 [행] 영역에 배치하면 원본 표의 모든 지점이 중복 없이 통합되어 행 레이블로 표시됩니다.

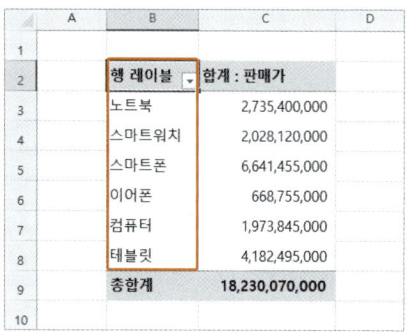

[열] 영역

피벗 테이블 보고서의 열 머리글(상단)을 구성하는 영역입니다. 필드를 [열] 영역에 배치하면 해당 필드 값이 중복 없이 통합되어 열 레이블로 표시됩니다. 사용 방법은 [행] 영역과 같습니다.

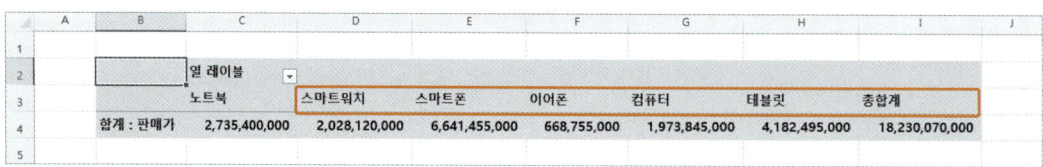

[값] 영역

[값] 영역은 집계 결과를 표시하는 곳입니다. 필드를 배치하면 해당 필드의 값이 모두 숫자인 경우 합계가, 숫자가 아닌 값이 포함된 경우에는 개수가 구해집니다. 요약 방식은 합계, 개수, 평균, 최댓값 등으로 변경할 수 있습니다.

피벗 테이블 구성 방법 이해하기

예제 파일 CHAPTER 05 \ 피벗 테이블.xlsx

01 예제 파일의 [sample] 시트에는 여러 지점을 보유한 기업의 상품 판매 데이터가 입력되어 있습니다. 이 데이터를 바탕으로 피벗 테이블 보고서를 만드는 간단한 실습을 진행하겠습니다.

엑셀마스터가 짚어주는 핵심 NOTE

표 데이터 이해하기

피벗 테이블을 효과적으로 활용하려면 먼저 데이터의 구조를 이해해야 합니다. 이 책에서 제공되는 예제들은 가공의 데이터이지만, 각 필드의 의미를 파악한 뒤에 실습을 해야 합니다.

이 예제의 표는 다음과 같이 구성되어 있습니다.

열	설명	항목
번호	단순 일련번호입니다.	1, 2, 3, …, 10000
이름	고객 이름입니다. 성을 제외한 이름이 **로 처리되어 있습니다.	
연락처	고객의 연락처입니다.	
연령대	고객의 연령대입니다. (공백 존재)	20대, 30대, 40대, 50대
성별	고객의 성별입니다. (공백 존재)	남, 여
제품	고객이 구입한 제품입니다.	
색상	고객이 구입한 제품의 색상입니다.	
수량	고객이 구입한 제품의 수량입니다.	
단가	고객이 구입한 제품의 단가입니다.	
판매가	[단가] 열과 [수량] 열을 곱한 금액입니다.	

COGS	지점에서 해당 제품을 매입한 금액입니다.	
결제방법	고객이 제품을 구입할 때 사용한 결제 방법입니다.	
만족도	고객의 제품 만족도입니다. (공백 존재)	매우만족, 만족, 보통, 불만족
결제일	제품을 구입한 날짜입니다.	24년 1월~7월
지점	제품을 구입한 지점입니다.	

이 데이터에는 1만 건의 기록이 있습니다. 이런 데이터를 활용하면 시계열 실적 분석은 물론, 영업이익 계산과 매출 성장에 기여하는 고객이나 제품의 식별 등 다양한 분석이 가능합니다.

02 피벗 테이블 보고서를 생성해, 다양한 집계 보고서를 완성해보겠습니다. 표 내부의 셀을 하나 선택하고 리본 메뉴의 [삽입] 탭-[표] 그룹-[피벗 테이블]을 클릭합니다. [표 또는 범위의 피벗 테이블] 대화상자가 표시되면 기본 옵션을 그대로 유지하고 [확인]을 클릭합니다.

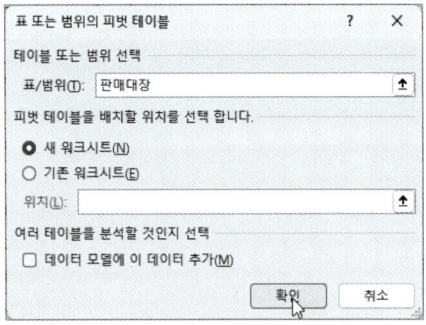

03 새로운 시트에 피벗 테이블 보고서를 구성할 수 있는 레이아웃이 표시됩니다.

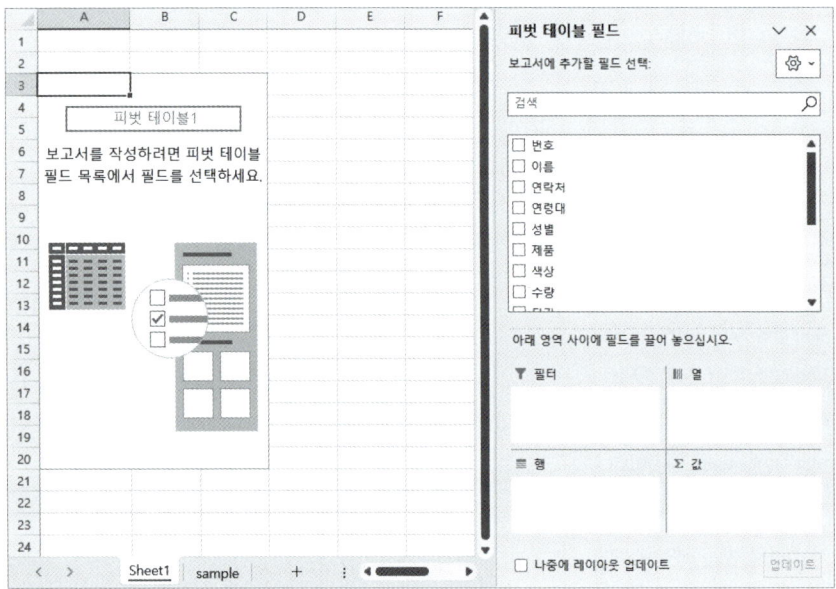

04 먼저 [피벗 테이블 필드] 작업 창에서 [지점] 필드에 체크합니다. [지점] 필드 항목이 피벗 테이블 보고서의 [행] 영역에 표시됩니다.

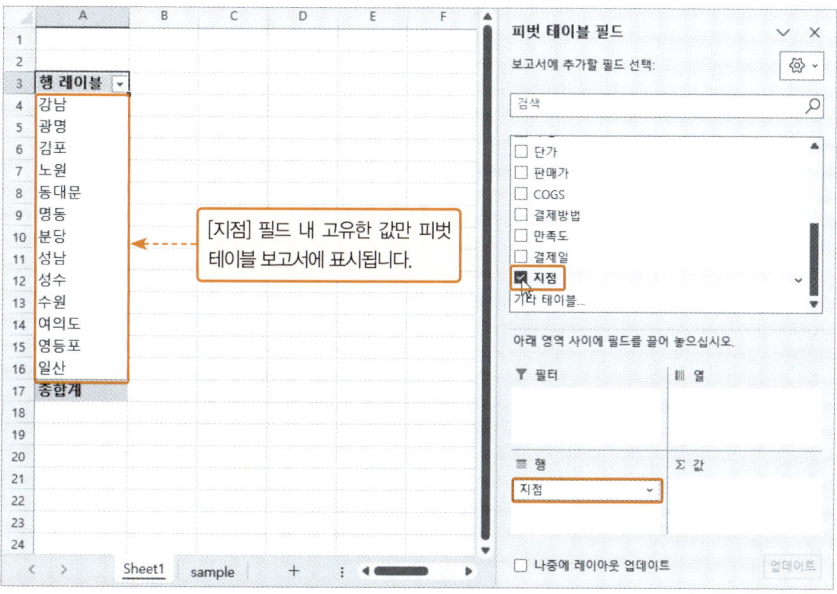

TIP 만약 중복된 값이 표시된다면 해당 값의 앞뒤에 눈에 보이지 않는 문자가 존재할 수 있으니 확인합니다.

 엑셀마스터가 짚어주는 핵심 NOTE

필드 확인란을 체크할 때 기본으로 삽입되는 영역은?

피벗 테이블 필드에서 확인란에 체크하면 필드의 데이터 형식에 따라 기본 배치 영역이 자동으로 지정됩니다. 데이터 형식에 따른 기본 배치 영역은 다음 표와 같습니다.

필드 데이터 형식	기본 영역
텍스트, 날짜/시간, 논리	행
숫자	값

일반적으로 숫자 필드만 [값] 영역에 배치되고, 그 외의 필드는 [행] 영역에 추가됩니다. 여기서 '필드'는 원본 표의 한 열을 뜻하며, 한 필드 안의 데이터 형식은 동일해야 합니다. 숫자 열에 텍스트(공백·기호 포함)가 하나라도 섞여 있거나, 날짜가 텍스트로 저장되어 있거나, 빈 셀이 포함되어 있으면 숫자 필드로 인식되지 않아 [행] 영역에 추가될 수 있습니다.

따라서, 피벗 테이블을 안정적으로 사용하려면 반드시 각 열의 데이터 형식을 통일해야 합니다.

05 [판매가] 필드에 체크하면 [값] 영역에 합계가 구해집니다.

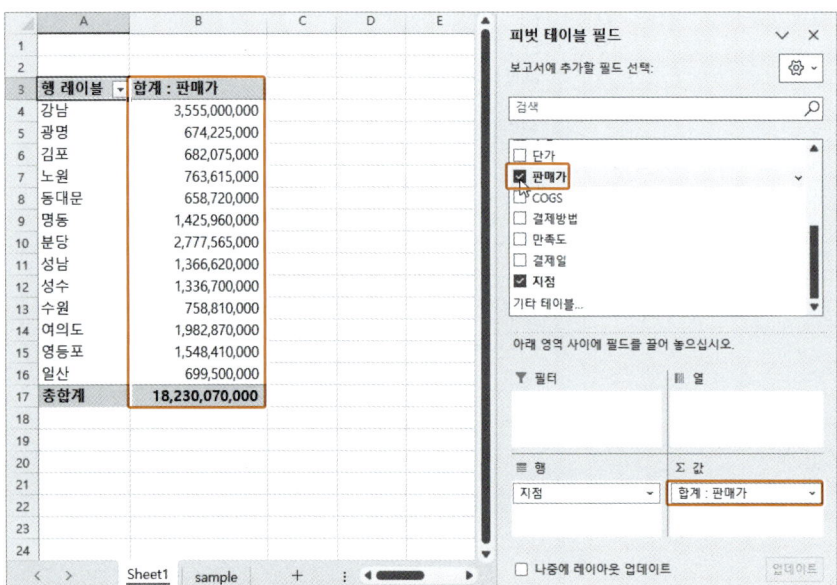

 엑셀마스터가 짚어주는 핵심 NOTE

[값] 영역의 집계 함수

피벗 테이블의 [값] 영역에 필드를 배치하면 데이터 형식에 따라 기본 집계 함수가 자동으로 지정됩니다. 데이터 형식에 따른 기본 함수는 다음 표와 같습니다.

필드 데이터 형식	기본 함수
텍스트, 날짜/시간, 논리	개수
숫자	합계

숫자 필드에서는 합계가, 그 외 필드에서는 개수가 기본으로 집계됩니다. 이 설정은 변경할 수 없지만 집계된 후에는 사용자가 집계 함수를 변경할 수 있습니다. 예를 들면, 텍스트 필드에서 구해진 개수를 합계로 변경할 수 있습니다. 물론 결과가 제대로 나오려면 필드 내에 숫자 데이터가 있어야 합니다.

참고로 [값] 영역의 집계 결과에는 표시 형식이 모두 [일반]으로 적용되므로 필요에 따라 사용자가 변경해야 하지만 마이크로소프트 365 버전에서는 원본 표의 쉼표 스타일이나 백분율 스타일이 피벗 테이블에도 그대로 적용되어 편리합니다.

06 피벗 테이블 보고서의 구성은 언제든지 변경할 수 있습니다. [피벗 테이블 필드] 작업 창에서 [지점] 필드의 체크를 해제하면 피벗 테이블 보고서에서 [지점] 필드 항목이 더 이상 표시되지 않습니다.

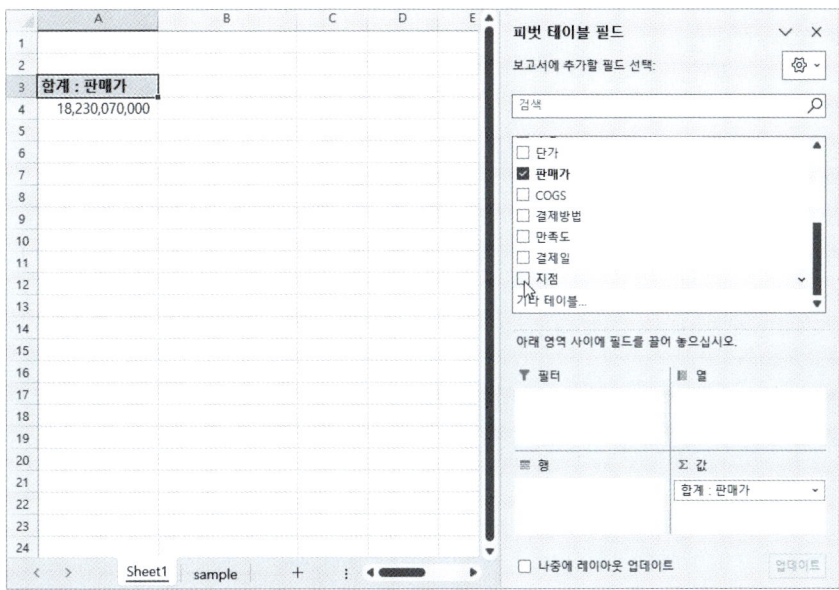

07 시계열 분석을 하기 위해, [피벗 테이블 필드] 작업 창에서 [결제일] 필드에 체크합니다. 엑셀 버전이 2016 이상이라면, 다음 화면과 같은 연도별 집계 결과가 반환됩니다.

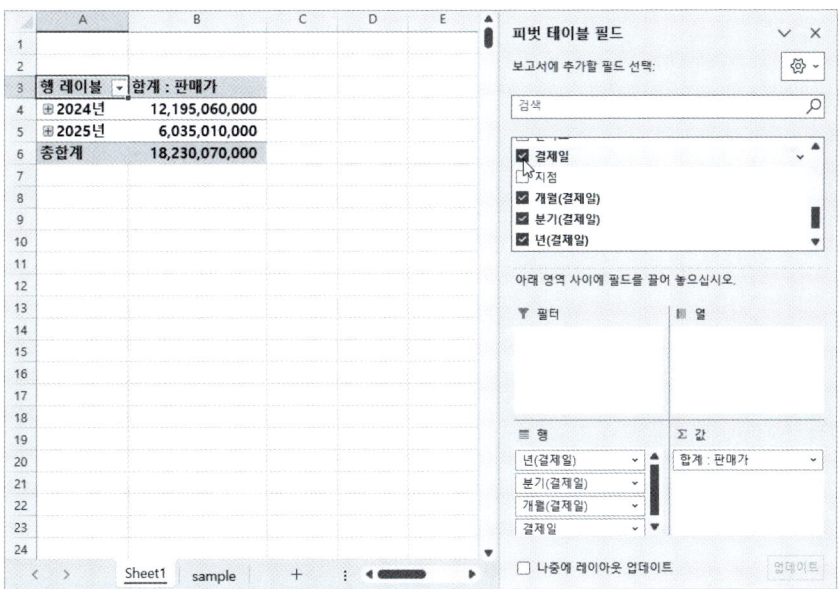

엑셀마스터가 짚어주는 핵심 NOTE

피벗 테이블에서 날짜 필드의 동작 원리

피벗 테이블에서 데이터 형식이 날짜인 필드를 추가하면 기본적으로 [행] 영역에 배치되며, 기본 동작은 엑셀 버전에 따라 차이가 있습니다.

엑셀 버전	설명
~ 2013 버전	날짜가 개별 항목으로 그대로 표시됩니다. 필요하다면 사용자가 직접 그룹화를 해야 합니다.
2016, 2019 버전	날짜가 자동으로 상위 단위로 그룹화됩니다. 상위 단위 필드명은 [연], [분기], [월]과 같습니다.
2021 버전 이상 365 버전	날짜가 자동으로 상위 단위로 그룹화됩니다. 상위 단위 필드명은 [년(기존 필드명)], [분기(기존 필드명)], [개월(기존 필드명)]과 같습니다.

참고로 피벗 테이블에서 날짜가 자동으로 그룹화되지 않는다면 보통 두 가지 원인이 있습니다.

첫째, 날짜 필드에 텍스트나 빈 셀과 같이 날짜가 아닌 값이 섞여 있거나 서식 때문에 날짜 데이터처럼 보이는 경우입니다.

둘째, 엑셀 옵션에서 자동 그룹화 기능이 해제되어 있는 경우입니다. [파일] 탭-[옵션]을 클릭한 다음 [Excel 옵션] 대화상자의 [데이터] 탭에서 [피벗 테이블에서 날짜/시간 열의 자동 그룹화 사용 안 함] 옵션을 확인합니다. 이 옵션이 선택되어 있으면 자동 그룹화가 이루어지지 않습니다.

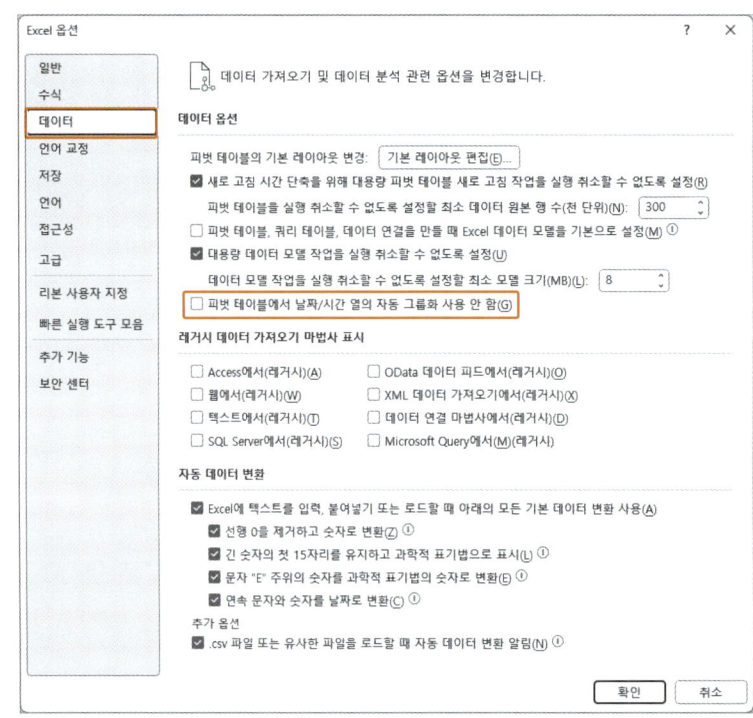

08 자동으로 그룹화된 날짜 상위 필드는 [피벗 테이블 필드] 작업 창에 표시되며, 필요하지 않은 단위는 사용하지 않을 수 있습니다. [결제일]과 [개월(결제일)] 필드의 체크를 해제합니다.

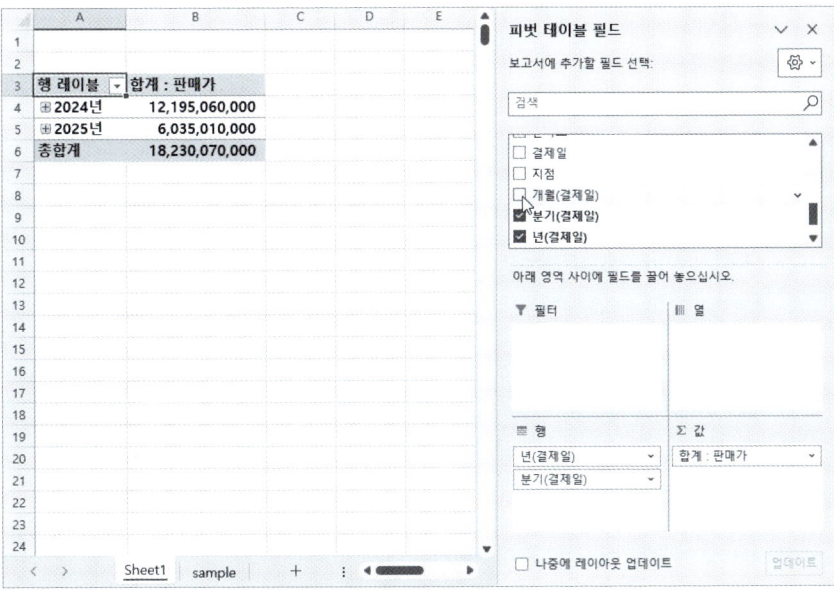

09 [행] 영역의 날짜 필드는 자동으로 그룹화되어 상위 수준만 표시됩니다. 하위 항목을 보려면 필드를 확장해야 합니다. 연도가 표시된 [A4] 셀에서 마우스 오른쪽 버튼을 클릭하고 [확장/축소]-[확장]을 선택합니다.

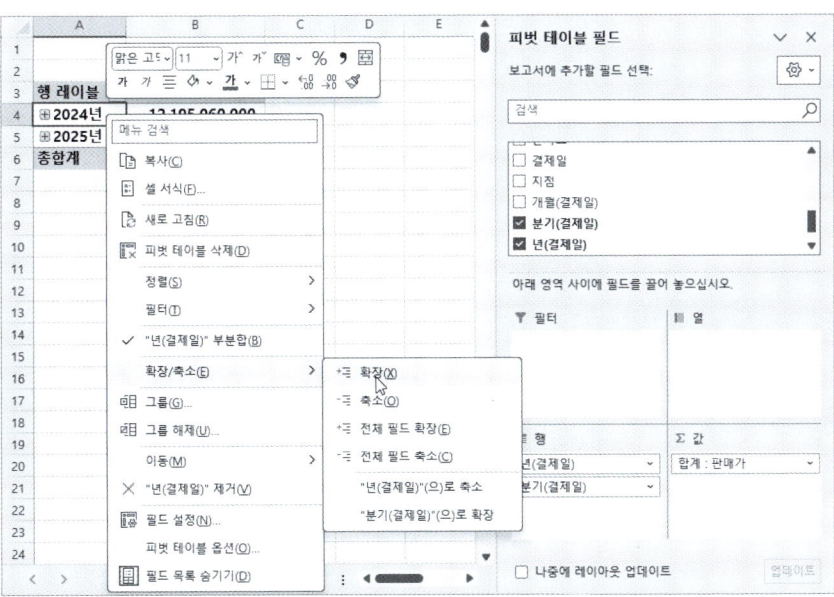

엑셀마스터가 짚어주는 핵심 NOTE

[확장/축소] 메뉴 이해하기

[확장/축소]의 하위 메뉴는 다음과 같습니다.

하위 메뉴	설명
확장	선택한 항목의 하위 항목을 표시합니다.
축소	선택한 항목의 하위 항목을 숨깁니다.
전체 필드 확장	선택한 항목이 속한 필드에 있는 전체 항목의 하위 항목을 모두 표시합니다.
전체 필드 축소	선택한 항목이 속한 필드에 있는 전체 항목의 하위 항목을 모두 숨깁니다.

10 [2024년]의 하위 항목으로 [분기] 필드가 표시됩니다. 이제 2024년의 분기별 실적을 피벗 테이블 보고서에서 확인할 수 있습니다.

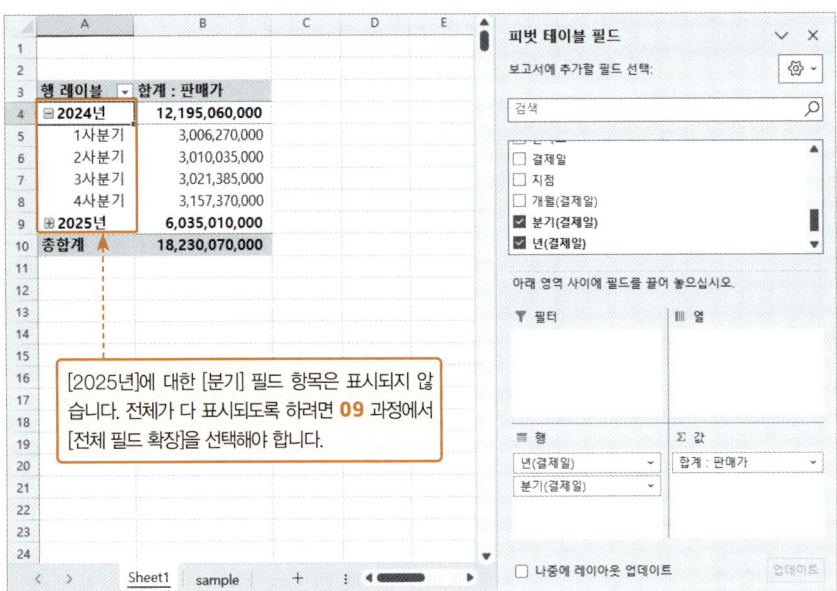

[2025년]에 대한 [분기] 필드 항목은 표시되지 않습니다. 전체가 다 표시되도록 하려면 **09** 과정에서 [전체 필드 확장]을 선택해야 합니다.

11 이번에는 제품별 매출을 피벗 테이블 보고서에 집계해보겠습니다. [피벗 테이블 필드] 작업 창에서 [년(결제일)] 필드와 [분기(결제일)] 필드의 체크를 해제하고, [제품] 필드에 체크합니다.

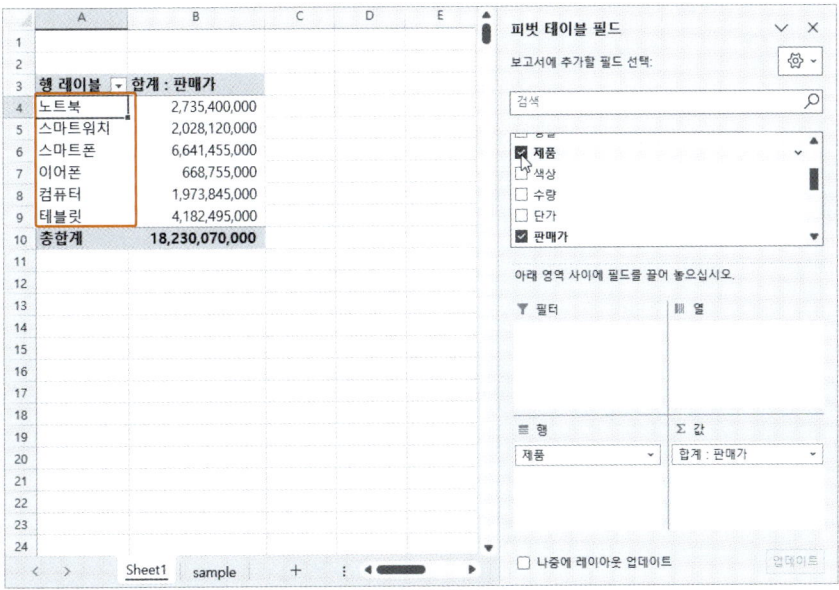

12 제품의 연도별 실적을 확인하기 위해 [년(결제일)] 필드를 드래그해 [열] 영역에 드롭합니다.

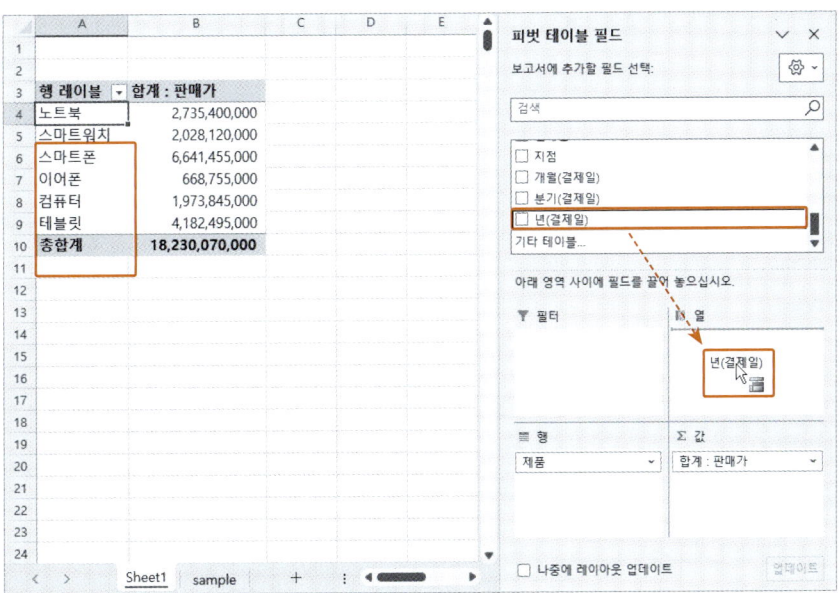

13 연도가 피벗 테이블 보고서의 [열] 영역에 배치되어 [B4:C4] 범위에 오른쪽 방향으로 표시됩니다.

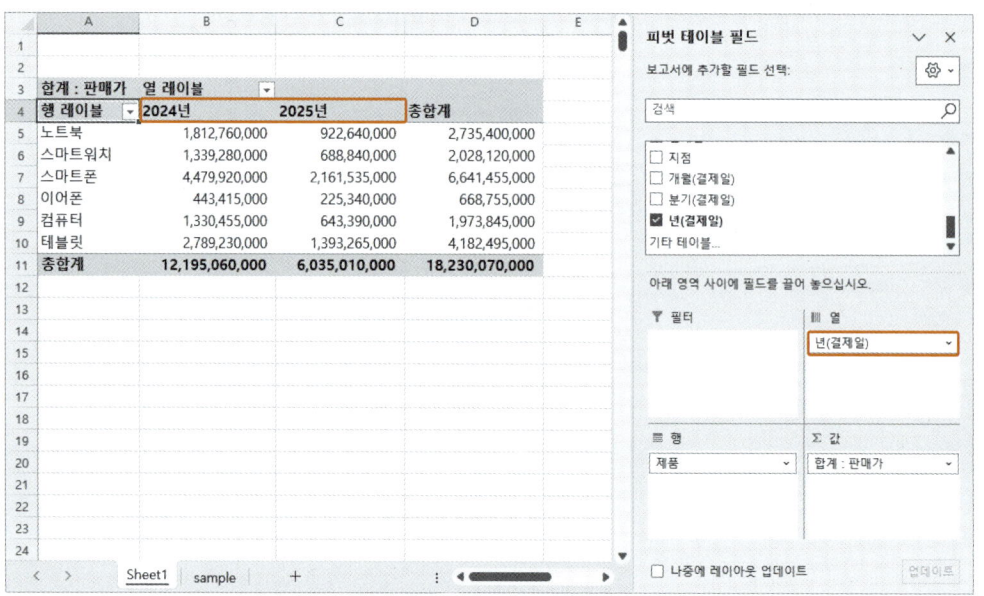

14 [열] 영역에 있는 [년(결제일)] 필드를 [행] 영역으로 옮기면 연도가 [행] 영역의 [제품] 필드 하위에 다음과 같이 표시됩니다.

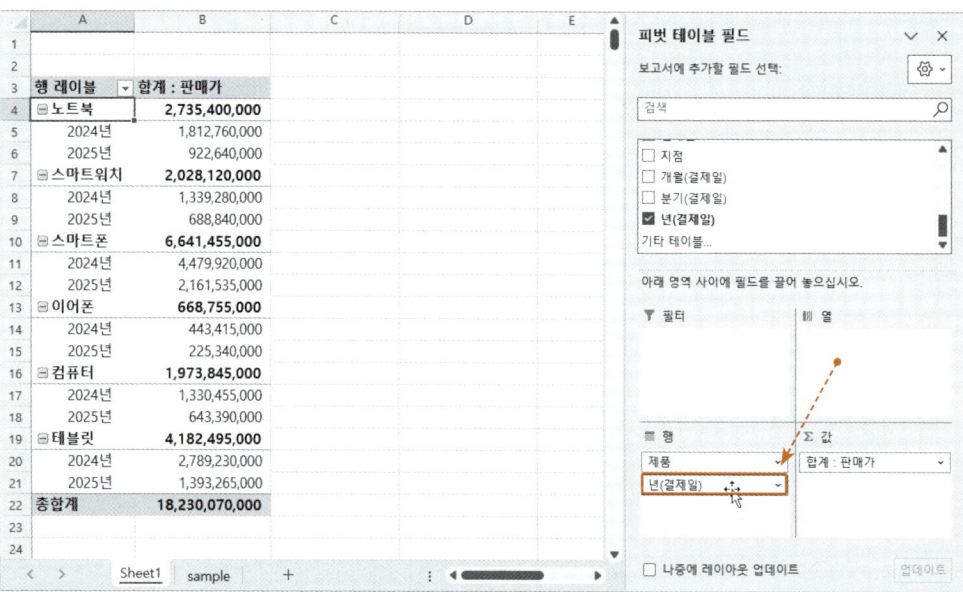

그룹과 필터 기능을 이용해 피벗에 필요한 항목만 표시

피벗 테이블로 대량의 데이터를 처리하면 요약 정보가 방대해질 수 있습니다. 대시보드는 모든 정보를 나열하기보다 의사결정권자가 확인할 핵심 지표를 빠르고 직관적으로 보여주어야 하므로, 피벗 테이블 보고서도 필요한 항목만으로 간결하게 구성해야 합니다.

피벗 테이블 보고서에 필요한 정보만 표시하려면 [그룹]과 [필터] 기능을 활용합니다.

구분	설명
그룹	연관된 항목을 하나의 단위로 묶어 별도의 필드를 생성하는 기능입니다. 데이터 형식이 날짜인 필드를 피벗에 삽입하면 [년], [분기], [월] 등의 필드가 생성되는 것도 그룹 기능이 동작한 결과입니다.
필터	지정한 조건에 맞는 항목만 피벗 테이블에 표시하는 기능입니다. 예를 들면 매출 실적이 높은 상위 10개 업체, 매출액이 얼마 이상인 제품 등의 조건을 설정할 수 있습니다.

[그룹]과 [필터] 기능을 적절히 활용하면 피벗 테이블 보고서에서 핵심 정보를 효율적으로 전달할 수 있습니다. 꼭 알아야 하는 몇 가지 내용을 사례를 통해 알아보겠습니다.

그룹 기능을 이용해 여러 항목을 하나로 묶어 분석하기

예제 파일 CHAPTER 05 \ 그룹.xlsx

01 예제 파일의 [sample] 시트에는 다음과 같은 상품 판매 데이터가 있습니다. O열은 [지점] 열인데, 해당 지점의 지역 관련 정보는 제공되고 있지 않습니다. 또한 [결제일] 열은 N열에 있지만, 연도, 월 등은 구분되어 있지 않습니다. 피벗 테이블을 이용해 이 데이터로 지역의 월별 판매 실적을 요약해보겠습니다.

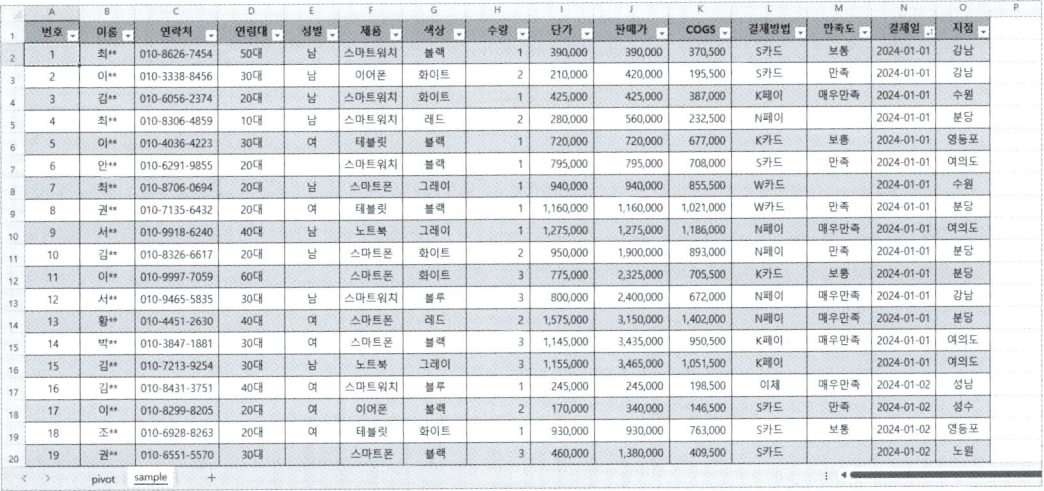

02 [pivot] 시트에는 피벗 테이블 보고서를 구성할 수 있는 준비가 되어 있습니다. 피벗 테이블 보고서 영역 내 셀을 하나 선택한 다음, [피벗 테이블 필드] 작업 창에서 [지점]과 [판매가] 필드에 체크해 지점별 실적을 먼저 확인합니다.

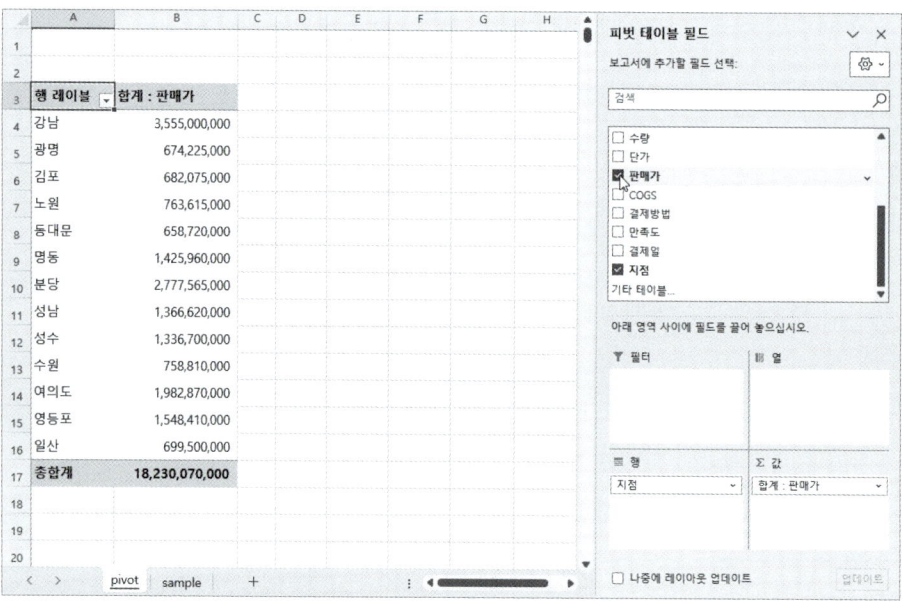

03 시각화를 염두에 두고 있다면, 피벗 테이블 보고서를 만든 후 피벗 차트도 항상 함께 생성해보는 것이 좋습니다. 피벗 테이블 보고서 내의 셀이 선택된 상태에서 리본 메뉴의 [삽입] 탭-[차트] 그룹-[세로 또는 가로 막대형 차트 삽입]을 클릭하고 [2차원 세로 막대형]의 [묶은 세로 막대형] 차트를 선택합니다. 피벗 차트가 만들어집니다.

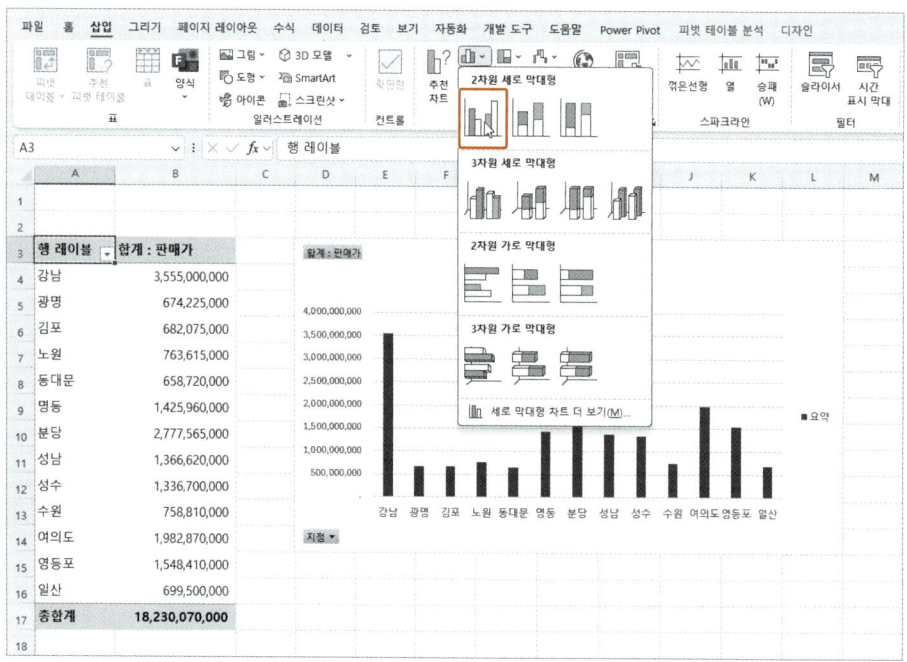

04 지점이 많아 잘 구분되지 않으므로, 지점을 지역별로 묶어 변별력을 높이겠습니다. 먼저 서울 지역의 지점을 선택합니다. [A4] 셀을 선택하고 Ctrl 을 누른 상태에서 [A7], [A8], [A9], [A12], [A14], [A15] 셀을 선택합니다. 마우스 오른쪽 버튼을 클릭하여 [그룹]을 선택합니다.

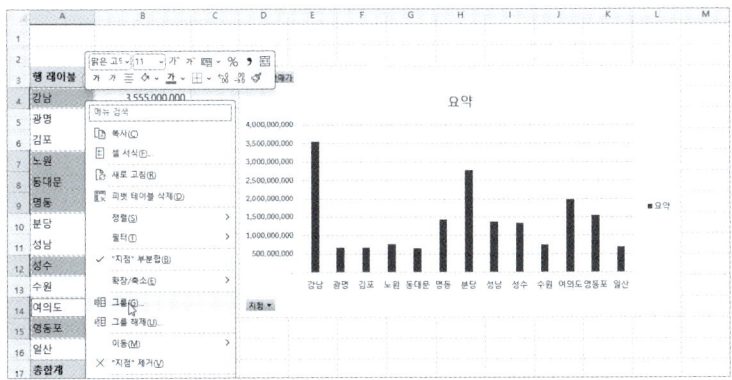

 엑셀마스터가 짚어주는 핵심 NOTE

[그룹] 메뉴의 동작

여러 항목을 선택하고 [그룹]을 클릭하면, 선택한 항목들이 하나의 그룹으로 묶이고 나머지 항목은 각각 별도의 그룹으로 묶입니다. 잘못 묶였다면 그룹으로 묶인 항목에서 마우스 오른쪽 버튼을 클릭하고 [그룹 해제]를 선택한 다음 다시 작업을 진행합니다.

05 선택한 지점이 [그룹1]로 묶였습니다. 나머지 지점도 하나의 그룹으로 묶겠습니다. [A13:A23] 범위를 지정하고 마우스 오른쪽 버튼을 클릭하여 [그룹]을 선택합니다.

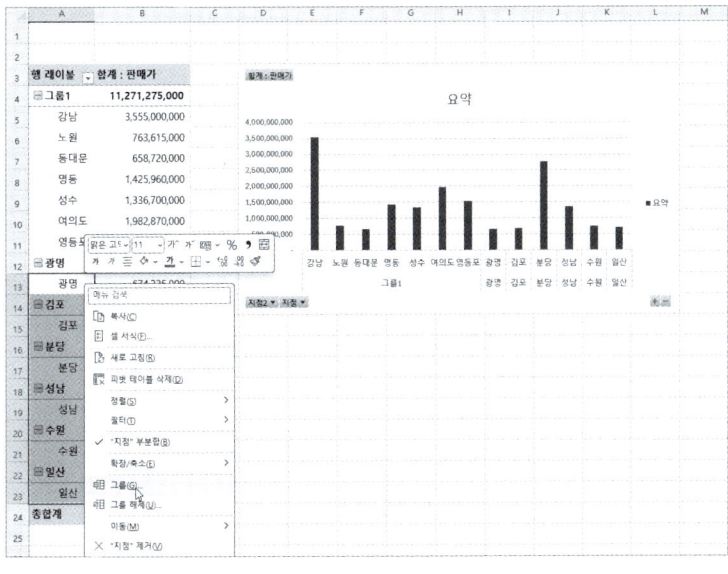

TIP [A12:A23] 범위를 지정해도 됩니다.

06 모든 지점이 [그룹1]과 [그룹2] 두 그룹으로 묶입니다. 이때 [피벗 테이블 필드] 작업 창의 [행] 영역을 보면 [지점] 위에 새 필드 [지점2]가 추가되어 있습니다. [지점2]는 [그룹1], [그룹2] 값이 포함된 상위 그룹 필드입니다.

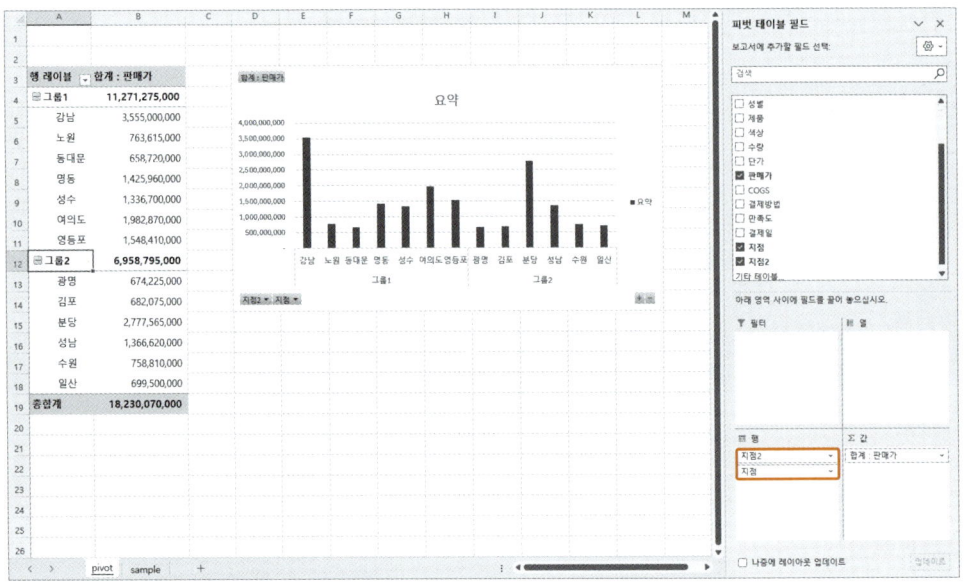

07 그룹으로 묶인 필드의 이름을 이해하기 쉽게 변경합니다. [A4] 셀이나 [A12] 셀 중 하나를 선택하고 리본 메뉴의 [피벗 테이블 분석] 탭-[활성 필드] 그룹에서 [활성 필드]의 내용을 **지역**으로 변경합니다.

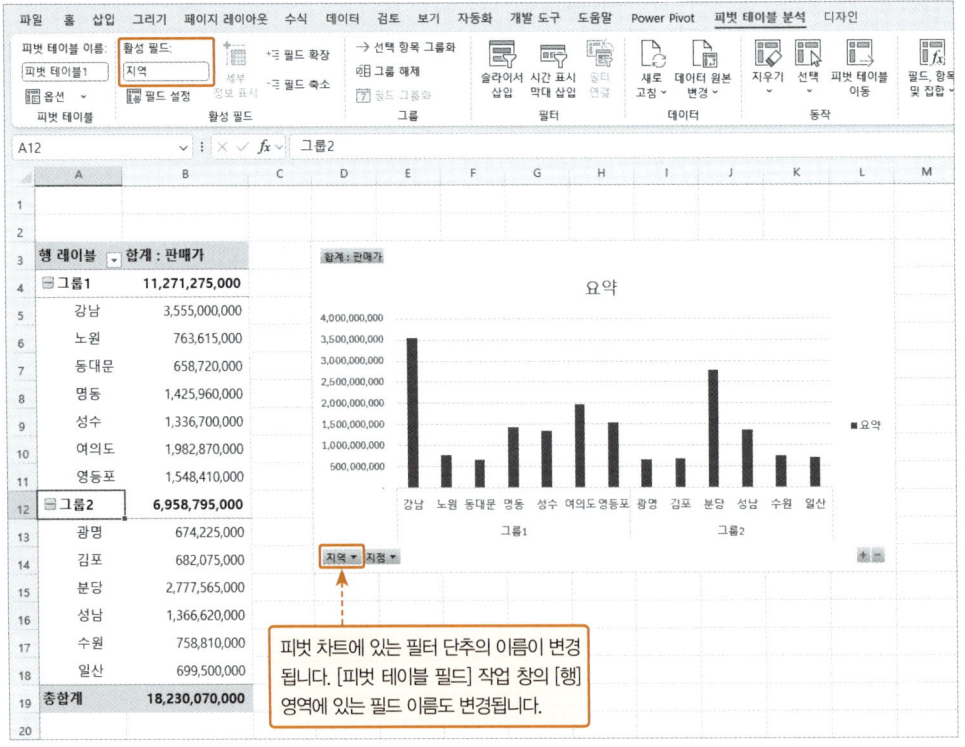

08 그룹 필드 내 항목 이름을 내용에 맞게 수정하겠습니다. [A4] 셀을 선택하고 '그룹1'을 **서울**로, [A12] 셀을 선택하고 '그룹2'를 **경기**로 각각 변경합니다.

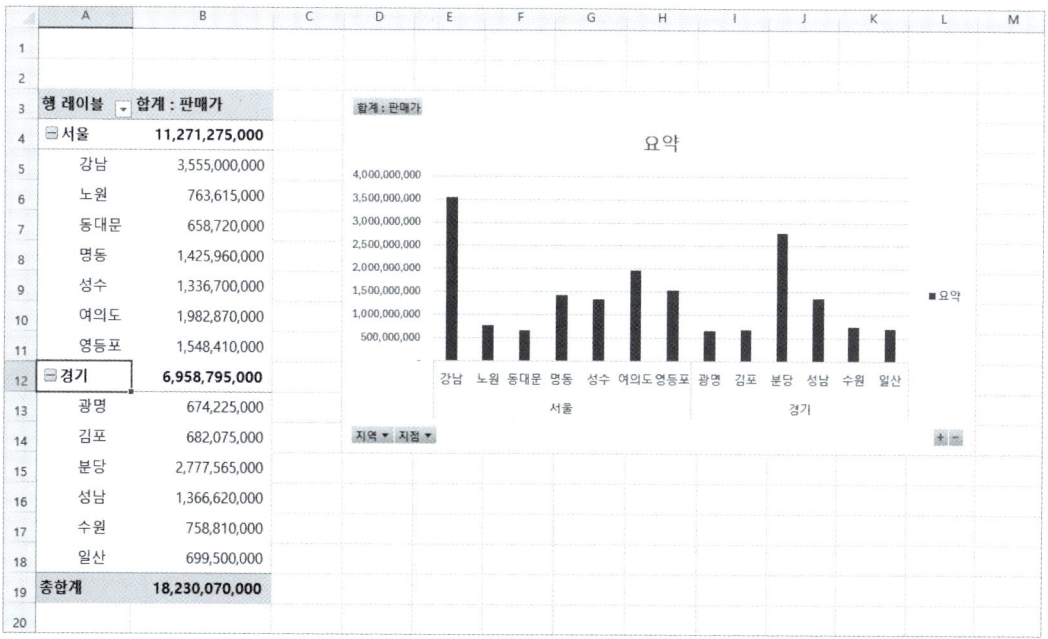

09 이제 지역별 시계열 매출을 확인해보겠습니다. [피벗 테이블 필드] 작업 창에서 [지점] 필드의 체크를 해제하고 [결제일] 필드에 체크합니다.

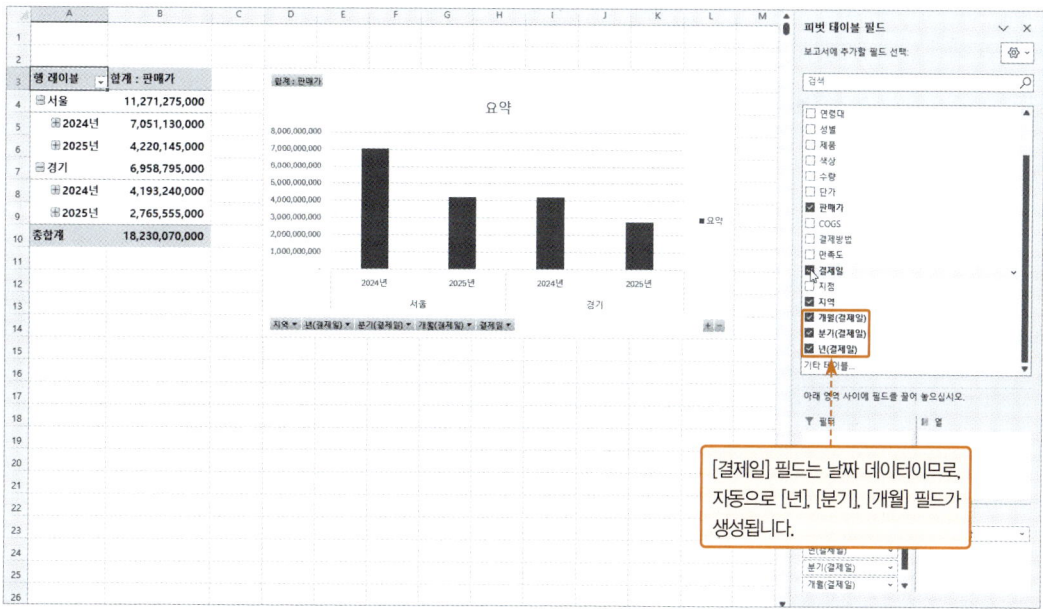

[결제일] 필드는 날짜 데이터이므로, 자동으로 [년], [분기], [개월] 필드가 생성됩니다.

10 날짜 필드를 원하는 방식으로 그루핑하는 방법을 이해하기 위해 [A5] 셀에서 마우스 오른쪽 버튼을 클릭하고 [그룹]을 선택합니다.

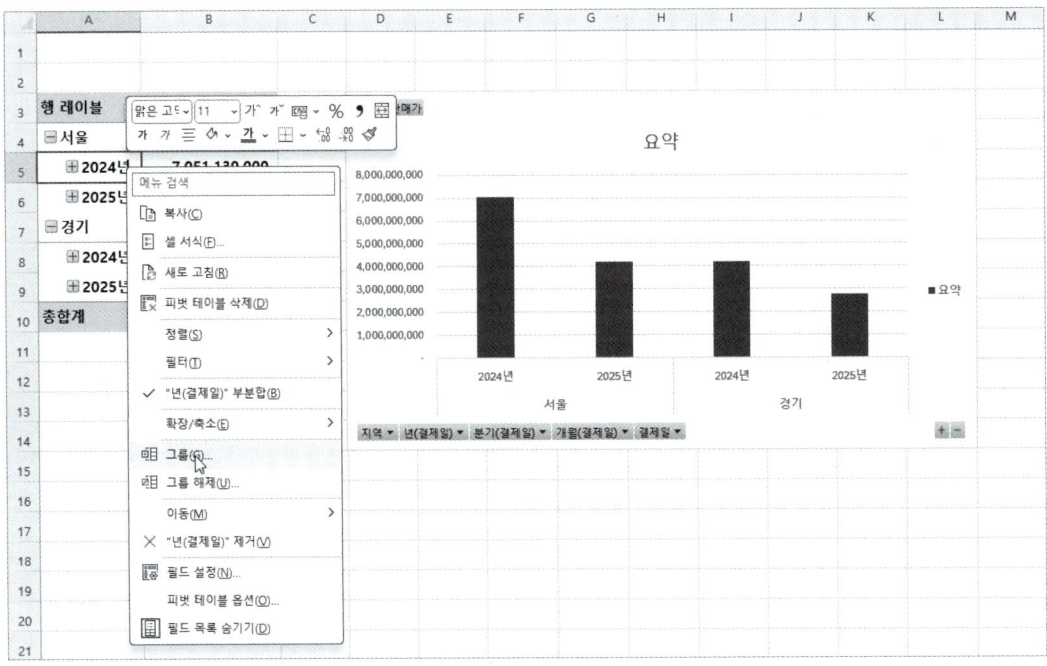

TIP 날짜 필드를 원하는 방식으로 그루핑하는 방법을 이해하기 위해 [A5] 셀에서 마우스 오른쪽 버튼을 클릭하고 [그룹]을 선택합니다.

11 [그룹화] 대화상자가 표시됩니다. 날짜 필드는 [그룹화] 대화상자에서 연·분기·월 등 상위 단위를 선택하면 해당 단위로 그룹화됩니다. 여기서는 기본값을 유지한 채 [확인]을 클릭합니다.

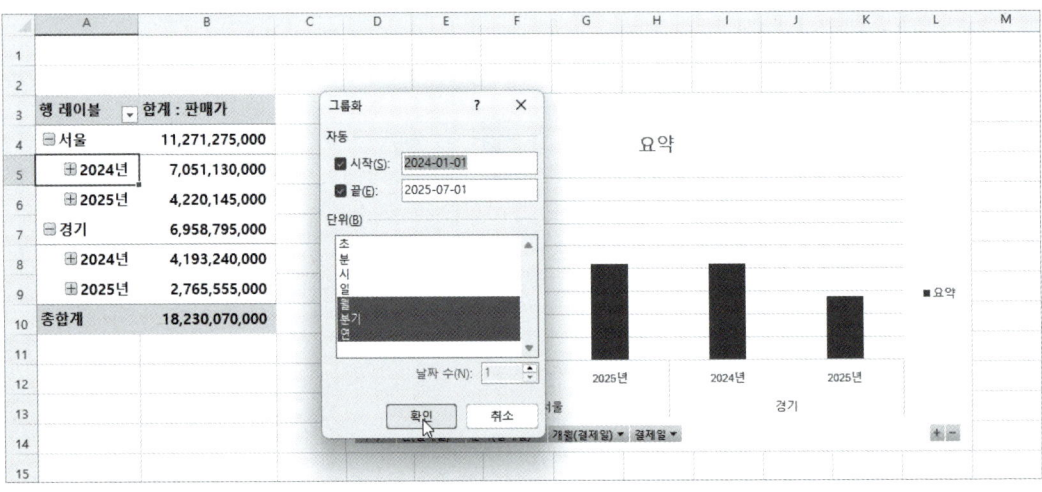

TIP 날짜 그룹 필드는 사용자가 가지고 있는 날짜 기간에 따라 다르게 나타날 수 있습니다. 표시되지 않는 날짜 단위의 필드를 추가하려면 이렇게 수동으로 변경합니다.

12 [행] 영역에서 축소되어 있던 [분기]와 [월] 필드가 모두 확장됩니다. 이해를 돕기 위해 [지역] 필드를 [열] 영역으로 옮겨보면 피벗 테이블 보고서와 피벗 차트의 구성이 다음과 같이 변경됩니다.

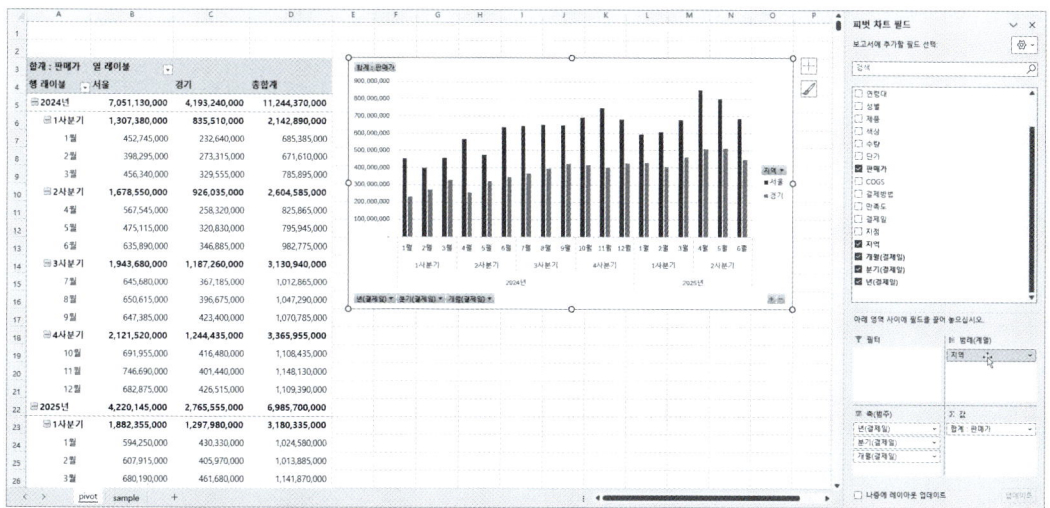

필터 기능을 이용해 필요한 항목만 표시하기

예제 파일 CHAPTER 05 \ 필터.xlsx

01 예제 파일의 [pivot] 시트를 열면 다음과 같은 피벗 테이블 보고서를 확인할 수 있습니다. 각 지점의 월별 실적이 깔끔하게 집계되어 있지만, 데이터가 너무 많아 정보 전달이 어렵습니다.

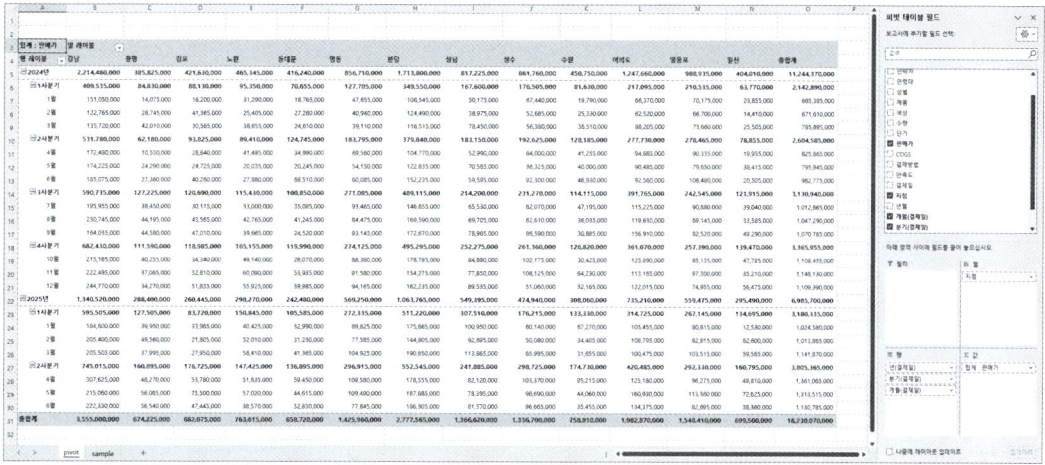

02 일단, 매출 실적이 높은 부분을 조건부 서식을 이용해 표시하겠습니다. 월별 실적이 높은 경우를 색상으로 진하게 표시하기 위해, [B7] 셀을 선택한 다음 리본 메뉴의 [홈] 탭-[스타일] 그룹-[조건부 서식]을 클릭합니다. [색조]-[녹색-흰색 색조]를 선택합니다.

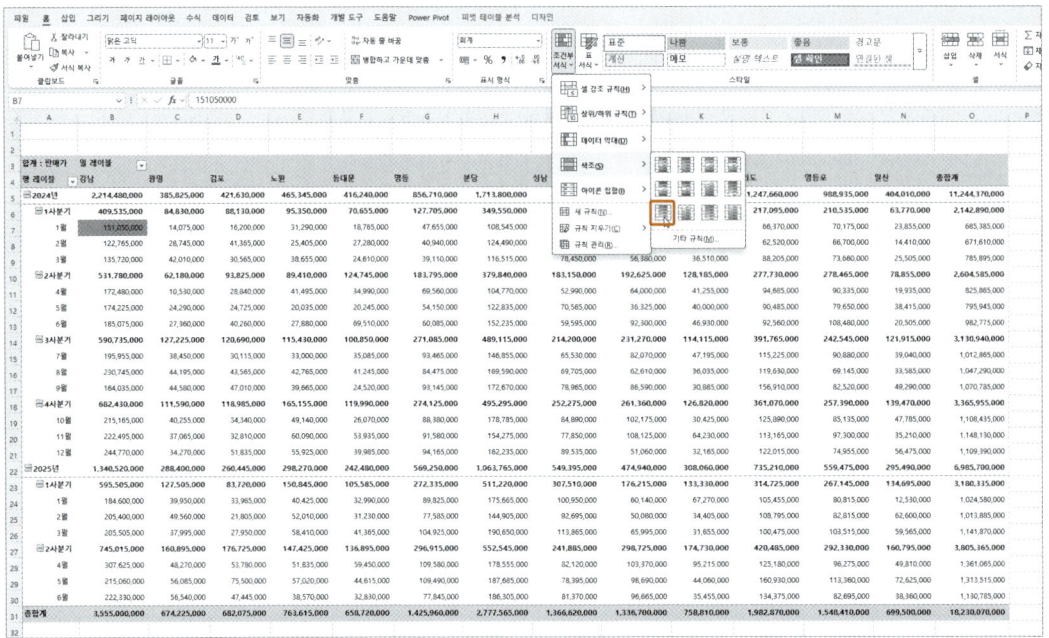

03 [B7] 셀에 적용한 조건부 서식을 다른 범위에도 모두 적용하겠습니다. [B7] 셀 오른쪽의 [서식 옵션]을 클릭하고 ["개월(결제일)" 및 "지점"에 대해 "합계 : 판매가" 값을 표시하는 모든 셀]을 선택합니다. 실적이 높았던 지점의 월이 진한 녹색으로 표시됩니다.

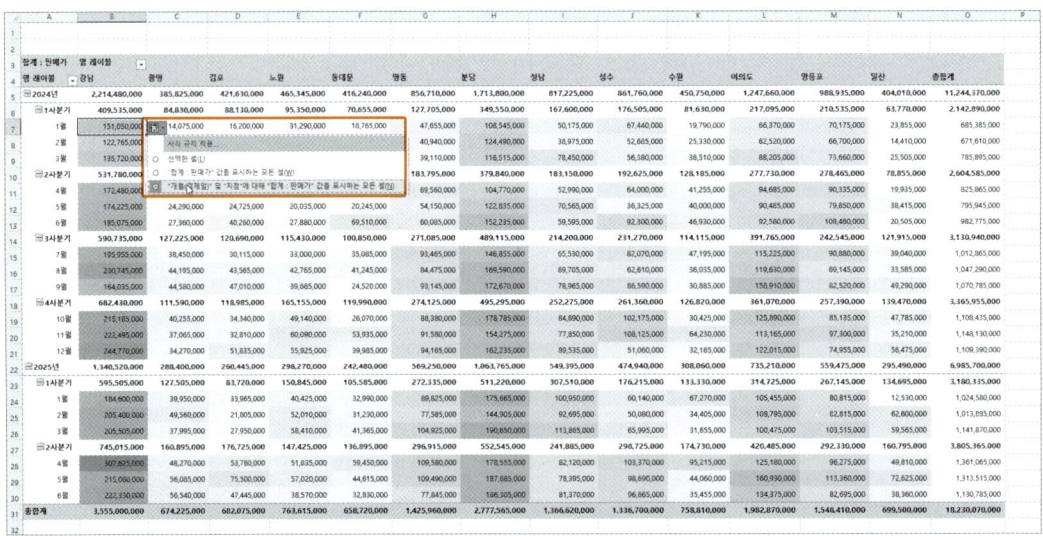

> **TIP** 색상이 진한 정도를 통해 [강남] 지점 〉 [분당] 지점 〉 [여의도] 지점 〉 [영등포] 지점 순으로 실적이 높은 것을 확인할 수 있습니다.

04 이처럼 조건부 서식을 이용해 시각화를 구현할 수도 있지만, 원하는 정보만 표시되게 하면 더 많은 정보를 효율적으로 얻을 수 있을 것입니다. 먼저 조건부 서식을 해제하기 위해, 리본 메뉴의 [홈] 탭-[스타일] 그룹-[조건부 서식 ▦]을 클릭하고, [규칙 지우기]-[이 피벗 테이블에서 규칙 지우기]를 선택합니다.

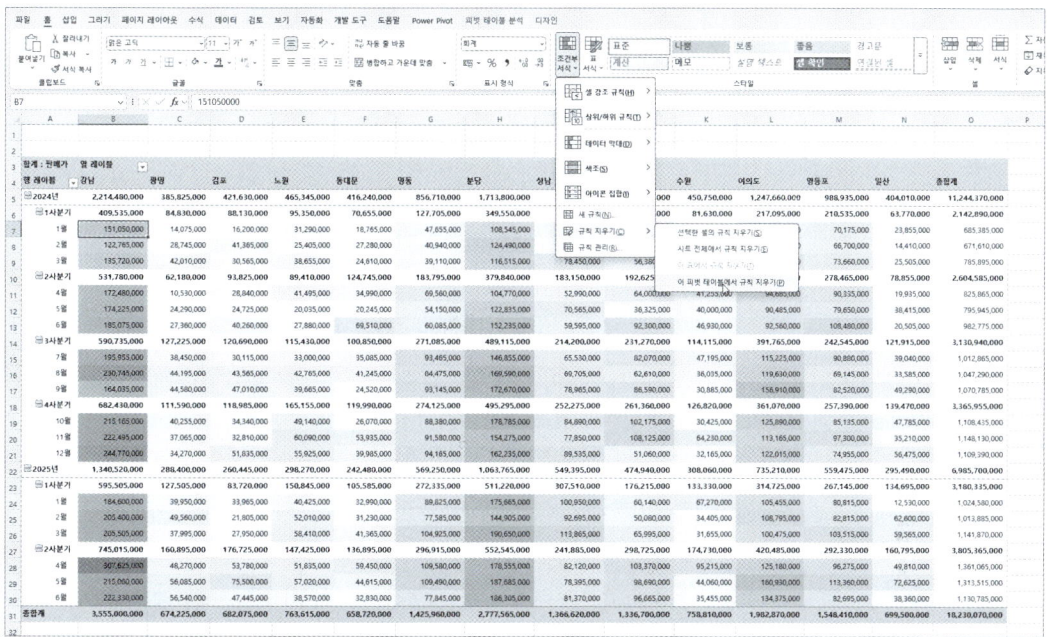

05 각 지점에서 매출이 상위 20%인 월을 선별해 판매가를 표시하겠습니다. 값 필터를 적용하기 쉽도록 필드는 가급적 한 축(가능하면 [행])에 배치합니다. [피벗 테이블 필드] 작업 창에서 [년(결제일)], [분기(결제일)], [개월(결제일)] 필드의 체크를 해제하고, [열] 영역의 [지점] 필드를 [행] 영역으로 이동합니다. 피벗 테이블 보고서가 다음과 같이 구성됩니다.

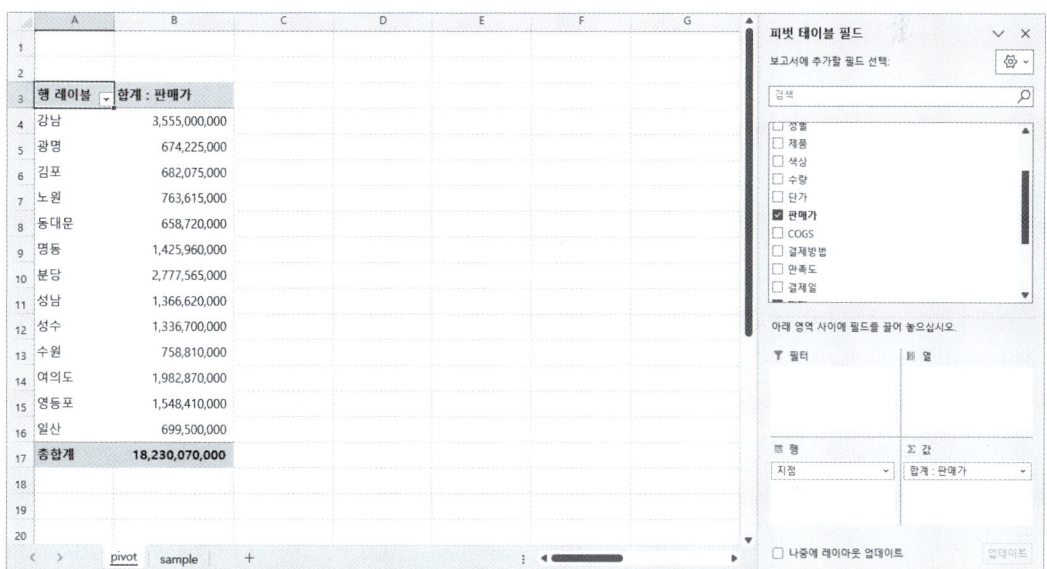

CHAPTER 05 피벗 테이블 보고서 활용 · **275**

엑셀마스터가 짚어주는 핵심 NOTE

필터를 이용하기 위해 알아야 하는 필드, 그리고 영역 상관관계

이번 작업을 이해하려면 [년(결제일)], [분기(결제일)], [개월(결제일)] 필드를 왜 해제하는지 알아야 합니다. 만약 이전 필드 구성을 그대로 두고 위치만 [행] 영역으로 옮기면 다음과 같은 구조가 됩니다([분기] 필드는 제외했을 때의 화면입니다).

필터는 하나의 필드를 단위로 동작하므로, [년(결제일)] 필드의 항목이 1년이라면 괜찮지만 예제와 같이 연도가 2024년, 2025년으로 두 개인 경우, 지점에서 실적이 높은 월을 추출하면 연도별로 월이 추출됩니다. 즉, 전체 중에서 실적이 높은 월이 아니라, 연도별로 실적이 높은 월이 따로 추출되는 것입니다. 이런 결과를 원하는 것이 아니라면 연도와 월을 하나의 필드에 표시해 다음과 같은 구조로 만들어야 합니다.

그렇기 때문에 기존에 그룹 필드로 생성된 [년(결제일)], [분기(결제일)], [개월(결제일)] 필드를 피벗 테이블 보고서에서 삭제한 것입니다. 만약 잘 이해되지 않는다면 [년(결제일)], [개월(결제일)] 필드의 체크는 해제하지 않은 채 **09~10** 과정을 참고해 필터를 적용한 후 **11** 과정 화면과 비교해보기 바랍니다.

06 원본 표에 [결제일] 필드의 그룹 필드인 [년(결제일)]과 [개월(결제일)] 필드의 값이 모두 포함된 [년월] 열을 생성합니다. [sample] 시트를 열고, [P1] 셀에 **년월**을, [P2] 셀에 다음 수식을 입력합니다.

=TEXT([@결제일], "yyyy-mm")

07 다시 [pivot] 시트를 선택합니다. 피벗 테이블 보고서 내의 셀(화면에서는 [B3] 셀)에서 마우스 오른쪽 버튼을 클릭하고 [새로 고침]을 선택합니다. [피벗 테이블 필드] 작업 창 내에 **06** 과정에서 생성한 [년월] 필드를 확인할 수 있습니다.

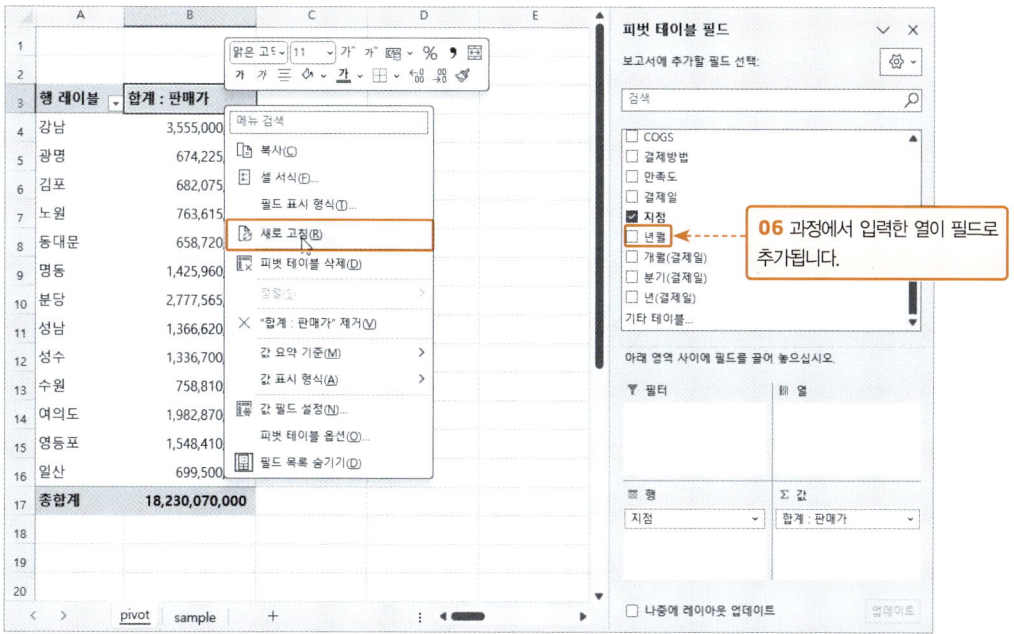

08 [피벗 테이블 필드] 작업 창에서 [년월] 필드에 체크하면 피벗 테이블 보고서의 각 지점의 월별 실적이 집계됩니다.

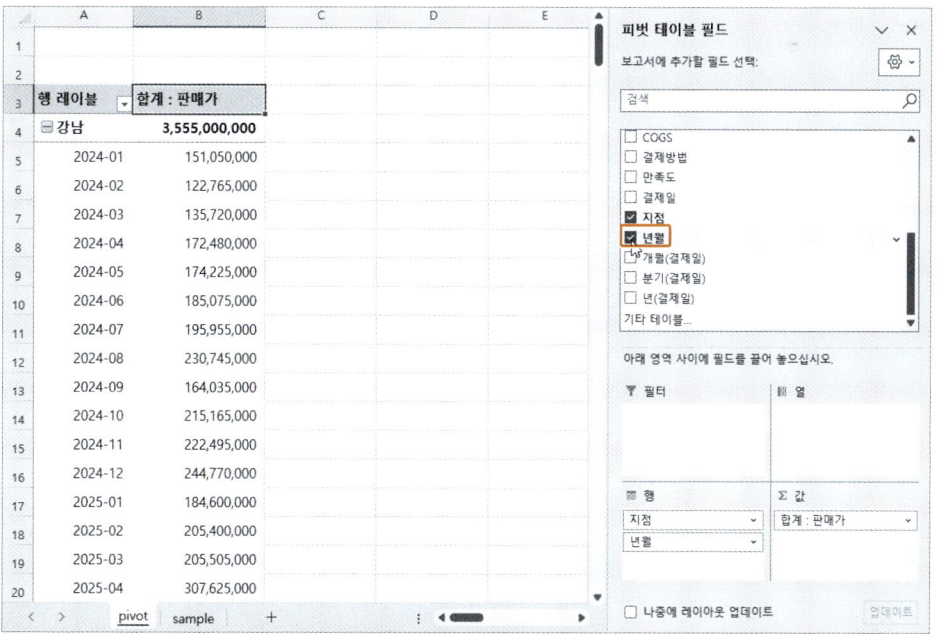

09 각 지점에서 가장 실적이 높았던 상위 20%에 드는 월만 표시하기 위해 필터를 적용하겠습니다. [A3] 셀의 목록 단추 ▼를 클릭하고 [필드 선택]에서 [년월]을 선택한 다음, [값 필터]-[상위 10]을 선택합니다.

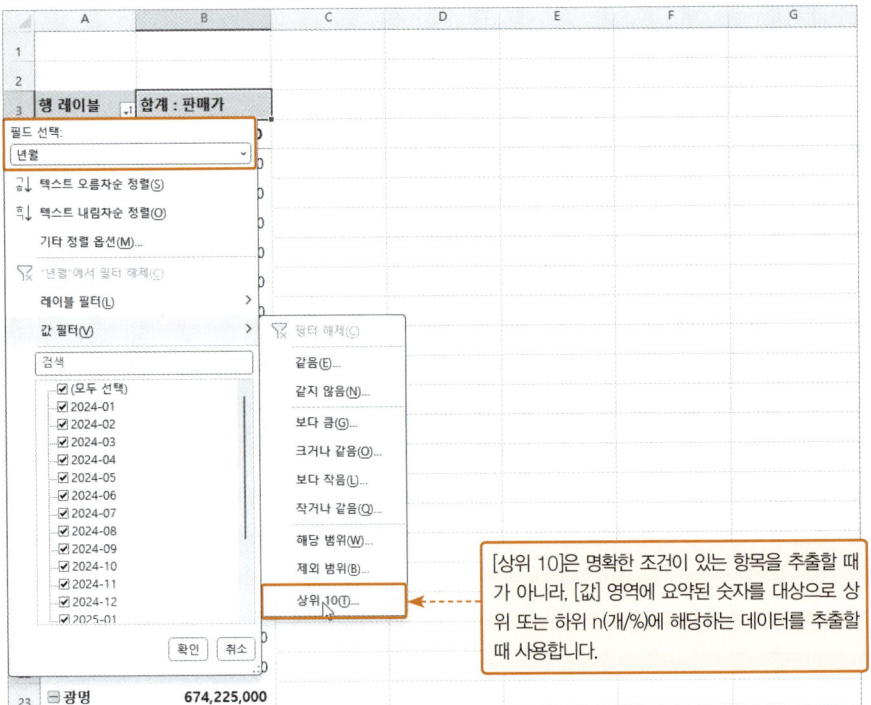

[상위 10]은 명확한 조건이 있는 항목을 추출할 때가 아니라, [값] 영역에 요약된 숫자를 대상으로 상위 또는 하위 n(개/%)에 해당하는 데이터를 추출할 때 사용합니다.

10 [상위 10 필터(년월)] 대화상자가 표시되면 두 번째 입력란의 숫자를 **20**으로 변경하고, 세 번째 항목은 [%]로 변경한 다음 [확인]을 클릭합니다.

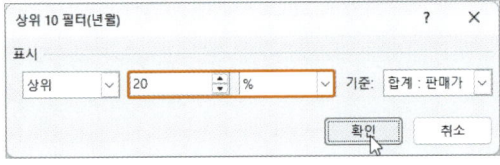

11 지점별로 매출 실적 상위 20%에 해당하는 월을 빠르게 확인할 수 있습니다.

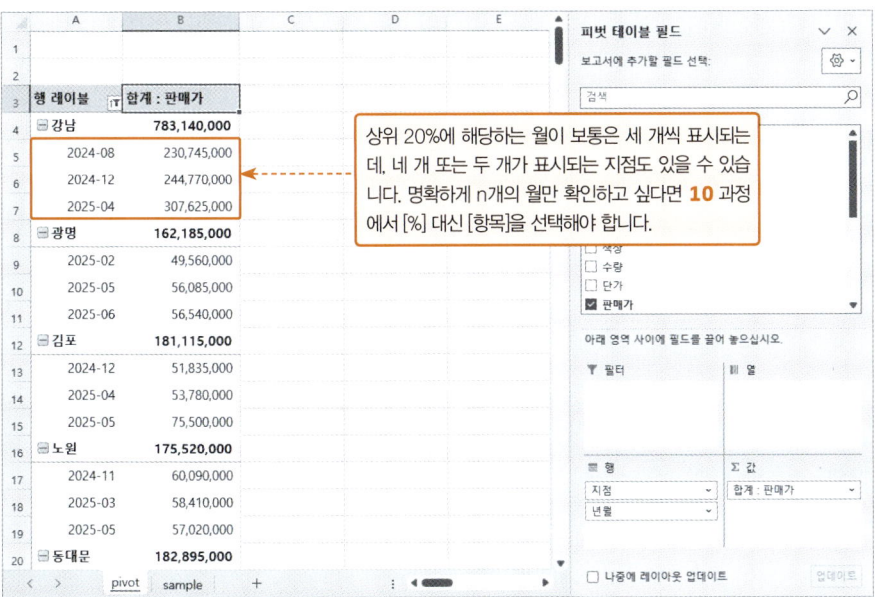

상위 20%에 해당하는 월이 보통 세 개씩 표시되는데, 네 개 또는 두 개가 표시되는 지점도 있을 수 있습니다. 명확하게 n개의 월만 확인하고 싶다면 **10** 과정에서 [%] 대신 [항목]을 선택해야 합니다.

12 만약 실적이 높은 월을 먼저 보고 싶다면 정렬을 해야 합니다. 월 실적이 처음 표시되는 [B5] 셀을 선택하고 리본 메뉴의 [데이터] 탭-[정렬 및 필터] 그룹-[내림차순 정렬]을 클릭합니다.

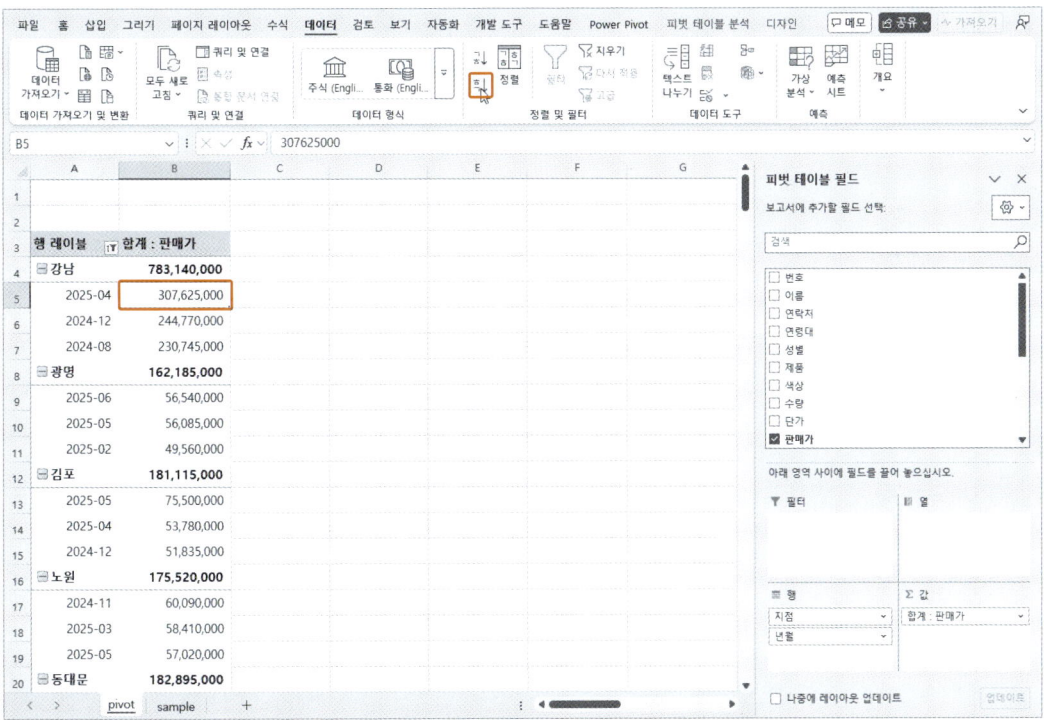

13 이 상태에서 매출 실적이 가장 높았던 월의 지점 실적을 보고 싶다면 [행] 영역의 필드 순서를 변경합니다. [피벗 테이블 필드] 작업 창에서 [행] 영역에 있는 [지점] 필드를 [년월] 필드 아래로 옮깁니다.

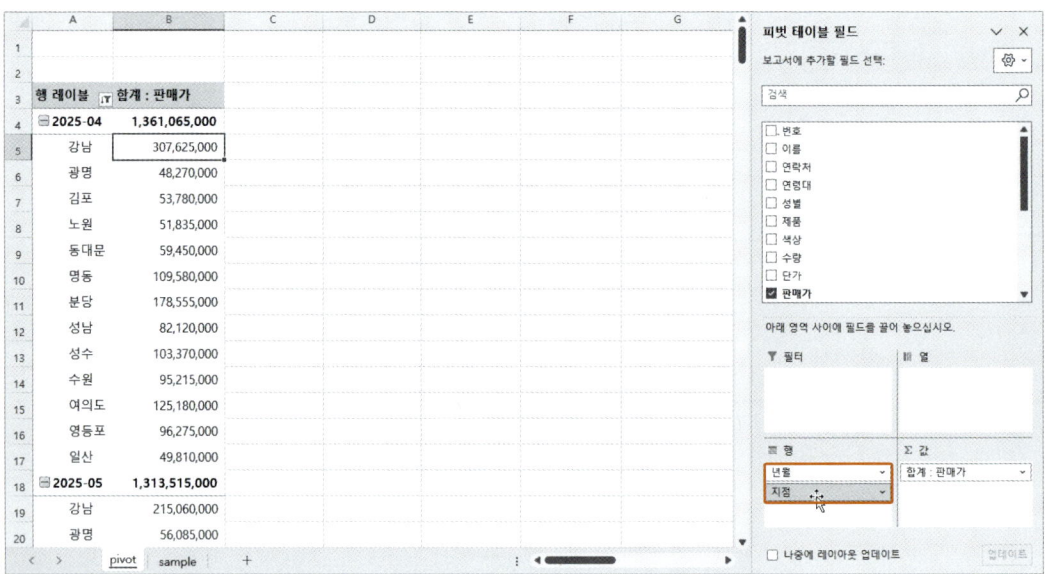

TIP 화면에 모두 표시되지는 않았지만, 아래로 스크롤을 해보면 [년월] 필드 항목은 여전히 전체에서 매출이 높은 상위 20%에 해당하는 월만 표시됩니다. 이렇게 피벗 테이블 역시 필터가 적용되면 해제되기 전까지 동일한 필터 조건이 그대로 유지됩니다.

14 지점이 너무 많이 표시되어 변별력이 떨어지므로 매출 1억이 넘는 지점만 표시하기 위해 필터를 추가하겠습니다. [A3] 셀의 목록 단추 ▼ 를 클릭하고 [필드 선택]에서 [지점] 필드를 선택한 다음, [값 필터]-[크거나 같음]을 선택합니다.

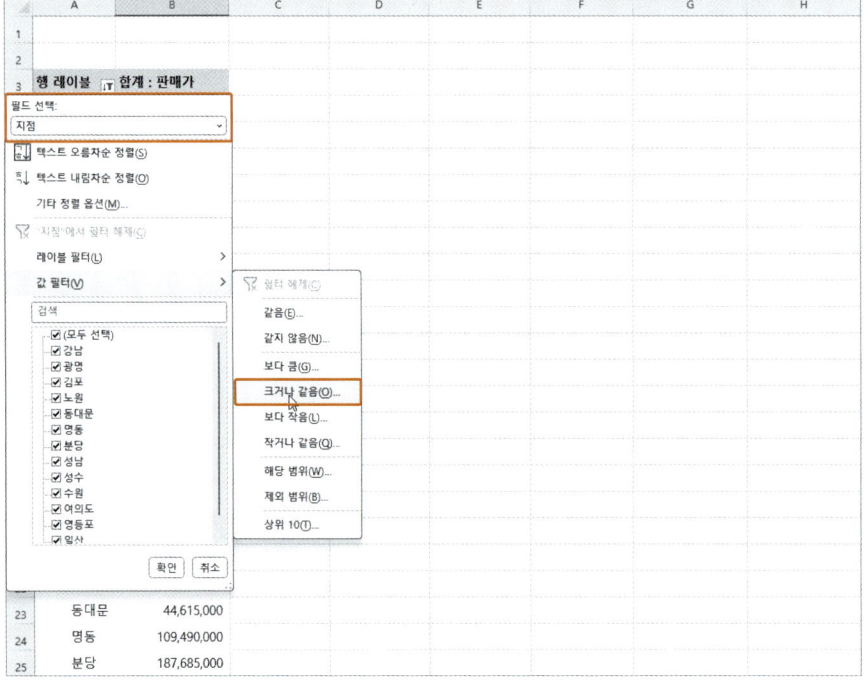

15 [값 필터(지점)] 대화상자가 표시되면 세 번째 입력란에 100000000을 입력하고 [확인]을 클릭합니다.

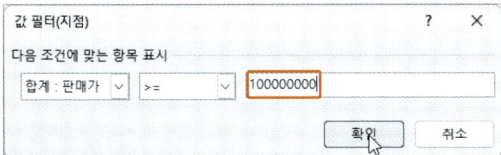

16 매출이 상위 20%인 월 중에서 지점 실적이 1억이 넘는 지점만 추출됩니다.

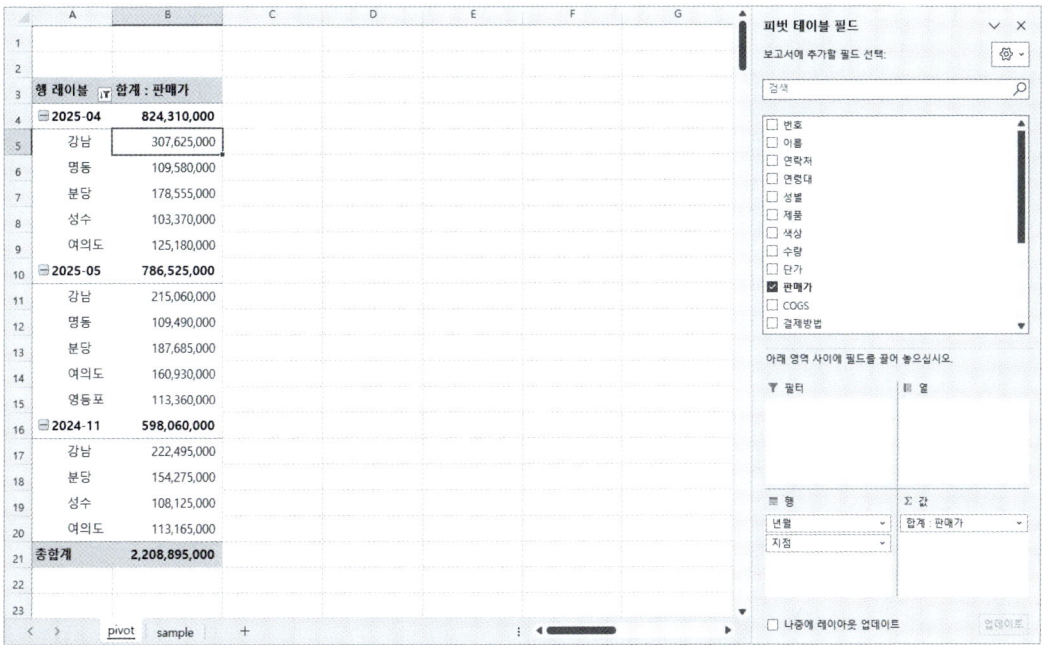

17 실적이 높은 지점 순으로 표시하기 위해 [B5] 셀을 선택하고 리본 메뉴의 [데이터] 탭-[정렬 및 필터] 그룹-[내림차순 정렬]을 클릭합니다. 피벗 테이블 보고서 내의 셀이 선택된 상태에서 리본 메뉴의 [삽입] 탭-[차트] 그룹-[세로 또는 가로 막대형 차트 삽입]을 클릭해 막대형 차트를 생성합니다.

엑셀마스터가 짚어주는 핵심 NOTE

차트로 읽는 데이터 이해

피벗 테이블 보고서의 필터 기능을 이용하면 원하는 데이터만 표시할 수 있지만 해석은 여전히 쉽지 않을 수 있습니다. 이 경우 피벗 차트를 함께 만들면 피벗 테이블의 숫자가 시각적으로 표시되어 데이터 이해가 한결 쉬워집니다.

피벗 테이블 보고서에서 판매가 합계를 확인하면 25년 4월은 약 8억2천만 원, 25년 5월은 약 7억8천만 원, 24년 11월은 약 5억9천만 원인데, 24년 11월이 크게 낮은 원인을 단번에 파악하기는 어렵습니다.

피벗 차트에서 25년 4월을 보면 '강남' 지점의 실적이 25년 5월과 24년 11월에 비해 두드러지게 높습니다. 또, 25년 5월에는 '강남' 지점 실적의 하락분을 '영등포' 지점이 보완한 것을 알 수 있습니다. 그와 달리 24년 11월에는 '영등포'와 '명동'처럼 실적을 보여주지 못한 지점들도 있어서 다른 달에 비해 매출 합계가 크게 낮은 것으로 파악할 수 있습니다.

SECTION 03 슬라이서로 피벗 테이블 보고서 제어

피벗 테이블의 [필터] 영역은 원본 데이터 중 집계 대상을 제한할 때 사용합니다. 다만 사용 편의성 측면에서 몇 가지 한계가 있어 불편을 겪는 사용자가 많습니다. 대표적인 단점은 다음 두 가지입니다.

첫째, 단일 항목을 선택할 때는 문제가 없지만 여러 항목을 동시에 선택하면 머리글에 '다중 항목'으로 표시되어, 어떤 항목에 대한 집계인지 즉시 파악하기가 어렵습니다.

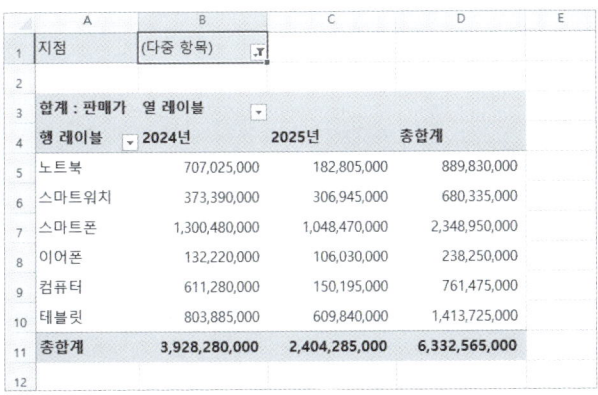

둘째, [필터] 영역에 배치한 필드는 [행]이나 [열]과 동시에 배치할 수 없으므로, 어떤 항목이 선택됐는지 즉시 확인하기가 어렵습니다. 이러한 한계는 [슬라이서]로 해결할 수 있습니다. [슬라이서]는 버튼 형태의 그래픽 필터를 이용해 필터를 설정할 수 있는 기능입니다.

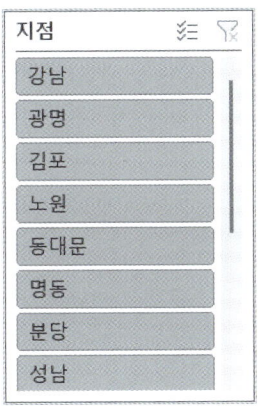

[슬라이서]는 피벗 테이블 보고서를 생성하고 관리하는 데 중요한 역할을 할 뿐 아니라 이 책의 주제인 대시보드 구성에도 핵심적인 역할을 하므로 사용법을 잘 알아두어야 합니다.

대시보드 활용에 필수적인 슬라이서 기능을 다음 몇 가지 사례를 통해 알아보겠습니다.

슬라이서를 활용한 피벗 테이블 보고서

예제 파일 CHAPTER 05 \ 슬라이서.xlsx

01 예제 파일의 [pivot] 시트에는 다음과 같은 피벗 테이블 보고서가 구성되어 있습니다. [필터] 영역에 [지점] 필드가 삽입되어 있는 것을 볼 수 있습니다.

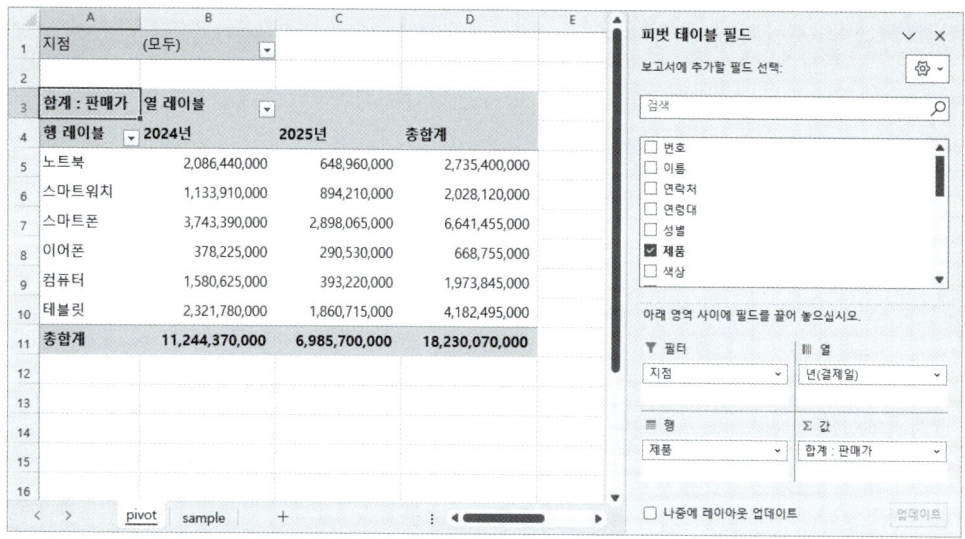

02 [지점] 필드에서 '강남'과 '광명' 두 지점의 실적을 확인해보겠습니다. [B1] 셀의 목록 단추▼를 클릭하고 필터 목록 하단의 [여러 항목 선택]에 체크합니다. [(모두)]의 체크를 해제한 다음 [강남]과 [광명] 지점만 체크하고 [확인]을 클릭합니다.

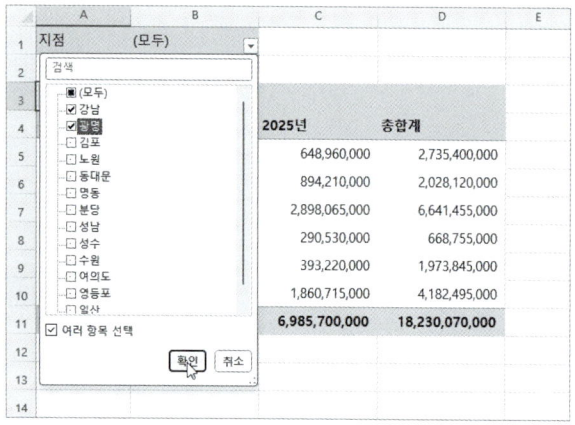

03 두 지점의 제품별 판매실적이 합산된 결과가 피벗 테이블 보고서에 표시됩니다. 지점별 실적을 따로 확인하기 위해 [피벗 테이블 필드] 작업 창에서 [지점] 필드를 [행] 영역의 [제품] 필드 위로 드래그합니다.

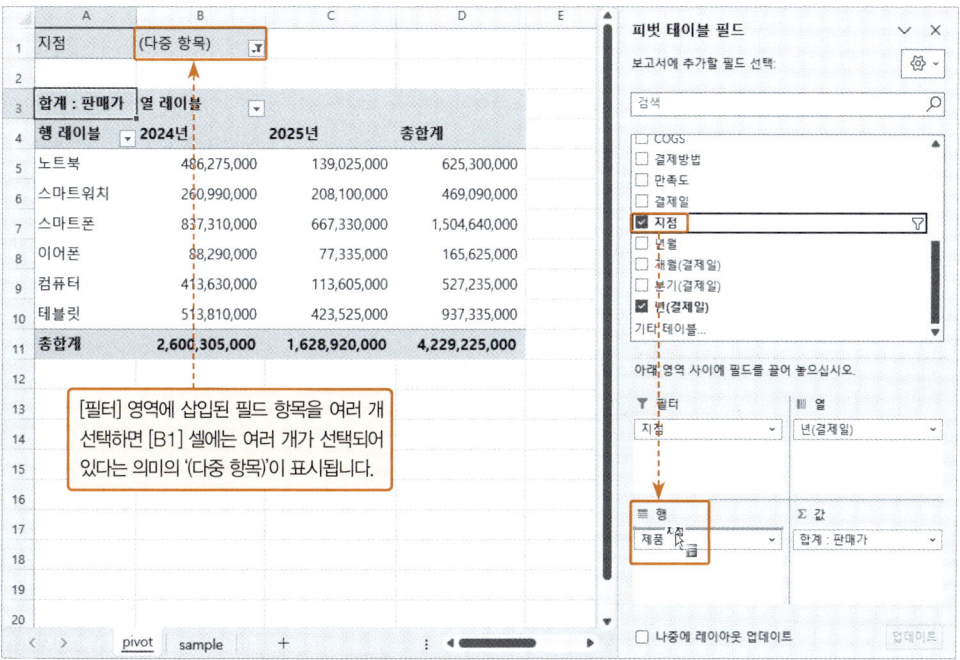

04 [필터] 영역에서 [지점] 필드가 삭제되고, [행] 영역에만 표시됩니다.

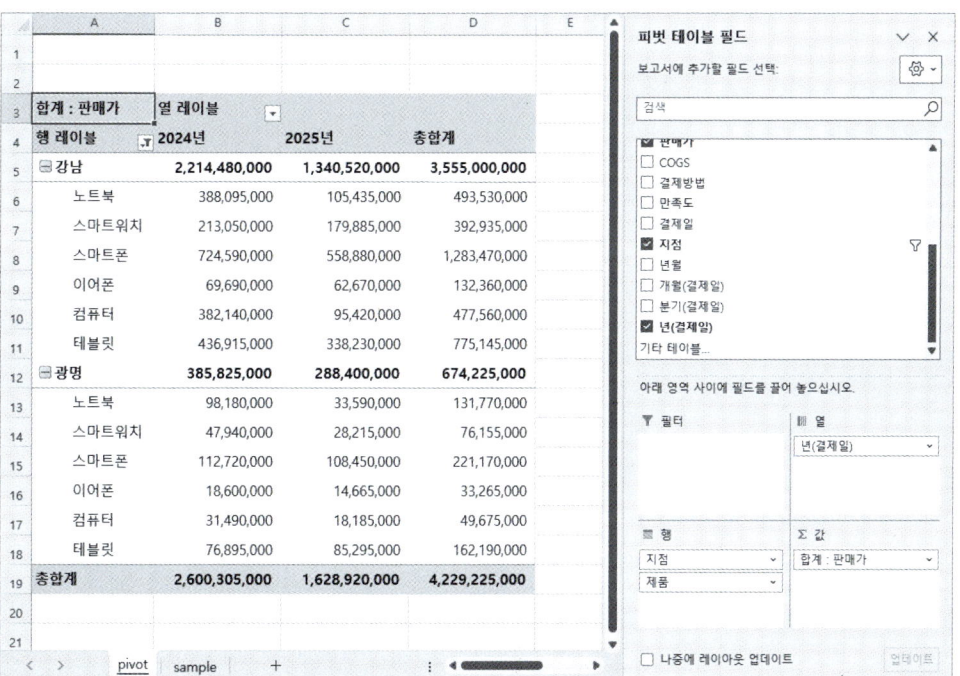

엑셀마스터가 짚어주는 핵심 NOTE

피벗 테이블의 영역별 필드 관리 스킬

피벗 테이블 보고서의 [필터], [행], [열] 영역에는 동시에 동일한 필드를 삽입할 수 없습니다. 하지만 [값] 영역은 예외입니다. 다른 필드에 삽입된 필드나 [값] 영역에 현재 삽입된 필드도 다시 [값] 영역에 추가할 수 있습니다.

05 [지점] 필드를 다시 [필터] 영역으로 옮깁니다. 이제 슬라이서를 추가하겠습니다. 피벗 테이블 보고서가 선택된 상태에서 리본 메뉴의 [피벗 테이블 분석] 탭-[필터] 그룹-[슬라이서 삽입 📰]을 클릭합니다.

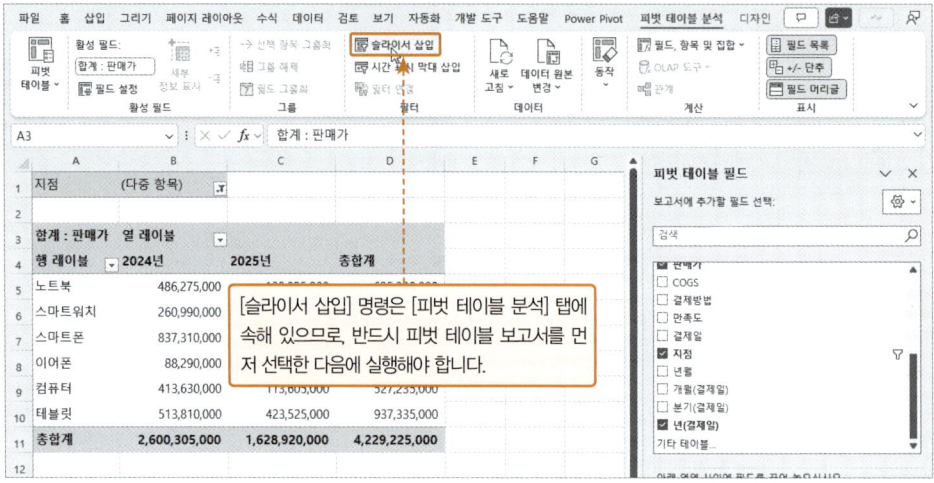

[슬라이서 삽입] 명령은 [피벗 테이블 분석] 탭에 속해 있으므로, 반드시 피벗 테이블 보고서를 먼저 선택한 다음에 실행해야 합니다.

06 [슬라이서 삽입] 대화상자가 표시되면 [지점] 필드에 체크하고 [확인]을 클릭합니다. 화면과 같은 슬라이서 창이 표시됩니다.

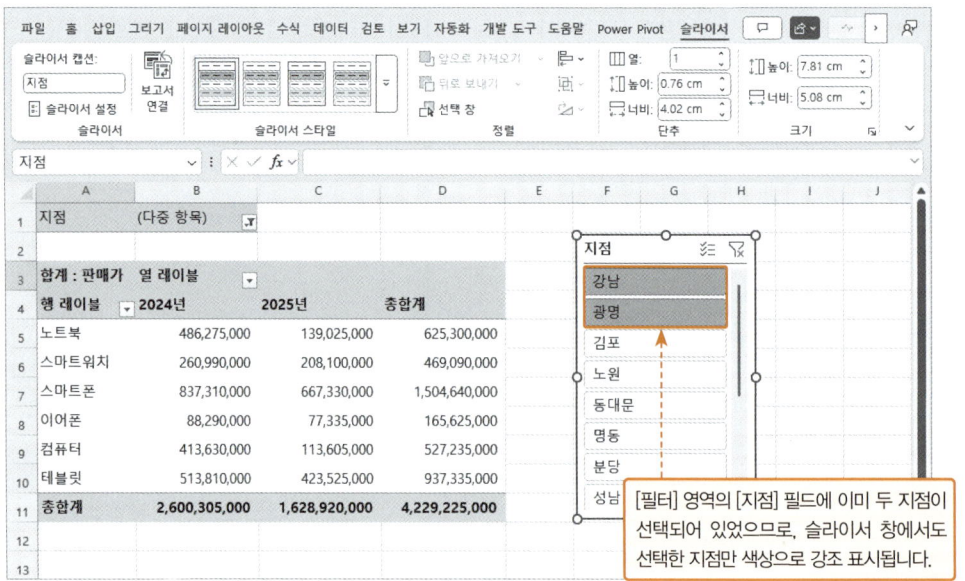

[필터] 영역의 [지점] 필드에 이미 두 지점이 선택되어 있었으므로, 슬라이서 창에서도 선택한 지점만 색상으로 강조 표시됩니다.

07 슬라이서 창 오른쪽 상단의 [필터 해제]를 클릭하면 필터가 해제되면서 전체 지점 실적이 표시됩니다.

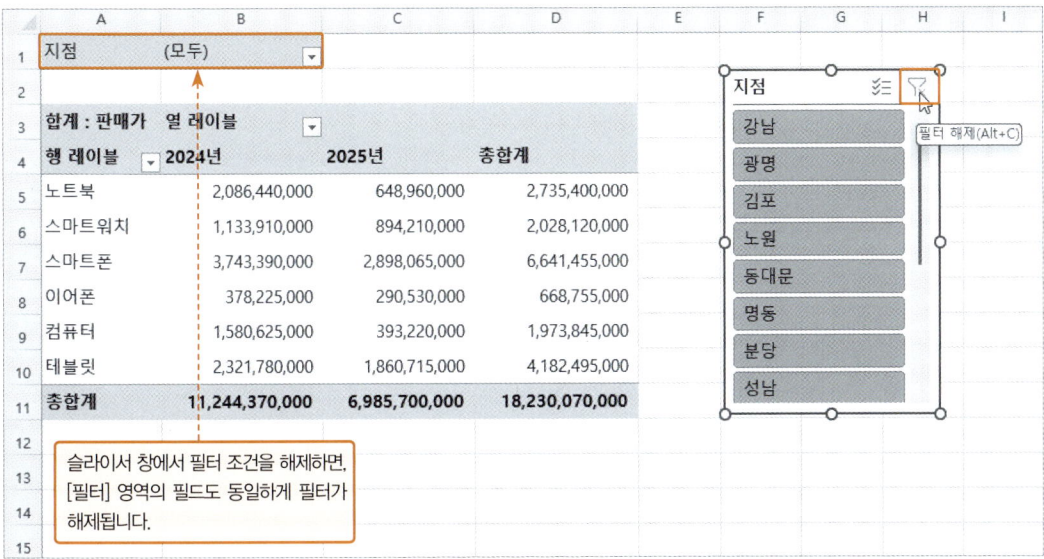

슬라이서 창에서 필터 조건을 해제하면, [필터] 영역의 필드도 동일하게 필터가 해제됩니다.

08 [지점] 슬라이서 창에서 [분당] 지점만 선택하면 [필터] 영역 내의 [지점] 필드도 '분당' 지점만 표시됩니다.

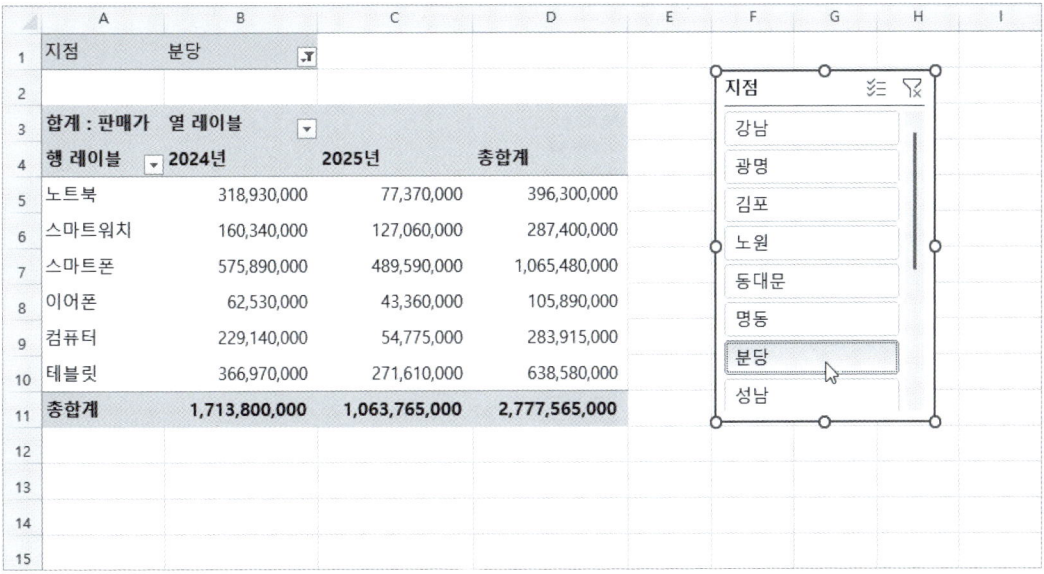

09 슬라이서와 필터 영역을 동시에 사용할 필요는 없으므로, [필터] 영역에 있는 [지점] 필드를 [행] 영역의 [제품] 필드 위로 옮깁니다.

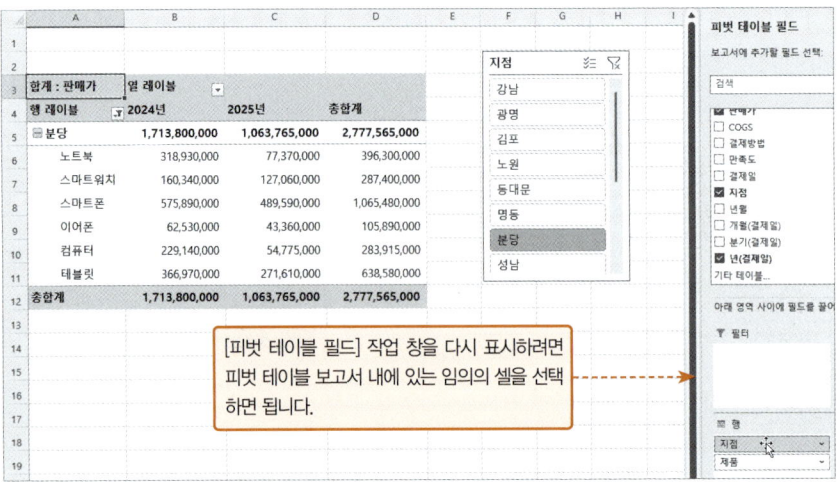

10 이제 [지점] 슬라이서 창에서 [강남]과 [광명] 지점을 드래그해 선택하면 피벗 테이블 보고서에 선택된 지점의 제품별 실적이 표시됩니다.

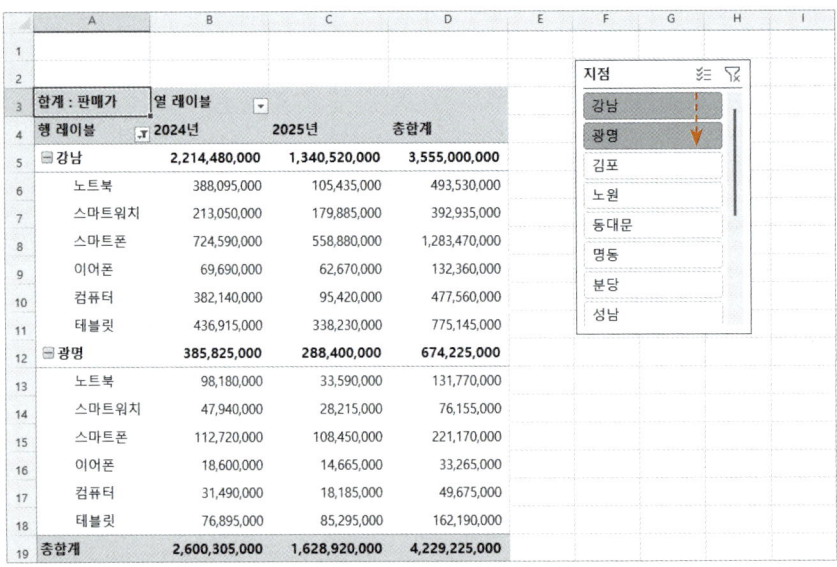

엑셀마스터가 짚어주는 핵심 NOTE

슬라이서 창에서 여러 항목 선택

슬라이서 창에서 여러 항목을 선택하려는 경우, 연속된 항목은 마우스로 드래그해 선택할 수 있고, 첫 번째 항목을 선택하고 Shift 를 누른 상태에서 마지막 항목을 선택할 수도 있습니다. 떨어진 항목은 Ctrl 을 누른 상태에서 원하는 지점을 하나씩 클릭해 선택합니다.

슬라이서로 여러 피벗 테이블을 동시에 제어하기

예제 파일 CHAPTER 05 \ 슬라이서-다중 제어.xlsx

01 예제 파일의 [pivot] 시트에는 다음과 같은 두 개의 피벗 테이블 보고서가 있습니다. 하나의 슬라이서로 두 개의 피벗 테이블을 제어할 수 있게 해보겠습니다.

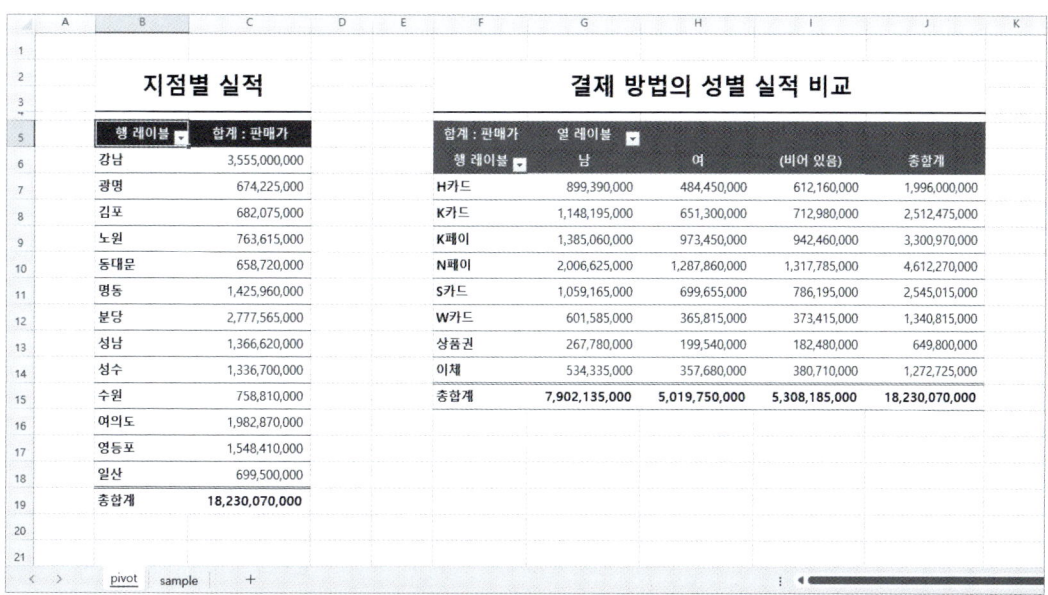

엑셀마스터가 짚어주는 핵심 NOTE

이 작업을 위한 필수 조건

하나의 슬라이서로 여러 피벗 테이블 보고서를 동시에 제어하려면, 제어하려는 피벗 테이블 보고서가 모두 동일한 원본으로 만들어져야 합니다. 즉, 다음과 같은 구성인 경우에는 동시에 제어할 수 있습니다.

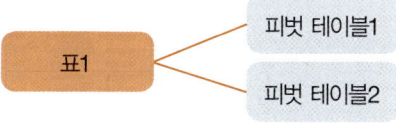

하지만 다음과 같은 경우에는 불가능합니다.

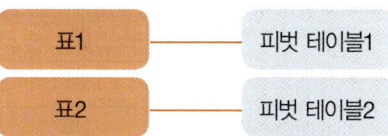

예제 파일의 [pivot] 시트에 있는 피벗 테이블 보고서는 모두 [sample] 시트의 원본 표를 대상으로 만들어진 것입니다.

02 먼저 슬라이서를 추가하겠습니다. 피벗 테이블에서 [B5] 셀을 선택하고 리본 메뉴의 [피벗 테이블 분석] 탭-[필터] 그룹-[슬라이서 삽입]을 클릭합니다.

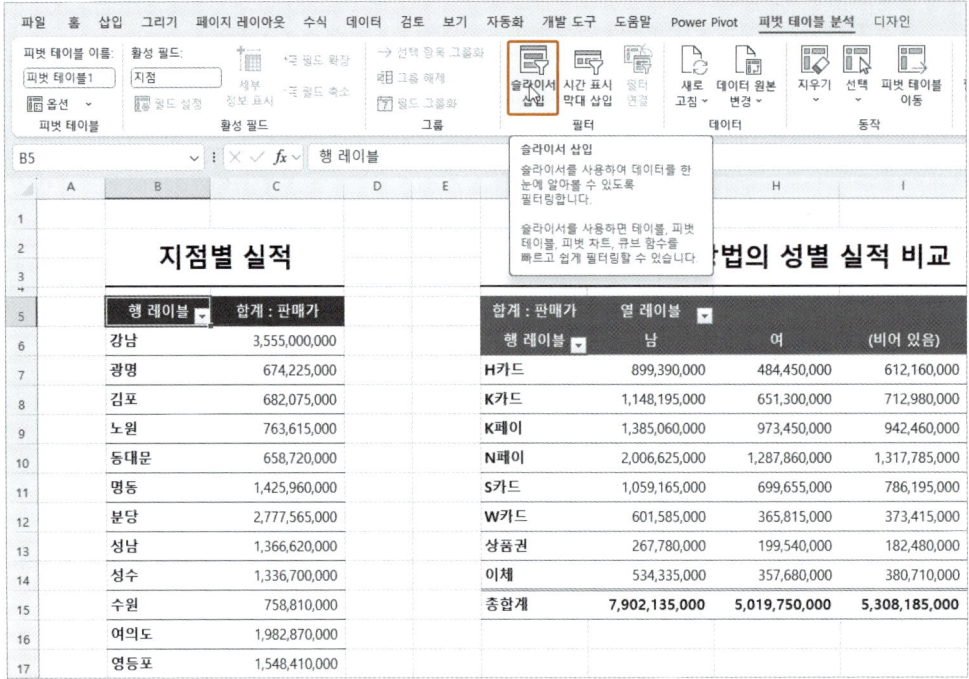

TIP 둘 중 어떤 피벗 테이블을 선택해도 됩니다.

03 [슬라이서 삽입] 대화상자가 표시되면 [년(결제일)] 필드에 체크하고 [확인]을 클릭합니다.

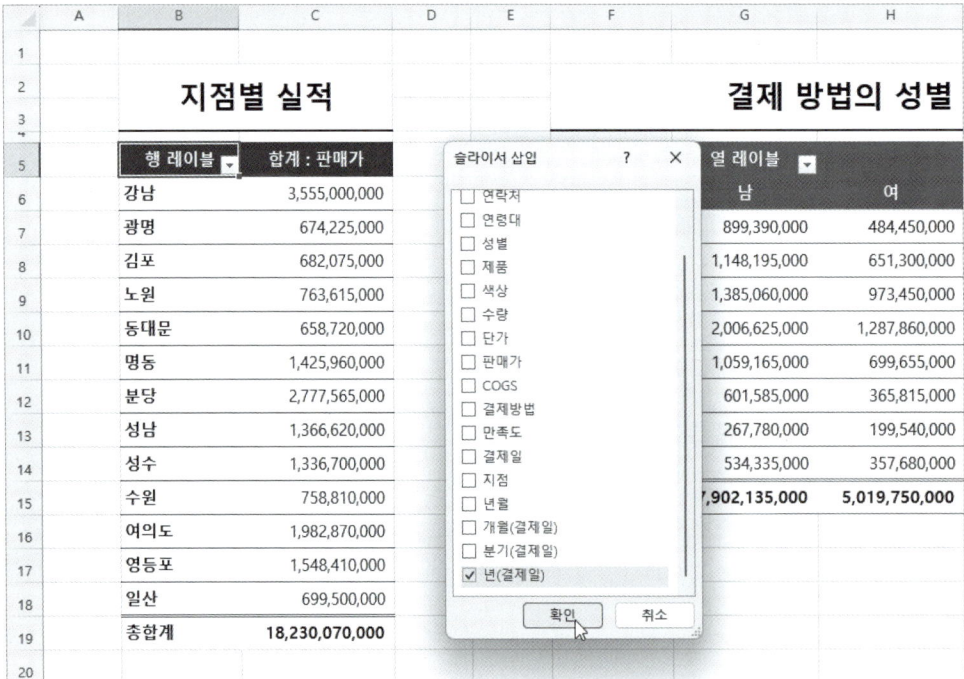

04 [년(결제일)] 슬라이서 창이 표시되면 [2025년] 항목만 선택합니다.

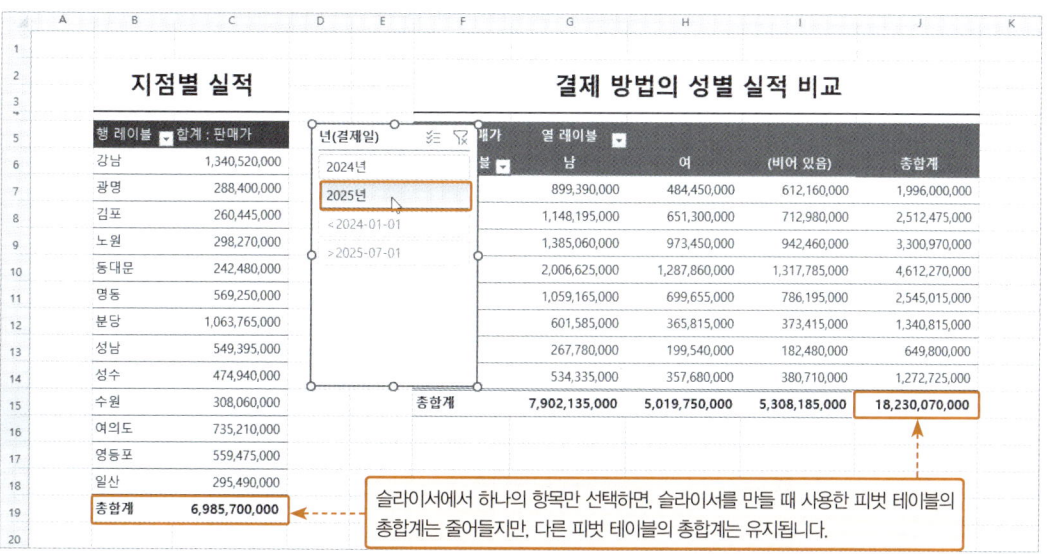

05 슬라이서로 여러 피벗 테이블을 제어하기 전에 먼저 피벗 테이블의 이름을 변경하겠습니다. [B5] 셀을 선택한 다음 [피벗 테이블 분석] 탭-[피벗 테이블] 그룹-[피벗 테이블 이름]에서 피벗 테이블의 이름을 확인합니다.

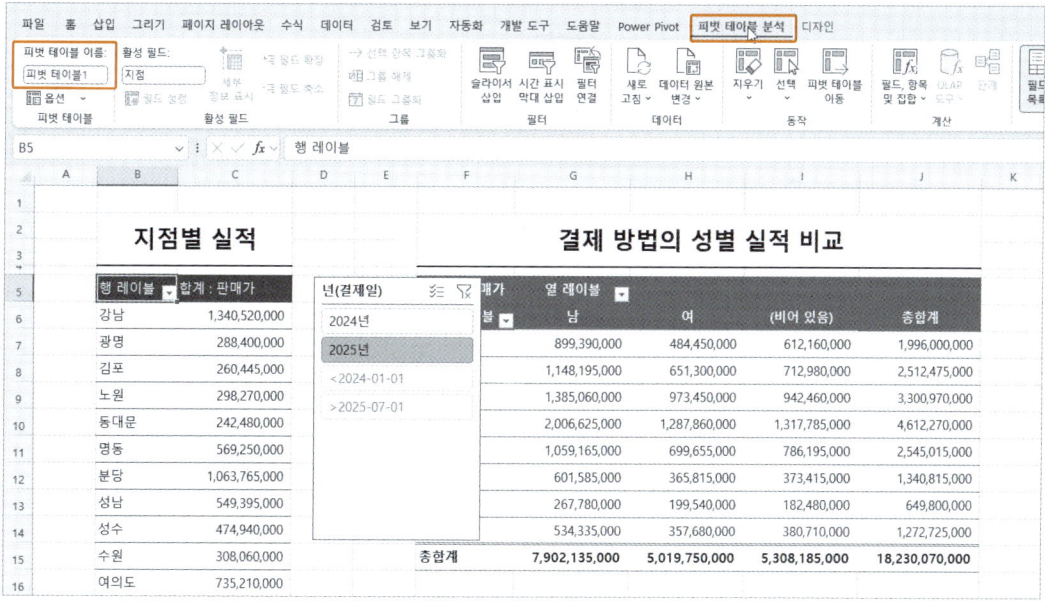

TIP 피벗 테이블 이름은 생성 순서대로 [피벗 테이블1], [피벗 테이블2], … 와 같이 부여됩니다. 슬라이서에 어떤 피벗 테이블을 연동할 것인지 정확히 식별하려면 피벗 테이블 이름을 먼저 수정하는 것이 좋습니다.

06 [피벗 테이블 이름]을 **피벗-지점**으로 변경합니다. 오른쪽 피벗 테이블의 이름도 동일한 방법으로 **피벗-결제방법**으로 변경합니다.

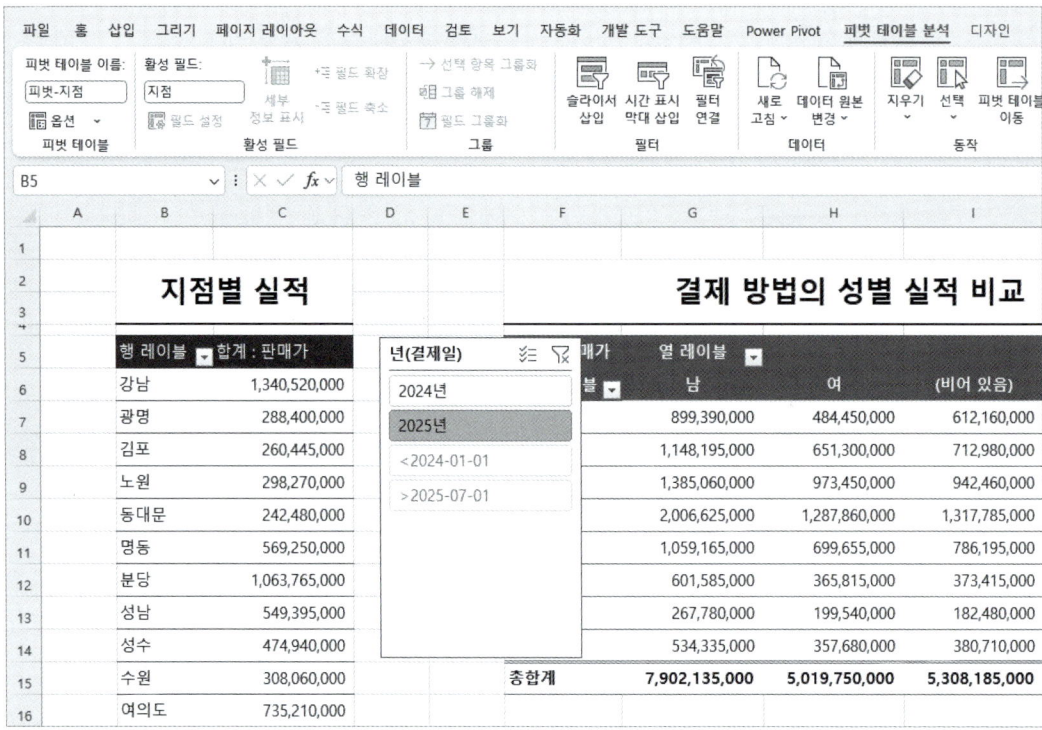

07 슬라이서 창을 선택하고, 리본 메뉴의 [슬라이서] 탭-[슬라이서] 그룹-[보고서 연결]을 클릭합니다.

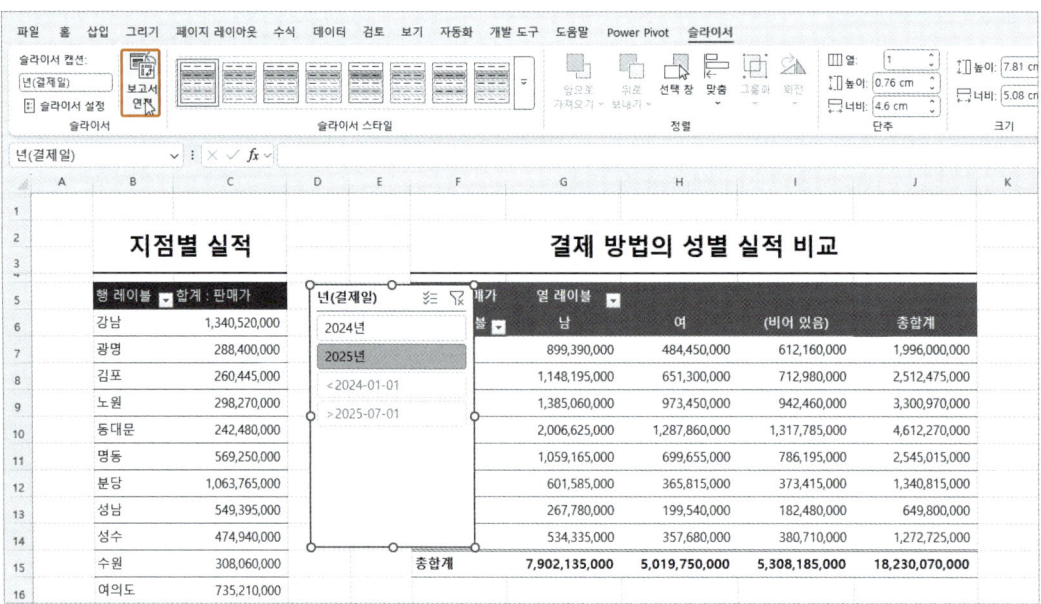

08 [보고서 연결(년(결제일))] 대화상자가 표시되면 연결할 수 있는 피벗 테이블의 이름을 확인할 수 있습니다. 연결되지 않은 피벗 테이블(예제에서는 [피벗-결제방법])에 체크하고 [확인]을 클릭합니다.

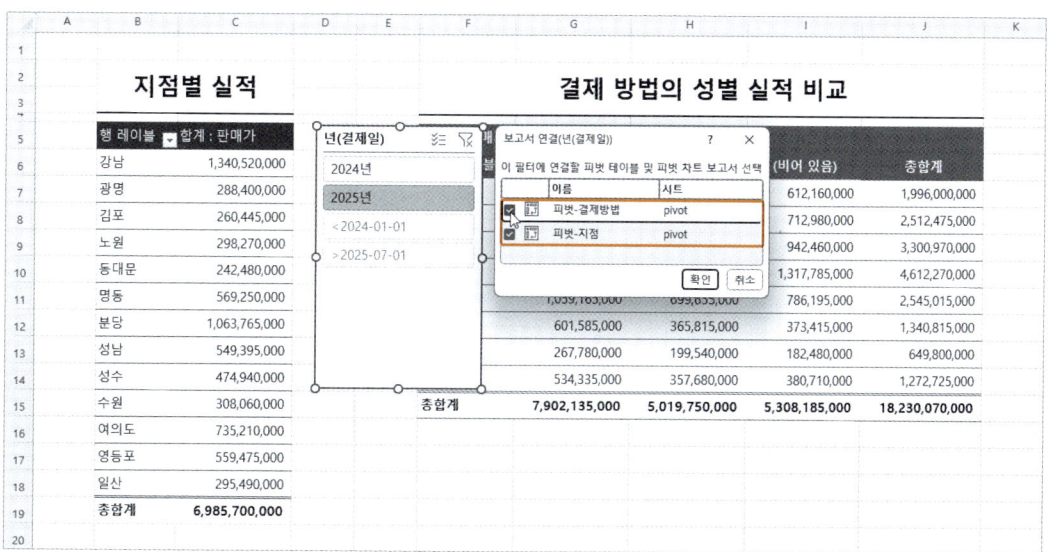

TIP 항상 모든 피벗 테이블과 슬라이서를 연결하는 것은 아니므로, 피벗 테이블에 각각 이름을 붙여두어야 [보고서 연결] 대화상자에서 원하는 피벗 테이블을 정확하게 선택할 수 있습니다.

09 이제 두 피벗 테이블 보고서가 모두 연동되는지 확인하겠습니다. 슬라이서 창의 [필터 해제]를 클릭합니다.

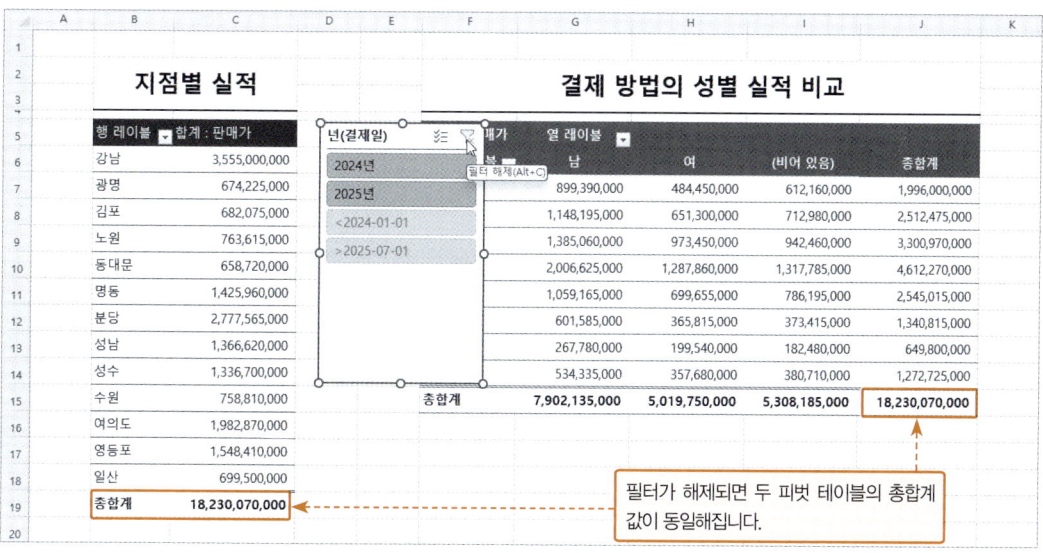

10 [년(결제일)] 슬라이서 창에서 [2025년] 항목을 선택하면 두 피벗 테이블 보고서가 모두 영향을 받는 것을 확인할 수 있습니다.

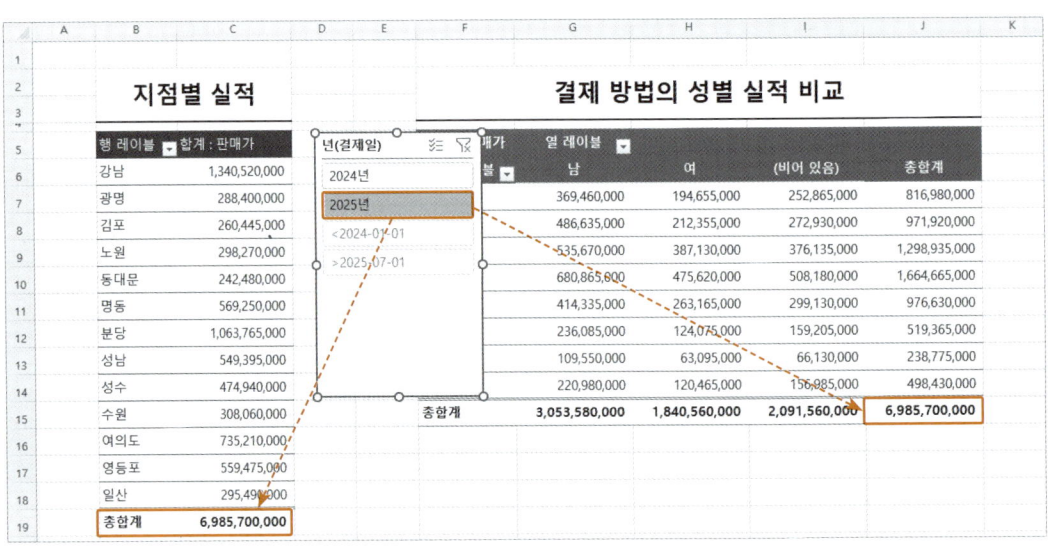

슬라이서 창의 쓸모없는 항목 제거하기

예제 파일 CHAPTER 05 \ 슬라이서-클리어.xlsx

01 예제 파일의 [pivot] 시트에는 다음과 같은 피벗 테이블과 슬라이서 창이 있습니다. 슬라이서 창의 [2024년]과 [2025년]은 선택할 수 있는 항목인데, 하단의 [<2024-01-01] 이나 [>2025-07-01] 등의 항목은 연도도 아닌데 표시됩니다. 이런 항목을 슬라이서 창에서 제거해보겠습니다.

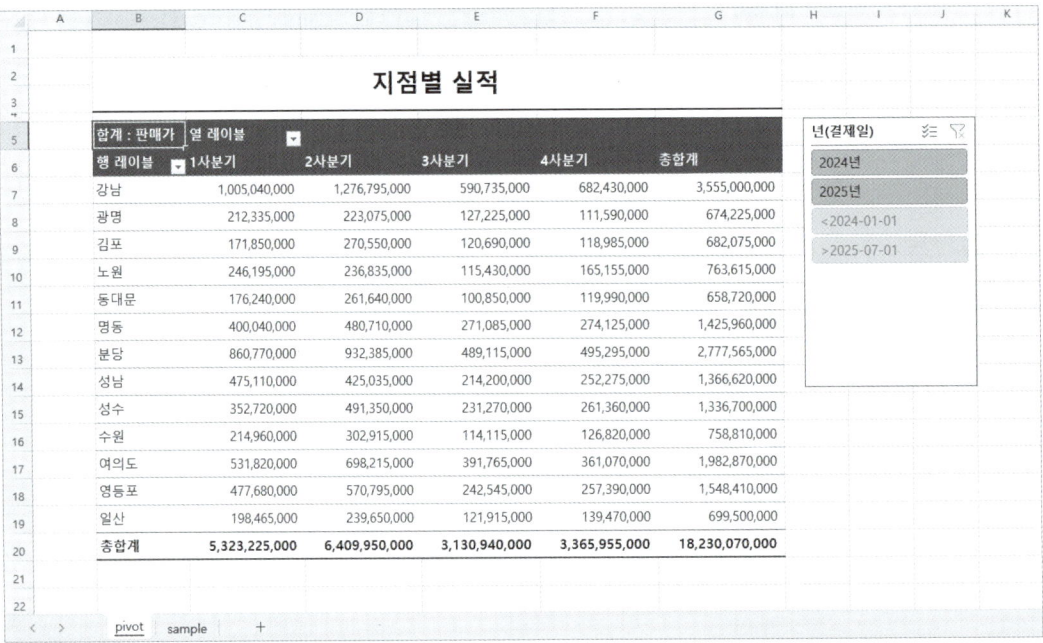

엑셀마스터가 짚어주는 핵심 NOTE

[슬라이서] 창에 '〈2024-01-01'과 같은 항목이 표시되는 이유

예제의 슬라이서 창에서 사용된 필드는 [년(결제일)]로, 이 필드는 원본 테이블에는 없지만, [결제일] 필드를 피벗에 삽입할 때 자동으로 생성된 필드입니다. 이런 필드를 그룹 필드라고 하는데, 날짜 그룹 필드의 경우 원본 데이터에서 벗어난 날짜 데이터를 선택할 수 있는 항목이 항상 추가로 표시됩니다.

[sample] 시트의 N열의 결제일의 날짜 데이터를 보면, 원본 데이터에서 2024년 1월부터 2025년 6월까지의 데이터를 확인할 수 있습니다. 그러므로, 이 날짜 범위에서 벗어난 데이터를 확인할 수 있는 두 개의 날짜 조건 항목이 슬라이서에 표시된 것입니다.

다만, 실제 이런 데이터가 원본 데이터에 존재하지는 않습니다. 물론 오래 사용된 파일의 경우는 원본 데이터에서 삭제된 항목이 계속해서 표시될 수 있습니다. 이렇게 실제 데이터가 존재하지 않는 항목이 슬라이서 창에 표시될 때 다음 과정을 참고해 작업하면 됩니다.

02 [H5] 셀 위치의 슬라이서 창을 선택하고 리본 메뉴의 [슬라이서] 탭–[슬라이서] 그룹–[슬라이서 설정 ▣]을 클릭합니다.

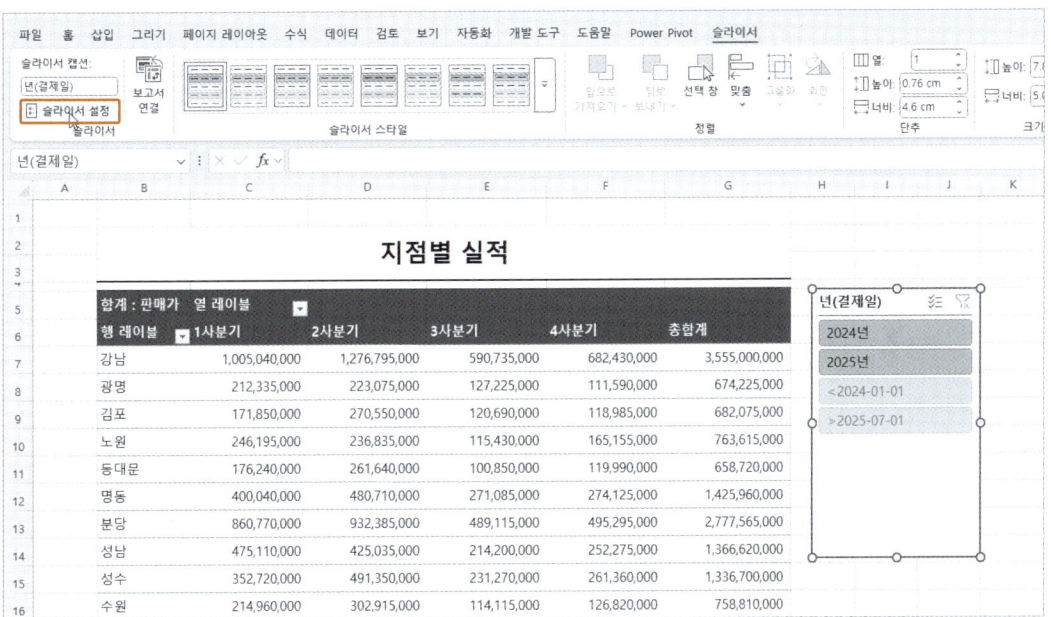

03 [슬라이서 설정] 대화상자가 표시되면 [데이터가 없는 항목 숨기기]에 체크하고 [확인]을 클릭합니다.

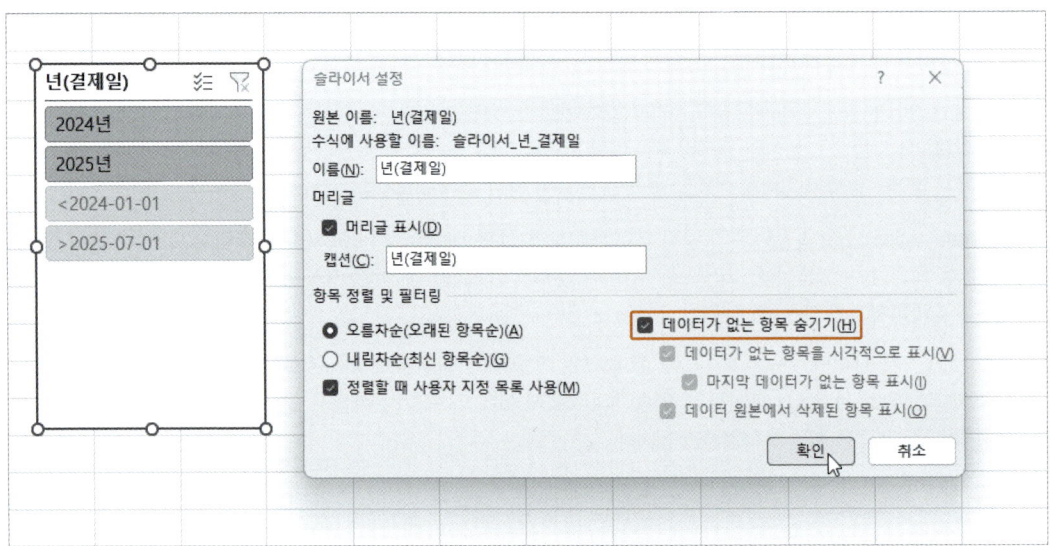

04 슬라이서 창에 현재 선택할 수 있는 항목만 표시됩니다.

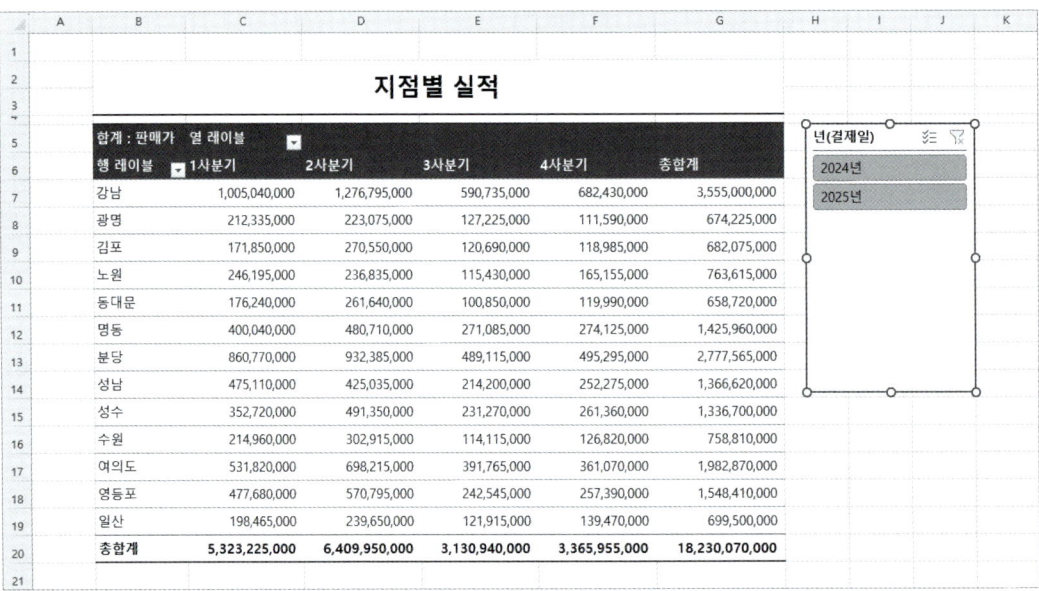

가로 슬라이서 창 만들고 슬라이서 창 위치를 고정하는 방법 익히기

예제 파일 CHAPTER 05 \ 슬라이서-가로.xlsx

01 예제 파일의 [pivot] 시트 탭에는 판매 제품의 분기별 실적이 요약된 피벗 테이블 보고서가 있고, 슬라이서 창에 [지점] 필드가 표시되어 있습니다. 슬라이서 창에 표시된 지점 항목이 많으므로, [5:7] 행 위치에 가로로 표시되도록 해보겠습니다.

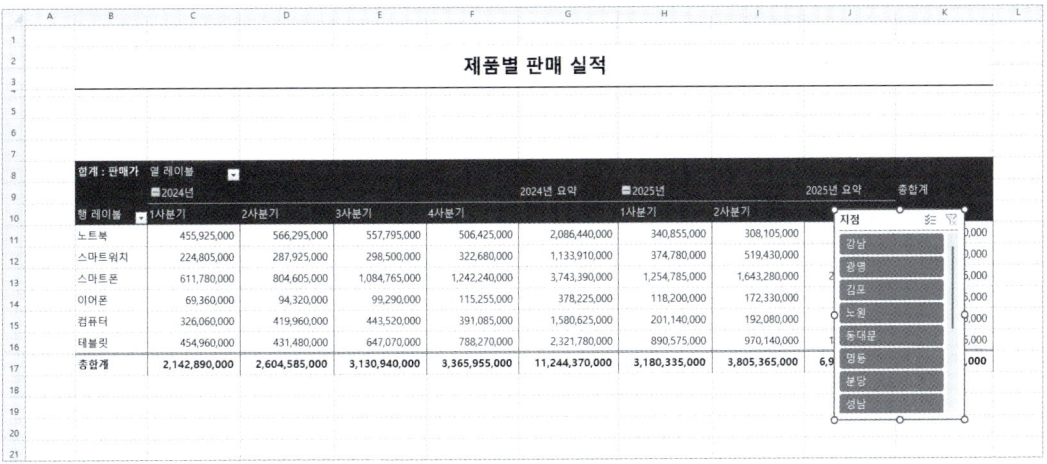

02 슬라이서 창을 선택하고, 리본 메뉴의 [슬라이서] 탭-[단추] 그룹-[열] 값을 지점 항목에 맞게 **13**으로 변경합니다.

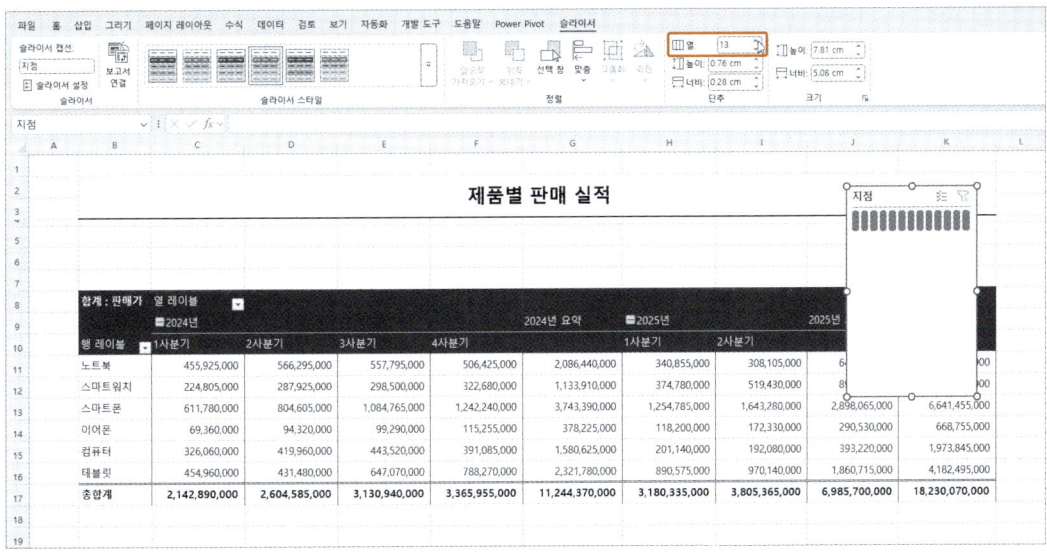

03 슬라이서 창 테두리의 크기 조정 핸들○을 이용해 슬라이서 창을 [B5:K7] 범위에 맞게 조절해 배치합니다.

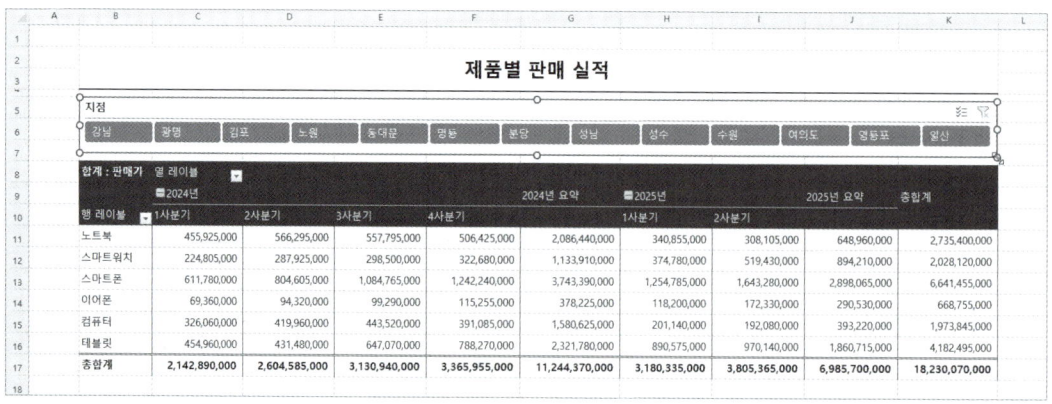

04 이렇게 배치한 가로 슬라이서 창은 위치가 변경되지 않도록 고정하는 것이 좋습니다. 슬라이서 창이 선택된 상태에서 마우스 오른쪽 버튼을 클릭하고 [크기 및 속성]을 선택합니다.

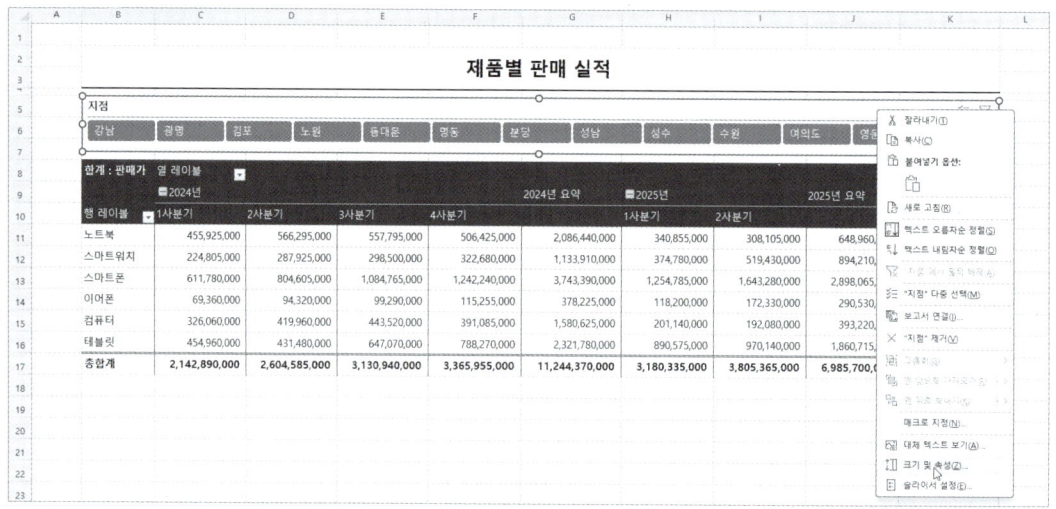

05 [서식 슬라이서] 작업 창이 표시되면 [위치 및 레이아웃] 옵션을 확장하고 [크기 조정 및 이동 불가능]에 체크합니다. 슬라이서 창의 크기 조정 핸들이 사라지고, 슬라이서 창이 현재 위치에 고정됩니다.

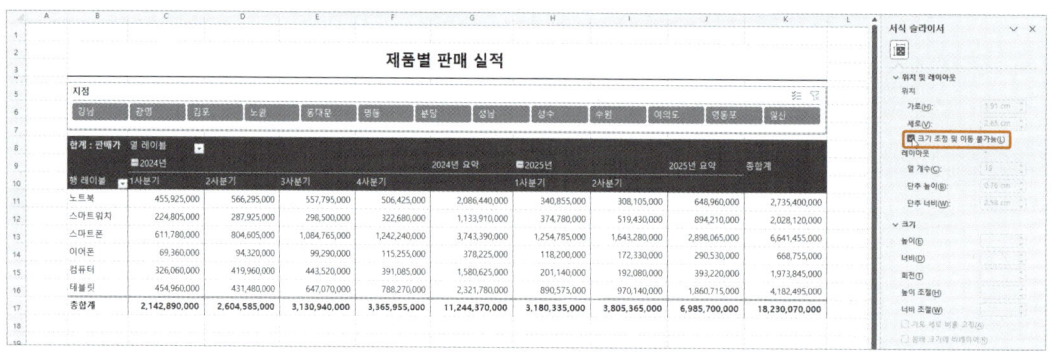

SECTION 04
GetPivotData 및 엑셀 함수 활용해 피벗 값 참조

피벗 테이블은 대량의 데이터를 빠르게 요약하고 분석하는 데 매우 뛰어납니다. 다만 피벗 차트로 구현할 수 있는 유형이나 서식에 제약이 있고, 피벗 내부에서 엑셀 함수를 자유롭게 적용하기는 어려워 대시보드를 제작하는 데 불편함이 있습니다. 그럼에도 슬라이서로 손쉽게 제어되고 피벗 차트와 즉시 연동된다는 장점 때문에, 실무에서는 피벗 테이블로 1차 요약을 만든 뒤 해당 결과를 일반 표로 가져와 최종 대시보드를 구성하는 방식을 자주 사용합니다.

이때 값 연결은 VLOOKUP 함수, SUMIF 함수 등으로도 할 수 있지만, 피벗의 [값] 영역을 안정적으로 참조하려면 GetPivotData 함수를 활용하는 것이 좋습니다. 이 함수는 필드명, 항목명을 기준으로 값을 찾아와 피벗 테이블의 레이아웃이 바뀌어도 참조가 유지되는 장점이 있습니다. 별도 입력 없이 피벗 테이블의 집계 셀을 클릭해 참조하면 수식이 자동으로 생성됩니다.

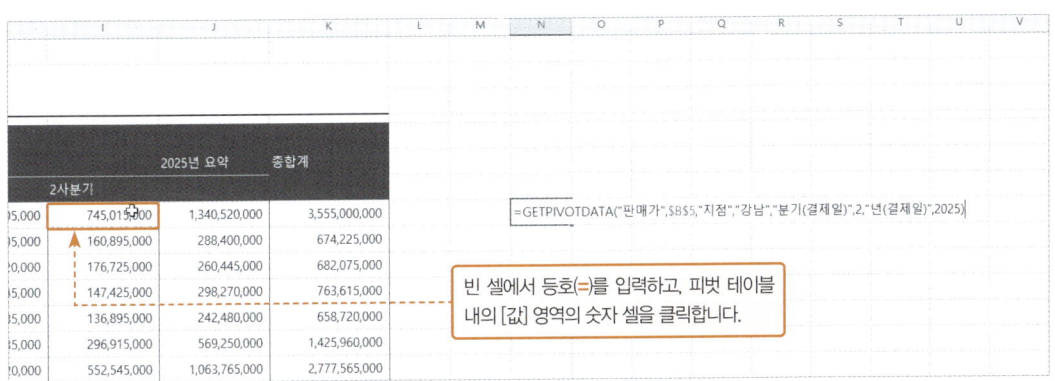

GetPivotData 함수의 인수는 다음과 같습니다.

GETPIVOTDATA (① "필드명", ② 피벗테이블_셀주소, ③ "필드1", ④ "항목값1", "필드2", "항목값2", …)

① 필드명 : 참조할 필드 이름을 의미합니다.
② 피벗테이블_셀주소 : 피벗 테이블 보고서가 생성된 왼쪽 상단 첫 번째 셀 주소입니다.
③ 필드 : 숫자 셀이 종속된 [행] 또는 [열] 영역의 필드 이름입니다.
④ 항목 : 숫자 셀이 종속된 [행] 또는 [열] 영역 내 필드의 구체적인 항목 이름입니다.

만약 [값] 영역 내의 숫자 셀을 참조하는데 GetPivotData 함수가 반환되지 않는다면, 피벗 테이블을 선택하고 리본 메뉴의 [피벗 테이블 분석] 탭-[피벗 테이블] 그룹-[옵션]을 클릭한 다음 [GetPivotData 생성]을 선택합니다.

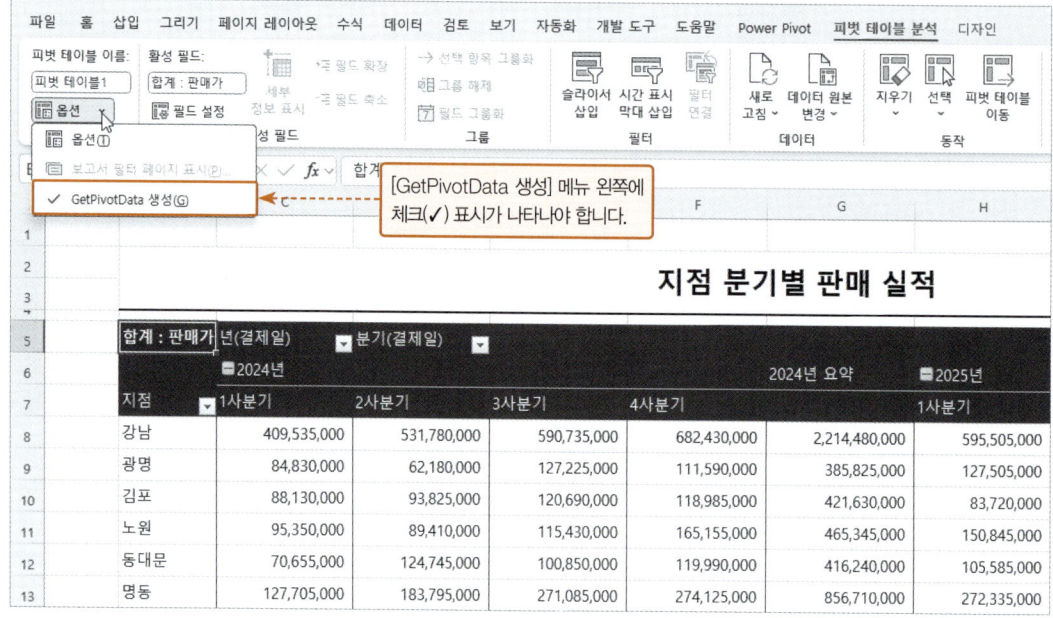

피벗 테이블 [값] 영역의 숫자 셀을 GetPivotData 함수로 참조하기

예제 파일 CHAPTER 05 \ GetPivotData 함수.xlsx

01 예제 파일의 [pivot] 시트에는 다음과 같은 피벗 테이블 보고서가 준비되어 있습니다.

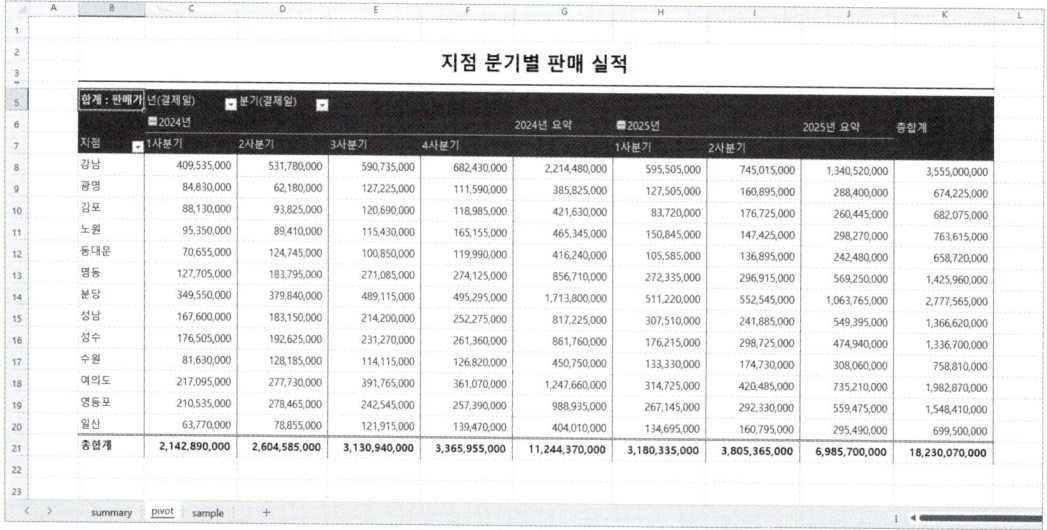

02 [summary] 시트에는 완성할 보고서가 있습니다. [D:E] 열에는 각각 25년과 24년 1사분기 실적을 집계하고, F열에는 YoY(전년 동기 대비 증감률)를 계산하겠습니다.

03 집계할 데이터는 피벗 테이블 보고서로 이미 만들어져 있으니, [summary] 시트에 해당 데이터를 참조해 계산합니다. [D6] 셀에 등호(=)를 입력합니다.

04 [pivot] 시트를 선택하고 25년도 1사분기의 강남 지점 집계값이 입력된 [H8] 셀을 클릭합니다. 수식 입력줄에서 GetPivotData 함수가 사용된 수식을 확인할 수 있습니다.

05 Enter 를 눌러 수식을 입력하면 [summary] 시트로 돌아오고, [D6] 셀에 피벗 테이블 보고서의 값이 다음과 같이 표시됩니다.

엑셀마스터가 짚어주는 핵심 NOTE

GetPivotData 함수 말고 다른 엑셀 함수를 사용할 수 있을까?

현재와 같은 구성에서는 VLOOKUP 함수나 SUMIF 함수를 사용할 수 있습니다. 예를 들어 [D6] 셀에 VLOOKUP 함수를 사용한다면 다음 수식을 사용합니다.

=VLOOKUP(C6, pivot!$B$8:$H$20, 7, False)

SUMIF 함수를 사용한다면 다음과 같이 입력하면 됩니다.

=SUMIF(pivot!$B$8:$B$20, C6, pivot!$H$8:$H$20)

다만, 피벗 테이블 보고서는 사용자가 얼마든지 새로운 필드를 추가하거나 필드 구성을 변경할 수 있으므로, 이런 경우 VLOOKUP 함수나 SUMIF 함수를 사용하면 에러가 발생할 수 있습니다. 그에 반해 GetPivotData 함수는 피벗 테이블 보고서의 구성을 변경하거나 필드를 추가해도 항상 정확한 값을 참조하므로, 피벗 테이블 보고서의 값을 참조해 사용하려면 GetPivotData 함수를 사용하는 것이 좋습니다.

06 수식을 복사하기 위해 GetPivotData 함수의 [항목] 인수를 수정합니다.

=GETPIVOTDATA("판매가", pivot!$B$5, "지점", $C6, "분기(결제일)", --RIGHT(D$5), "년(결제일)", --("20" & LEFT(D$5, 2))) / 10000

엑셀마스터가 짚어주는 핵심 NOTE

수식 수정 방법 이해하기

GetPivotData 함수의 첫 번째, 두 번째 인수는 수정할 필요가 없습니다. 수정이 필요한 부분은 세 번째 이후 인수인데, 정확하게는 세 번째 부분은 다음과 같이 두 개의 인수가 하나의 짝을 이루므로, [항목] 인수 부분만 변경하면 됩니다.

> 필드1, 항목1, 필드2, 항목2, 필드3, 항목3, …

첫 번째 필드, 항목은 다음과 같습니다.

> "지점", "강남"

즉, 우리가 피벗 테이블에서 참조한 지점의 데이터가 "강남"이어서 이렇게 조건이 고정되는데, 수식을 복사하려면 "강남" 지점명을 C열에서 참조해야 합니다.

> "지점", C6

피벗 테이블에서 25년과 24년을 동시에 참조할 경우, [C6] 셀의 열 주소인 C열은 고정되어야 하고 행 주소인 6행은 변경되어야 하므로, $C6과 같이 참조했습니다.

두 번째 필드, 항목은 다음과 같습니다.

> "분기(결제일)", 1

이 부분은 1사분기 데이터를 참조했기 때문으로, 사실 25년과 24년 모두 1사분기 데이터를 가지고 YoY를 구하려고 하므로, 이 부분은 변경할 필요가 없습니다.

다만, [D5:E5] 머리글 범위의 25Q1과 24Q1을 변경할 경우 그에 맞는 실적을 참조하도록 하기 위해, 25Q1과 24Q1의 뒤 첫 번째 숫자만 잘라 사용합니다.

> "분기(결제일)", RIGHT(D5)

RIGHT 함수의 첫 번째 인수만 사용하면 [D5] 셀의 마지막 문자 하나가 잘립니다. 이렇게만 해도 될 것 같지만, RIGHT 함수는 항상 텍스트 형식으로 문자를 반환하므로 이를 숫자로 변경하기 위해 마이너스(-) 기호를 앞에 두 번 사용합니다.

> "분기(결제일)", --RIGHT(D5)

이렇게 수식이 복잡해진 이유는 머리글, 즉 [D5] 셀의 값이 25Q1로, 연도와 분기가 함께 입력되어 있기 때문입니다. 머리글 행을 하나 더 만들어 연도인 2025와 분기인 1을 구분해 입력했다면 이렇게 복잡하게 작업하지 않아도 됩니다.

이제, 수식을 오른쪽까지 복사한다고 할 때 [D5] 셀에서 열 주소인 D는 변경될 수 있고 행 주소인 5는 고정되어야 하므로 D$5와 같이 참조합니다.

같은 방법으로 마지막 세 번째 필드, 항목을 변경하면 다음과 같습니다.

"년(결제일)", --("20" & LEFT(D$5, 2))

앞의 설명을 잘 이해했다면, 세 번째 변경 사항도 쉽게 파악할 수 있을 것입니다.

마지막으로, 참조한 금액 단위를 만으로 변경하기 위해 /10000을 추가했습니다.

07 수식을 복사하기 위해 [D6] 셀의 채우기 핸들을 [E6] 셀까지 드래그한 다음, 다시 18행까지 드래그하면 다음과 같은 결과를 얻을 수 있습니다.

지역	지점	25Q1	24Q1	YoY
서울	강남	59,551	40,954	
	노원	15,085	9,535	
	동대문	10,559	7,066	
	명동	27,234	12,771	
	성수	17,622	17,651	
	여의도	31,473	21,710	
	영등포	26,715	21,054	
경기	광명	12,751	8,483	
	김포	8,372	8,813	
	분당	51,122	34,955	
	성남	30,751	16,760	
	수원	13,333	8,163	
	일산	13,470	6,377	

08 YoY를 구하기 위해, [F6] 셀에 다음 수식을 입력하고 채우기 핸들을 [F18] 셀까지 드래그합니다.

=(D6-E6)/E6

지역	지점	25Q1	24Q1	YoY
서울	강남	59,551	40,954	45.4%
	노원	15,085	9,535	58.2%
	동대문	10,559	7,066	49.4%
	명동	27,234	12,771	113.3%
	성수	17,622	17,651	-0.2%
	...		21,710	45.0%
경기	김포			
	분당	51,122	34,955	46.3%
	성남	30,751	16,760	83.5%
	수원	13,333	8,163	63.3%
	일산	13,470	6,377	111.2%

CHAPTER 06

대시보드 구성

이번 CHAPTER의 핵심!
- 대시보드 레이아웃 구성하기
- 대시보드에 표시할 데이터 요약하기
- 슬라이서, 카드, 차트 구성하기
- 대시보드 완성하기

CHAPTER 01부터 CHAPTER 05까지 대시보드 구성에 대한 대부분의 지식을 습득했습니다. 이제 구체적인 단계를 통해 대시보드를 구성해보겠습니다. 대시보드를 구성하는 과정은 보통 다음과 같은 4단계로 진행됩니다.

1단계	• 대시보드에 표시할 내용 구성 • 대시보드 레이아웃 구성
2단계	• 대시보드에 표시할 데이터 요약 • 슬라이서로 조정할 피벗 테이블 설정
3단계	• 시각화 • 카드 및 차트 구성
4단계	• 대시보드 구성 및 동작 테스트

이번에는 CHAPTER 05의 피벗 테이블 보고서를 만들 때 사용한 판매 데이터를 이용해 의사결정에 도움이 되는 대시보드를 구성해보겠습니다. CHAPTER 05를 먼저 학습한 후에 CHAPTER 06을 볼 것을 권장합니다.

핵심 정보를 한눈에 담아내는 대시보드 구성

대시보드 프레임

대시보드는 정답처럼 정해진 형태가 없습니다. 핵심 지표가 논리적이고 필요한 항목이 자연스럽게 나열된다면 어떤 모양이어도 괜찮습니다. 다만 인쇄할 목적은 아니므로 최소 해상도 기준을 정해 그 기준에서 핵심 정보가 한눈에 보이도록 구성하는 것이 좋습니다.

작업에 앞서 인터넷에서 관련 키워드를 검색해 참고할 만한 모양을 수집하고 적절한 레이아웃과 톤을 정한 뒤 진행할 것을 권장합니다.

이번 CHAPTER에서는 매출 현황을 모니터링할 수 있는 대시보드를 다음과 같이 구성할 것입니다.

[제목 파트]		〈연도〉 슬라이서	〈분기〉 슬라이서
〈지점〉 슬라이서	매출	④ 카드, 페이 월 결제 비중 꺾은선 그래프	
	①		
	매출이익		
	②		
	매출이익률	⑤ 고객 만족도 도넛형 차트	⑥ 제품별 매출 세로 막대형 차트
	③		
[제목 파트]			
⑦ 월 매출 (상위 20% 지점 매출이 차지하는 비중 표시) 세로 막대형 차트			

[연도], [분기], [지점] 세 가지는 슬라이서로 구성해 대시보드를 제어하고, ①~③은 카드형 지표로 값만 표시하겠습니다. ④~⑦은 차트로 구성하려고 합니다.

슬라이서로 조정할 항목은 ①~⑥이며, ⑦의 차트는 슬라이서와 무관하게 항상 월별 매출을 보여주도록 설정할 것입니다. 대시보드는 즉흥적으로 만들기보다는 레이아웃, 사용할 슬라이서, 표시하거나 제어할 항목을 먼저 설계한 뒤에 제작하는 것이 좋습니다.

설계를 바탕으로 별도 시트에 다음과 같이 대시보드 프레임을 구성해두었으며, 이후 예제에서 사용할 예정입니다.

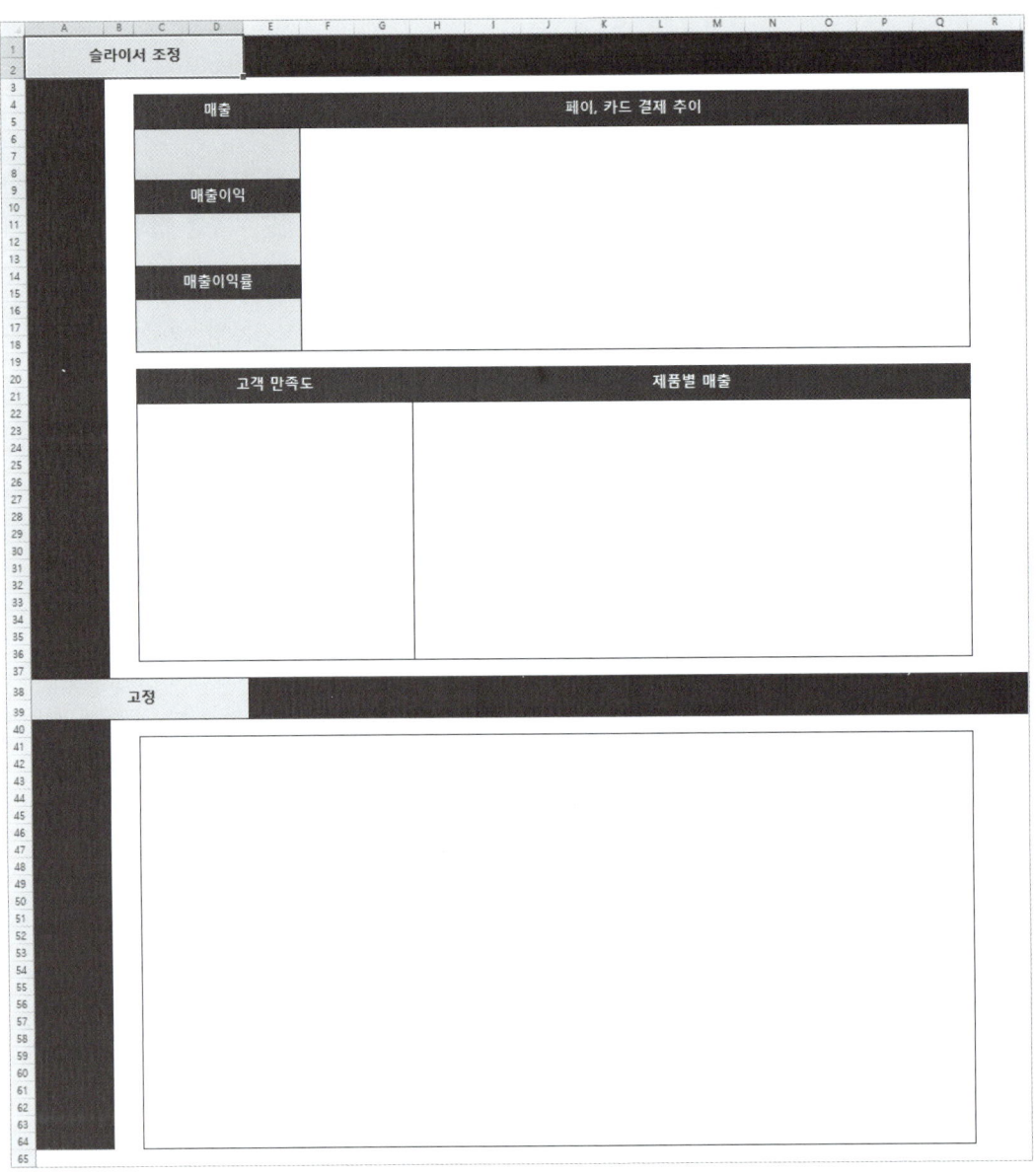

SECTION 02 3단계 데이터 요약 과정을 통한 대시보드 구성

전체 레이아웃을 구성했으므로, 해당 대시보드 구성에 필요한 요약값을 표시하겠습니다. 보통 이 단계는 다음과 같은 과정으로 진행됩니다.

1단계	원본 테이블에 필요한 열을 추가합니다.
2단계	슬라이서를 생성할 피벗을 먼저 생성합니다.
3단계	2단계에서 생성한 피벗을 복사해, 슬라이서에 영향을 받을 집계 항목을 피벗으로 요약합니다.

이 책에서도 위의 단계에 맞춰 대시보드를 구성하겠습니다.

원본 테이블 확인하고 필요한 열 추가하기

먼저 피벗 테이블 보고서를 만들기 전에 원본 테이블에 추가할 몇 가지 열을 계산 열로 추가합니다. 이런 작업은 특히 슬라이서에 필요한 열을 만드는 경우가 대부분이며, 특히 날짜 열에서 상위 날짜 단위 열을 생성하는 작업을 많이 해놓습니다.

실습을 통해 날짜 상위 계산 열과, 매출이익을 구할 수 있는 계산 열을 만드는 방법을 알아보겠습니다.

원본 표에 필요한 열을 계산 열로 추가하기

예제 파일 CHAPTER 06 \ 원본 표-계산 열.xlsx

01 예제 파일에는 다음과 같은 데이터가 준비되어 있습니다. N열의 [결제일] 열을 가지고 슬라이서에서 사용할 연도와 분기 열을 만들고, 데이터 집계에 사용할 월 열도 따로 구성할 것입니다. 또한 K열의 [COGS] 열을 가지고 매출이익을 구하는 열도 작성합니다.

	A	B	C	D	E	F	G	H	I	J	K	L	M	N	O
1	번호	이름	연락처	연령대	성별	제품	색상	수량	단가	판매가	COGS	결제방법	만족도	결제일	지점
2	1	최**	010-8626-7454	50대	남	스마트워치	블랙	1	390,000	390,000	352,000	S카드	보통	2024-01-01	강남
3	2	이**	010-3338-8456	30대	남	이어폰	화이트	2	210,000	420,000	176,000	S카드	만족	2024-01-01	강남
4	3	김**	010-6056-2374	20대	남	스마트워치	화이트	1	425,000	425,000	399,000	K페이	매우만족	2024-01-01	수원
5	4	최**	010-8306-4859	10대	남	스마트워치	레드	2	280,000	560,000	260,000	N페이		2024-01-01	분당
6	5	이**	010-4036-4223	30대	여	태블릿	블랙	1	720,000	720,000	690,000	K카드	보통	2024-01-01	영등포
7	6	안**	010-6291-9855	20대		스마트워치	블랙	1	795,000	795,000	745,000	S카드	만족	2024-01-01	여의도
8	7	최**	010-8706-0694	20대	남	스마트폰	그레이	1	940,000	940,000	864,000	W카드		2024-01-01	수원
9	8	권**	010-7135-6432	20대	여	태블릿	블랙	1	1,160,000	1,160,000	1,094,000	W카드	만족	2024-01-01	분당
10	9	서**	010-9918-6240	40대	남	노트북	그레이	1	1,275,000	1,275,000	1,235,000	N페이	매우만족	2024-01-01	여의도
11	10	김**	010-8326-6617	20대	남	스마트폰	화이트	2	950,000	1,900,000	874,000	N페이	만족	2024-01-01	분당
12	11	이**	010-9997-7059	60대		스마트폰	화이트	3	775,000	2,325,000	707,000	K카드	보통	2024-01-01	분당
13	12	서**	010-9465-5835	30대	남	스마트워치	블루	3	800,000	2,400,000	759,000	N페이	매우만족	2024-01-01	강남
14	13	황**	010-4451-2630	40대	여	스마트폰	레드	2	1,575,000	3,150,000	1,453,000	N페이	매우만족	2024-01-01	분당
15	14	박**	010-3847-1881	30대	여	스마트폰	블랙	3	1,145,000	3,435,000	1,085,000	K페이	매우만족	2024-01-01	여의도
16	15	김**	010-7213-9254	30대	남	노트북	그레이	3	1,155,000	3,465,000	1,112,000	K페이		2024-01-01	여의도
17	16	김**	010-8431-3751	40대	여	스마트워치	블루	1	245,000	245,000	231,000	이체	매우만족	2024-01-02	성남
18	17	이**	010-8299-8205	20대	여	이어폰	블랙	2	170,000	340,000	143,000	S카드	만족	2024-01-02	성수
19	18	조**	010-6928-8263	20대	여	태블릿	화이트	1	930,000	930,000	874,000	S카드	보통	2024-01-02	영등포
20	19	권**	010-6551-5570	30대		스마트폰	블랙	3	460,000	1,380,000	437,000	S카드		2024-01-02	노원
21	20	김**	010-9337-2140	20대	남	태블릿	화이트	1	1,410,000	1,410,000	1,346,000	N페이	보통	2024-01-02	분당
22	21	한**	010-6787-9984	40대	여	컴퓨터	블랙	1	1,490,000	1,490,000	1,373,000	S카드	불만족	2024-01-02	분당
23	22	서**	010-7665-2554	20대		컴퓨터	블랙	1	2,305,000	2,305,000	2,197,000	W카드	보통	2024-01-02	강남
24	23	임**	010-8853-9069	60대		스마트폰	화이트	2	1,430,000	2,860,000	1,326,000	K카드	만족	2024-01-02	명동

엑셀마스터가 짚어주는 핵심 NOTE

COGS와 매출이익 계산

COGS는 Cost of Goods Sold의 약어로, 매출원가를 의미합니다. 현재의 데이터상에서는 판매되는 제품의 원가를 의미합니다. 그러므로 현재 표에서 매출이익을 계산하려면 다음과 같은 계산식을 사용하면 됩니다.

매출이익(Gross Profit) = 판매가 − (매출원가 * 수량)

02 먼저 표를 엑셀 표로 등록한 후, 계산 열을 추가합니다. 표 내부의 셀을 하나 선택하고 리본 메뉴의 [삽입] 탭-[표] 그룹-[표▦]를 클릭합니다. [표 만들기] 대화상자가 표시되면 [확인]을 클릭해 표로 변환합니다. 이어서 [테이블 디자인] 탭-[속성] 그룹의 [표 이름]을 **판매대장**으로 변경합니다.

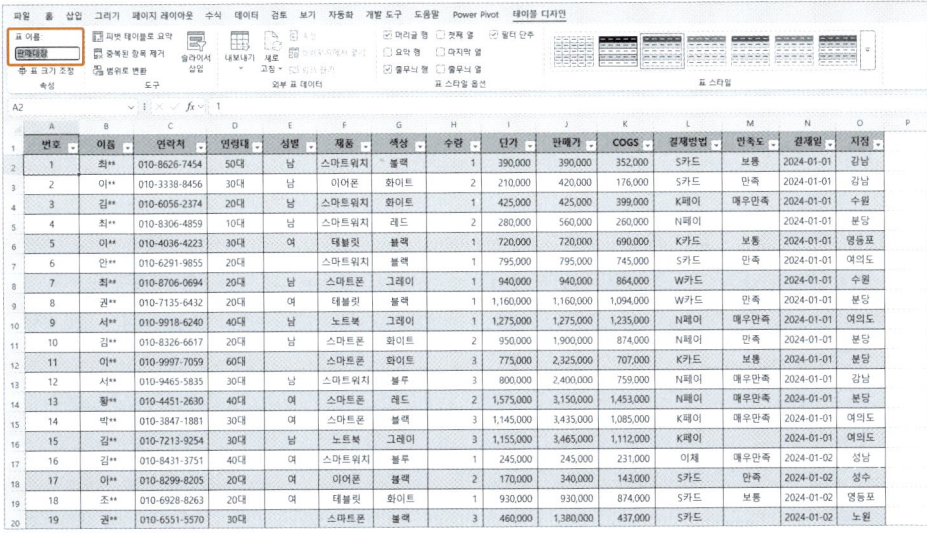

03 날짜 상위 단위 열을 만들기 위해, [P1:R1] 범위에 머리글을 **연도**, **분기**, **년월**이라고 입력합니다.

04 [P2:R2] 범위에 다음 수식을 각각 입력합니다.

[P2] 셀 : =YEAR([@결제일]) & "년"
[Q2] 셀 : ="Q" & ROUNDUP(MONTH([@결제일])/3, 0)
[R2] 셀 : =TEXT([@결제일], "yyyy-mm")

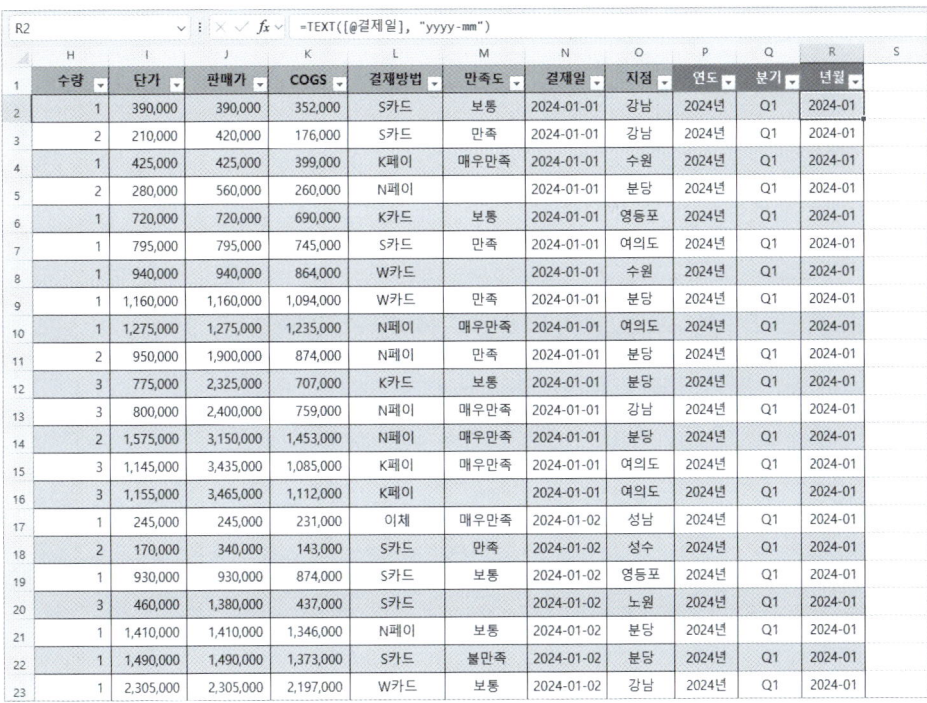

엑셀마스터가 짚어주는 핵심 NOTE

다양한 날짜 상위 단위 열 만드는 수식

이번에는 연도, 분기, 년월을 만들었는데, 그외 필요한 열들은 다음 표를 참고해 추가합니다.

날짜 단위	수식	반환값
반기	=IF(MONTH(A1)<7, "상반기", "하반기")	상반기/하반기
월	=MONTH(A1) & "월"	1월~12월
	=TEXT(A1, "mm월")	01월~12월
주	=WEEKNUM(A1) & "주"	1주~52주
월의 주차	=INT((DAY(A1) + WEEKDAY(EOMONTH(A1,−1)+1) − 2) / 7) + 1 & "주"	1주~5주
요일	=TEXT(A1, "aaa")	일 ~ 토
	=TEXT(A1, "aaaa")	일요일 ~ 토요일

위 계산식을 보면, 숫자 뒤나 앞에 & 연산자를 이용해 필요한 단위를 붙여 사용하는 경우가 많습니다. 다른 단위가 필요하면 앞이나 뒤에 원하는 단위를 붙여 사용하면 됩니다.

참고로 월의 주차를 W1, W2, … 와 같이 표시하려면 다음과 같은 계산식을 사용합니다.

$$="W"\&INT((DAY(A1)+WEEKDAY(EOMONTH(A1,-1)+1)-2)/7)+1$$

계산식의 원리가 완전히 이해되지 않더라도, 필요한 날짜 상위 열을 이런 수식을 통해 얻을 수 있다는 정도만 알아두면 됩니다.

05 마지막으로 매출이익을 계산할 열을 다음과 같이 추가합니다.

[S1] 셀 : 매출이익
[S2] 셀 : =[@판매가] − ([@COGS]*[@수량])

수량	단가	판매가	COGS	결제방법	만족도	결제일	지점	연도	분기	년월	매출이익
1	390,000	390,000	352,000	S카드	보통	2024-01-01	강남	2024년	Q1	2024-01	38,000
2	210,000	420,000	176,000	S카드	만족	2024-01-01	강남	2024년	Q1	2024-01	68,000
1	425,000	425,000	399,000	K페이	매우만족	2024-01-01	수원	2024년	Q1	2024-01	26,000
2	280,000	560,000	260,000	N페이		2024-01-01	분당	2024년	Q1	2024-01	40,000
1	720,000	720,000	690,000	K카드	보통	2024-01-01	영등포	2024년	Q1	2024-01	30,000
1	795,000	795,000	745,000	S카드	만족	2024-01-01	여의도	2024년	Q1	2024-01	50,000
1	940,000	940,000	864,000	W카드		2024-01-01	수원	2024년	Q1	2024-01	76,000
1	1,160,000	1,160,000	1,094,000	W카드	만족	2024-01-01	분당	2024년	Q1	2024-01	66,000
1	1,275,000	1,275,000	1,235,000	N페이	매우만족	2024-01-01	여의도	2024년	Q1	2024-01	40,000
2	950,000	1,900,000	874,000	N페이	만족	2024-01-01	분당	2024년	Q1	2024-01	152,000
3	775,000	2,325,000	707,000	K카드	보통	2024-01-01	분당	2024년	Q1	2024-01	204,000
3	800,000	2,400,000	759,000	N페이	매우만족	2024-01-01	강남	2024년	Q1	2024-01	123,000
2	1,575,000	3,150,000	1,453,000	N페이	매우만족	2024-01-01	분당	2024년	Q1	2024-01	244,000
3	1,145,000	3,435,000	1,085,000	K페이	매우만족	2024-01-01	여의도	2024년	Q1	2024-01	180,000
3	1,155,000	3,465,000	1,112,000	K페이		2024-01-01	여의도	2024년	Q1	2024-01	129,000
1	245,000	245,000	231,000	이체	매우만족	2024-01-02	성남	2024년	Q1	2024-01	14,000
2	170,000	340,000	143,000	S카드	만족	2024-01-02	성수	2024년	Q1	2024-01	54,000

슬라이서를 생성할 피벗 테이블 보고서 생성

원본 표에 대한 계산 열을 모두 만들었다면 대시보드에 표시될 집계 표를 피벗 테이블로 만들어갑니다. 이때, 여러 개의 피벗 테이블 보고서를 만들어야 하므로 제일 먼저 슬라이서 창을 생성할 피벗 테이블 보고서를 만드는 것이 좋습니다.

슬라이서를 사용할 피벗 테이블 보고서 생성하기

예제 파일 CHAPTER 06 \ 피벗-슬라이서.xlsx

01 예제 파일의 [sample] 시트를 열면, 표 내에 임의의 셀이 선택되어 있습니다. 리본 메뉴의 [삽입] 탭-[표] 그룹-[피벗 테이블 ▦]을 클릭합니다.

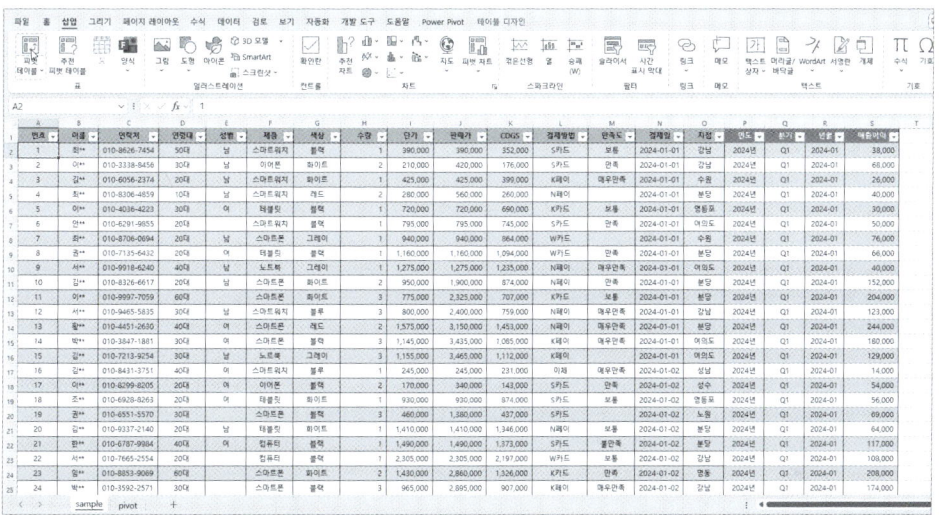

02 [표 또는 범위의 피벗 테이블] 대화상자가 표시되면 [기존 워크시트]를 선택한 다음 [pivot] 시트의 [A5] 셀을 클릭하고 [확인]을 클릭합니다.

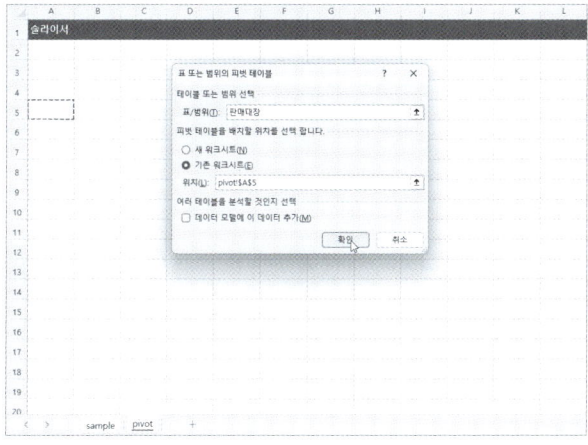

03 피벗 테이블이 정해진 위치에 생성됩니다. [피벗 테이블 분석] 탭-[피벗 테이블] 그룹에서 [피벗 테이블 이름]을 **피벗-슬라이서**로 변경합니다.

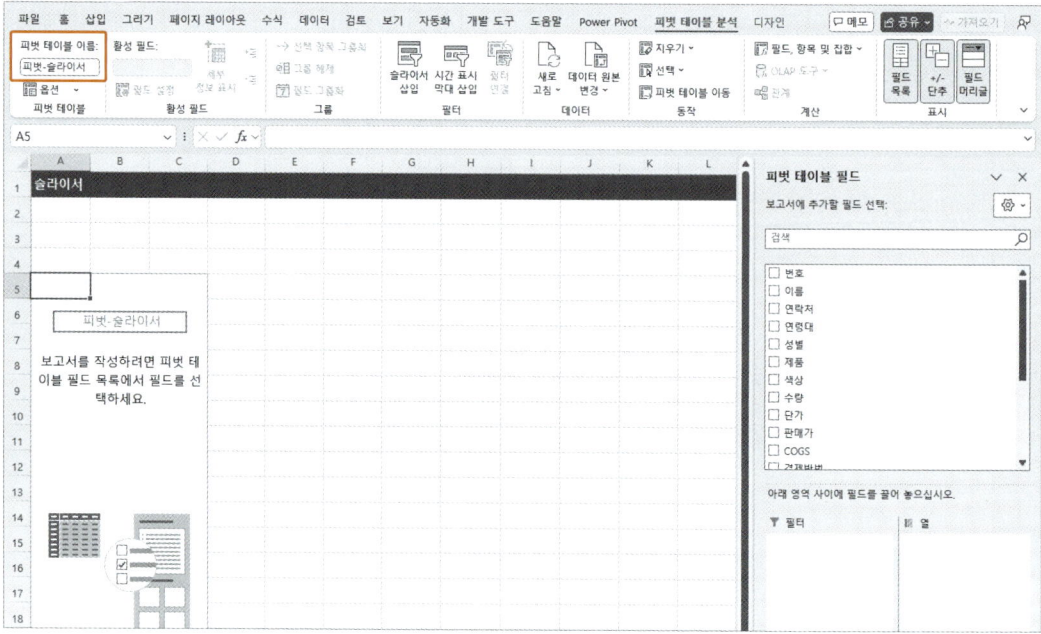

04 [피벗 테이블 필드] 작업 창에서 [년월] 필드와 [판매가] 필드에 체크하면 다음과 같이 월별 매출 실적을 집계한 피벗 테이블이 만들어집니다.

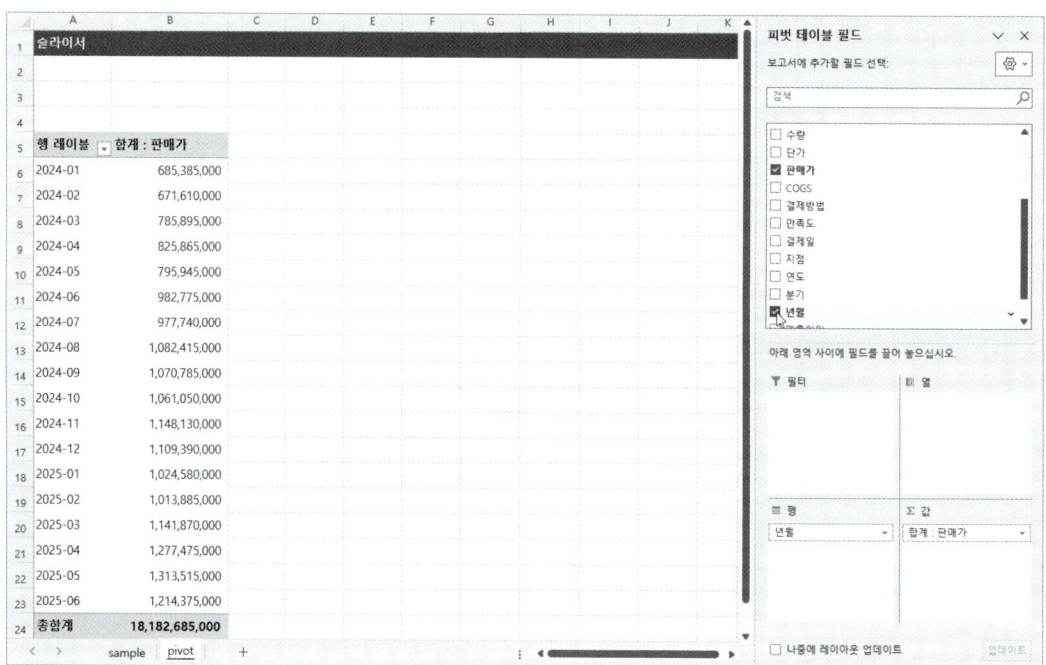

> **TIP** 슬라이서 창을 생성할 때 꼭 피벗 테이블을 만들지 않아도 됩니다. 다만, 슬라이서 창이 제대로 연동되는지 확인하기 위한 용도로 간단하게 구성해 활용합니다.

05 슬라이서 창을 추가하기 위해, 리본 메뉴의 [피벗 테이블 분석] 탭-[필터] 그룹-[슬라이서 삽입]을 클릭합니다. [슬라이서 삽입] 대화상자가 표시되면 [지점], [연도], [분기]에 체크하고 [확인]을 클릭합니다.

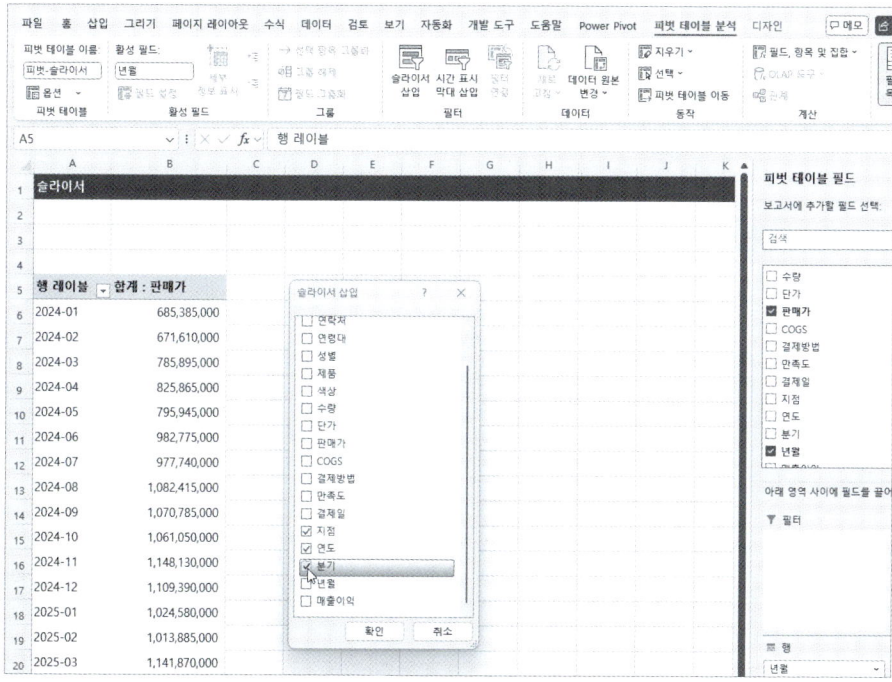

06 선택된 필드의 슬라이서 창이 다음과 같이 표시됩니다.

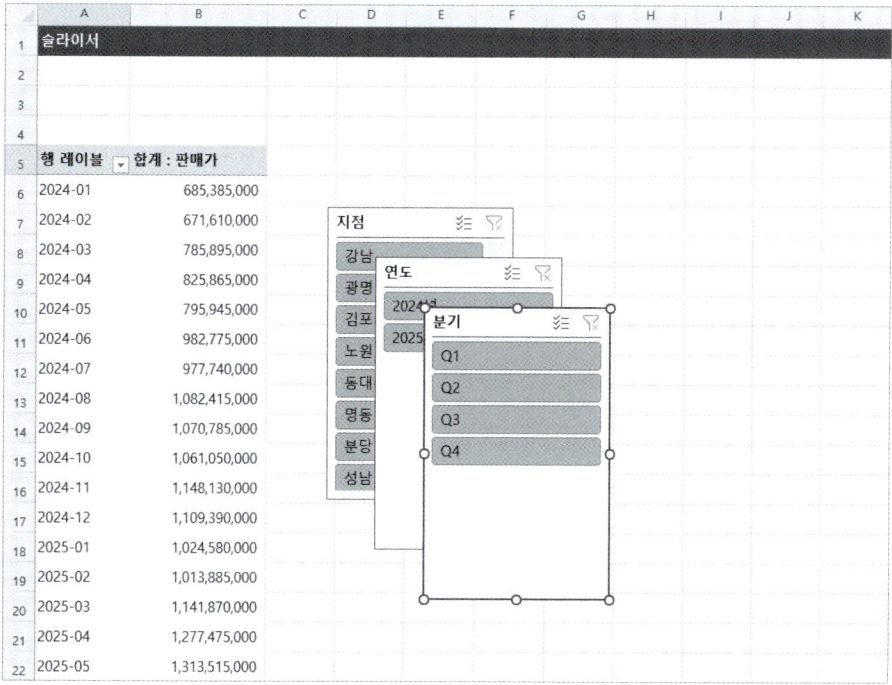

07 [연도]와 [분기] 슬라이서 창은 가로로 표시하겠습니다. [분기] 슬라이서 창이 선택된 상태에서 리본 메뉴의 [슬라이서] 탭-[단추] 그룹에서 [열]을 **4**로 변경합니다. 슬라이서 창 오른쪽 하단의 크기 조정 핸들 ◯을 이용해 다음과 같이 크기를 조절합니다.

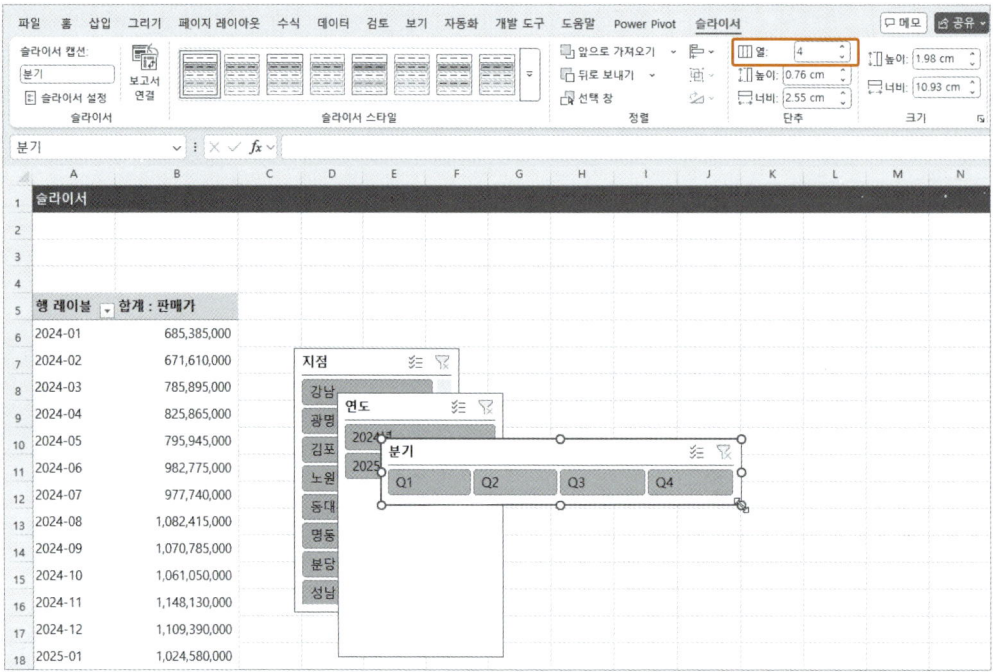

08 같은 방법으로 [연도] 슬라이서 창도 변경합니다. [슬라이서] 탭-[단추] 그룹에서 [열]을 **2**로 변경하고, 크기 조정 핸들◯을 드래그해 다음과 같이 크기를 조절합니다.

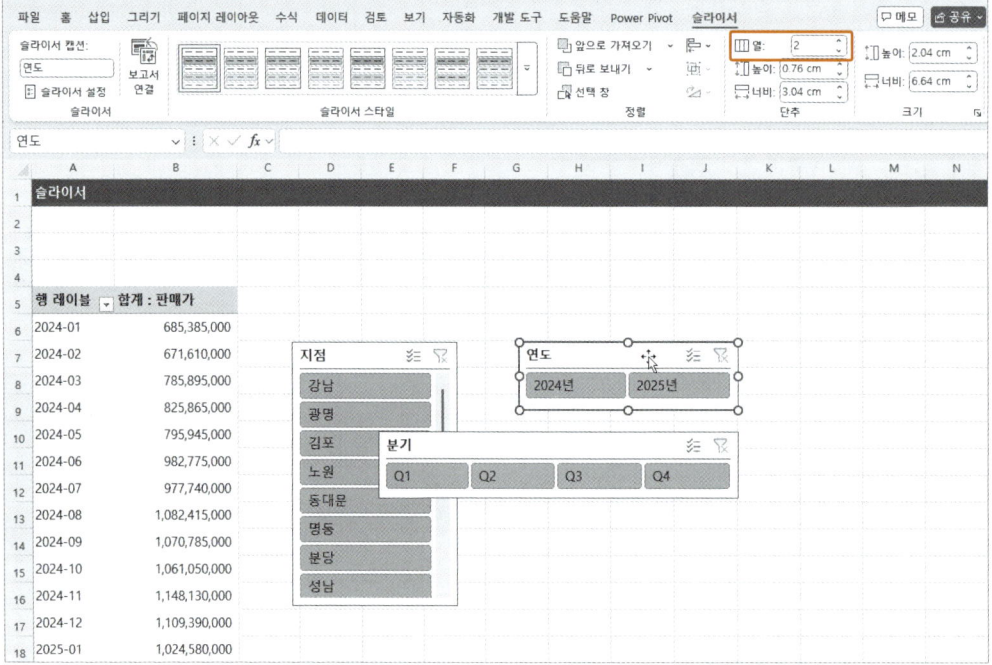

09 슬라이서 창에서 항목을 번갈아 선택하면서 피벗 테이블의 월별 매출 집계액이 변경되는 것을 확인합니다.

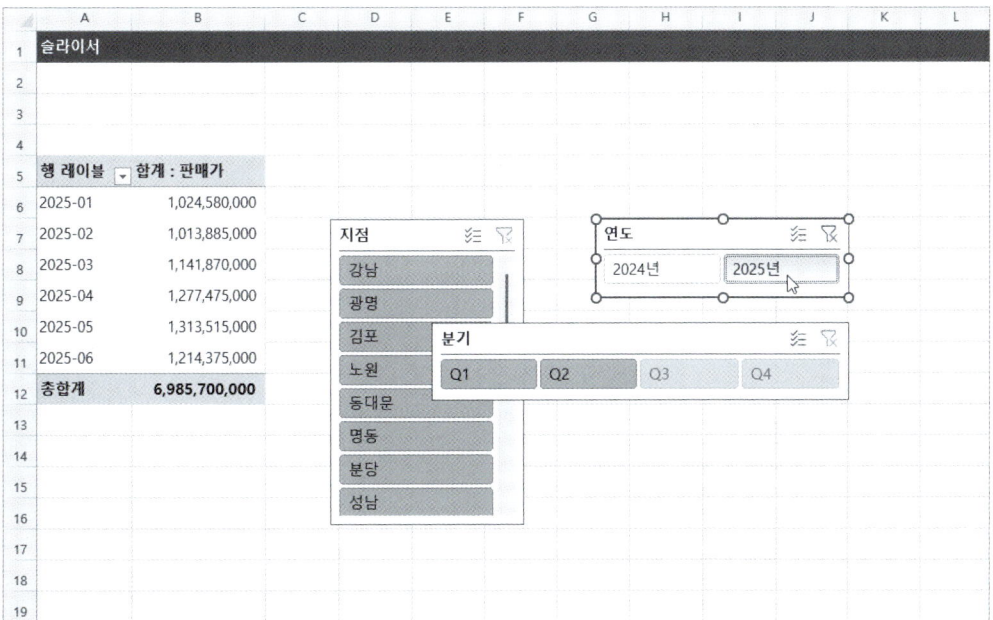

10 슬라이서에서 선택한 항목을 참조해야 하는 경우도 있습니다. 해당 슬라이서와 연결된 피벗 테이블의 [행] 영역에 슬라이서의 필드를 배치합니다.

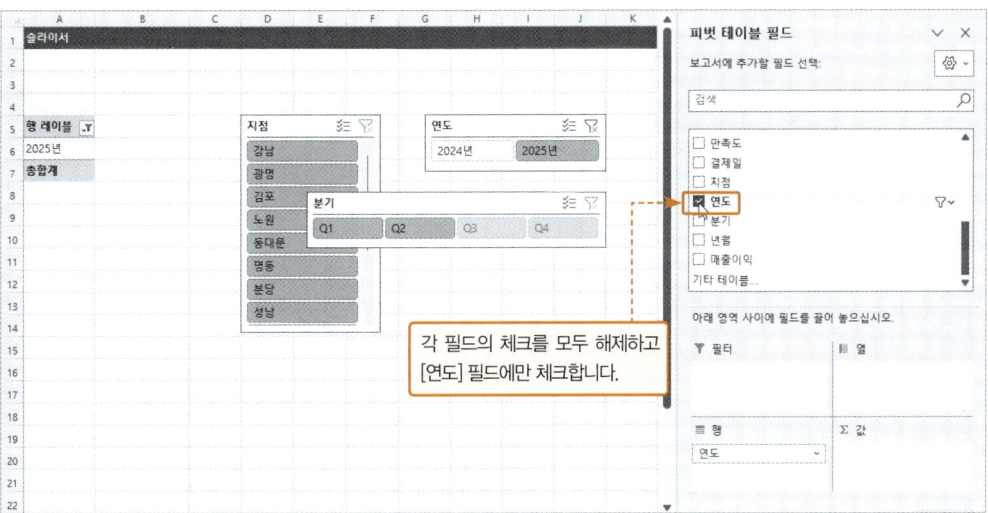

엑셀마스터가 짚어주는 핵심 NOTE

슬라이서 창에서 선택한 항목 확인

슬라이서 창은 별도의 창으로 표시되므로 사용자가 어떤 항목을 선택했는지 알기가 어렵습니다. 그러므로, 슬라이서 창에 표시된 필드를 [행] 영역의 머리글로 사용해 선택된 항목을 셀에서 참조할 수 있게 하면 편리합니다. 이 경우, [총합계] 행은 제거하는 것이 좋습니다.

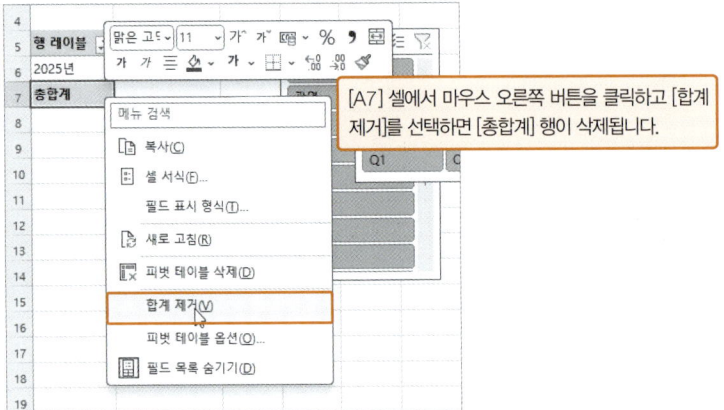

슬라이서 창이 여러 개인 경우에는 기존 피벗 테이블을 복사해 여러 개 만들어 활용하는 것도 도움이 됩니다.

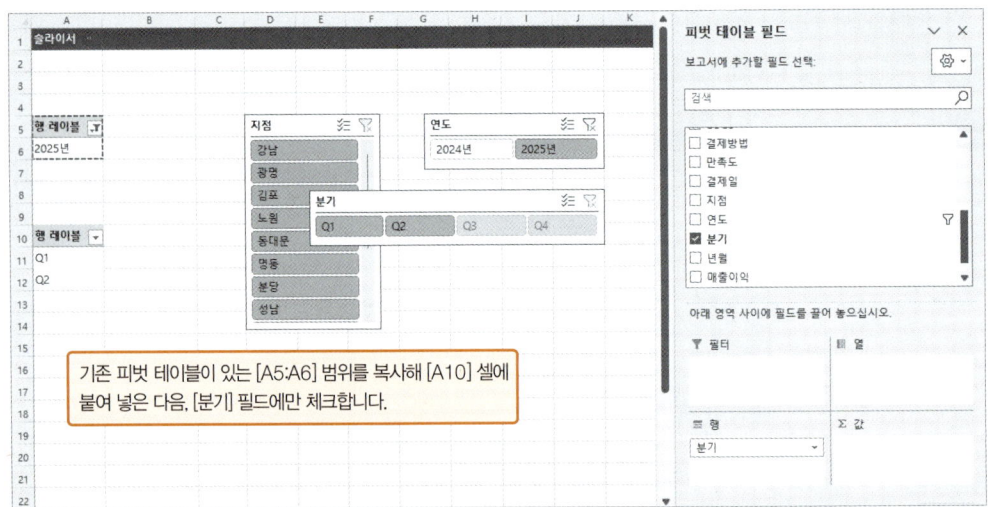

이런 방법으로 여러 개의 피벗 테이블을 만들어 해당 슬라이서의 항목만 [행] 영역에 두면, 슬라이서 창에서 어떤 항목이 선택되었는지 수식으로 참조할 수 있습니다.

또, 이렇게 여러 개의 피벗 테이블을 사용할 때는 혼동을 막기 위해 이름을 '슬라이서-연도', '슬라이서-분기', '슬라이서-지점' 등으로 구분하는 것이 좋습니다.

대시보드 구성 및 시각화

슬라이서 설정을 마쳤다면 이제 대시보드용 피벗 테이블을 만듭니다. 이때 피벗 테이블에서 곧바로 피벗 차트를 만들지, 아니면 피벗 값을 참조해 일반 차트를 만들지 결정해야 합니다. 피벗 차트는 슬라이서나 타임라인과 자유롭게 연동되지만 차트 유형과 서식이 제한됩니다. 반면, 일반 차트는 표현과 서식 자유도가 높지만 피벗 테이블과의 연결을 별도로 구성해야 합니다.

참고로, 다음 차트는 피벗 차트로는 생성할 수 없습니다.

차트 종류	버전
분산형/거품형 차트	
트리맵/선버스트 차트	
히스토그램/상자 수염 차트	엑셀 2016 버전 이상
폭포/깔대기형/주식형/표면형/방사형 차트	
지도 차트	

다양한 사례를 통해 대시보드에 추가될 피벗 테이블을 요약하고, 이를 구성된 대시보드에 하나씩 표시하여 완성하겠습니다.

카드에 표시될 매출/매출이익/매출이익률 계산하기

예제 파일 CHAPTER 06 \ 피벗-매출이익.xlsx

01 예제 파일의 [pivot] 시트는 다음 화면과 같이 구성되어 있습니다. [1:15] 행은 이전 예제에서 진행한 부분이고, 16행부터는 매출, 매출이익을 계산할 피벗 테이블을 만들기 위해 만들어놓은 영역입니다.

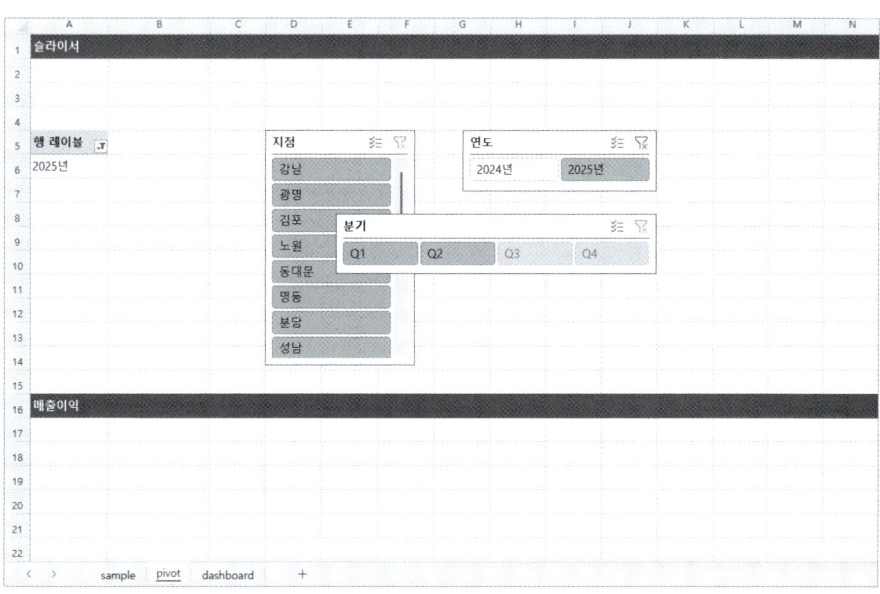

02 슬라이서와 연동되는 [A5:A6] 범위의 피벗 테이블을 복사해서 사용하겠습니다. [A5:A6] 범위를 Ctrl + C 를 눌러 복사한 다음, [A20] 셀에 Ctrl + V 를 눌러 붙여 넣습니다. 리본 메뉴의 [피벗 테이블 분석] 탭-[피벗 테이블] 그룹에서 [피벗 테이블 이름]을 **피벗-매출이익**으로 변경합니다.

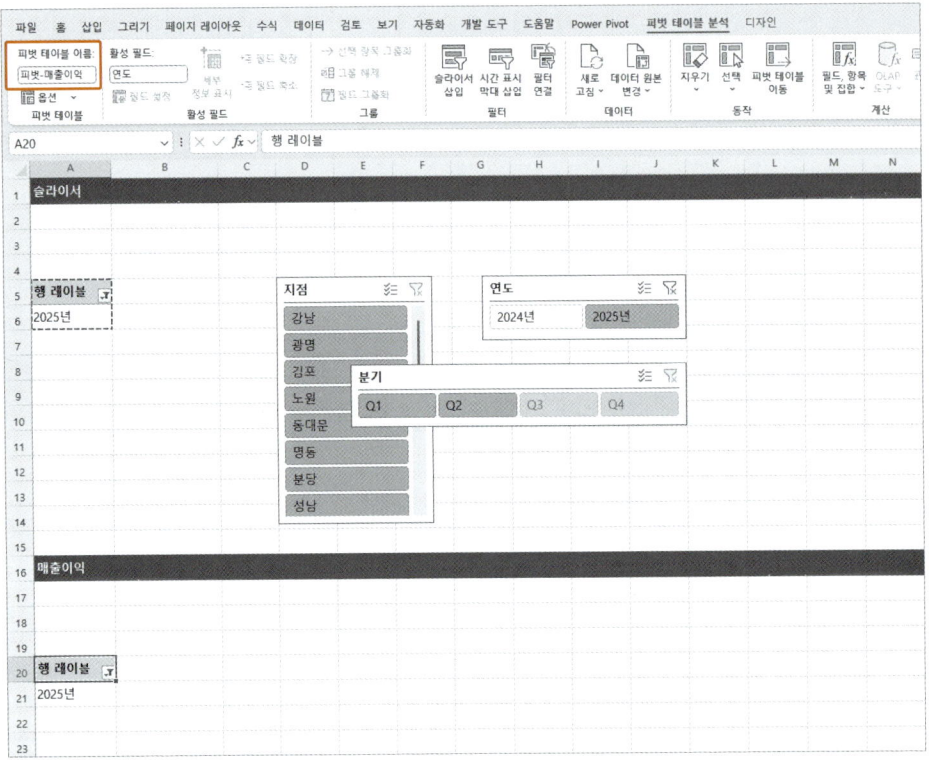

03 [피벗 테이블 필드] 작업 창에서 [연도] 필드의 체크를 해제하고 [판매가]와 [매출이익] 필드에 체크합니다. 슬라이서 창과 연동되는 전체 매출액과 매출이익액을 확인할 수 있습니다.

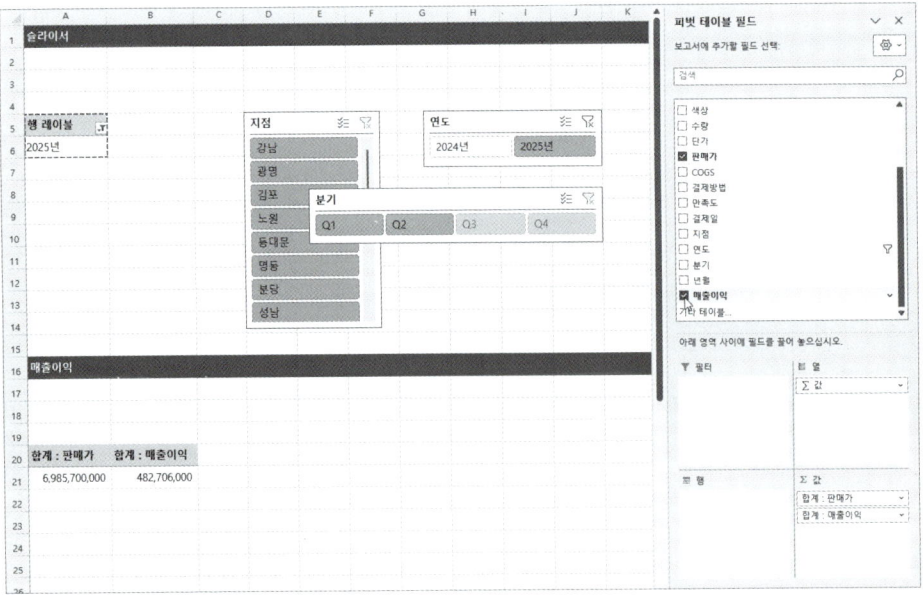

04 슬라이서 창과 연동되는 것을 확인하기 위해, [연도] 슬라이서 창의 [필터 해제]를 클릭해 필터를 해제해봅니다. [A20] 셀 위치에 있는 피벗 테이블의 매출과 매출이익도 변경됩니다.

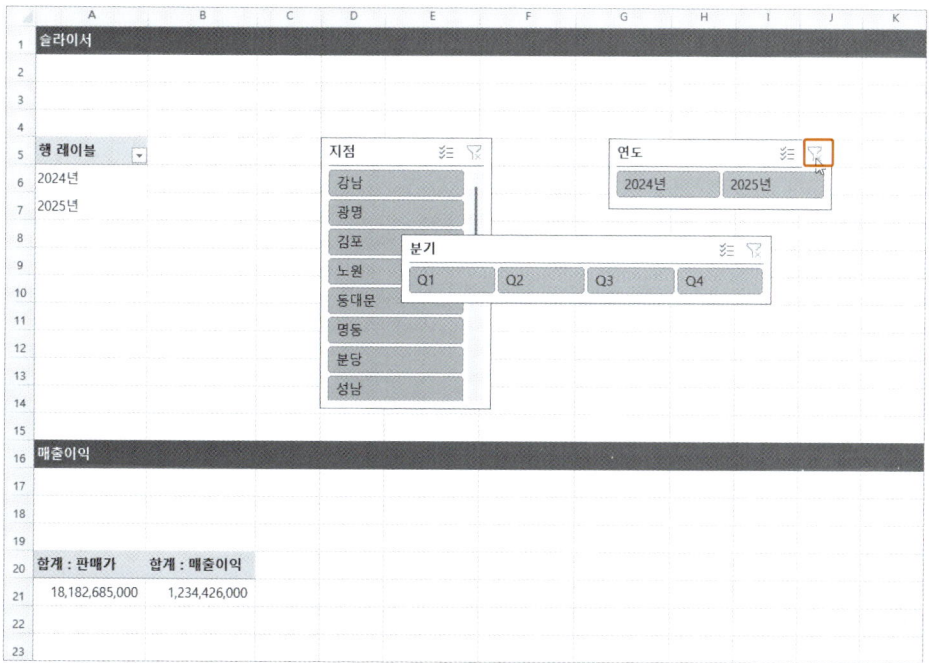

05 피벗 테이블에 집계된 부분을 '억' 단위로 조정해 대시보드에 표시하기 위해, 오른쪽에 표를 구성합니다. 구분을 위해 [E20:G20] 범위에 머리글로 **매출**, **매출이익**, **매출이익률**을 입력합니다. [E21] 셀에 등호(**=**)를 입력하고 [A21] 셀을 클릭하면 수식 입력줄에서 GETPIVOTDATA 함수가 사용된 수식을 확인할 수 있습니다.

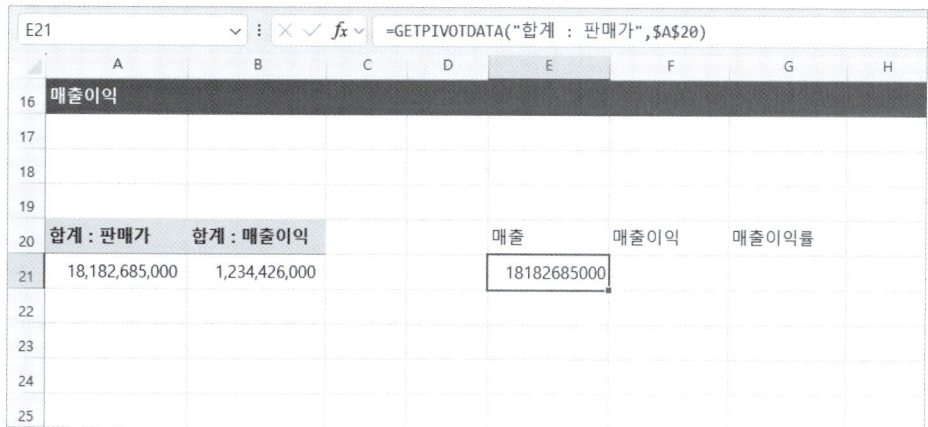

06 단위를 변경하기 위해 [E21] 셀의 수식을 다음과 같이 변경합니다.

=TEXT(GETPIVOTDATA("합계 : 판매가", $A$20)/10^8, "0.0억")

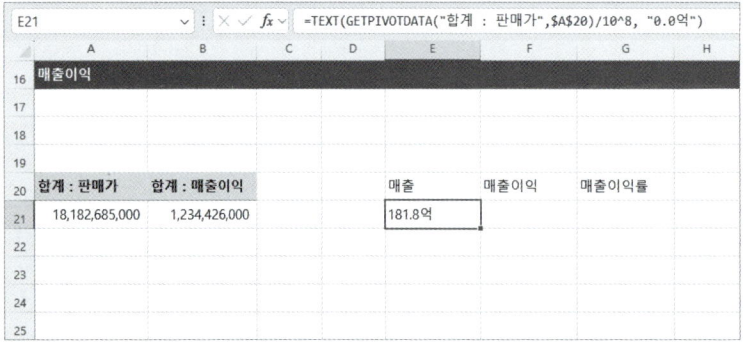

07 동일한 방법으로 매출이익과 매출이익률을 구하기 위해, 다음 각 셀에 수식을 입력합니다. [G21] 셀은 수식을 입력하고 리본 메뉴의 [홈] 탭-[표시 형식] 그룹에서 [백분율 스타일 %]과 [자릿수 늘림]을 순서대로 클릭합니다.

[F21] 셀 : =TEXT(GETPIVOTDATA("합계 : 매출이익", $A$20)/10^8, "0.0억")

[G21] 셀 : =GETPIVOTDATA("합계 : 매출이익", $A$20) / GETPIVOTDATA("합계 : 판매가", $A$20)

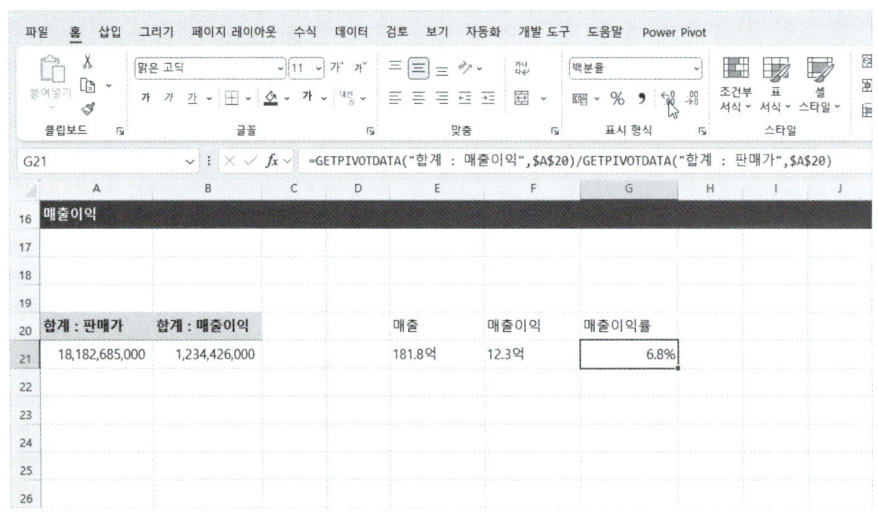

TIP 수식을 입력했는데 #REF!와 같은 오류가 표시된다면 수식에서 "합계 : 매출이익", "합계 : 판매가"의 띄어쓰기를 확인하세요. [A20] 셀과 [B20] 셀의 제목에서 콜론의 앞뒤로 한 칸씩 띄었기 때문에 함수식에서도 동일하게 띄어쓰기를 해야 합니다.

08 이제 계산된 값을 대시보드에 참조하겠습니다. [dashboard] 시트를 열고 [C6] 병합 셀을 선택합니다. 등호(=)를 입력하고 [pivot] 시트에서 [E21] 셀을 클릭합니다. Enter 를 눌러 수식을 입력합니다.

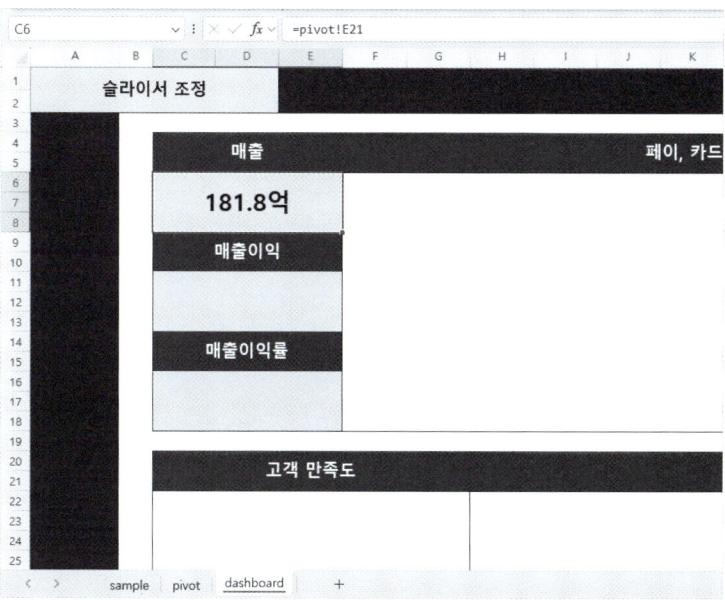

09 [dashboard] 시트의 [C11] 병합 셀과 [C16] 병합 셀에 각각 다음과 같이 참조합니다. [C16] 병합 셀은 수식을 입력하고 리본 메뉴의 [홈] 탭-[표시 형식] 그룹에서 [백분율 스타일%]-[자릿수 늘림]을 순서대로 클릭합니다.

[C11] 셀 : =pivot!F21
[C16] 셀 : =pivot!G21

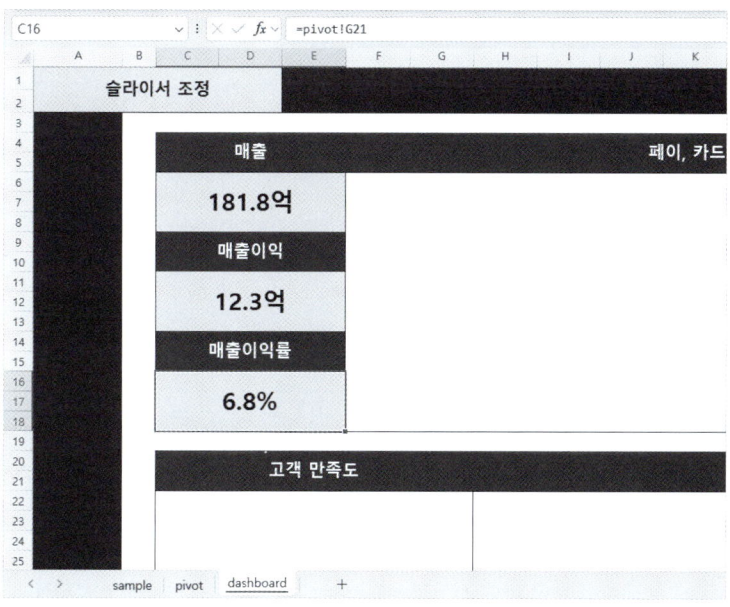

10 확인을 위해 [pivot] 시트를 열고 [연도] 슬라이서 창에서 [2025년] 항목을 선택합니다. [20:21] 행 위치의 매출, 매출이익, 매출이익률이 각각 변경됩니다.

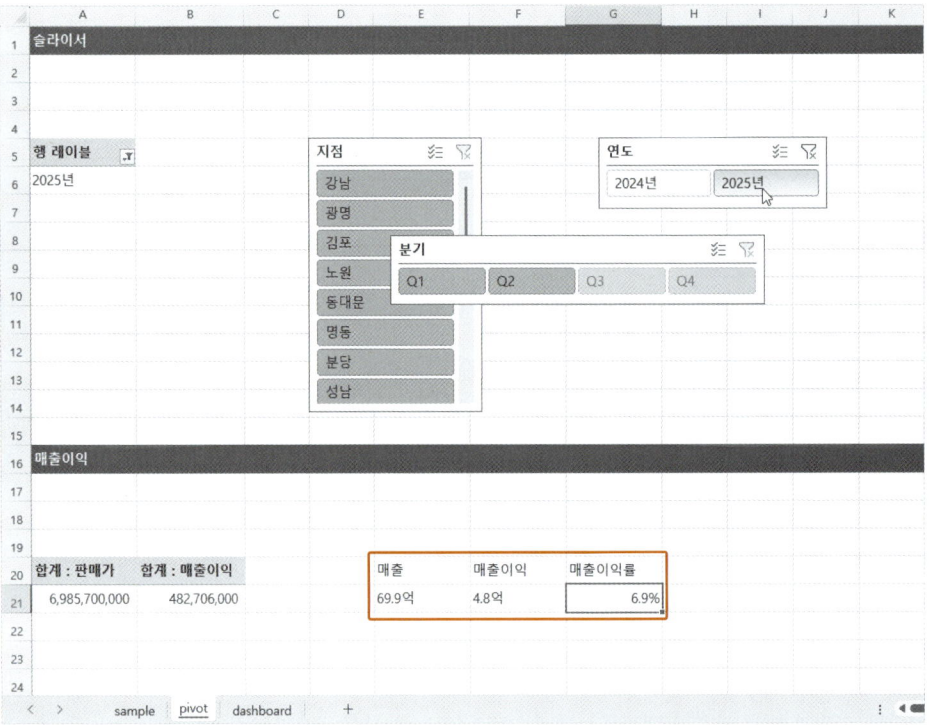

11 [dashboard] 시트를 선택합니다. 매출, 매출이익, 매출이익률이 변경된 것을 확인할 수 있습니다.

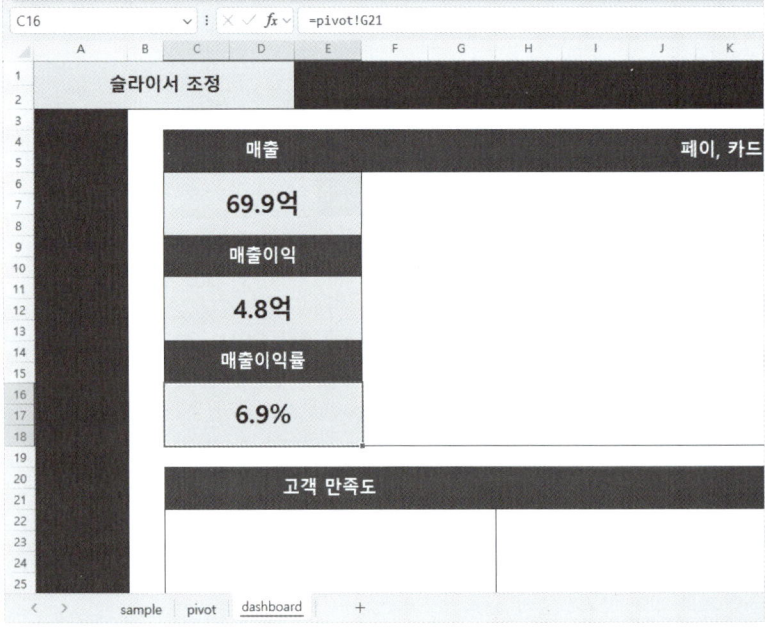

결제할 때 월별 페이/카드 결제 비율이 어떻게 변화하는지 집계하기

예제 파일 CHAPTER 06 \ 피벗-결제 방법.xlsx

01 예제 파일의 [pivot] 시트는 다음 화면과 같이 구성되어 있습니다. 결제 방법에 따른 선호도를 알기 위한 피벗 테이블과 대시보드에 표시할 피벗 차트를 25행 아래에 생성하겠습니다.

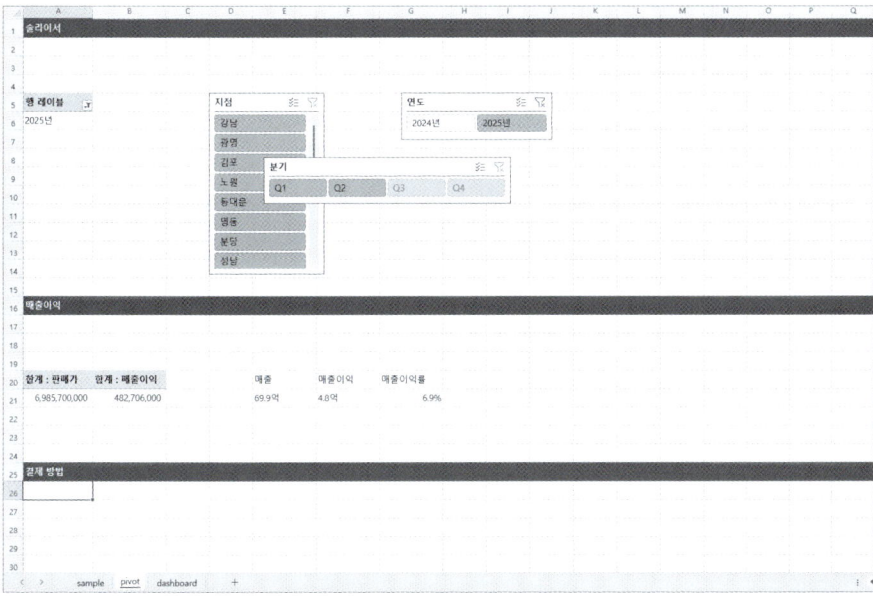

02 하나의 시트에 피벗 테이블을 많이 만들면 관리하기가 쉽지 않습니다. 이런 경우, 필요하지 않은 부분은 그룹으로 묶어 숨겨두는 것이 좋습니다. [17:24] 행을 지정하고, 리본 메뉴의 [데이터] 탭-[개요] 그룹-[그룹囲]을 클릭합니다.

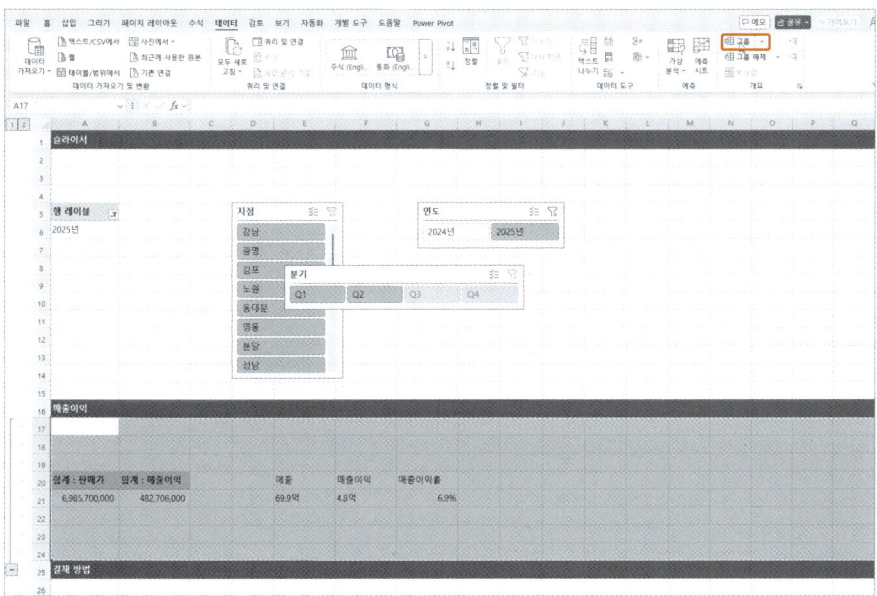

03 시트의 행 번호 왼쪽에 생긴 윤곽 기호 중 [축소 -]를 클릭해 [17:24] 행을 숨깁니다.

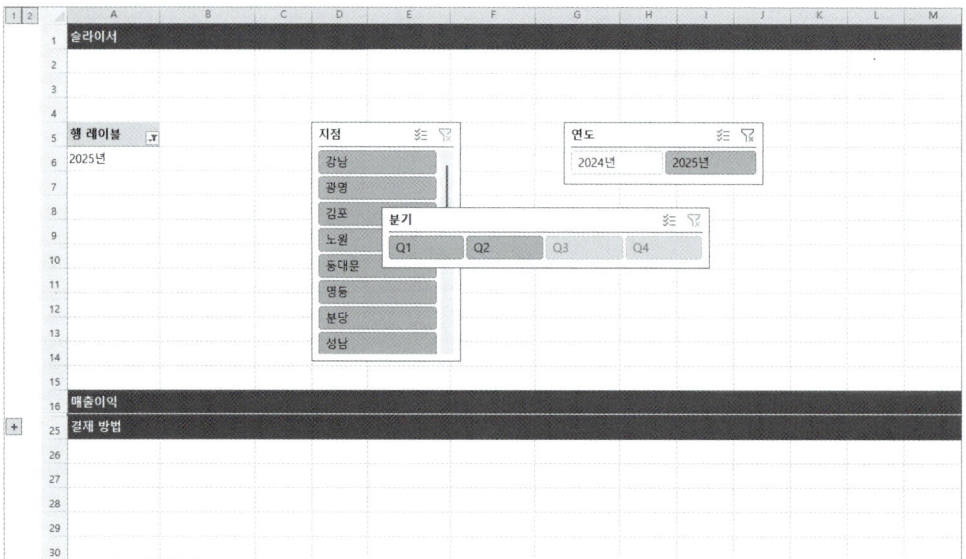

04 [A5:A6] 범위의 피벗 테이블을 Ctrl + C 를 눌러 복사하고, [A29] 셀에서 Ctrl + V 를 눌러 붙여 넣습니다. 리본 메뉴의 [피벗 테이블 분석] 탭-[피벗 테이블] 그룹에서 [피벗 테이블 이름]을 **피벗-결제방법** 으로 변경합니다.

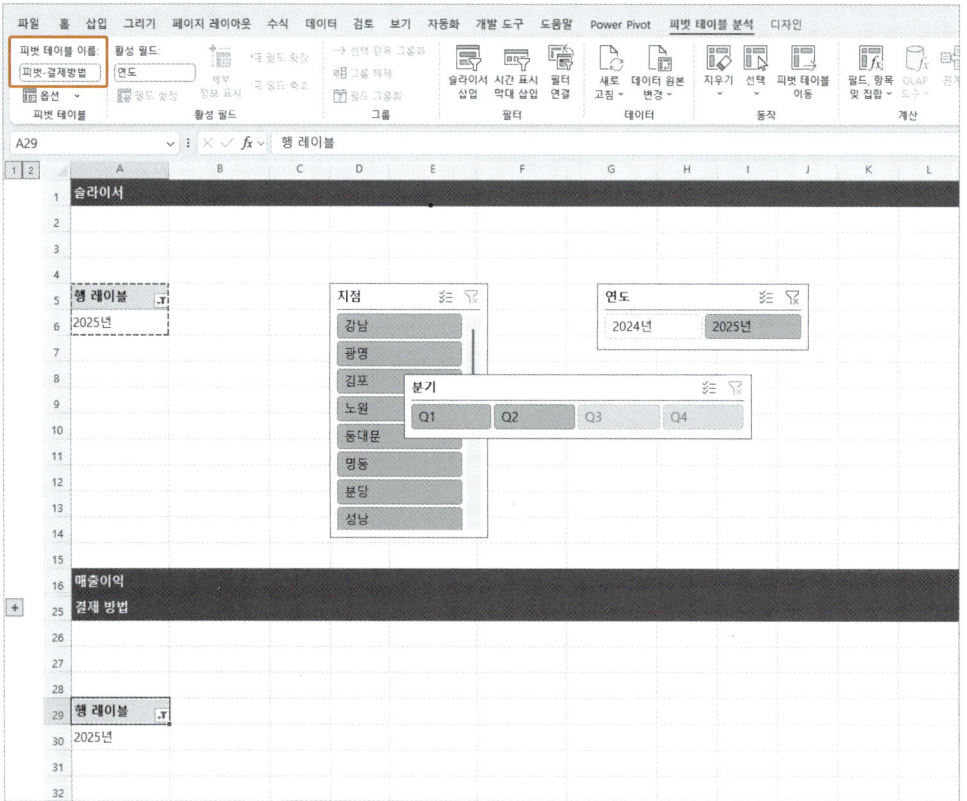

05 결제 방법에 따른 결제 횟수를 월별로 집계하겠습니다. [피벗 테이블 필드] 작업 창에서 [연도] 필드의 체크를 해제하고 [년월] 필드에 체크합니다. [결제방법] 필드를 [열] 영역에 배치하고, 마지막으로 [번호] 필드에 체크합니다.

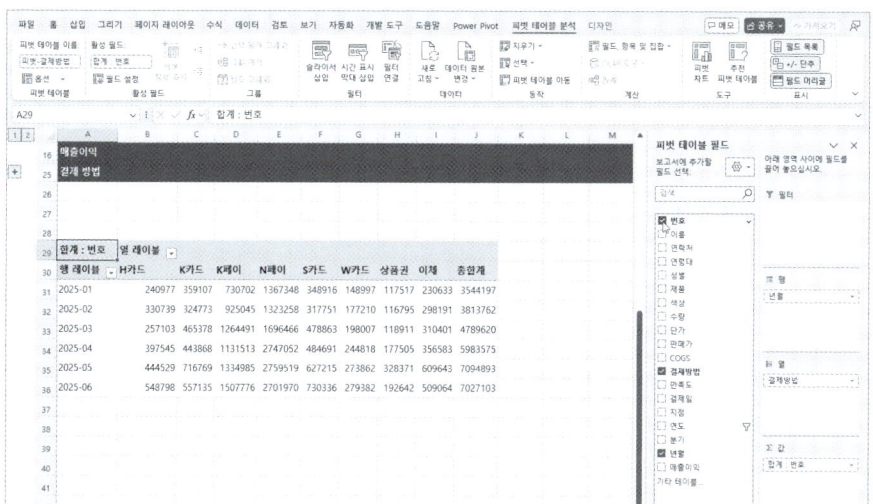

 엑셀마스터가 짚어주는 핵심 NOTE

피벗 테이블 보고서 구성 방법

05 과정에서 [피벗 테이블 필드] 작업 창의 화면은 옵션을 변경한 것입니다. 화면과 같이 만들려면, 작업 창 오른쪽 상단의 [설정 ⚙]을 클릭하고 [필드 구역과 영역 구역을 옆으로 표시]를 선택합니다.

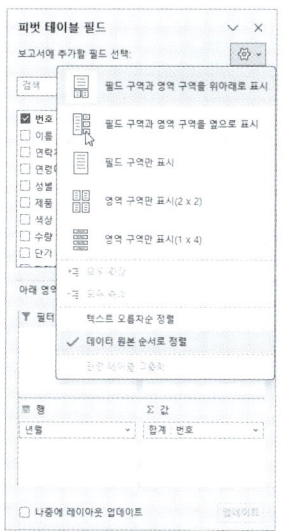

이번에 만들 피벗 테이블 보고서에서는 결제 방법 선호도의 변화를 보여주기 위해 결제 방법별로 월별 결제 횟수를 집계할 것입니다. [번호] 필드는 숫자이기 때문에 피벗 테이블에 추가되면 [합계]가 구해지는데, 뒤에서 [개수]로 변경해 결제 횟수를 셀 예정입니다.

06 먼저 결제 방법에서 카드와 페이 이외의 항목은 표시되지 않도록 합니다. [B29] 셀의 목록 단추를 클릭하고 필터 목록에서 [상품권], [이체] 항목의 체크를 해제한 후 [확인]을 클릭합니다.

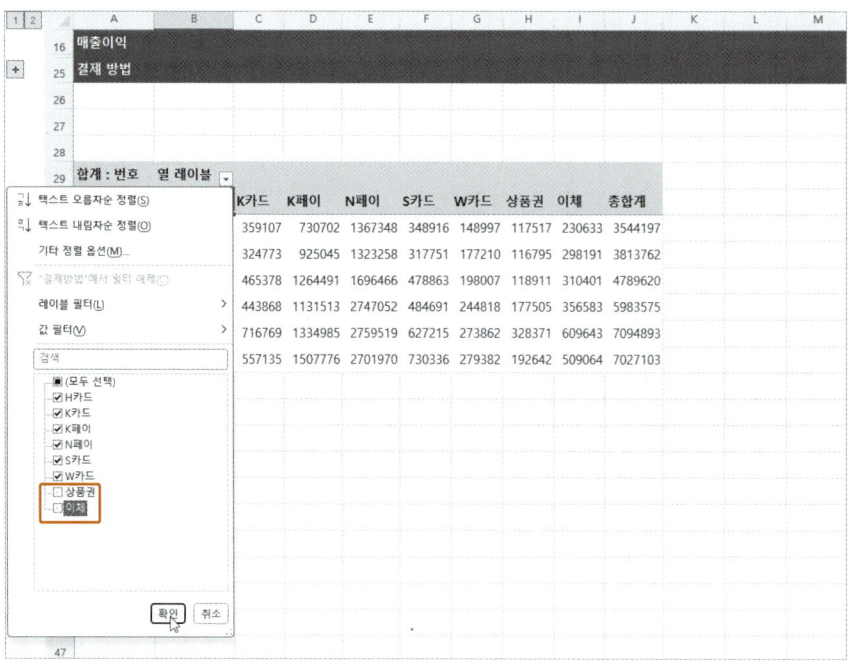

07 카드와 페이 항목이 각각 여러 개여서 잘 구분되지 않습니다. 카드는 카드끼리, 페이는 페이끼리 묶어서 분석하겠습니다. 먼저 [B30:C30] 범위를 지정하고 Ctrl 을 누른 상태에서 [F30:G30] 범위를 지정합니다. 마우스 오른쪽 버튼을 클릭하고 [그룹]을 선택합니다.

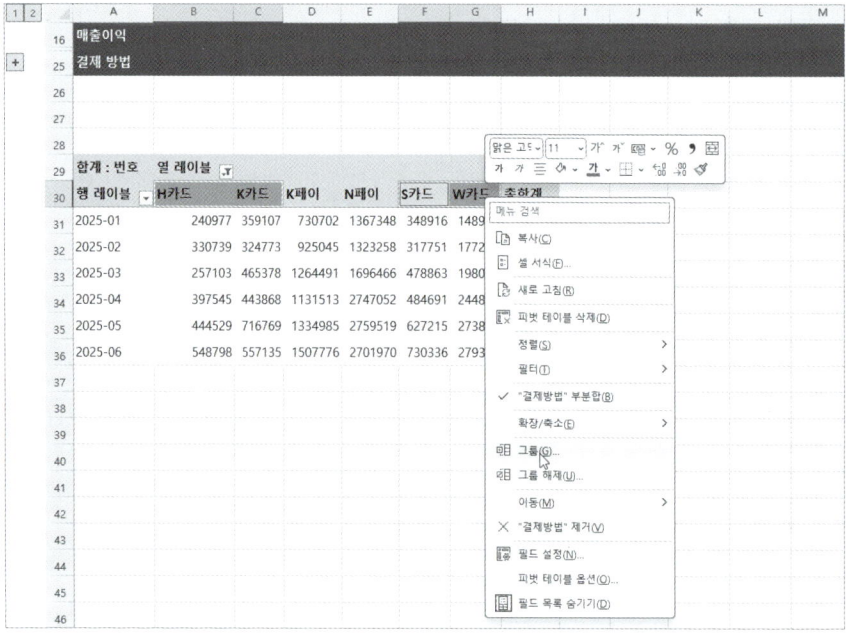

08 부분합은 필요하지 않으므로, [F30] 셀에서 마우스 오른쪽 버튼을 클릭합니다. [결제방법2 부분합]을 선택해 체크를 해제합니다.

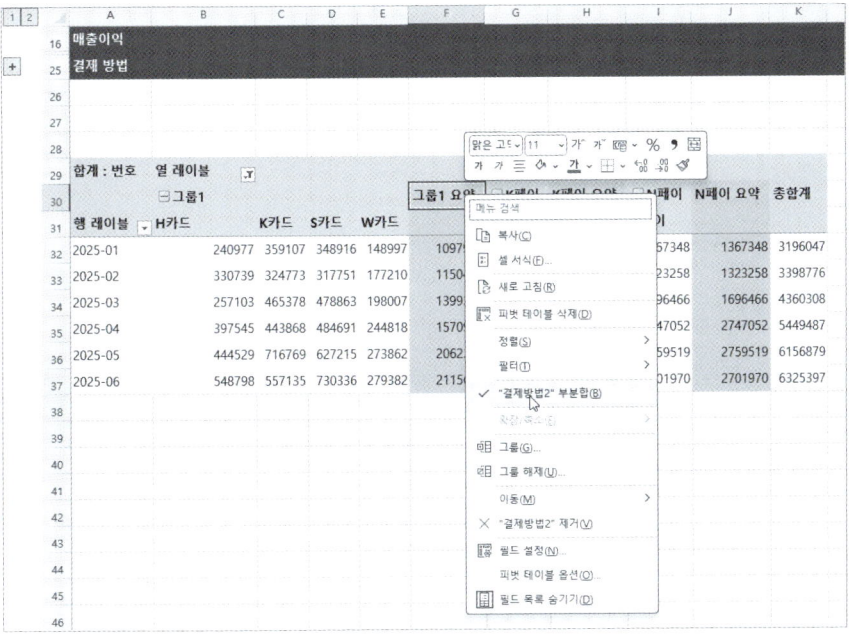

09 [F31:G31] 범위를 지정하고 마우스 오른쪽 버튼을 클릭해 [그룹]을 선택합니다.

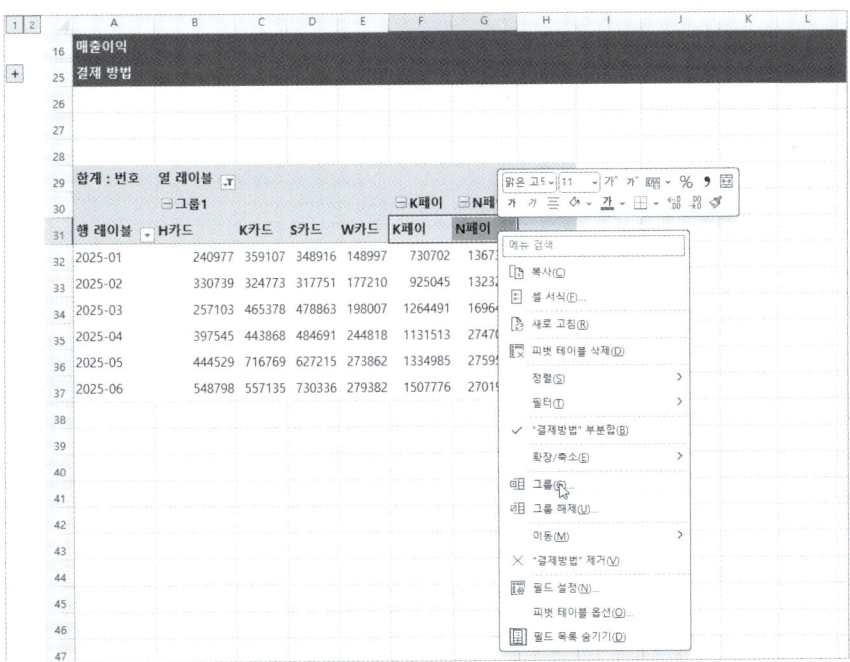

10 생성된 그룹 필드의 항목이 '그룹1'과 '그룹2'로 표시되므로 이름을 변경하겠습니다. [B30] 셀을 선택하고 이름을 **카드**로, [F30] 셀은 **페이**로 각각 변경합니다.

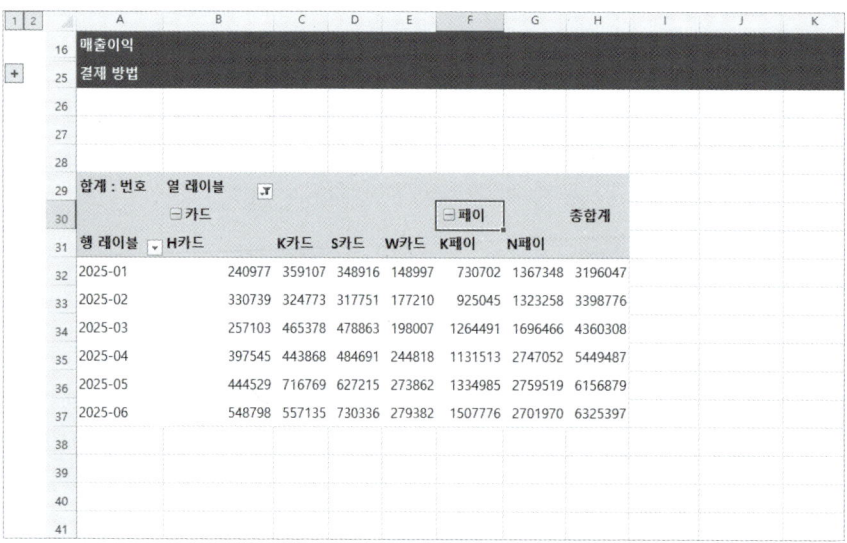

11 [피벗 테이블 필드] 작업 창에서 [결제방법] 필드의 체크를 해제합니다.

12 [값] 영역의 집계 방법을 [개수]로 변경합니다. [A29] 셀에서 마우스 오른쪽 버튼을 클릭하고 [값 요약 기준]-[개수]를 선택합니다.

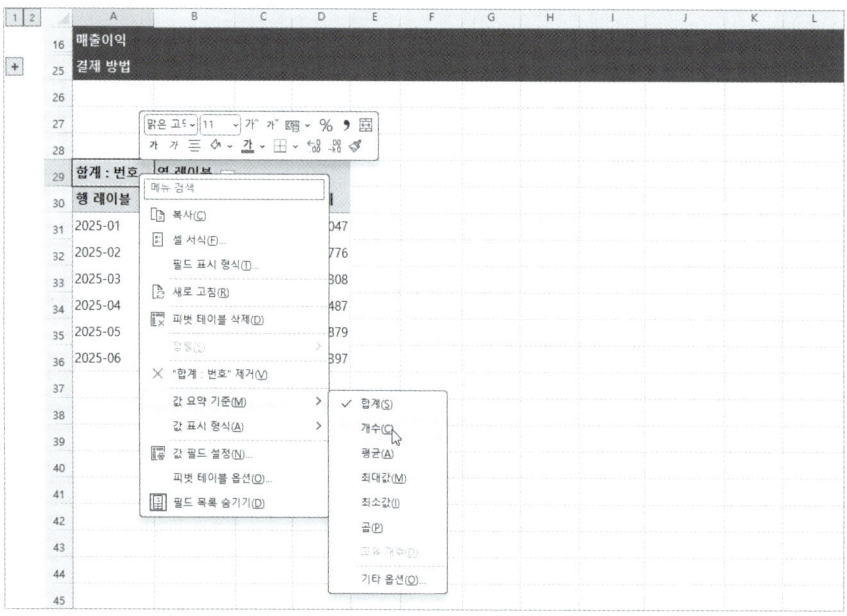

13 데이터 요약이 끝났다면 피벗 테이블을 기반으로 피벗 차트를 구성합니다. 리본 메뉴의 [삽입] 탭–[차트] 그룹–[꺾은선형 또는 영역형 차트 삽입]을 클릭하고 [2차원 꺾은선형]에서 [표식이 있는 꺾은선형]을 선택합니다.

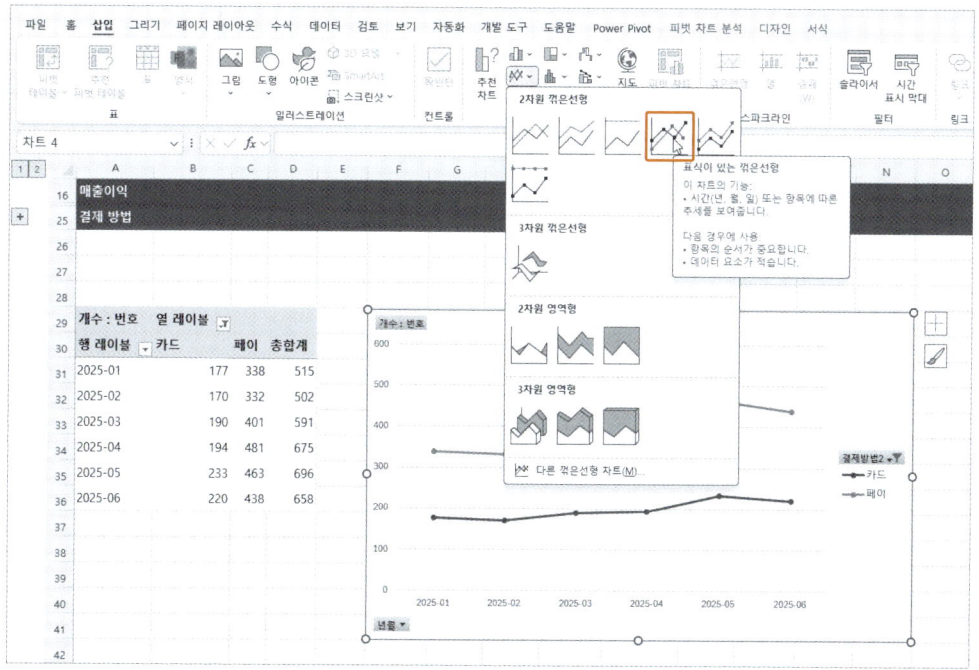

14 피벗 차트에는 여러 단추가 표시되어 불편한 면이 있습니다. 리본 메뉴의 [피벗 차트 분석] 탭–[표시/숨기기] 그룹–[필드 단추]를 클릭해 제거합니다.

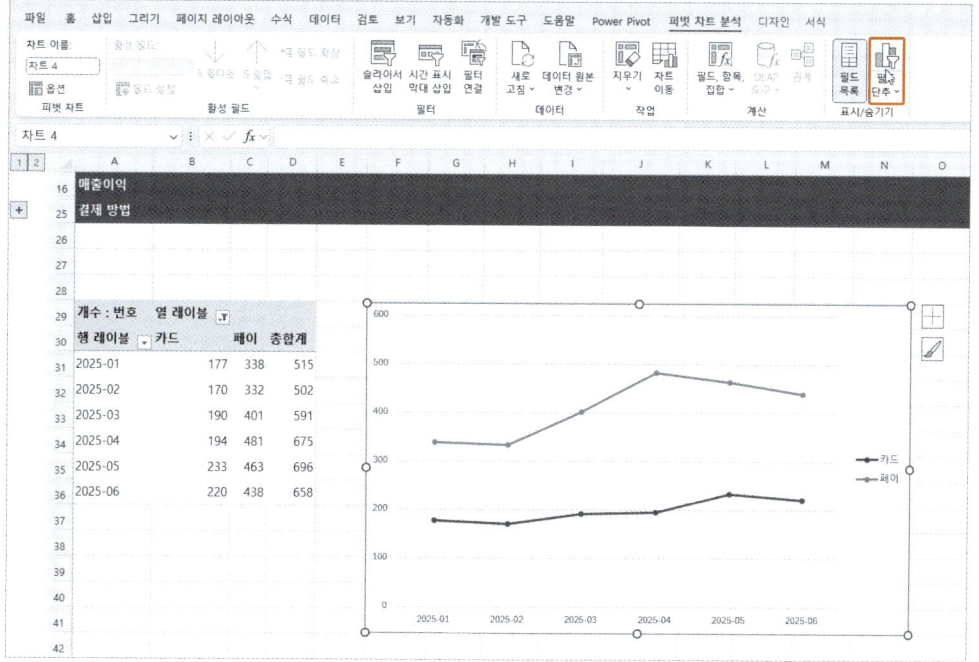

15 차트를 좀 더 보기 좋게 꾸며보겠습니다. 차트가 선택된 상태에서 리본 메뉴의 [디자인] 탭-[차트 스타일] 그룹에서 [스타일 10]을 선택합니다.

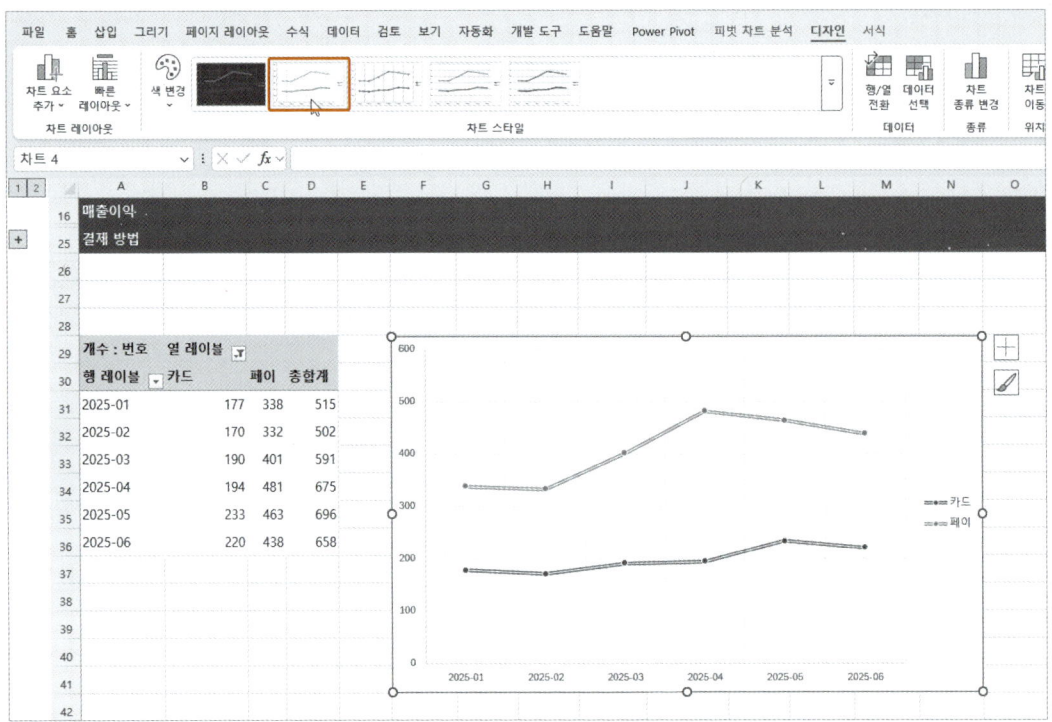

16 범례를 차트 하단에 표시하기 위해 차트가 선택된 상태에서 [차트 요소 ⊞]를 클릭합니다. [범례]-[아래쪽]을 선택합니다.

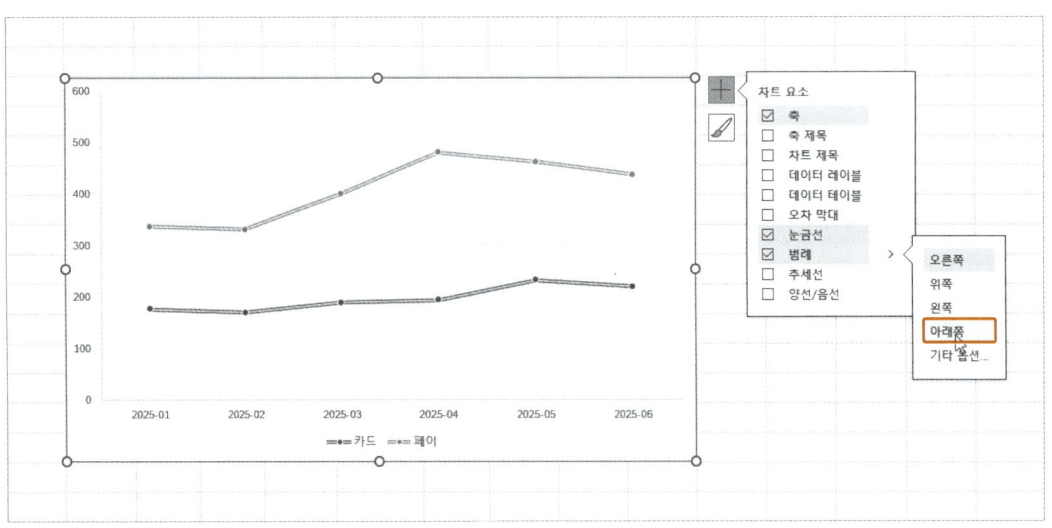

17 완성된 차트를 대시보드로 옮기겠습니다. 차트 영역의 빈 곳에서 마우스 오른쪽 버튼을 클릭하고 [잘라내기]를 선택합니다.

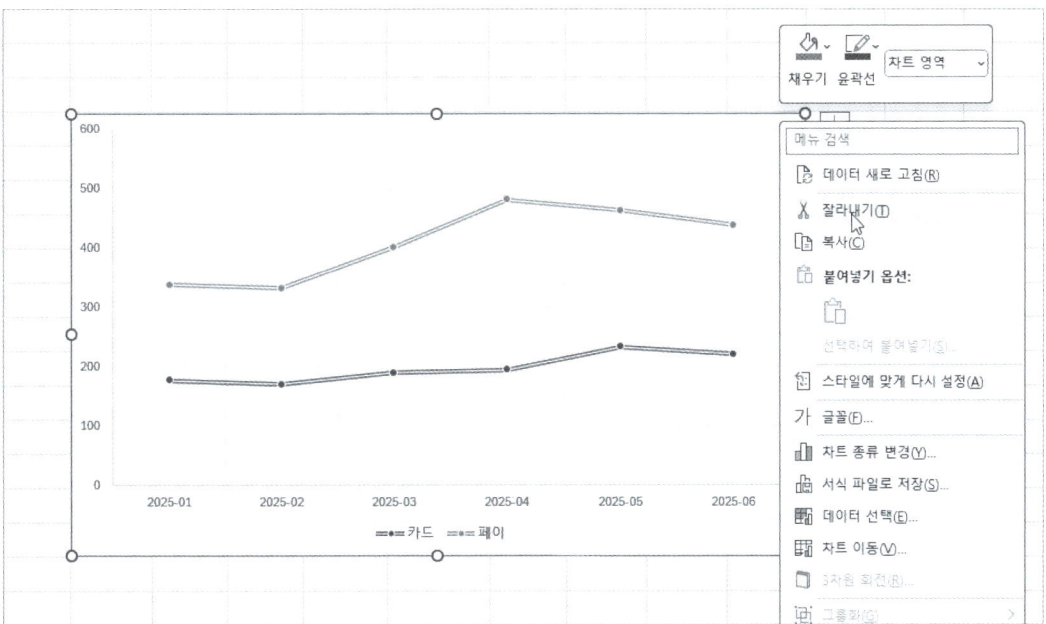

18 [dashboard] 시트를 선택하고 [F6] 셀 위치에서 Ctrl + V 를 눌러 차트를 붙여 넣습니다. 차트 테두리에 표시되는 크기 조정 핸들◯을 드래그해 [F6:Q18] 범위에 맞게 배치합니다.

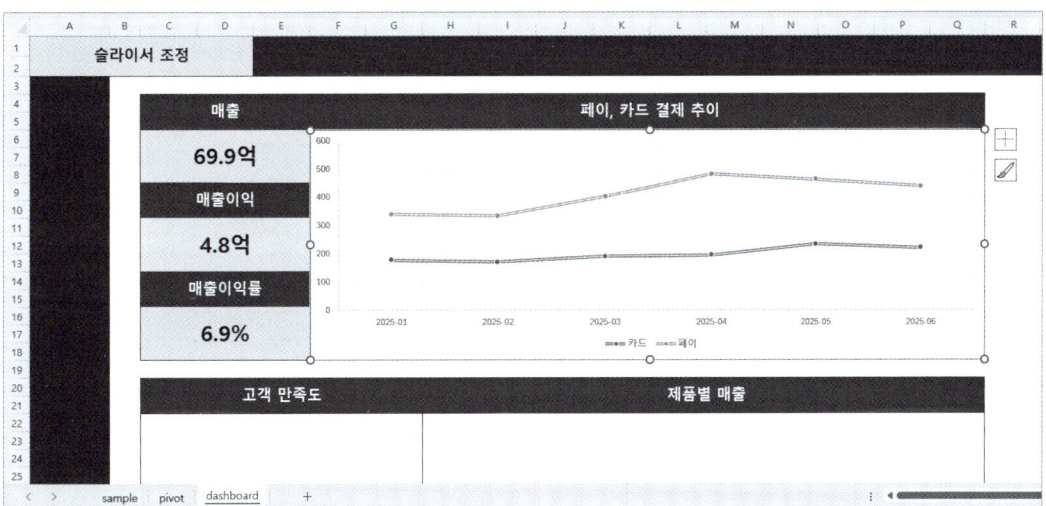

19 슬라이서와 연동되는지 확인해보겠습니다. [Pivot] 시트를 선택하고 [연도] 슬라이서 창의 [필터 해제]를 클릭해 필터를 해제합니다.

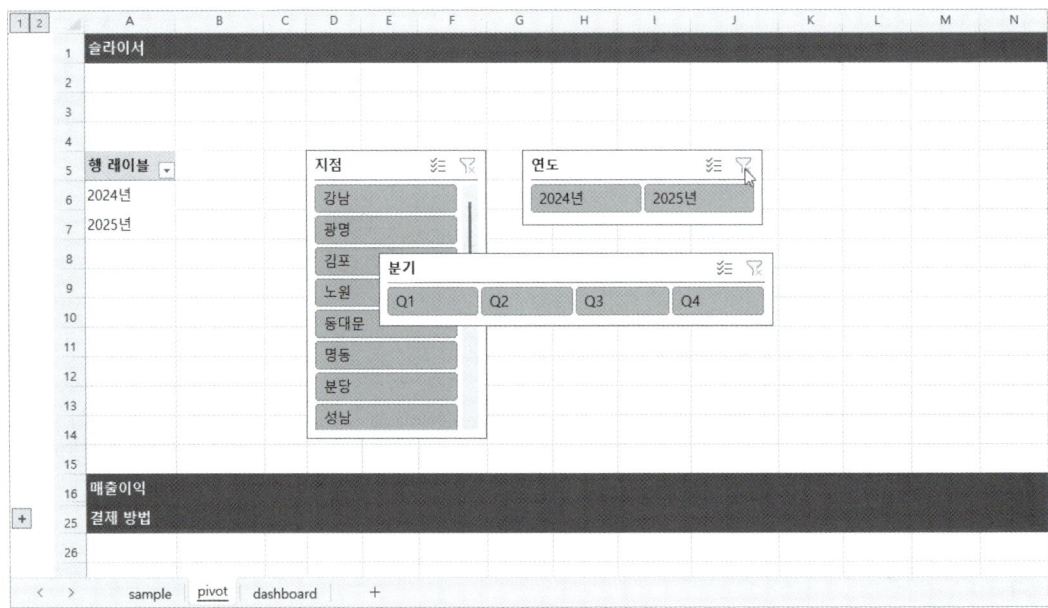

20 다시 [dashboard] 시트로 이동해보면, 2024년부터 2025년까지 결제 방법이 차트에 표시됩니다.

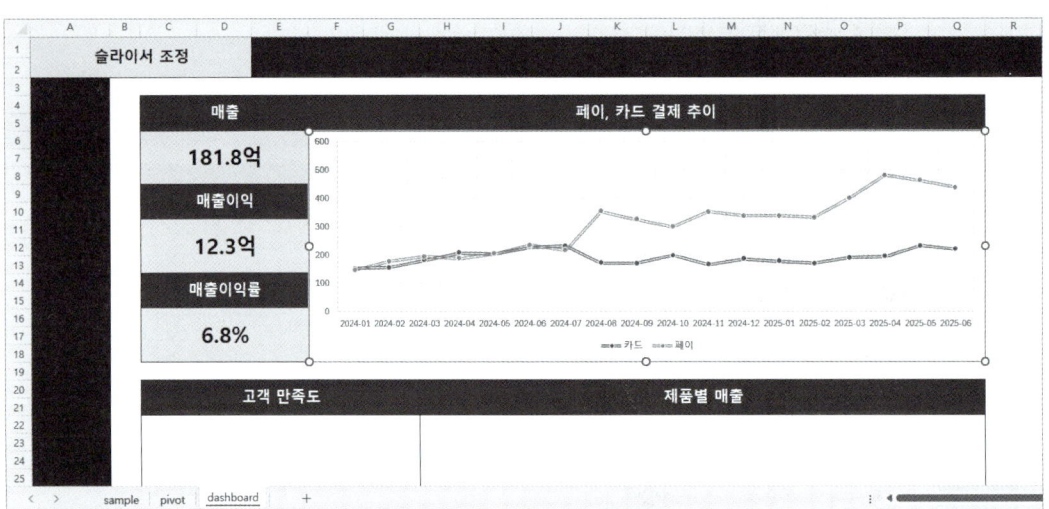

판매된 제품에 대한 고객 만족도와 제품별 매출 측정하기

예제 파일 CHAPTER 06 \ 피벗-고객만족도, 제품매출.xlsx

01 예제 파일의 [pivot] 시트를 열면 피벗 테이블이 다음 화면과 같이 구성되어 있습니다.

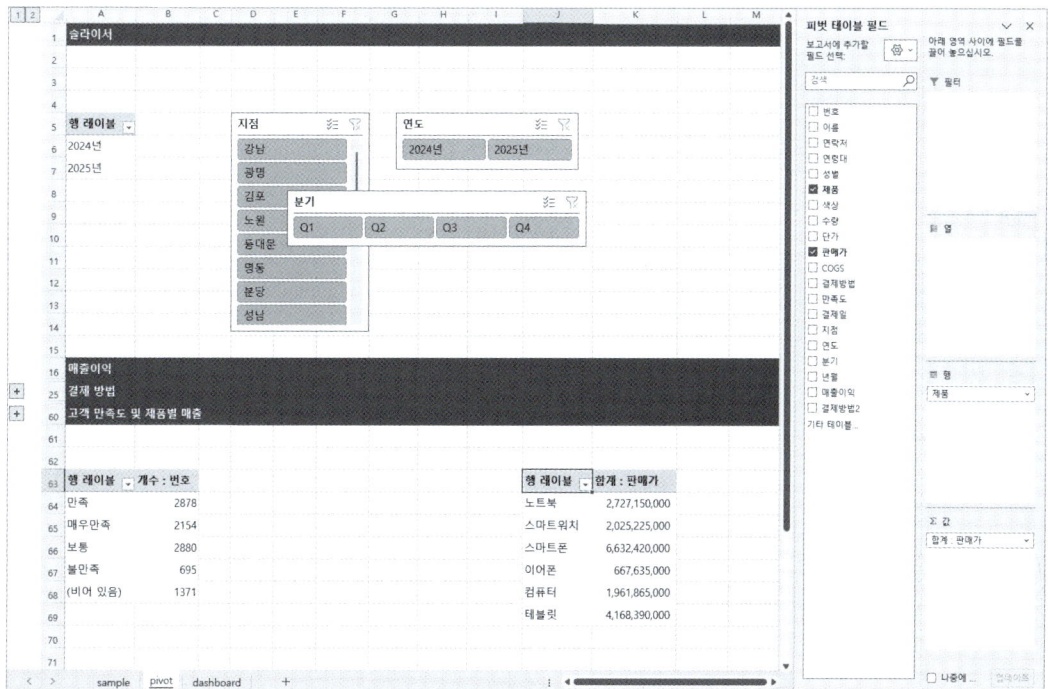

 엑셀마스터가 짚어주는 핵심 NOTE

피벗 테이블 구성

예제 파일을 보면, [A63] 셀과 [J63] 셀에 두 개의 피벗 테이블이 있습니다. 둘 다 [A5:A7] 범위의 피벗 테이블을 복사해 만든 것이고, 모두 다음 필드로 구성되어 있습니다.

위치	영역	필드
[A63] 셀	[행]	만족도
	[값]	번호 ← 집계 방법을 [합계]에서 [개수]로 변경
[J63] 셀	[행]	제품
	[값]	판매가

그리고, [A63] 셀 위치의 피벗 테이블 이름은 '피벗-고객만족'으로, [J63] 셀 위치의 피벗 테이블 이름은 '피벗-제품매출'로 변경해두었습니다.

LINK 이런 작업의 방법은 모두 이전 실습을 통해 방법을 소개해두었습니다. 구성 방법을 더 자세하게 학습하려면 이 책의 261페이지를 참고하세요.

02 고객 만족도에서 ['(비어 있음)'] 항목은 설문에 응하지 않은 경우이므로 제외하는 것이 좋습니다. [A63] 셀의 목록 단추 ▼를 클릭한 다음, 필터 목록에서 [(비어 있음)] 항목의 체크를 해제하고 [확인]을 클릭합니다.

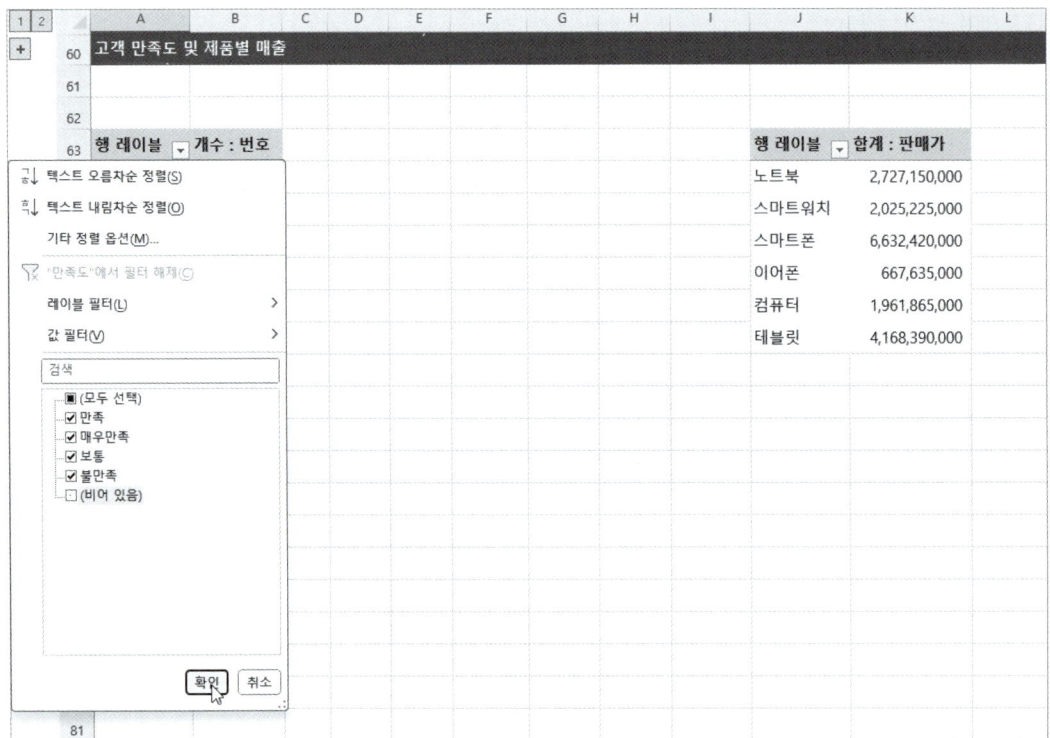

03 도넛형 차트를 사용할 것이므로, 항목이 [매우만족]-[만족]-[보통]-[불만족] 순으로 표시되도록 순서를 변경합니다.

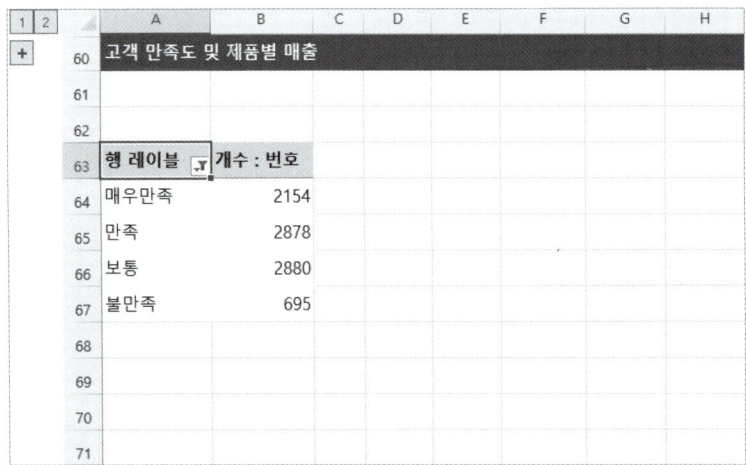

엑셀마스터가 짚어주는 핵심 NOTE

[행] 또는 [열] 영역 내 필드 항목의 순서를 변경하는 이유

피벗 테이블 보고서의 [행] 또는 [열] 영역에 삽입되는 필드는 기본적으로 오름차순으로 정렬됩니다. 정렬 순서를 임의로 변경하려면 직접 수동으로 옮길 수 있습니다. 이번과 같은 경우는 다음과 같은 순서로 작업합니다.

❶ 순서를 바꿀 항목인 [A65] 셀을 선택하고, 마우스 커서를 셀 테두리에 두면 커서가 네 방향 화살표 모양으로 바뀝니다.

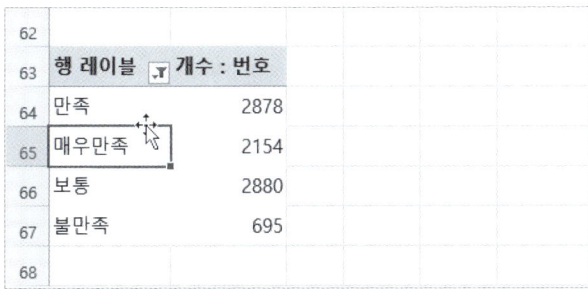

❷ 드래그하여 [A64] 셀 위쪽에 놓으면 항목 순서가 변경됩니다.

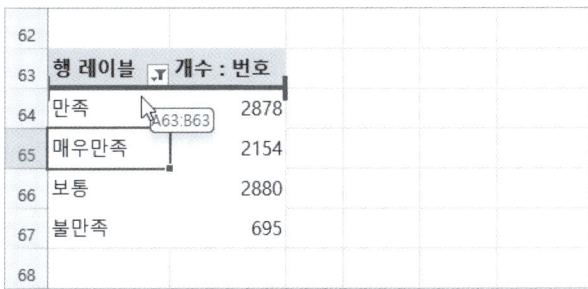

이렇게 순서를 조정하는 이유는 원형 차트와 도넛형 차트는 항목을 12시 방향부터 시계 방향으로 배치하기 때문입니다. 응답 척도를 자연스러운 흐름대로 배열하면 읽고 비교하기가 쉬워지고, 시각적 일관성도 유지됩니다.

04 도넛형 차트를 생성하겠습니다. 피벗 테이블이 선택된 상태에서 리본 메뉴의 [삽입] 탭-[차트] 그룹-[원형 또는 도넛형 차트 삽입 ⬤]을 클릭하고, [도넛형] 차트를 선택합니다.

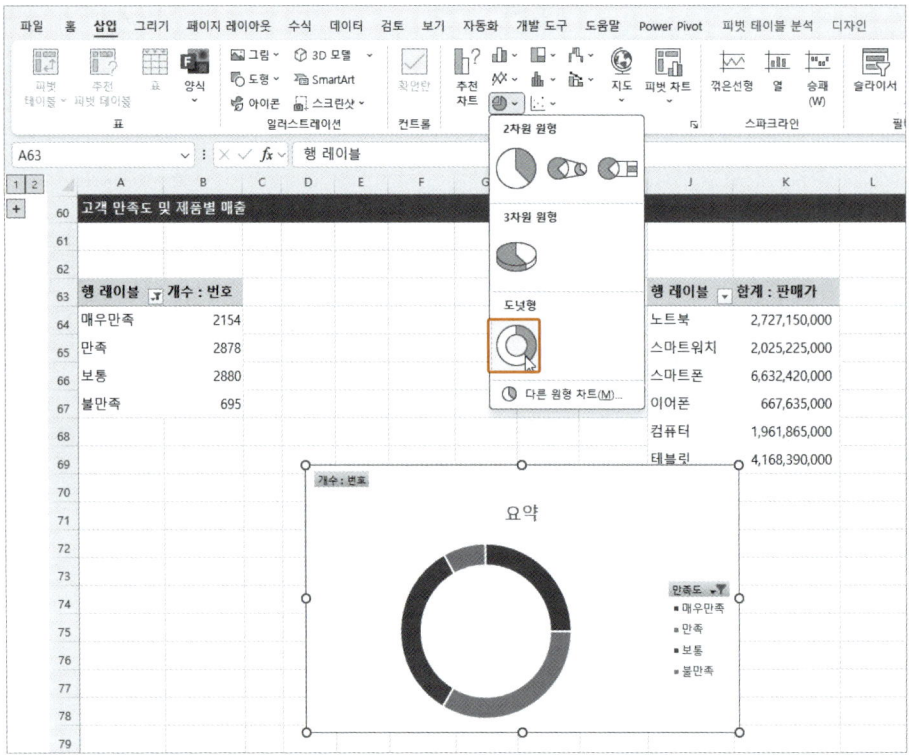

05 생성된 차트가 선택된 상태에서 [차트 요소 ⊞]를 클릭한 다음 [차트 제목]과 [범례]의 체크는 해제하고 [데이터 레이블]에 체크합니다.

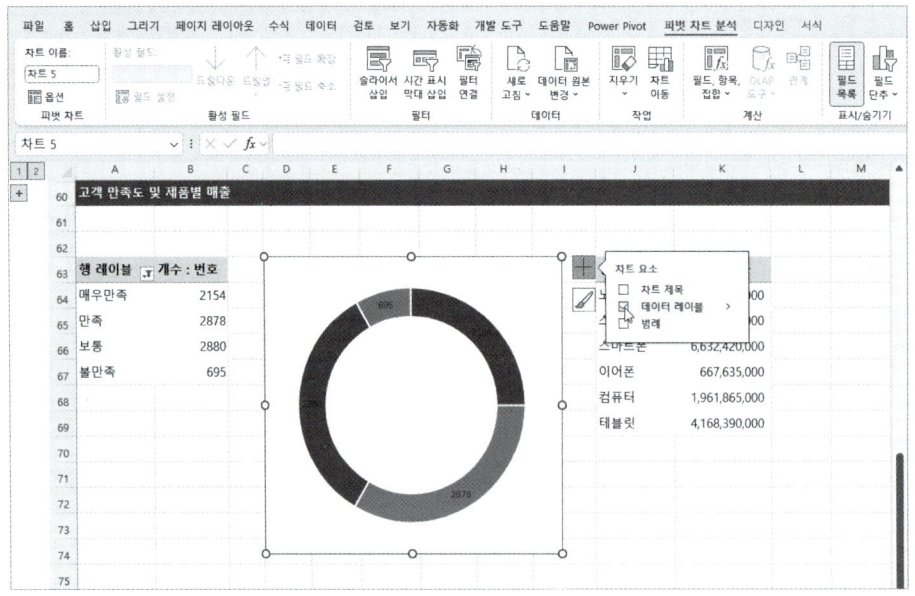

06 데이터 레이블을 표시할 자리를 확보하기 위해 도넛형 차트의 구멍 크기를 줄이겠습니다. 도넛형 차트의 조각을 더블클릭하면 [데이터 계열 서식] 작업 창이 표시됩니다. [도넛 구멍 크기]를 **45%**로 조정합니다.

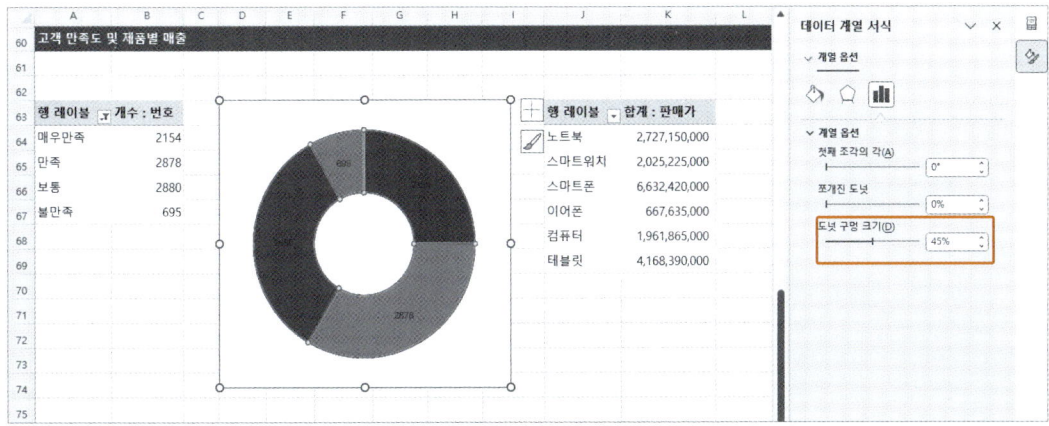

07 차트의 데이터 레이블을 클릭해 [데이터 레이블 서식] 작업 창이 열리면 [레이블 옵션]을 클릭합니다. [레이블 옵션] 항목에서 [값]의 체크는 해제하고 [항목 이름]과 [백분율]에 체크하면 데이터 레이블에 전체 대비 비율이 표시됩니다.

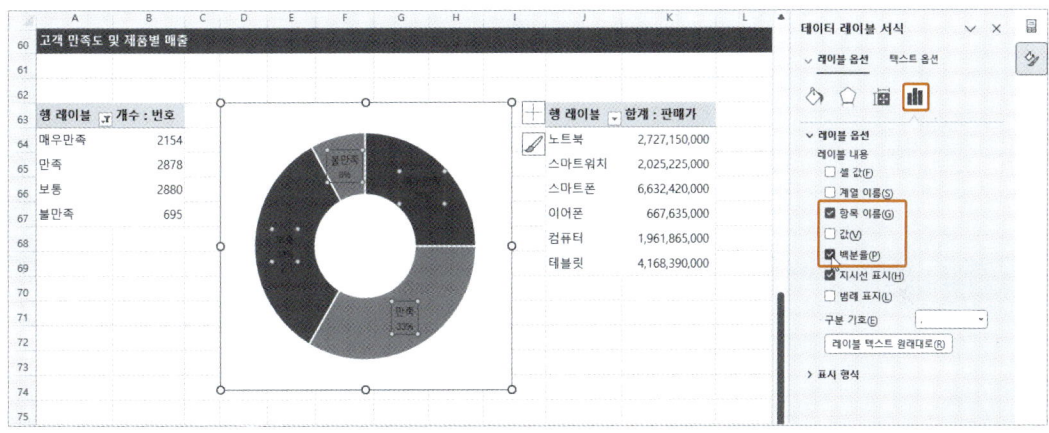

08 데이터 레이블을 시각적으로 잘 확인할 수 있도록, 리본 메뉴의 [홈] 탭-[글꼴] 그룹에서 [글꼴 크기]를 크게 조정합니다. [굵게 가]를 클릭한 후 [글꼴 색]을 흰색으로 조정합니다.

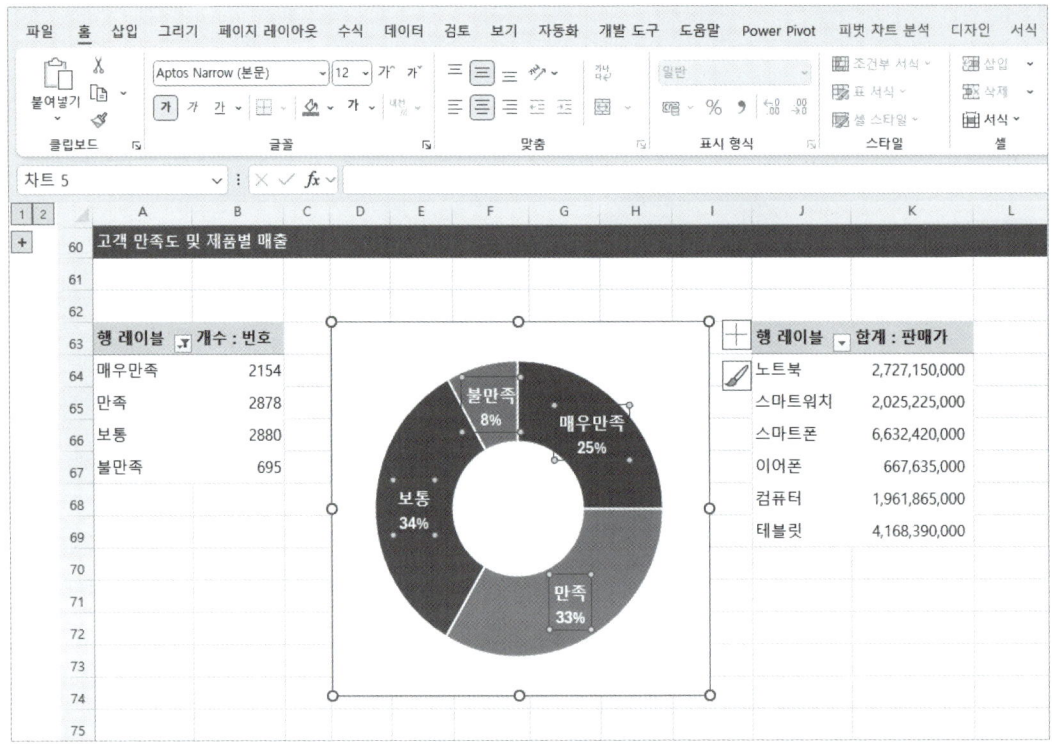

09 완성된 차트의 흰색 영역을 선택하고 Ctrl + X 를 눌러 차트를 잘라냅니다. [dashboard] 시트를 열어 [C22] 셀에 Ctrl + V 를 눌러 붙여 넣습니다.

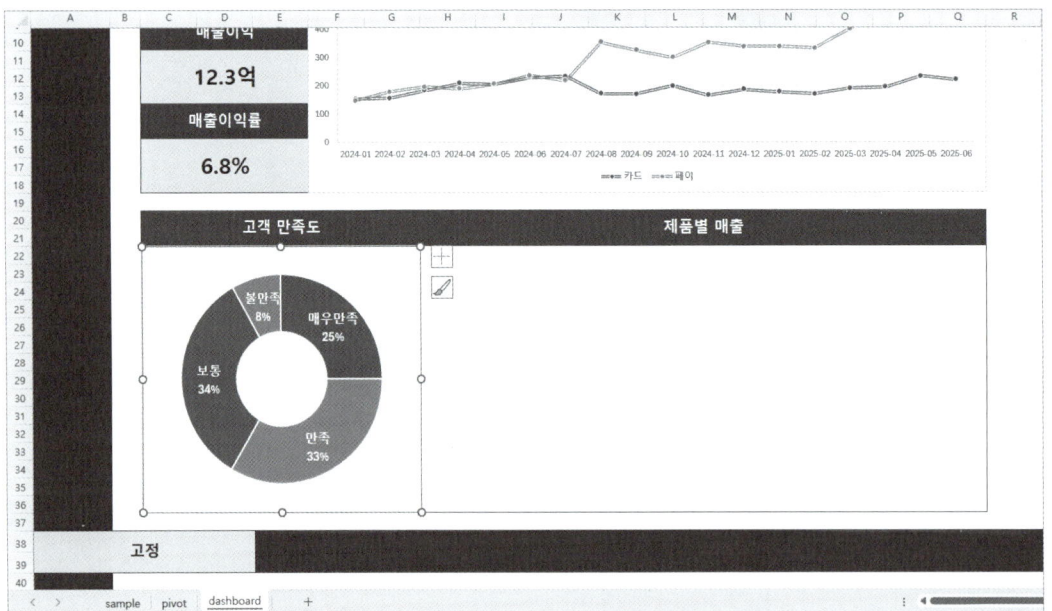

10 이번에는 제품별 매출을 구하겠습니다. [pivot] 시트에서 [N63:O63] 범위에 머리글로 **제품**, **매출**을 먼저 입력합니다. [N64] 셀에 **=J64** 수식을 입력하고 채우기 핸들을 [N69] 셀까지 드래그해 복사합니다.

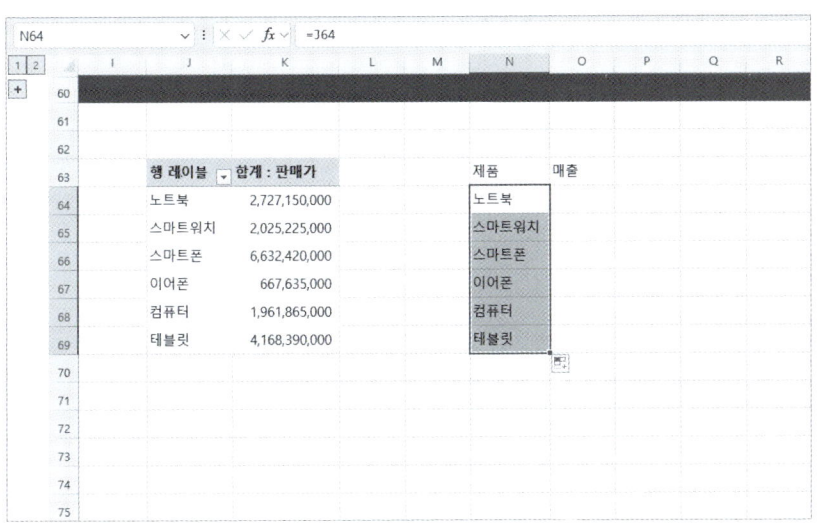

TIP 차트를 원하는 형태로 편집하려면, 피벗 테이블보다는 별도의 표를 만들어 이용하는 것이 좋습니다.

11 [O64] 셀에 등호(=)를 입력한 다음 [K64] 셀을 클릭해 GETPIVOTDATA 함수로 값을 참조하면 다음 수식이 완성됩니다.

=GETPIVOTDATA("판매가", $J$63, "제품", "노트북")

위 수식을 다음과 같이 수정한 다음, [O64] 셀의 채우기 핸들을 더블클릭해 수식을 복사합니다.

=IFERROR(GETPIVOTDATA("판매가", $J$63, "제품", N64), 0)

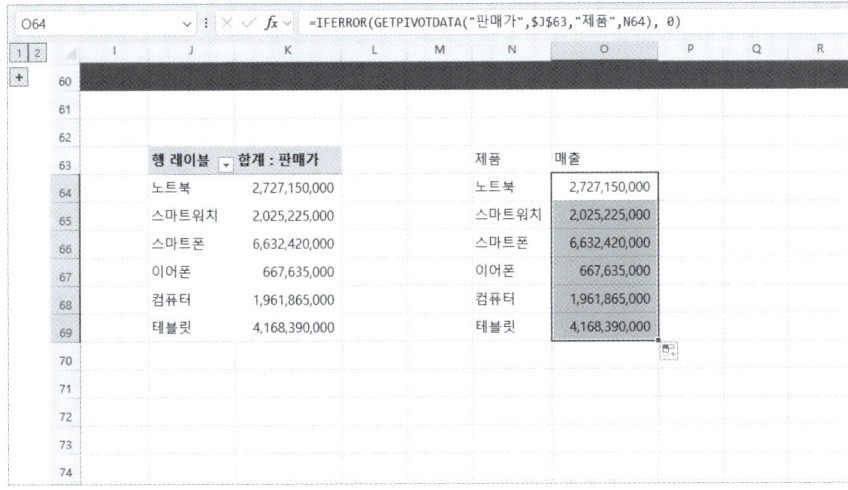

12 생성할 차트에서 최고 매출액을 별도의 색상으로 표시하기 위해 열을 추가합니다. [P63] 셀에 **최고매출**을 입력한 다음, [P64] 셀에 다음 수식을 입력하고 채우기 핸들을 더블클릭해 수식을 복사합니다.

=IF(O64 = MAX($O$64:$O$69), O64, 0)

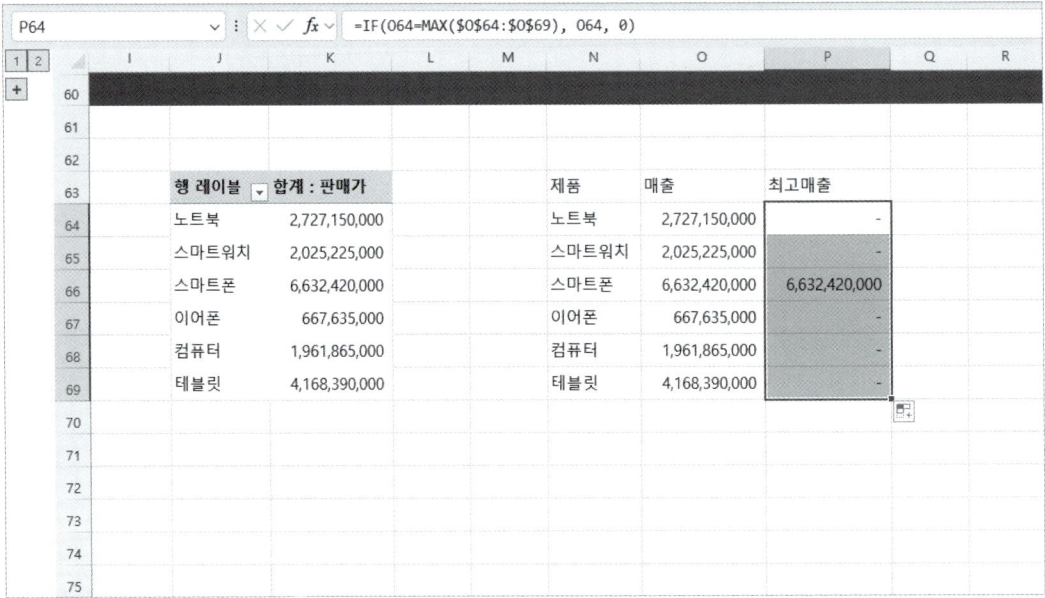

13 데이터 레이블을 표시하는 데 사용할 열을 하나 더 추가합니다. [Q63] 셀에 머리글로 **데이터레이블**을 입력한 다음, [Q64] 셀에 다음 수식을 입력하고 채우기 핸들을 더블클릭해 수식을 복사합니다.

=TEXT(O64/10^8, "0.0억")

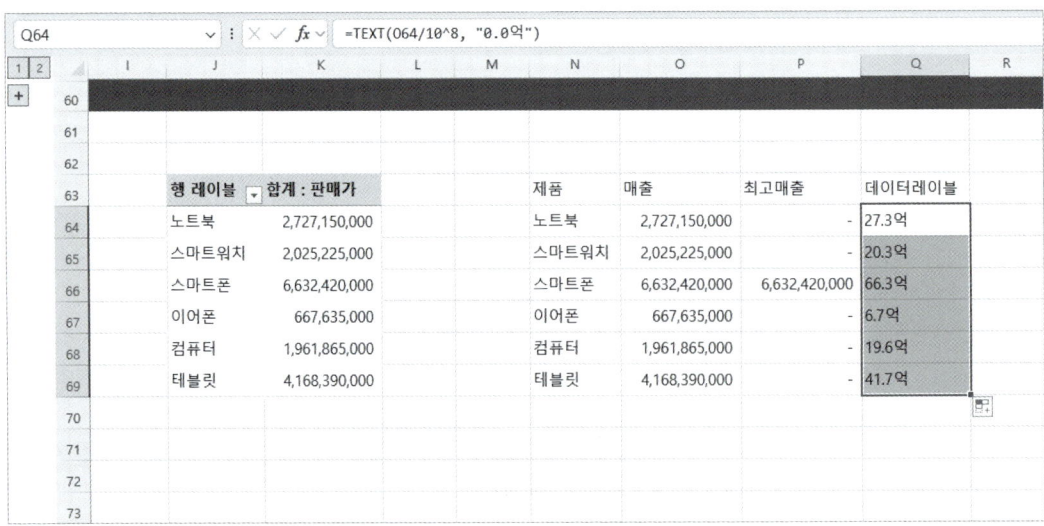

14 대시보드에 표시할 차트를 생성하겠습니다. [N63:P69] 범위를 지정한 다음, 리본 메뉴의 [삽입] 탭-[차트] 그룹-[세로 또는 가로 막대형 차트 삽입]을 클릭합니다. [2차원 세로 막대형]에서 [묶은 세로 막대형] 차트를 선택합니다.

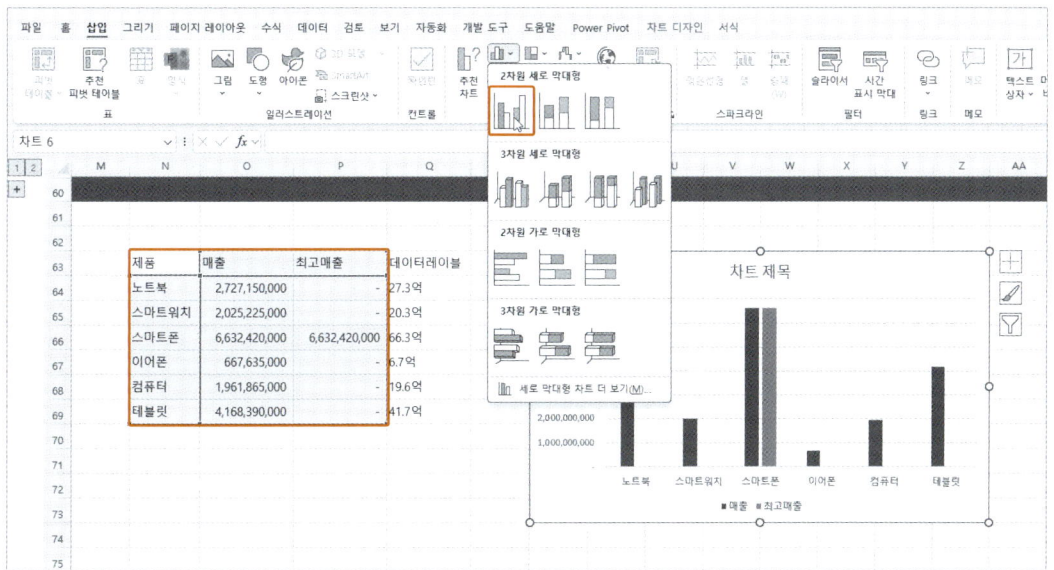

15 차트의 몇 가지 옵션을 다음과 같이 변경해봅니다. 차트가 선택된 상태에서 [차트 요소]를 클릭하고 다음 설정을 적용합니다.

❶ [축]-[기본 세로] 체크 해제
❷ [차트 제목] 체크 해제
❸ [눈금선] 체크 해제
❹ [범례] 체크 해제

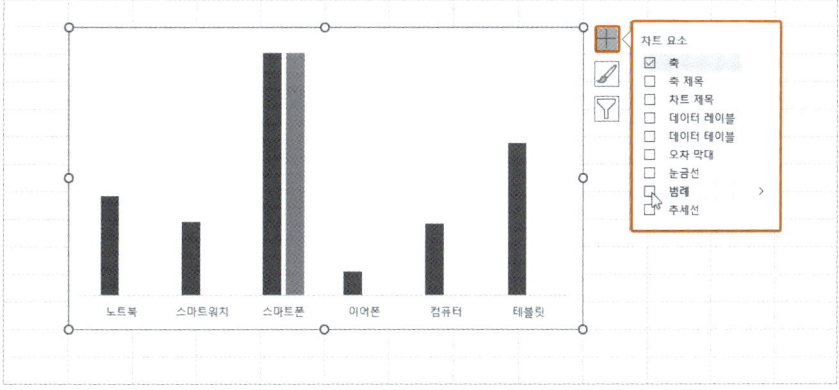

TIP 꼭 이와 같게 설정할 필요는 없습니다. 원하는 다른 방법을 사용해 차트를 표현해도 좋습니다.

16 최고 매출액을 표시하기 위해 열을 둘로 나눈 것이므로, 차트에서는 하나로 보이도록 해야 합니다. 막대그래프 하나를 더블클릭해 [데이터 계열 서식] 작업 창을 열고 [계열 겹치기] 옵션을 **100%**로 조정합니다. 두 막대그래프가 겹쳐서 다음 화면과 같이 표시됩니다.

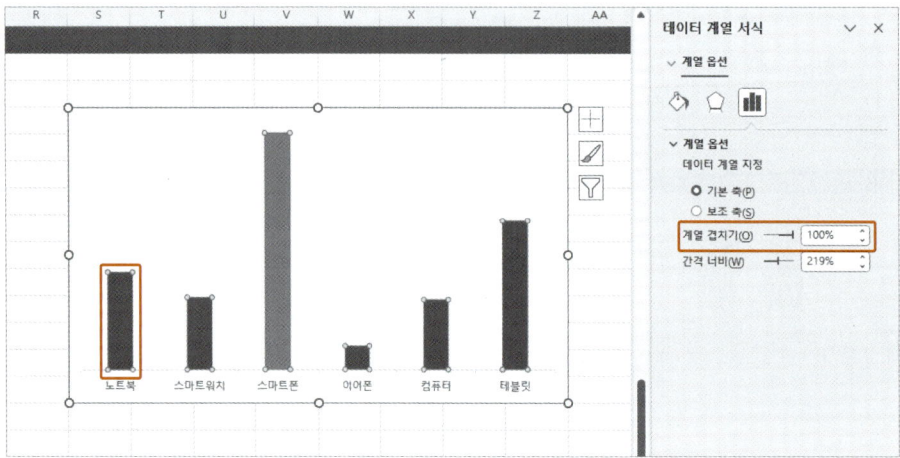

17 파란색 막대그래프를 클릭한 다음, [차트 요소 ⊞]를 클릭하고 [데이터 레이블]에 체크합니다.

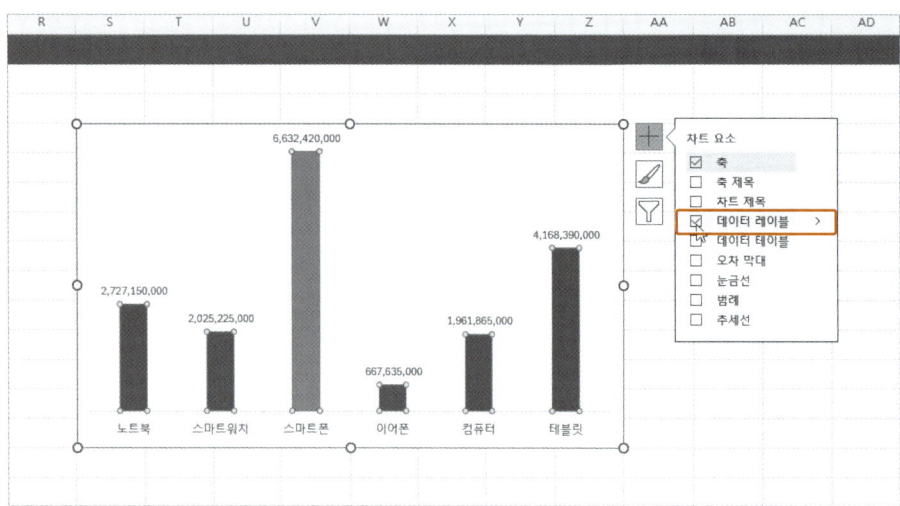

18 추가된 데이터 레이블을 더블클릭해 [데이터 레이블 서식] 작업 창이 표시되면 [셀 값]에 체크합니다. [데이터 레이블 범위] 대화상자가 표시되면 [Q64:Q69] 범위를 드래그해 지정합니다.

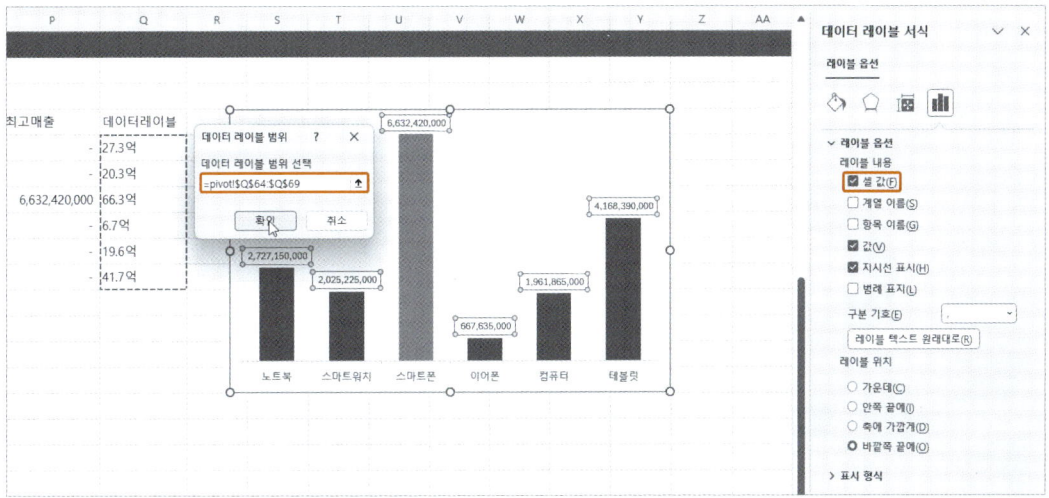

19 [데이터 레이블 서식] 작업 창에서 [값]의 체크를 해제하면 Q열에 계산해놓은 값만 깔끔하게 표시됩니다.

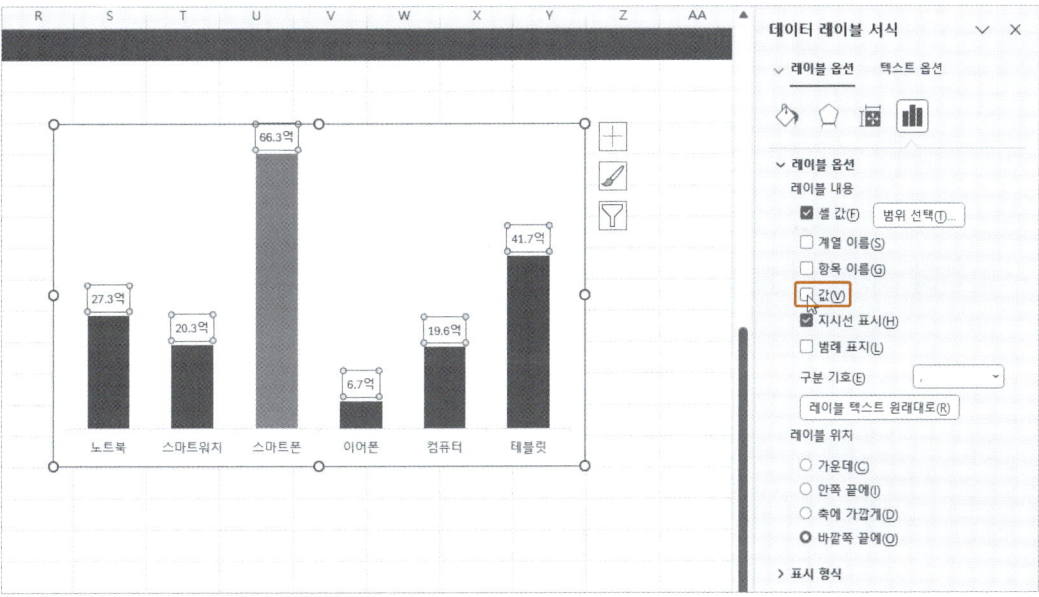

20 원하는 서식을 적용해 차트를 완성하고 Ctrl + X 를 눌러 잘라냅니다. [dashboard] 시트의 [H22] 셀에서 Ctrl + V 를 눌러 붙여 넣습니다. [H22:Q36] 범위에 맞게 차트 크기를 변경하여 배치합니다.

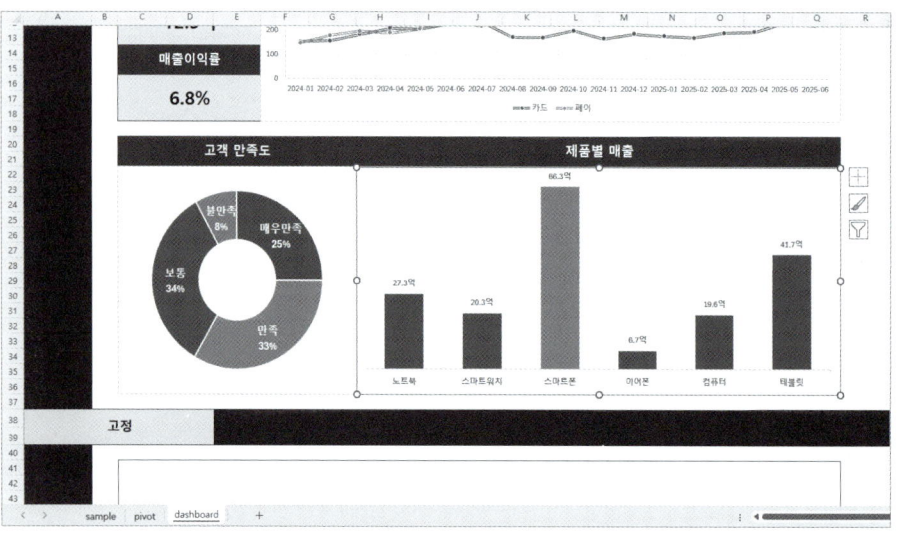

TIP [pivot] 시트 내 슬라이서 창을 변경해 막대와 도넛형 차트가 변경되는지 확인합니다.

월별 매출액에서 상위 20% 지점이 차지하는 비중 표시하기

예제 파일 CHAPTER 06 \ 피벗-월매출.xlsx

01 예제 파일의 [pivot] 시트에는 화면과 같이 두 개의 피벗 테이블이 있습니다. 월별 매출액에서 상위 20% 매출 지점의 실적이 어느 정도 비중을 차지하는지 확인하기 위한 것입니다.

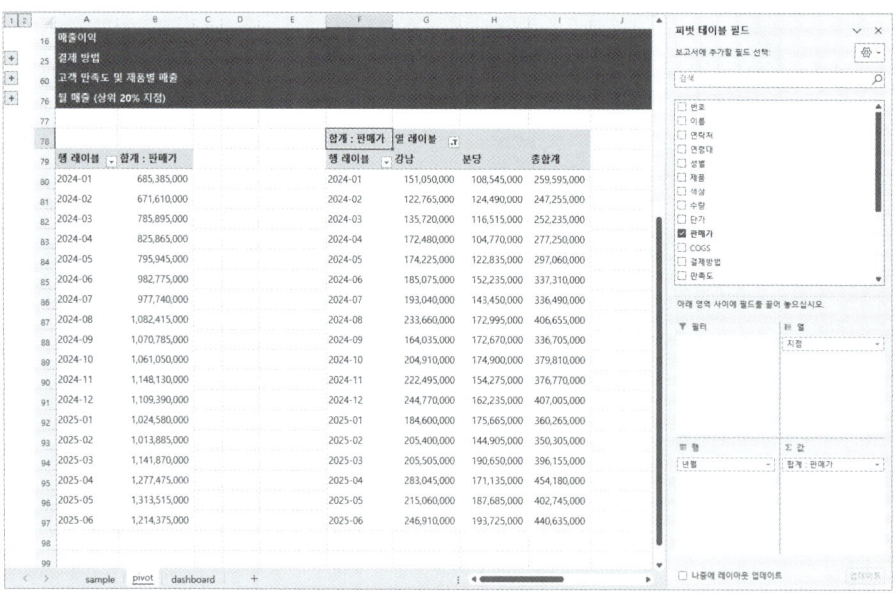

엑셀마스터가 짚어주는 핵심 NOTE

피벗 테이블 구성

[A79] 셀과 [F79] 셀에 있는 두 피벗 테이블은 모두 [A5:A7] 범위의 피벗 테이블을 복사해 만든 것이고, 모두 다음과 같은 필드로 구성되어 있습니다.

위치	영역	필드
A79	[행]	년월
	[값]	판매가
F79	[행]	년월
	[열]	지점
	[값]	판매가

[F79] 셀 위치의 피벗 테이블은 위와 같이 구성한 다음, [열] 영역의 [지점] 필드에 [상위 10] 조건을 이용해 상위 20% 지점만 표시되도록 설정해놓았습니다. [상위 10] 조건의 대화상자는 다음과 같이 설정했습니다.

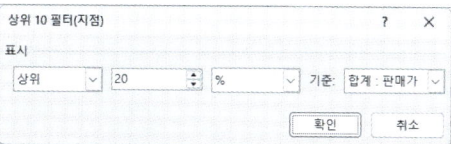

LINK [상위 10] 조건을 이용하는 방법은 이 책의 278페이지를 참고합니다.

그리고, [A79] 셀 위치의 피벗 테이블 이름은 '피벗-월매출'로, [F79] 셀 위치의 피벗 테이블 이름은 '피벗-상위20'으로 변경해두었습니다.

02 두 피벗 테이블의 숫자를 하나의 표로 정리하기 위해, '년월', '매출', '상위20%', '기타', '데이터레이블' 열로 구성된 다음과 같은 표를 만듭니다.

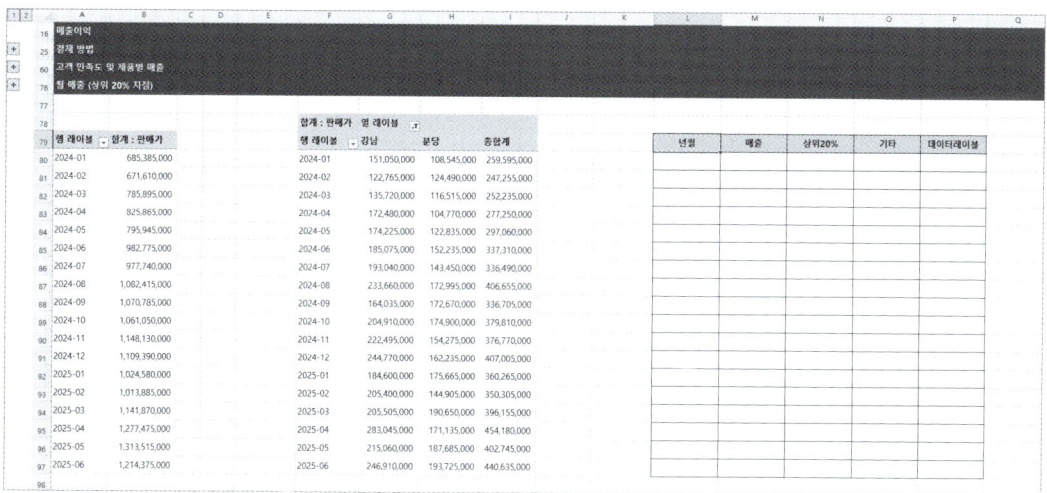

03 오른쪽 표에서 왼쪽 피벗 테이블 보고서의 값을 다음과 같은 수식을 사용해 참조한 다음 97행 위치까지 수식을 복사해 넣습니다.

[L80] 셀 : =A80
[M80] 셀 : =GETPIVOTDATA("판매가",$A$79,"년월",L80)
[N80] 셀 : =GETPIVOTDATA("판매가",$F$78,"년월",L80)
[O80] 셀 : =M80-N80
[P80] 셀 : =TEXT(M80/10^8, "0.0억")

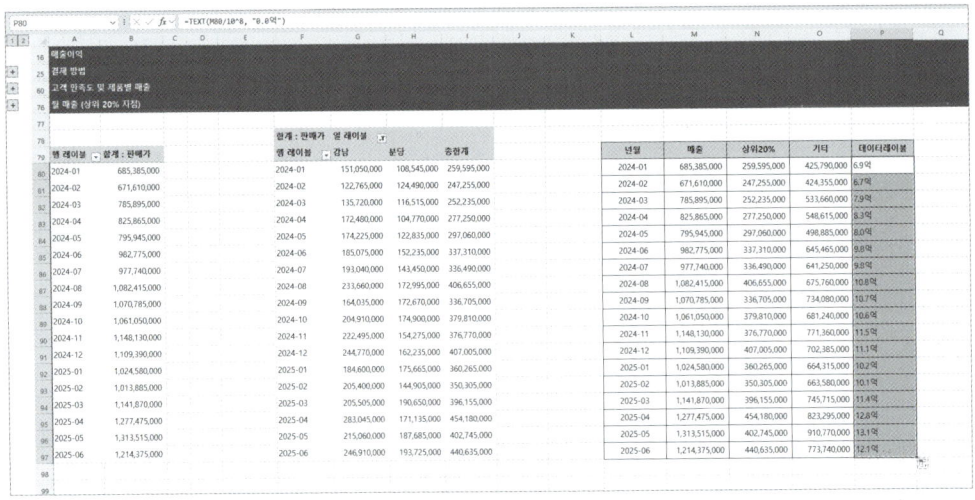

04 [L79:O97] 범위를 지정한 다음, 리본 메뉴의 [삽입] 탭-[차트] 그룹-[꺾은선형 또는 영역형 차트 삽입]을 클릭하고 [2차원 꺾은선형]에서 [표식이 있는 꺾은선형] 차트를 선택합니다.

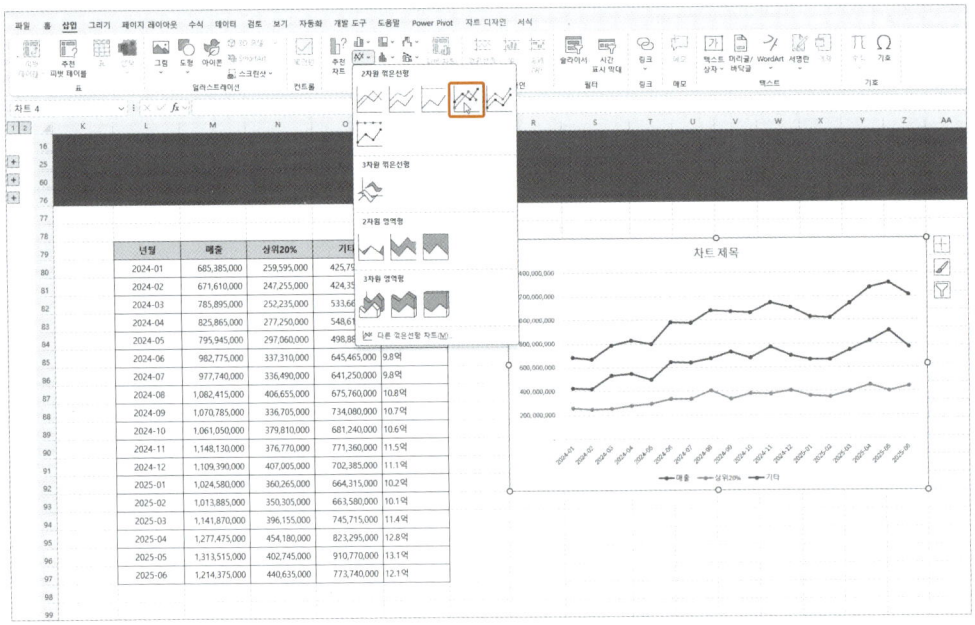

05 생성된 차트 중 [상위20]과 [기타] 계열은 누적 영역형으로 변경하겠습니다. 먼저 [기타] 계열의 선 그래프를 선택한 다음, 리본 메뉴의 [삽입] 탭-[차트] 그룹-[꺾은선형 또는 영역형 차트 삽입]을 클릭하고 [2차원 영역형]에서 [누적 영역형] 차트를 선택합니다.

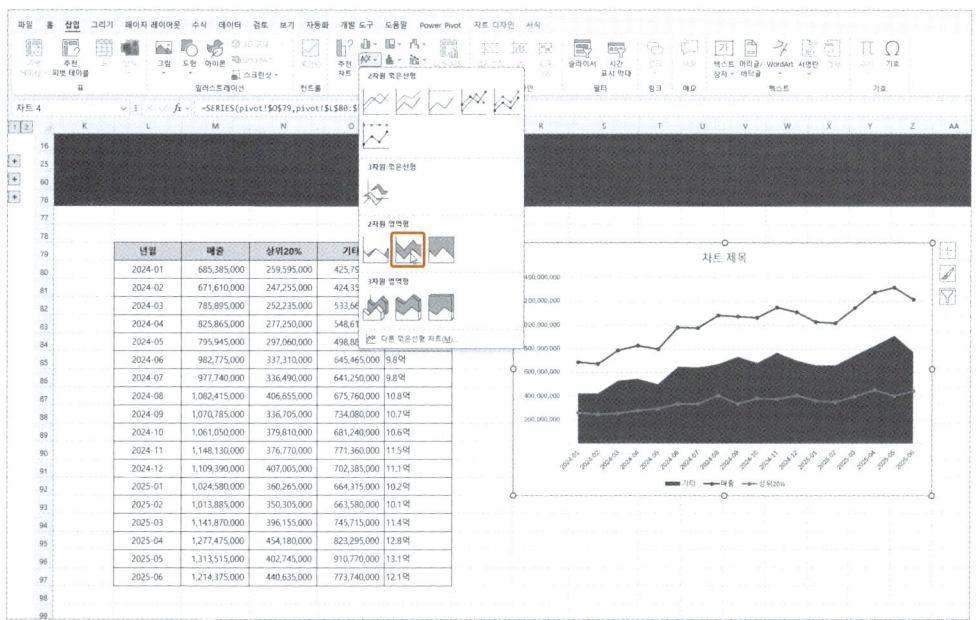

06 동일한 방법으로 [상위20] 계열도 [누적 영역형] 차트로 변경합니다. 영역형 그래프를 하나씩 선택한 다음, 리본 메뉴의 [서식] 탭-[도형 스타일] 그룹에서 [자세히]를 클릭하고 투명 효과가 적용된 스타일 중에서 선택합니다.

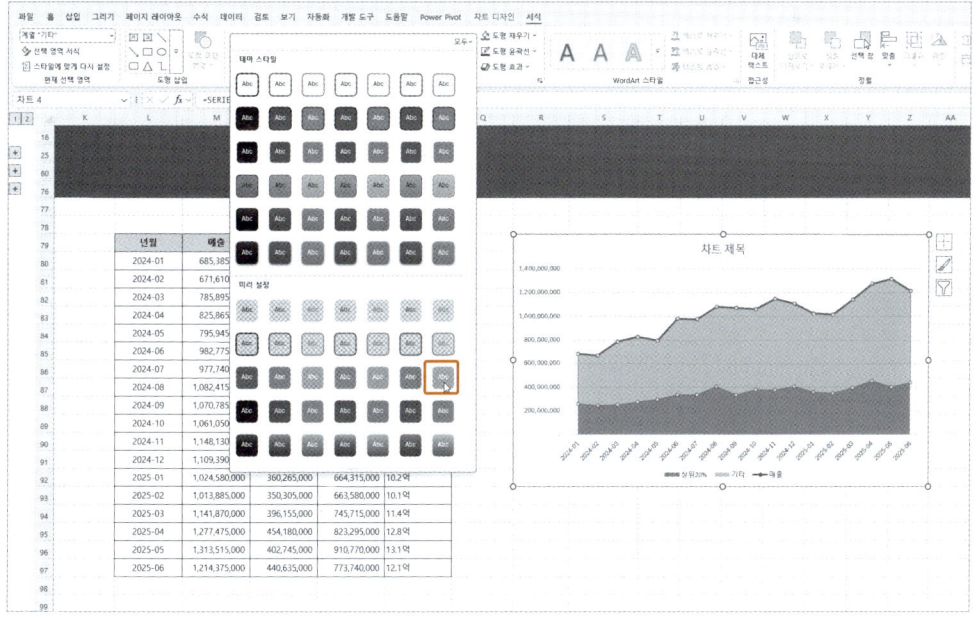

TIP 스타일 변경 작업은 취향의 영역이니 독자 여러분이 원하는 스타일로 변경해보세요!

07 이제 [매출] 계열의 데이터 레이블을 표시하겠습니다. 꺾은선 그래프를 선택하고 [차트 요소 ⊞]를 클릭합니다. [데이터 레이블]에 체크하고 하위 메뉴에서 [위쪽]을 선택합니다.

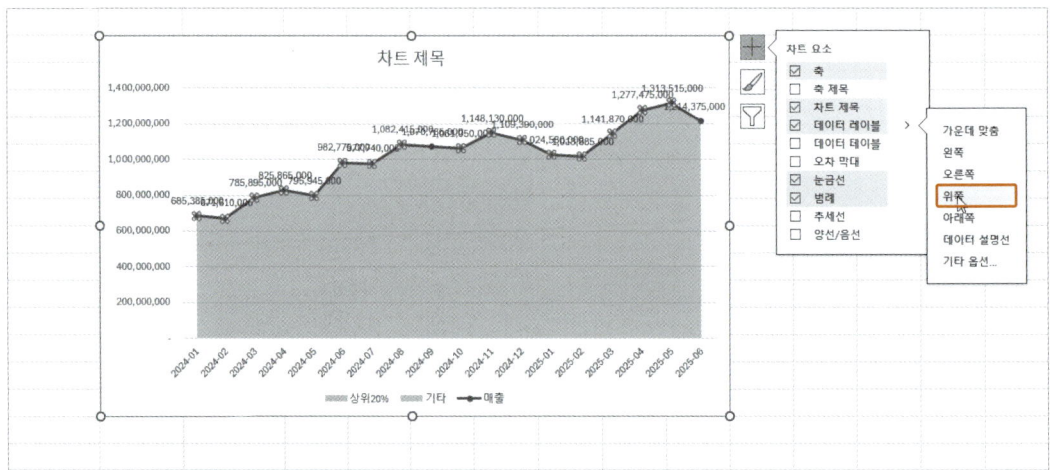

08 표시된 데이터 레이블을 더블클릭해 [데이터 레이블 서식] 작업 창을 열고 [셀 값]에 체크합니다. [데이터 레이블 범위] 대화상자가 표시되면 [P80:P97] 범위를 드래그해 참조하고 [확인]을 클릭합니다.

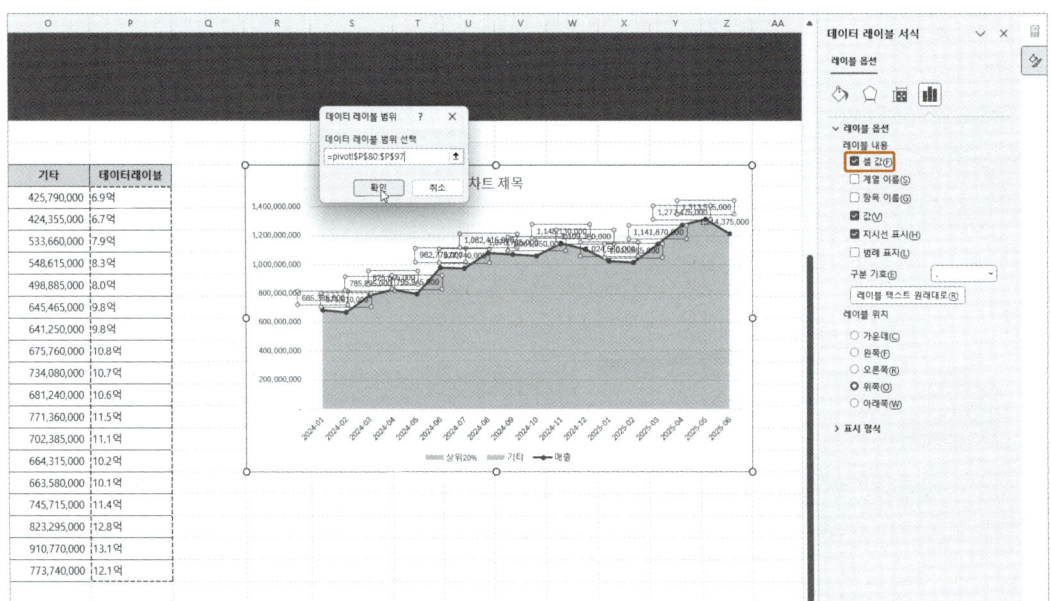

09 [데이터 레이블 서식] 작업 창에서 [값]의 체크를 해제합니다. 상위 20% 지점과 기타 지점의 매출 비중을 표시하기 위해, [N99:O99] 범위에 각각 다음 수식을 입력합니다.

[N99] 셀 : =N97/M97
[O99] 셀 : =O97/M97

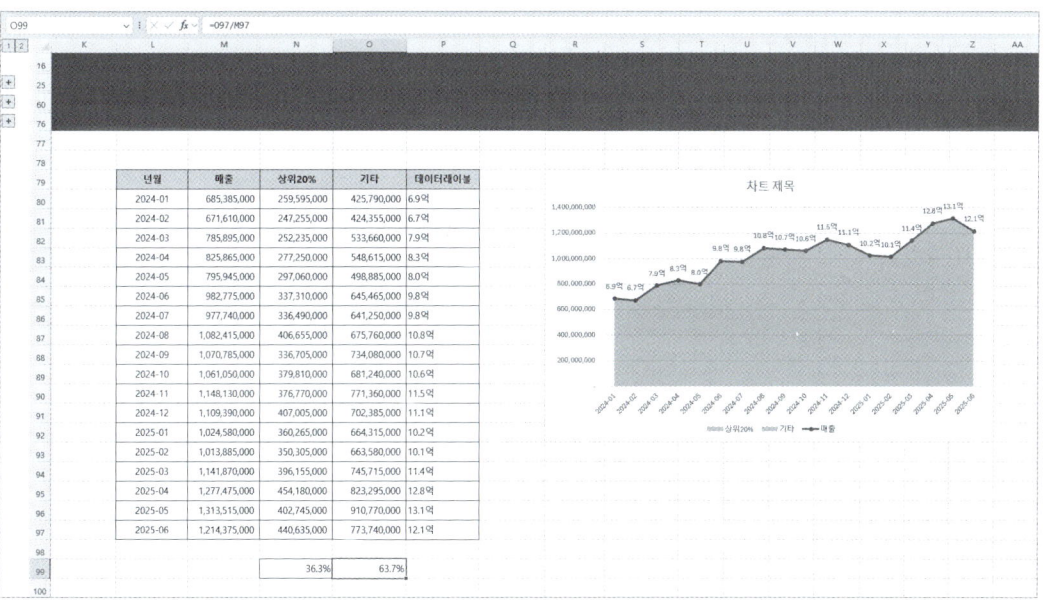

TIP [N99:O99] 범위에는 리본 메뉴의 [홈] 탭–[표시 형식] 그룹에서 [백분율 스타일 %]과 [자릿수 늘림]을 클릭해 서식을 적용합니다.

10 계산된 값을 표시할 도형을 차트에 삽입하겠습니다. 차트 영역을 선택하고 리본 메뉴의 [서식] 탭–[도형 삽입] 그룹–[도형]에서 [텍스트 상자]를 선택합니다.

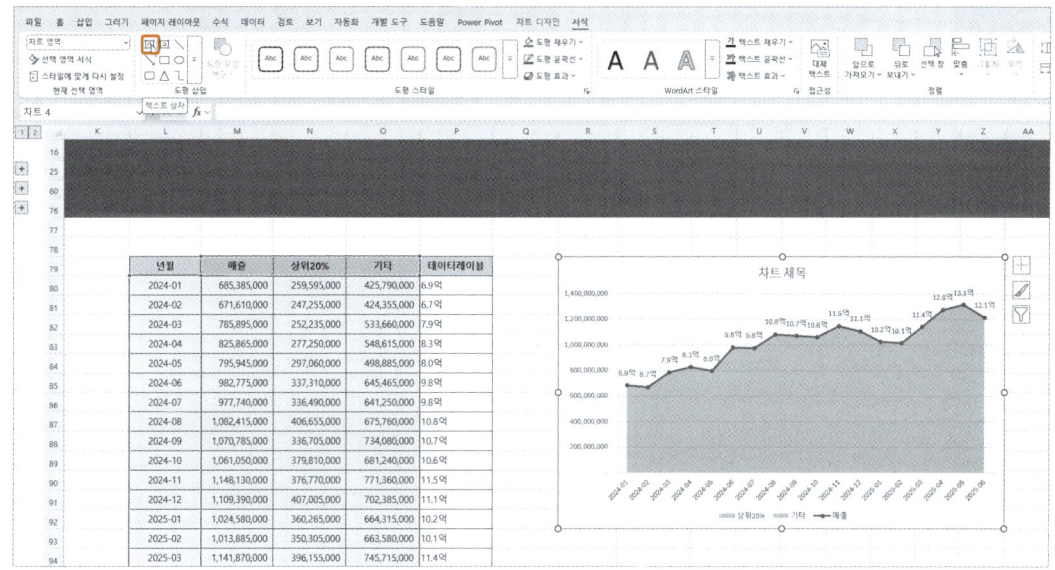

11 텍스트 상자 도형의 크기와 위치를 다음과 같이 적당히 조절하고 배치합니다. 도형의 테두리를 클릭하고 수식 입력줄에 등호(=)를 입력한 다음, 표시할 [N99] 셀을 클릭합니다. Enter 를 눌러 참조합니다. 리본 메뉴의 [홈] 탭-[글꼴] 탭에서 [글꼴 크기]를 크게 조정하고 [굵게 가]를 클릭합니다. 이 작업을 한 번 더 수행하고 [O99] 셀을 참조하도록 하면 화면과 같은 결과를 얻을 수 있습니다.

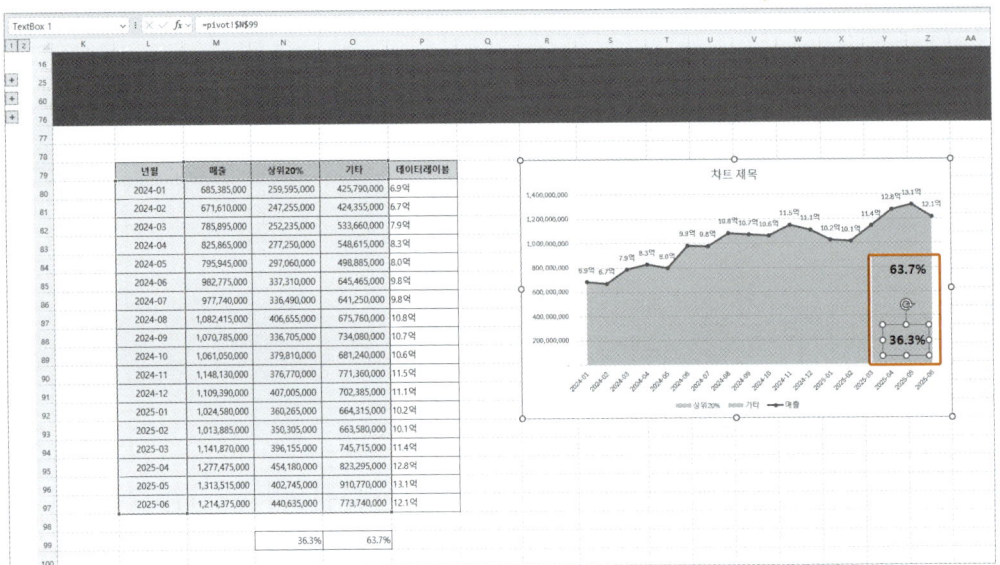

12 완성된 차트를 Ctrl + X 를 눌러 잘라냅니다. [dashboard] 시트의 [C41] 셀을 선택하고 Ctrl + V 를 눌러 붙여 넣습니다. 차트 크기는 [C41:Q64] 범위에 맞게 조정합니다.

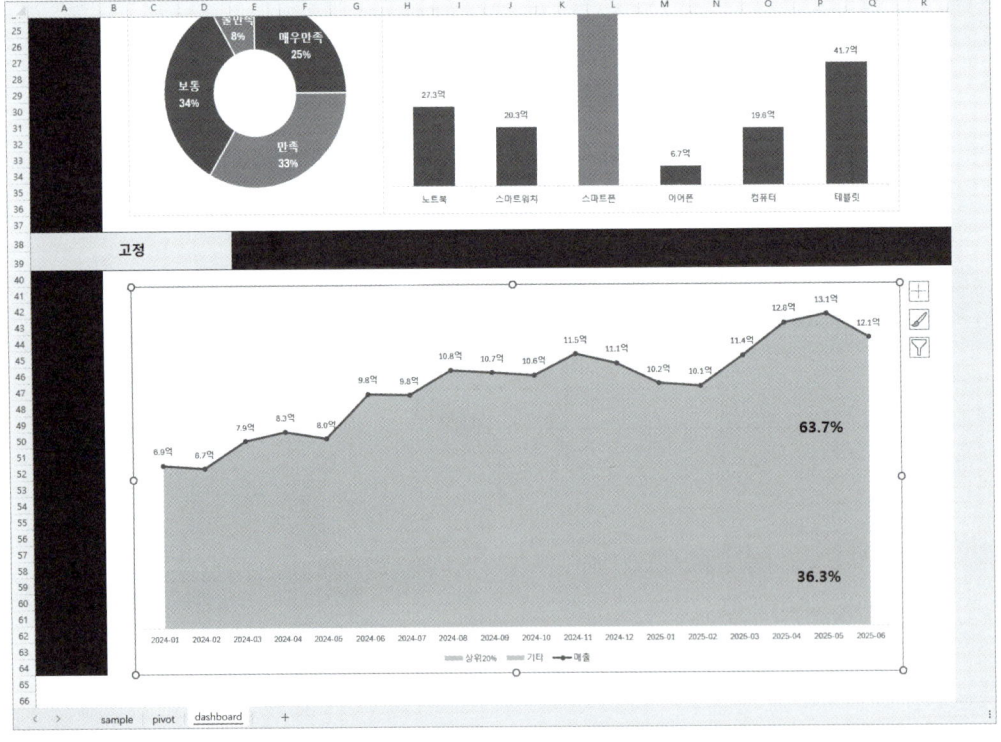

슬라이서로 대시보드 조정하기

예제 파일 CHAPTER 06 \ 대시보드-슬라이서.xlsx

01 예제 파일의 [pivot] 시트에는 [5:14] 행 위치에 다음과 같은 슬라이서가 생성되어 있습니다. 슬라이서를 이용해 대시보드를 제어하기 위해, 몇 가지 작업을 진행하여 [dashboard] 시트에 추가하겠습니다.

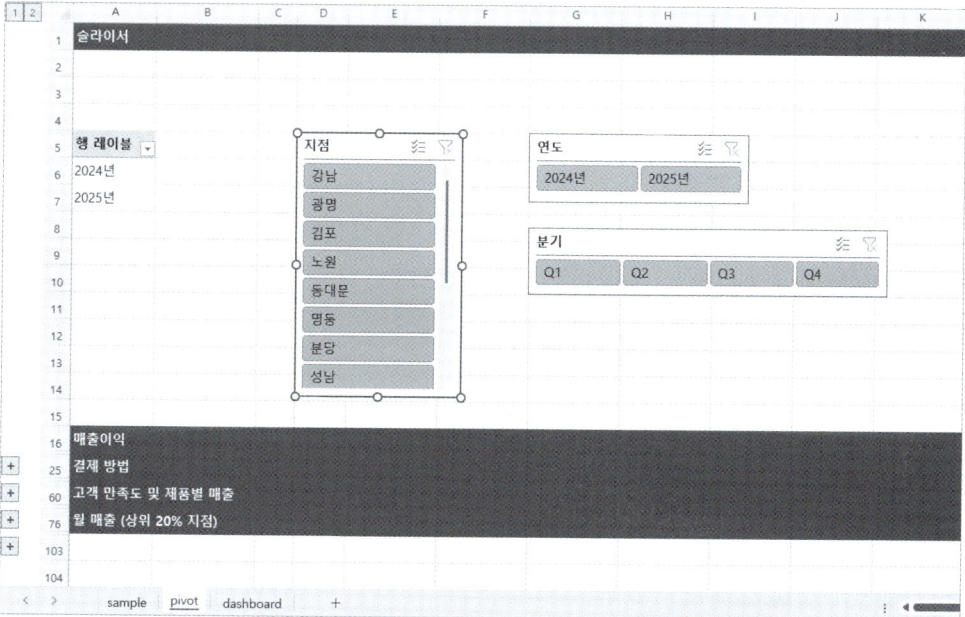

02 [지점] 슬라이서 창을 선택하고, 리본 메뉴의 [슬라이서] 탭-[슬라이서] 그룹-[슬라이서 설정 🔲]을 클릭합니다. [슬라이서 설정] 대화상자가 표시되면 [머리글 표시]의 체크를 해제하고 [확인]을 클릭합니다.

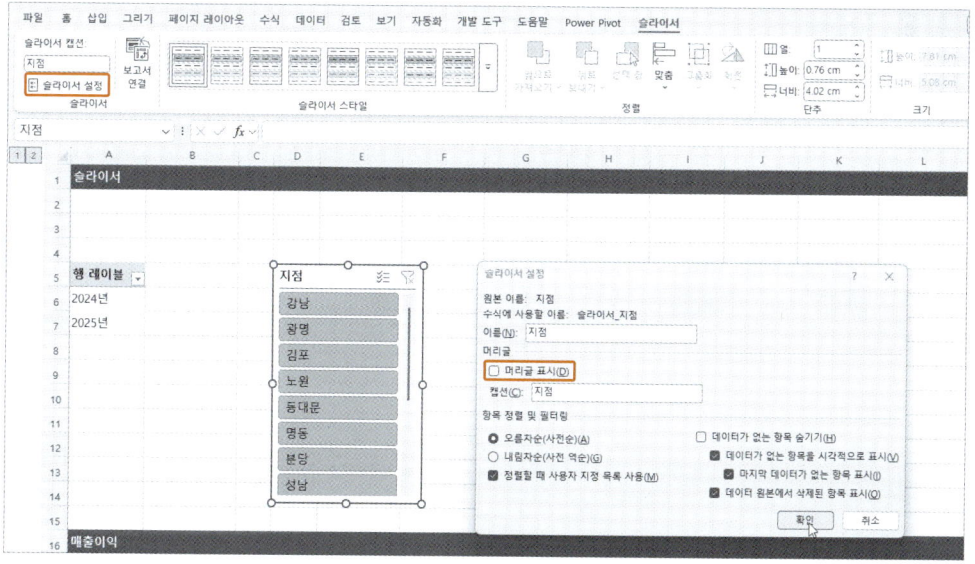

CHAPTER 06 대시보드 구성 • 355

03 슬라이서 창 테두리의 크기 조정 핸들◯을 드래그해 화면과 같이 모든 지점명이 표시되게 합니다.

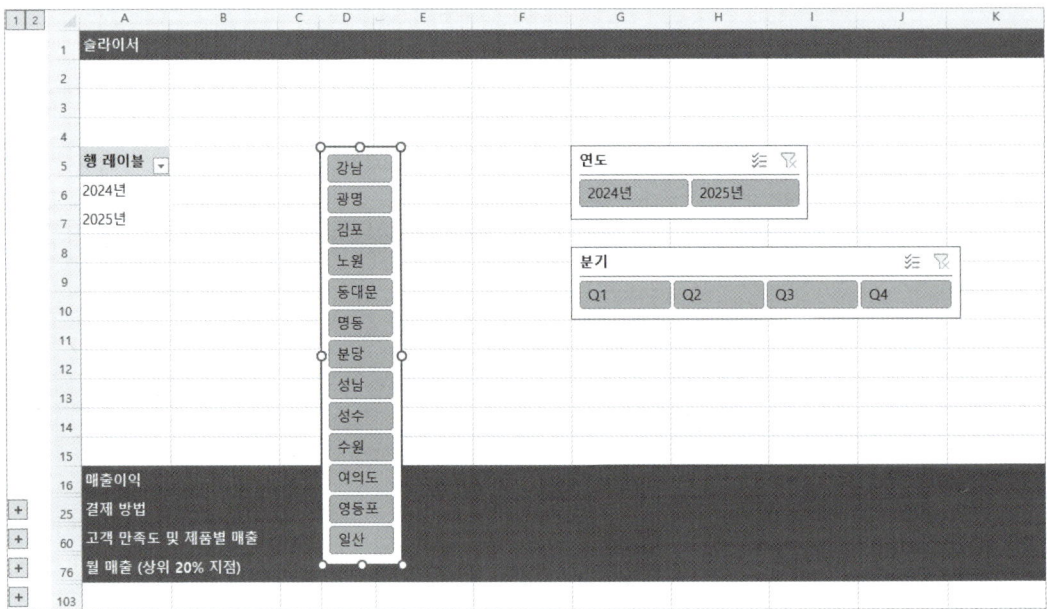

04 변경된 슬라이서 창을 Ctrl + X 를 눌러 잘라낸 다음, [dashboard] 시트의 [A3] 셀 위치에 붙여 넣습니다.

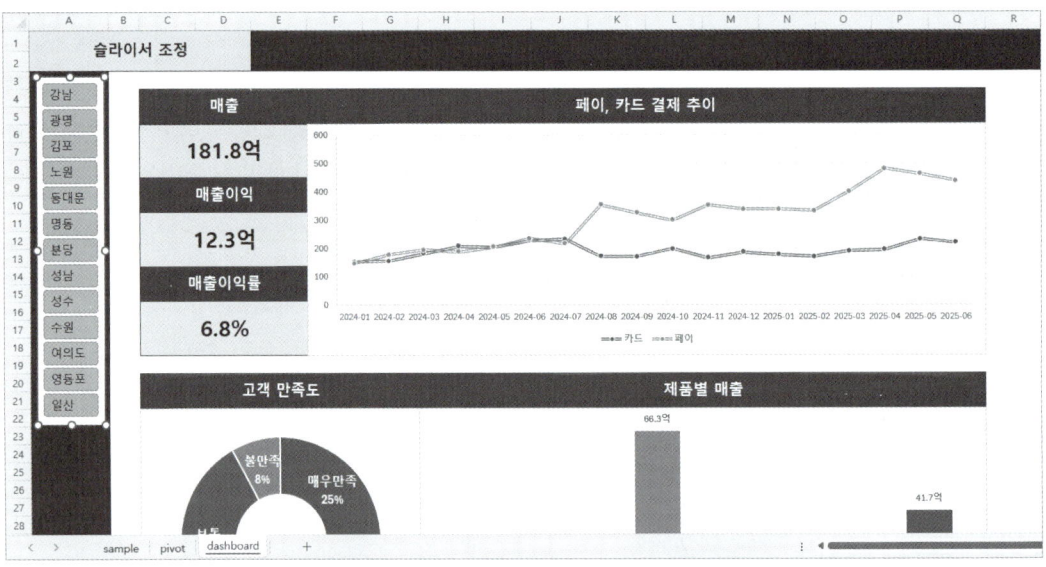

05 다시 [pivot] 시트로 이동한 다음, [연도]와 [분기] 슬라이서도 **02~03** 과정을 참고해 다음과 같이 변경합니다.

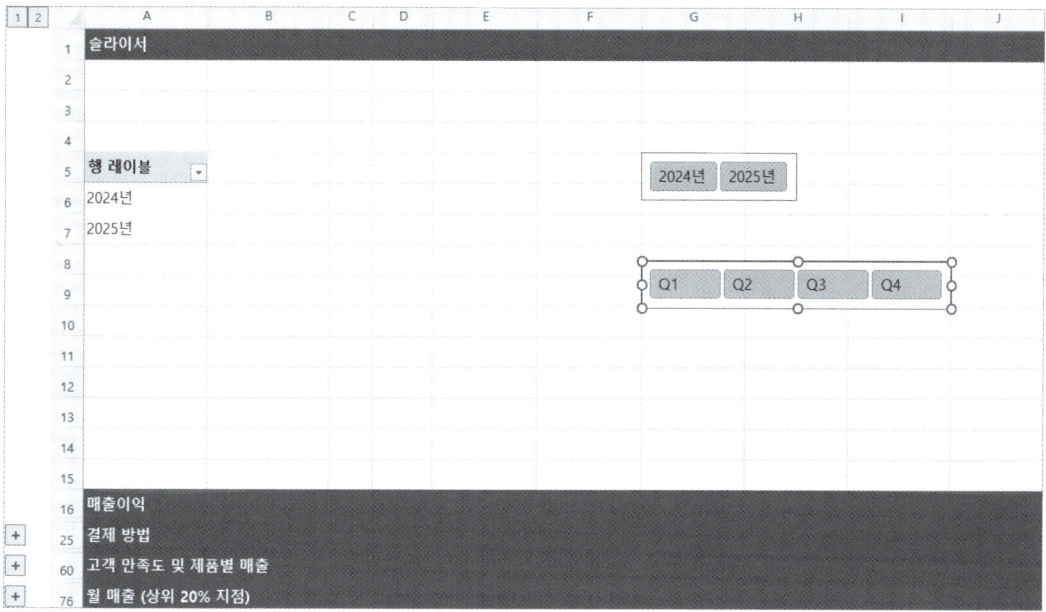

06 Ctrl 을 누른 상태에서 두 슬라이서 창을 선택하고 Ctrl + X 를 눌러 잘라냅니다. [dashboard] 시트의 [K1:Q2] 범위에 붙여 넣습니다.

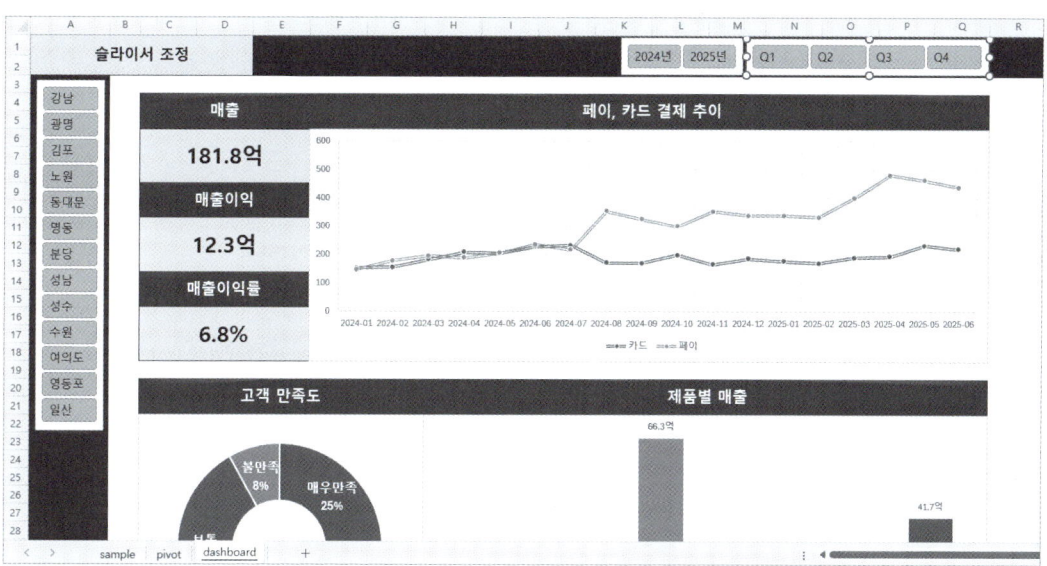

07 슬라이서 창, 차트, 카드의 값이 모두 제대로 연동되는지 확인하기 위해, [연도] 슬라이서 창에서 [2025년] 항목을 선택합니다.

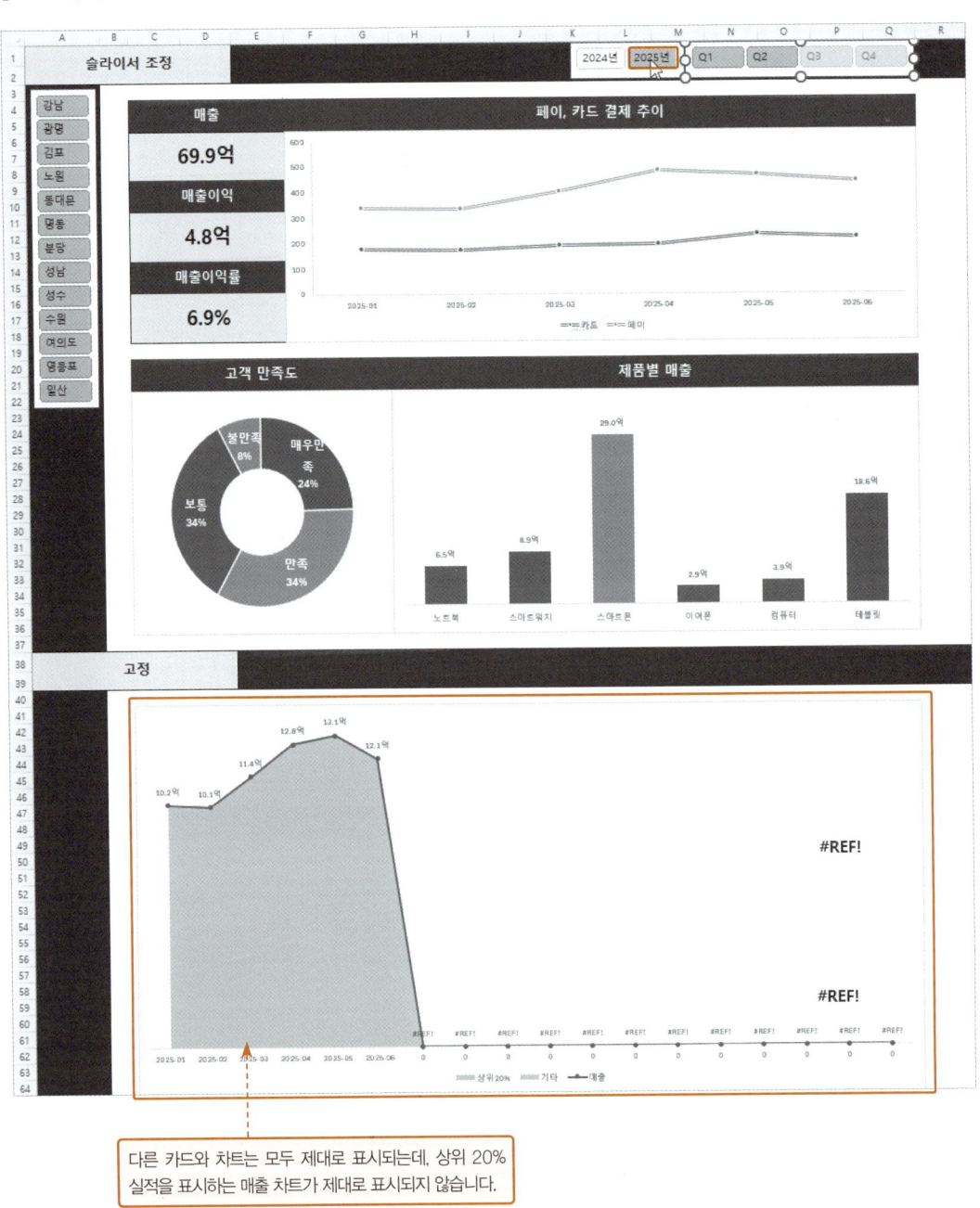

08 하단에 있는 차트는 항상 전체 기간이 표시되도록 슬라이서와 연결을 끊겠습니다. [연도] 슬라이서 창을 선택하고 리본 메뉴의 [슬라이서] 탭-[슬라이서] 그룹-[보고서 연결]을 클릭합니다. [보고서 연결] 대화상자가 표시되면 [피벗-상위20]과 [피벗-월매출]의 체크를 해제한 다음 [확인]을 클릭합니다.

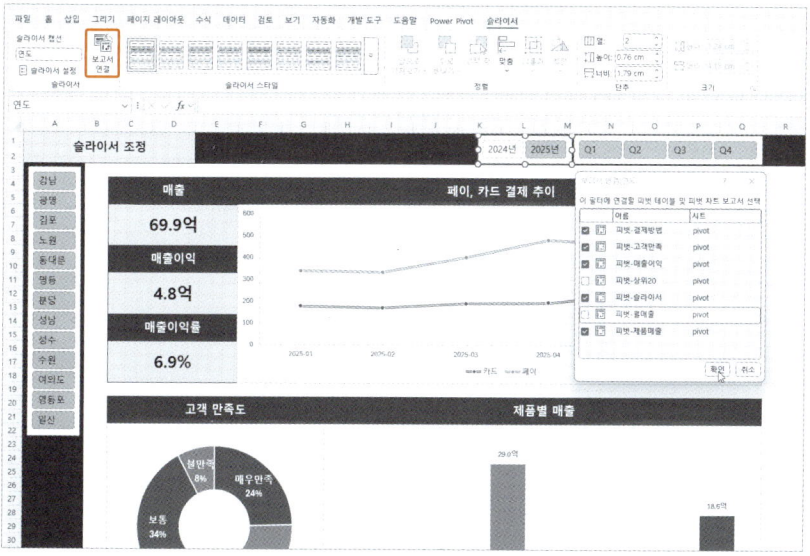

09 [분기]와 [지점] 슬라이서 창도 [연도] 슬라이서 창과 동일하게, '피벗–상위20'과 '피벗–월매출' 피벗 테이블과 연결을 해제합니다. [연도] 슬라이서 창에서 [2024년] 항목을 선택하면 맨 하단 차트를 제외한 나머지 카드와 차트가 변동되는 것을 확인할 수 있습니다.

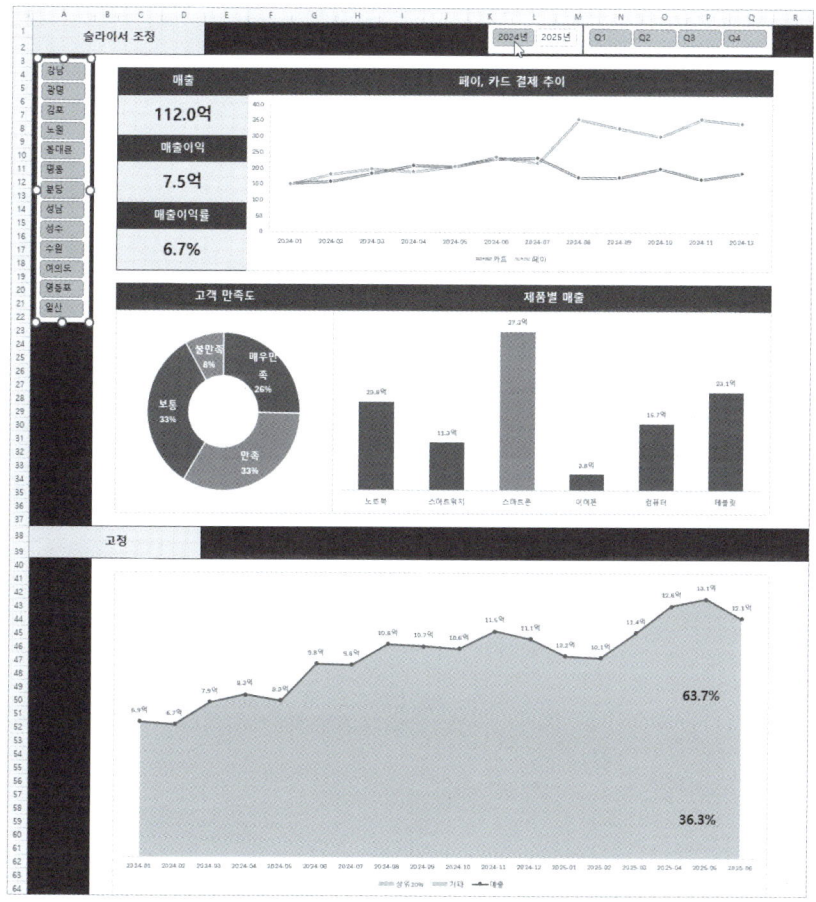

찾아보기

한글

가로 막대형 차트	185
계단식 차트 표현	210
그룹	267
꺾은선형 차트	197
날짜/시간 함수	053
대시보드	019
대시보드 구성	309
대시보드 종류	020
대시보드의 장점	019
데이터 레이블	176
데이터 막대	118
동적 범위 참조	023
물결 차트	154
분산형 차트	223
색조	130
수식을 이용한 단위 변경	078
슬라이서	284
아이콘 집합	132
엑셀 표	023
원형 차트	217
조건부 서식	102
차트	021
차트 종류	151
추세선	224
축 레이블	176
카드	022
콤보형 차트	161
파워 쿼리	241
표	022
표시 형식을 이용한 표시 단위 변경	077
피벗 테이블 보고서	233, 254
필터	267

영어

AGGREGATE 함수	074
AND 함수	032
GetPivotData 함수	299
GROUPBY 함수	058
HLOOKUP 함수	042
IF 함수	031
IFERROR 함수	033
IFS 함수	032
INDEX 함수	043
MATCH 함수	044
NA 함수	200
OFFSET 함수	072
OR 함수	033
PIVOTBY 함수	059
SERIES 함수	085
SUBTOTAL 함수	073
TEXT 함수	071
VLOOKUP 함수	041
XLOOKUP 함수	044
XMATCH 함수	045